Praxis Heilpädagogik – Handlungsfelder
Herausgegeben von
Heinrich Greving

Armin Sohns

Frühförderung

Ein Hilfesystem im Wandel

Verlag W. Kohlhammer

Alle Rechte vorbehalten
© 2010 W. Kohlhammer GmbH Stuttgart
Gesamtherstellung:
W. Kohlhammer Druckerei GmbH + Co. KG; Stuttgart
Printed in Germany

ISBN 978-3-17-020012-8

Inhaltsverzeichnis

Einführung 13

1 Die Entstehung der Frühförderung 17
1.1 Historische Ausgangslage 17
1.2 Der Rechtsanspruch auf (pädagogische) Frühförderung 20
1.3 Pädagogisch-Medizinische Auseinandersetzungen 21
1.4 Sonderpädagogisch – Sozialpädagogisches Spannungsfeld 24
1.5 Der Rechtsanspruch auf Komplexleistung 25

2 Die rechtlichen Grundlagen der Frühförderung 27
2.1 Die Vielfalt der Frühförder-Struktur in Deutschland 27
    2.1.1 Das Subsidiaritätsprinzip 28
    2.1.2 Das Wirtschaftlichkeitsprinzip 29
2.2 Medizinische und therapeutische Frühförderung (SGB V) 31
    2.2.1 Aufgabenfelder 31
    2.2.2 Heilmittelrichtlinien 32
    2.2.3 Ärztliche Vorsorgeuntersuchungen 33
    2.2.4 Sozialpädiatrische Zentren 33
2.3 Frühförderung im Rahmen der Eingliederungshilfe (SGB XII) . . . 35
    2.3.1 Der heilpädagogische Fokus 35
    2.3.2 Umfassendes und zeitnahes Hilfeangebot 36
    2.3.3 Zielgruppen der Frühförderung 38
    2.3.4 Familienorientierte Frühförderung 40
    2.3.5 Bedarfsgerechte Frühförderung 41
2.4 Frühförderung im Rahmen der Jugendhilfe (SGB VIII) 42
2.5 Schwangerenberatung nach dem Schwangeren- und Familienhilfeänderungsgesetz (SFHÄndG) 45
2.6 Frühförderung nach dem Rehabilitationsgesetz (SGB IX) 48
    2.6.1 Die Ausgangsposition zum Zeitpunkt der Verabschiedung des
SGB IX 48
    2.6.2 Fachliche und administrative Grundansprüche des SGB IX . . 49
        2.6.2.1 Prävention 49
        2.6.2.2 Ganzheitlicher Ansatz 50
        2.6.2.3 Federführung und Koordinierung 51
        2.6.2.4 Bearbeitungsfristen 52

Fallbeispiel 1:
Patrick, frühkindliche zerebrale Bewegungsbeeinträchtigung 54
        2.6.2.5 Trägerschaften von Frühfördereinrichtungen 58
        2.6.2.6 Finanzierungszuständigkeiten 58
        2.6.2.7 Selbstbestimmung des Hilfeempfängers/
                  Das persönliche Budget 59
    2.6.3 Die Komplexleistung Frühförderung innerhalb des SGB IX . . 59
    2.6.4 Die BAR-Arbeitsgruppe 64
2.7 Die Frühförderungsverordnung (FrühV) 67
    2.7.1 Die Entscheidung der Gesetzgeber 67
    2.7.2 Definition der Komplexleistung 69
    2.7.3 Die Zwei-Kreuze-Regelung 72
    2.7.4 Die Offene Anlaufstelle 75
    2.7.5 Aufgabenfelder der Frühförderung 76
    2.7.6 Die Förder- und Behandlungsplanerstellung 78
    2.7.7 Finanzierung „aus einer Hand" 80
2.8 Weitere Klärungen durch die Stellungnahmen der Bundesministerien
      und das „Konsenspapier" der Länderministerien 84
    2.8.1 Kürzungen der Betreuungsmöglichkeiten durch die kommuna-
              len Rehabilitationsträger 84
    2.8.2 Der Ausschluss der Heilmittel-Richtlinien 85
    2.8.3 Das Konsens-Papier der Bundes- und Länderministerien . . . 86

3 **Theorie und Forschungsergebnisse** 89
3.1 Definition zentraler Begriffe 89
    3.1.1 Behinderung 89
    3.1.2 Integration und Inklusion 90
    3.1.3 Interdisziplinarität und Transdisziplinarität 92
        3.1.3.1 Die Bedeutung interdisziplinärer Kooperation 92
        3.1.3.2 Additive Frühförderung als Folge eingeschränkter
                  interdisziplinäre Möglichkeiten 93
        3.1.3.3 Ziele interdisziplinärer Frühförderung 94
        3.1.3.4 Transdisziplinärer Wissenschaftsansatz 95
Fallbeispiel 2:
Nico, vermutete Entwicklungsverzögerung 96
    3.1.4 Frühförderung und ihre Teilsysteme 100
        3.1.4.1 Das System der frei praktizierenden Fachkräfte
                  (Teilsystem A) 101
        3.1.4.2 Das System der Frühförderstellen (Teilsystem B) . . . 103
        3.1.4.3 Stationäre und Sozialpädiatrische Einrichtungen . . . 104
        3.1.4.4 Teilstationäre Frühförderung 105

Fallbeispiel 3:
Beate, Heilpädagogischer Kindergarten 106
    3.1.4.5 Die abgegrenzten Systeme – Jugendhilfe und
          Familienhebammen 107
    3.1.4.6 Das Zusammenwachsen der Frühförder-Systeme ... 108
    3.1.4.7 Die Generalisierung des Frühförderbegriffs 109
    3.1.4.8 Definition der Frühförderung 111
  3.1.5 Der Rehabilitationsbegriff 112
  3.1.6 Die terminologische Kategorisierung pädagogischer Frühförderung 113
    3.1.6.1 Rehabilitationspädagogik 113
    3.1.6.2 Behinderten-, Sonder- und Integrationspädagogik .. 114
    3.1.6.3 Die Heilpädagogik als zentrale terminologische
          Grundlage der pädagogischen Frühförderung 116
3.2 Wissenschaftstheoretische Ansätze 118
  3.2.1 Traditionelle entwicklungstheoretische Ansätze 118
  3.2.2 Sozialökologische Theorie 119
  3.2.3 Ressourcenorientierung in der Frühförderung 121
    3.2.3.1 Strukturelle Ressourcen 122
    3.2.3.2 Soziale Ressourcen 125
    3.2.3.3 Personale Ressourcen 126
  3.2.4 Die besondere Bedeutung der Resilienz- und
      Risikoforschung 129
    3.2.4.1 Definition und Inhalt der Resilienzforschung 129
    3.2.4.2 Wirkungsmechanismen und Relativität von Resilienzen 131
    3.2.4.3 Die Bedeutung der Resilienzforschung für die Frühförderung 131
  3.2.5 Bindungstheoretische Grundlagen 133
  3.2.6 Responsivität 136
Fallbeispiel 4:
Responsives Handeln 136
Brief einer Mutter 138
3.3 Der Bedarf an Frühförderung 139
  3.3.1 Die Subjektivität eines Bedarfs 139
  3.3.2 Die Kategorisierung von Bedarf 140
  3.3.3 Umfang des Bedarfs 141
    3.3.3.1 Der theoretisch-gesellschaftliche Hintergrund des
          Anstiegs an Frühförderbedarf 141
    3.3.3.2 Die besondere Bedeutung der Früherkennung 144
    3.3.3.3 Die Indikationen für Frühförderung 145
    3.3.3.4 Der Bedarf zum Zeitpunkt der Einschulung 147

4 Die Umsetzung der Komplexleistung Frühförderung in den einzelnen Bundesländern 151
4.1 Rahmenbedingungen der Frühfördereinrichtungen 151
    4.1.1 Ergebnisse der ISG-Studie 151
    4.1.2 Landesweite Rahmenempfehlungen 154
4.2 Landesrahmenvereinbarungen mit einer landesweit einheitlichen Ausgestaltung 156
    4.2.1 Frühförderung in Bayern 156
        4.2.1.1 Auswirkungen der LRV 157
        4.2.1.2 Nachfrage nach Frühförderung 157
        4.2.1.3 Zugang zur Frühförderung und Diagnostik 158
        4.2.1.4 Der Förder- und Behandlungsplan 160
        4.2.1.5 Verwaltungsverfahren im Rahmen der Komplexleistung 162
        4.2.1.6 Finanzierung 162
        4.2.1.7 Bewertung 164
    4.2.2 Frühförderung im Saarland 165
        4.2.2.1 Landesweite Zuständigkeit und Inanspruchnahme . . 165
        4.2.2.2 Die Frühförderleistungen 166
        4.2.2.3 Der Offene Zugang 168
        4.2.2.4 Diagnostik und FBP-Erstellung 168
        4.2.2.5 Finanzierung der Komplexleistung 170
    4.2.3 Frühförderung in Rheinland-Pfalz 174
    4.2.4 Frühförderung in Berlin 176
4.3 Bundesländer mit teilweiser Umsetzung einer Rahmenvereinbarung 178
    4.3.1 Nordrhein-Westfalen 178
    4.3.2 Frühförderung in Sachsen 179
        4.3.2.1 Virtuelle Frühförderstellen 180
        4.3.2.2 Separate Abrechnungswege 180
        4.3.2.3 Vereinfachtes Genehmigungsverfahren 182
        4.3.2.4 Weitere Einschränkungen durch die Komplexleistungen 182
    4.3.3 Frühförderung in Mecklenburg-Vorpommern 183
        4.3.3.1 Grundlagen 183
        4.3.3.2 Fachlicher Ansatz 184
        4.3.3.3 Personelle Besetzung 186
        4.3.3.4 Abgrenzung und Misstrauen gegenüber den Rehabilitationsträgern 187
4.4 Bundesländer ohne Rahmenvereinbarung 188
    4.4.1 Frühförderung in Baden-Württemberg 188
    4.4.2 Frühförderung in Bremen 190

4.5 Länder mit einer Rahmenvereinbarungen ohne eine praktische
    Umsetzung 191
    4.5.1 Frühförderung in Thüringen 192
        4.5.1.1 Die Ausgangssituation der Frühförderung 192
        4.5.1.2 Qualitätsverluste nach der Streichung der Landes-
                förderung 192
        4.5.1.3 Verabschiedung und Kritik an der Landesrahmen-
                vereinbarung 194
        4.5.1.4 Inhalte und Gegenansätze der Landesrahmen-
                vereinbarung 195
        4.5.1.5 Die Nicht-Umsetzung der Rahmenvereinbarung ... 198
    4.5.2 Frühförderung in Niedersachsen 201
        4.5.2.1 Die Früherkennungsteams 201
        4.5.2.2 Die Landesrahmenvereinbarung 201
        4.5.2.3 Die Finanzierungsstruktur 204
        4.5.2.4 Das Scheitern der Verhandlungen 204
    4.5.3 Frühförderung in Schleswig-Holstein 206
        4.5.3.1 Institutionelle Rahmenbedingungen 206
        4.5.3.2 Der Stellenwert der Landesvereinbarung 207
        4.5.3.3 Die Finanzierung aus einer Hand 208
        4.5.3.4 Die Dominanz einer traditionellen medizinischen
                Sichtweise 209
        4.5.3.5 Die lebensweltorientierte Frühförderung 212
        4.5.3.6 Interdisziplinäre Kooperation 213
    4.5.4 Frühförderung in Hamburg 214
    4.5.5 Frühförderung in Brandenburg 219
    4.5.6 Frühförderung in Sachsen-Anhalt 221
    4.5.7 Frühförderung in Hessen 223
        4.5.7.1 Das historische Engagement des Landes 224
        4.5.7.2 Das Engagement der Frühförderstellen 225
        4.5.7.3 Die Landesrahmenvereinbarung 226
4.6 Spezifika der Landesrahmenvereinbarungen 230
    4.6.1 Die Verhandlungspartner der Landesrahmen-
          vereinbarungen 230
    4.6.2 Offener Zugang zur Frühförderung 230
    4.6.3 Die sogenannte „virtuelle Frühförderung" 232
    4.6.4 Leistungserbringung aus einer Hand 233
    4.6.5 Die mobile Hausfrühförderung 234
    4.6.6 Erstellung des Förder- und Behandlungsplans 235
    4.6.7 Die Berufsgruppen in der Frühförderung 236
    4.6.8 Finanzierung der Frühförderung 237

5 Konzepte der Frühförderung ... 239
5.1 Früherkennung ... 239
   Fallbeispiel 5:
   Risikogruppenbezogene Früherkennung ... 240
   5.1.1 Ärztliche Vorsorgeuntersuchungen ... 242
   5.1.2 Präventiver Früherkennungsansatz ... 244
   5.1.3 Die Frühförderstelle als offene Anlaufstelle ... 244
5.2 Die Diagnostik ... 246
   5.2.1 Medizinische Diagnostik ... 246
   5.2.2 Medizinisch-therapeutische Diagnostik ... 247
   5.2.3 Psychologische Diagnostik ... 248
   5.2.4 Pädagogische Diagnostik ... 249
   Fallbeispiel 6:
   Lukas, Allgemeine Entwicklungsverzögerung ... 249
   5.2.5 Transdisziplinäre Diagnostik ... 253
5.3 Erstellung des Förder- und Behandlungsplans ... 254
5.4 Behandlung und Förderung des Kindes ... 256
   Fallbeispiel 7:
   Timo, Förderung in der Kindertagesstätte ... 258
   Fallbeispiel 8:
   Kevin, Hausfrühförderung ... 261
5.5 Elternbegleitung ... 263
   Fallbeispiel 9:
   Tom's Essprobleme ... 264
5.6 Netzwerkorientierung und Öffentlichkeitsarbeit ... 267

6 Beispiele für innovative Ansätze der Frühförderung („Best Practice") 269
6.1 Offener Zugang und flexible Angebotsstruktur durch eine Pauschalfinanzierung ... 269
6.2 Flexibel gestaltete Zugangs- und Diagnostikverfahren im Rahmen einer interdisziplinären Kooperation ... 271
6.3 Das Zusammenführen von Eingliederungs- und Jugendhilfe im Rahmen von Sozialraumbudgets ... 274
   6.3.1 Der Handlungsbedarf ... 274
   6.3.2 Fachliche Diskussionen ... 274
   6.3.3 Strukturelle Veränderungen ... 275
   6.3.4 Die Realisierung einzelner Projekte ... 275
   6.3.5 Der Rahmen der Neukonzipierung: Das Sozialraumprojekt ... 276
   6.3.6 Haushaltstransparenz der Sozialraumbudgets ... 277
   6.3.7 Philosophie der Sozialraumbudgets ... 277
   6.3.8 Der Einfluss der Landesebene ... 278

6.4 Frühförderung als Bestandteil von wohnortnahen Familienzentren in überschaubaren Sozialräumen 280
    6.4.1 Ausgangslage 280
    6.4.2 Ansatz der Neukonzeption 281
    6.4.3 Perspektive der konzeptionellen Ausrichtung 282

7 Perspektive: Ein Gesamtsystem Frühförderung 284

Literatur 288

Stichwortverzeichnis 300

Einführung

Kinder brauchen Frühförderung. Mehr denn je. Das können wir empirisch belegen. Die Nachfrage steigt insbesondere im Bereich der medizinischen Therapie, aber auch in Form von familienorientierten Hilfen zur Stärkung des gesamten Umfeldes der Kinder. Aber was ist Frühförderung? Und was brauchen unsere Kinder wirklich, die angeblich immer therapiebedürftiger werden?

Wird „Therapie" zunehmend eingesetzt als Kompensation gesellschaftlicher Veränderungen und ihrer Auswirkungen auf die Entwicklungsmöglichkeiten von kleinen Kindern? Offensichtlich hat sich der Druck durch „PISA"[1] noch verstärkt: Wenn deutsche Kinder im internationalen (Leistungs-)Vergleich zurück bleiben, muss doch *mehr* getan werden! Aber was?

Die Entwicklung in der Praxis zielt in zwei Richtungen: Zum einen in eine mittelstandsorientierte Frühförderung im Spiegel eines leistungsorientierten Denkens. Die Folge sind dramatische Steigerungsraten in den klassischen Therapieformen, v. a. Ergotherapie und Sprachtherapie. Zum anderen mit einem Fokus auf sogenannte „Sozial benachteiligte Familien mit niedrigem Bildungstand", deren prägnanter Ausschluss von Integrations- und Entwicklungsmöglichkeiten besonders in Deutschland beklagt werden muss. Hieraus entwickeln sich neue Fragestellungen an eine moderne Frühförderung.

In der Reihe „Praxis Heilpädagogik – Handlungsfelder" spielt der Bereich „Frühförderung" eine besondere Rolle, die auf ihre historische Entstehung zurück führt: Entstanden als ursprünglich pädagogischer Begriff aus dem *Deutschen Bildungsrat* 1973, bildet er seitdem die fachliche Grundlage für die hieraus entstandenen *Frühförderstellen*. Deren Grundlage bildeten wiederum sogenannte „heilpädagogische Maßnahmen", für die der Gesetzgeber 1974 einen Rechtsanspruch einführte. Bis heute bildet die Heilpädagogik eine Art *Leitdisziplin* für Frühförderstellen. Dieses Buch wird aufzeigen, warum dieser Anspruch für den pädagogischen Bereich nach wie vor Gültigkeit hat, gleichzeitig sich sowohl die Heilpädagogik als auch die gesamte Frühförderung in einem fachlichen und strukturellen Wandel befindet, von dem noch nicht absehbar ist, in welche Richtung er sich vollziehen wird. Dabei stehen sich fachliche und wissenschaftliche Konzepte einerseits und administrative Interessen und Traditionen andererseits scheinbar unvereinbar gegenüber.

Frühförderung hat sich in den letzten vier Jahrzehnten zu einem selbständigen *System* entwickelt, das sich an den Rändern unscharf mit Nachbarsystemen überschneidet. Sie hat dabei punktuell eine eigene *Identität* entwickelt, die sich daran

---

[1] Die PISA-Studie (Programme for International Student Assessment) wurde erstmals im Jahr 2000 von der OECD (Organisation for Economic Co-operation and Development) durchgeführt und vergleicht die Schulleistungen der 15-Jährigen in 28 OECD-Mitgliedsstaaten. Die Veröffentlichung der Ergebnisse Ende des Jahres 2001 führte zu einem sogenannten „PISA-Schock", da die deutschen Schüler/innen in allen Bereichen unter dem OECD-Durchschnitt lagen.

festmacht, dass sich Fachpersonen als „Frühförderer" verstehen mit eigenen abgegrenzten professionellen Ansprüchen. Zu den Ansprüchen (der klassisch pädagogischen Frühförderung) gehört bspw. in den westdeutschen Bundesländern die Mobilität, das Aufsuchen der Familien zu Hause. Diese Identität ist seit Jahrzehnten spürbar, wenn Fachpersonen aus Frühförderstellen auf überregionalen Kongressen zusammen kommen und ihre Rahmenbedingungen und Arbeitserfahrungen in den jeweiligen Regionen austauschen.

> „Die Frühförderung ist ein System, das die Unterstützung der Entwicklung der Kinder mit den Bedürfnissen der Eltern nach Hilfe und Begleitung zusammenführt" (Sohns 2000a, 11).

Um das Selbstverständnis von Frühförderung zu verstehen und nachvollziehen zu können, warum die Frühförderung sich so ausgestaltet hat, wie sie sich heute darstellt, und ihre inhaltlichen Angebote für Kinder und ihre Familien sich so und nicht anders gestalten, ist es notwendig, das in den 1970er Jahren entstandene *System* einerseits in seinem Selbstverständnis zu erfassen, andererseits in seinen Auseinandersetzungen – Abgrenzungen und zaghaften Kooperationsversuchen – mit anderen mächtigen Systemen. Im Schatten dieser Systeme – dem medizinischen System, das der pädagogischen Frühförderung gerade in der Anfangszeit ihre Existenzberechtigung absprach, der Schule und der Kindertagesstätten – fristete (pädagogische) Frühförderung ein Schattendasein. Sie baute sich weitgehend unbemerkt von den sonstigen Fachdiskussionen ihre eigene Mentalität auf – mal klagend über fehlende Kooperationen, mal den Kopf einziehend in der Hoffnung, die Aufmerksamkeit der Kostenträger mit ihren Kürzungen im Sozialbereich mögen an der zarten Pflanze Frühförderung vorbei gehen. Entsprechend verwundert es nicht, dass Frühförderung bis heute nur unzureichend wahrgenommen wurde (Fegert 2008, 49; Naggl/Thurmair 2008, 55).

Bei dem Thema „Umstrukturierung des Systems Frühförderung" stehen nun drei zentrale Fragen im Mittelpunkt:

1. Was hat die Frühfördersysteme bisher ausgezeichnet? Welchen gesellschaftlichen Veränderungen und fachlichen Anforderungen muss ein reformiertes Frühfördersystem Rechnung tragen? Welche Gründe führten zu diesen Veränderungen und wie kann Frühförderung hier eingreifen?
2. Wo und mit welcher Zielsetzung sollten sie verändert werden?
3. Inwiefern kann eine vom Gesetzgeber vorgegebene „Komplexleistung" als strukturelle Antwort auf neue Anforderungen dienen? Wie muss sie ausgestaltet werden, damit sie den Ansprüchen gerecht werden kann?

Diesen Fragen wird dieses Buch nachgehen. Bei der Analyse der Situation der deutschen Frühförderung wird offenbar werden, dass die Ausgestaltung der finanziellen, rechtlichen und fachlichen Grundlagen in hohem Maße von außen beeinflusst werden konnte. Entsprechend zeigt sich auch, dass überall dort, wo VertreterInnen der Frühförderung versucht haben, auf diese Ausgestaltungsprozesse mit ihren Kenntnissen aus der Praxis Einfluss zunehmen, dies der Frühförderung zugute kam. Gleichzeitig wird offenbar, wie wenige Fachkräfte der Frühförderung sich um eine solche Einflussnahme bemüht haben und somit auch keine berufsgruppenübergreifende Identität entwickelten. Bezüglich der rechtlichen und finanziellen Rahmenbedingungen herrscht bei einer Vielzahl der Frühförderer in den Einrichtungen die Mentalität vor, man könne ohnehin nichts machen. Insofern ist es auch Ziel dieses Buches, Grundlagen-Informationen für ein *Empowerment für die Frühförderfachkräfte* zu liefern.

Notwendig erscheint diese Erweiterung des fachlichen Blickwinkels und Engagements durch die Tatsache, dass zwar in zahlreichen deutschen Landkreisen sich politische Vertreter dieser Kreise um eine moderne, fachlich fundierte und familienorientierte Frühförderung bemühen, gleichzeitig jedoch in Hunderten von anderen Landkreisen die Fachkräfte der Frühförderung und die Familien darunter leiden, dass hier die Vertreter der Rehabilitationsträger ihr Augenmerk und ihre Kompetenz primär oder ausschließlich darauf richten, die unmittelbaren Kosten einer Frühförderleistung – ohne umfassenden Blick auf deren mittelfristige Zusammenhänge – möglichst niedrig zu halten. Diese Verengung einer Kostenträgersicht nagt an den Fundamenten der kommunalen Selbstverwaltung und an den gesetzlichen Erwartungen an freie Krankenversicherungen. Die gleiche Mentalität wurde auf Bundesebene auf erschreckende Weise offenbar, als 2003 die verschiedenen Beteiligten auf der Grundlage eines gesetzlichen Auftrages die sogenannten BAR-Empfehlungen einvernehmlich erstellt hatten und diese aus strategischen oder aus naiven verbandspolitischen Überlegungen von Seiten kommunaler Kostenträger abgelehnt wurden. Diese Offenbarungen schwächen nicht nur die Möglichkeit, moderne Hilfestrukturen auf der Grundlage systemübergreifender, wissenschaftlicher Erkenntnisse zu effektiveren, sie schwächen mittelfristig auch das Ansehen und den Stellenwert der beteiligten Rehabilitationsträger selbst. Das Buch hat entsprechend zum Inhalt, derartige Widersprüche offen zu legen und Alternativen aufzuzeigen. Dazu ist es notwendig, die Bedarfe der Eltern an Frühförderung in einer sich veränderten Gesellschaft ebenso aufzuzeigen wie die sich daraus ergebenden fachlichen Ansprüche und notwendigen Rahmenbedingungen an eine moderne Frühförderung. Nur auf dieser Grundlage lassen sich Rückschlüsse darauf ziehen, wie das Gesamtsystem der deutschen Frühförderung mit ihren vielfältigen Verzweigungen effektiv miteinander verknüpft und organisiert werden kann.

Der Gesetzgeber hat hierzu versucht, mit der Einführung einer „Komplexleistung" 2001 neue Akzente zu setzen. Eine Zwischenbilanz nach fast 10 Jahren wird dabei überwiegend zur Dokumentation eines historischen Misserfolgs dieses anspruchsvollen Innovationsversuchs. Wenn wir uns unsere wissenschaftlichen Erkenntnisse zur Entwicklung von kleinen Kindern, zu ihrer Verwundbarkeit gegenüber gefährdenden Einflüssen und die Möglichkeiten zur Stärkung ihrer Resilienz vergegenwärtigen und die Ausgestaltung unserer Hilfe- und Unterstützungssysteme für die Familien mit kleinen Kindern daran messen, dann fühlt man sich – trotz des umfangreich zur Verfügung gestellten Geldes – oftmals an einen Chirurgen erinnert, der statt mit moderner Lasertechnik eine Augenoperation mit bloßer Hand und einem Taschenmesser durchführt.

Entsprechend analysiert dieses Buch die bestehende Struktur der Frühförderung als ein originär heilpädagogisches Aufgabenfeld, das sich auszubauen hat zu einem Gesamtsystem unterschiedlicher Disziplinen. Es enthält daher keine Anleitung für die Umsetzung „heilpädagogischer Übungen", tendenziell sogar eher das Gegenteil: Es bettet die Frühförderung perspektivisch in benachbarte Systeme ein (z. B. in den [vorschulischen] Bildungsbereich oder in das System der „Früherkennung frühkindlicher Entwicklungsrisiken") und gibt damit auch einer Professionalisierungsforschung neue Anreize.

Die Reihe des Kohlhammer-Verlags, in der dieses Buch erscheint, gibt eine Grundstruktur vor, der die vorgelegte Gliederung Rechnung trägt: Nach einer Einleitung werden zunächst die „Geschichte des Handlungsfeldes" und deren „Rechtliche Rahmenbedingungen" näher beleuchtet. Angesichts des besonderen Stellenwertes, den eine Überführung unter die Vorgaben des Rehabilitationsgesetzes (SGB IX) für die Frühförderung mit sich bringt und deren bis heute unterbliebenen und strittigen Umsetzung, muss dem eine besonders detaillierte Analyse zukommen (Kap. 2). „Theoretische Begründungen" werden im 3. Kapitel aufgenommen, in dem speziell die Veränderung und Schwerpunktverlagerung thematisiert wird und für einen spezifischen fachlichen Fokus geworben wird (Familien- und Ressourcenorientierung). „Forschungsergebnisse" sind (im 4. Kapitel) eingebettet in eine Analyse der derzeitigen Umsetzung von Frühförderung in den 16 Bundesländern. Hier soll etwas Transparenz in die (unübersichtlichen) Strukturen und vielfältigen Spielräume der Rehabilitationsträger gebracht werden, damit Rückschlüsse auf eine (fehlende) fachliche Ausgestaltung gezogen werden können. Kapitel 5 greift „Konzepte und Methoden" auf und beleuchtet die primären Aufgabenfelder der Frühförderung im Spiegel fachlicher und struktureller Möglichkeiten. Fortgeführt wird dies schließlich im 6. Kapitel („Beispiele im Sinne von ‚best practice'") mit einigen ausgewählten Beispielen, die bisher beschrittene Einheitswege erfassen und neue zukünftige Entwicklungsmöglichkeiten der Frühförderung aufzeigen.

Ziel dieses Buches ist es, eine Übersetzungsarbeit zu leisten von rechtlichen, administrativen und strukturellen Vorgaben in die Alltagsanforderungen an Frühförderung. Gleichzeitig liefert es eine kritische Bestandsaufnahme der (unzureichenden) praktischen Umsetzung von fachlichen Anforderungen an das, was im Rahmen von Frühförderung geleistet werden müsste. Es soll zum Nachdenken und Reflektieren des heutigen Status anregen. Es ist an der Zeit, alte Zöpfe zu begutachten und neu zu flechten.

Gelnhausen, im Frühjahr 2010   Armin Sohns

1 Die Entstehung der Frühförderung

1.1 Historische Ausgangslage

Deutschland zeichnet sich heute durch ein System an Frühfördereinrichtungen aus, die ein weitgehend flächendeckendes Angebot gewährleisten mit dem Anspruch, familienorientierte Hilfen für entwicklungsgefährdete Kinder und ihr soziales Umfeld anbieten zu können. Der Gesetzgeber unterscheidet hierbei zwei unterschiedliche Systeme: Interdisziplinäre Frühförderstellen (IFF) und Sozialpädiatrische Zentren (SPZ) (SGB IX, § 30 Abs. 1 und 2 SGB IX, § 1 der FrühV).

Zu einem systematischen Aufbau von Ansätzen der Frühförderung kam es in Deutschland zu Beginn der 1970er Jahre. Der sozialpädiatrische Zweig der Frühförderung entstand eng verbunden mit den Namen *Hellbrügge* und *Pechstein*, unter deren Leitung 1968 und 1971 die ersten Sozialpädiatrischen Zentren in München und Mainz eröffnet wurden. In diesen überregionalen Zentren arbeiten interdisziplinäre Teams aus Ärzten, Psychologen, Pädagogen und Therapeuten, sie sind hierarchisch aufgebaut: Die Leitung geht immer von Ärzten aus. Eine rechtliche Absicherung erfolgte erst Ende der 1980er Jahre, eingebettet in das Sozialgesetzbuch (SGB) V, welches die Leistungen der Krankenversicherungen regelt. Inzwischen gibt es in Deutschland ca. 130 Sozialpädiatrische Zentren.

Erste Frühförderstellen entstanden seit 1970 (vgl. Sohns 2000a, 30), zunächst in Trägerschaft der Bundesvereinigung Lebenshilfe e. V. als eine der treibenden Kräfte für die pädagogische Frühförderung. Im Gegensatz zu den SPZ erhielten sie für ihre pädagogischen Leistungen bereits 1974 eine gesetzliche Grundlage, auf der sich in ganz Deutschland ein flächendeckendes System von inzwischen etwa 1000[2] Einrichtungen etablierte (Bundesministerium für Gesundheit und Soziale Sicherung 2005), in dem vorwiegend pädagogisch ausgebildete Fachpersonen Familien mit einem entwicklungsauffälligen oder behinderten Kind alltagsorientierte Beratung und eine gezielte (heilpädagogische) Förderung des Kindes anbieten können.

Auch „Frühförderung" als fachlicher Begriff schaut auf eine nicht einmal vierzigjährige Tradition zurück. Es war in der Bundesrepublik Deutschland eine Zeit der Umbrüche – Anfang der 1970er Jahre –, als Politik und die Fachwelt sich von alten als überholt erkannten Wertvorstellungen lösten und damit auch erstmals den Mut hatten, sich den Kindern im Vorschulalter (und ihren Familien) zuzuwenden und beide zum Gegenstand fachlicher Aufmerksamkeit und Hilfen machten.

---

2 Die Angaben aktueller Zahlen schwanken (eingerechnet die 338 Sonderpädagogischen Beratungsstellen in Baden-Württemberg) zwischen 1071 und 1105 Einrichtungen (Recherche des Instituts für Interdisziplinäre Frühförderung, FH Gera).

Bis dato war die Jugendhilfe von der herrschenden Ideologie bestimmt, ein kleines Kind gehöre in die Familie. „Es gehörte zum öffentlichen Ansehen für eine Bürgerfamilie des 19. und 20. Jahrhunderts, dass der Mann als ‚Ernährer' der Familie fungierte, während die Frau für Haushalt und Kindererziehung Sorge trug. Entsprechend hatte sich der Staat aus der binnenfamiliären Erziehung heraus zu halten. Das Idealbild der Mutter, die für ihre Kinder und ihren Mann da zu sein hat, prägte das weibliche Rollenbild" (Sohns 2009 a, 97). Nur die Familie – namentlich die Mutter – weiß am besten, was für ihr Kind gut und richtig ist. Die Gesellschaft der Bundesrepublik der 1950er und 1960er Jahre war geprägt von diesem bürgerlichen Bild der Rollenteilung, vom Mann als Ernährer der Familie und der Frau als treu sorgende Hausfrau und Mutter, die den familiären Binnenbereich sauber und ordentlich hält und sich liebevoll um Haushalt, Ehemann und Kinder kümmert. Die primäre Aufgabe der Jugendhilfe lag – in konsequenter Fortführung des Jugendwohlfahrtsgesetzes von 1922 – auch nach deren Reform 1961 in der kontrollierenden Überprüfung dieser Ordnung und einer Intervention, wenn Familien diesem gesellschaftlichen Leitbild nicht entsprachen und Kinder hierdurch in ihrer Integration in die gesellschaftliche Ordnung gefährdet waren.

Zwar feiern die deutsche Pädagogik und Politik Kindergärten heute als deutsche „Erfindung", die selbst in den amerikanischen Sprachgebrauch als eines der wenigen deutschen Fremdwörter Eingang gefunden hat, und den Erfinder *Friedrich Fröbel (1782–1852)* als einen der zentralen Reformpädagogen, der mit den Kindergärten die pädagogische Infrastruktur in Deutschland und darüber hinaus maßgeblich verändert hat. Dies blendet jedoch zumeist aus, wie schwer sich gerade die deutsche Politik und die gesellschaftlichen Erziehungsideale mit eben jenem Fröbel taten:

> „Fröbels Kindergärten rüttelten an diesem Weltbild. Insofern waren sie ein Politikum, und es verwundert nicht, dass der preußische Staat 1851 – ein Jahr vor Fröbels Tod und drei Jahre nach den Unruhen von 1848 – alle Kindergärten gesetzlich verbot. Es ist Bertha von Marenholtz-Bülow (1810–1891) zu verdanken, dass seine ‚Erfindung' Kindergarten nicht gänzlich in Vergessenheit geriet, sondern zunächst im Ausland (Niederlande, England, USA, Japan) eine weitere Verbreitung fand" (Sohns 2009a, 97).

Noch die Mütter der 1960er Jahre – und mit regionalen Unterschieden auch danach – mussten sich in der Bundesrepublik Deutschland häufig dafür rechtfertigen, wenn sie ihre Kinder nicht zu Hause betreuten, sondern in Kindergärten „abschoben" und ihre „Mütterpflichten" vernachlässigten, um selbst berufstätig zu werden und damit offensichtlich ihre egoistisch-materiellen Interessen über das Wohl ihrer Kinder zu stellen oder ihre Ehemänner in dem Monopol der Erfüllung ihrer gesellschaftlich zugeordneten Aufgaben und damit in ihrem Ansehen zu gefährden.

Ganz anders in der DDR. Auch hier war die Emanzipation der Frauen offensichtlich nicht darauf ausgerichtet, die Entscheidungen treffenden staatlichen Gremien wie das Politbüro zu dominieren. Auch hier hatte die Berufstätigkeit von Frauen nicht zur Folge, dass die Männer in der Gesellschaft vermehrt Verantwortung für die Erziehung und Alltagsbetreuung der Kinder übernahmen. Aber es wurde in der DDR ein umfassendes flächendeckendes System der Kinderbetreuung aufgebaut, das bis heute nachwirkt und auf deren quantitative Ausgestaltung die westdeutsche Politik mitunter neidvoll herüber blickt.

Als Gründe für den Aufbau eines solch flächendeckenden Systems stehen drei Aspekte im Vordergrund: Erstens die wirtschaftliche Situation der DDR, die insbesondere bis zum Mauerbau 1961 gekennzeichnet war von einer enormen Abwanderung qualifizierter und ambitionierter Arbeitskräfte und einen großen Arbeitskräftemangel. Frauen *mussten* arbeiten, um die wirtschaftliche Entwicklung zu stabilisieren – gerade in der Wiederaufbauzeit nach dem 2. Weltkrieg. Zweitens grenzt sich die sozialistische Ideologie von der bürgerlichen signifikant dadurch ab, dass kollektive Lebens- und Erziehungsansätze eine höhere Bedeutung haben. Die Konzepte von Kindertagesstätten und Ganztagsschulen als Lern- und Lebensgemeinschaften entsprachen diesem Bedarf eher als das Ideal einer privatisierten bürgerlichen Familie als Lebensfeld für Kinder. Und drittens ermöglichte eine weitgehend öffentliche Erziehung dem Staat im real existierenden Sozialismus von Anfang an eine ganz andere Kontrolle über die Erziehungsinhalte. Es waren *staatliche* Erzieherinnen für die Betreuung zuständig, es kamen Fachpersonen der *staatlichen* Gesundheitsämter und überprüften in einem durchstrukturierten Kontrollsystem regelmäßig die Entwicklung der Kinder.

Die Krippen nahmen die Kinder in der Regel bereits im ersten Lebensjahr auf, die Horte gewährleisteten auch während der Schulzeit eine Ganztagsbetreuung. Die Kindertagesstätten (Krippen, Kindergärten, Horte) wurden zur primären Sozialisationsinstanz für die Kinder, die Familien wurden eher Rückzugsräume für eine ausgleichende Privatsphäre, die von zahlreichen Alltagsproblemen entlastet war und in denen familiäre Bindungen sich als Gegenpol zu den gesellschaftlichen Reglements entwickelten und von Generationenkonflikten der Bundesrepublik unbelasteter blieben.

Mit dem Beitritt der DDR zur Bundesrepublik wurden alle gesetzlichen Grundlagen der alten Bundesländer auf die neuen übertragen, es bestand die heikle Notwendigkeit, grundsätzlich unterschiedlich gewachsene Strukturen und Praktiken möglichst reibungslos zu überführen. Bei den Kindertagesstätten gab es keine mit Rechtsansprüchen verbundene finanzielle Absicherung mehr, die Zuständigkeit wechselte zu den einzelnen Kommunen, gleichzeitig ließen eine plötzliche hohe Arbeitslosigkeit und ein historisch außergewöhnlicher Einbruch der Geburtenzahlen den Druck auf das Angebot an vorschulische Betreuungseinrichtungen sinken. Es kam zu einer umfangreichen „Abwicklung" von Kindertagesstätten im Osten, dem in den 1990er Jahren kein äquivalenter Druck zum Aufbau von Kindertagesstätten aus dem Westen gegenüber stand.

Es ist bezeichnend für die historisch-juristische Entwicklung von Kindertagesstätten in Deutschland, dass die erstmalige Einführung eines flächendeckenden Rechtsanspruchs auf einen Kindergartenplatz (beginnend mit dem 3. Lebensjahr, lediglich drei ostdeutsche Bundesländer bieten weitergehende Rechtsansprüche) 1995 zwar im Zuge der Harmonisierung von Rechtsgrundlagen der beiden deutschen Staaten erfolgte, jedoch keineswegs im Bereich der Jugendhilfe oder einer expliziten Novellierung von familienpolitischen Grundlagen. Vielmehr war es die Reformierung des deutschen Abtreibungsrechts 1995, das in der politischen Auseinandersetzung breiten Raum einnahm und in deren Zuge im Rahmen der „historischen Stunde der Frauen im deutschen Bundestag" der Rechtsanspruch auf einen Kindergartenplatz quasi als Folge daraus entstand, dass trotz eines liberalisierten Abtreibungsrechts den Frauen in Deutschland mehr Anreize gegeben werden sollten, sich für die Geburt und das Erziehen eines Kindes zu entscheiden.

Die Diskussion um diesen Rechtsanspruch beherrschte dann auch weitgehend die Fachdiskussion der kommenden Jahre, während andere im Rahmen der gleichen Neuregelungen beschlossene Hilfeangebote weitgehend untergingen. So ist bis heute selbst den meisten Frühfördereinrichtungen nicht bekannt, dass damals auch erstmalig der Begriff „Frühförderung" als Terminus in ein deutsches Gesetz gefunden hat: Im Schwangeren- und Familienhilfeänderungsgesetz (SFHÄndG) mit einem Rechtsanspruch auf Beratung im Rahmen der Schwangerenkonfliktberatung durch „Fachkräfte mit besonderer Erfahrung in der Frühförderung" (§ 2 Abs. 2 Punkt 5) – damit quasi ebenfalls als Folge eines veränderten Abtreibungsrechts (vgl. Sohns 2000a, 136, vgl. Kap. 2.5).

1.2 Der Rechtsanspruch auf (pädagogische) Frühförderung

In dem historischen Kontext der Bundesrepublik wirkte der erstmalige Wechsel der führenden Regierungspartei 1969 wie eine Zäsur. Bereits zuvor gab es einige Angebote der Frühförderung im weitesten Sinn, v.a. für Kinder mit sinnesspezifischen Behinderungen (Sohns 2000a, 30). Als 1968 in München das erste *Sozialpädiatrische Zentrum* (SPZ) eröffnet wurde, hatte es wie die übrigen Angebote der Frühförderung noch keine klare rechtliche und damit allgemein verbindliche finanzielle Grundlage. Die neue Bundesregierung initiierte nun neben zahlreichen Neuerungen im sozial- und bildungspolitischen Feld auch gutachterliche Anstöße, von dem die Soziale Arbeit neben der Psychiatrie-Enquête (1975) am nachhaltigsten von dem Bericht des Deutschen Bildungsrates (1973) beeinflusst wurde.

Innerhalb des Gesamtberichtes des Deutschen Bildungsrats erfolgten von einer Expertengruppe die „Empfehlungen zur pädagogischen Förderung behinderter und von Behinderung bedrohter Kinder und Jugendlicher", die einen eigenen Abschnitt (Kapitel 4) dem Bereich „Früherkennung und Frühförderung" widmen. Ausgehend von einer umfangreichen Analyse der damaligen Ausgangssituation (Deutscher Bildungsrat 1973, 44 ff) wird die flächendeckende Etablierung von „Zentren für pädagogische Frühförderung" empfohlen (ebd., 56). Von ihnen sollen die Aufgaben Früherkennung, Diagnose, Beratung und Förderung (ebd., 52) gewährleistet werden, wobei interdisziplinäre Zusammenarbeit unerlässlich sei (ebd., 49). Insgesamt wird ein Frühfördersystem gefordert, „das medizinische, pädagogische und soziale Aktivitäten einschließt" (ebd., 47). Besonderer Wert wird auf das Angebot der mobilen „Hausfrüherziehung", alternativ zur ambulanten Förderung, gelegt (ebd., 54, vgl. auch Sohns 2000a, 31 ff).

> „Die Gesamtintention dieser Empfehlungen zielte darauf ab, mehr Möglichkeiten eines gemeinsamen Lernens behinderter und nicht behinderter Kinder im Sinne einer schulischen und außerschulischen Integration zu schaffen, und darüber hinaus bereits im Vorfeld der frühen Entwicklung die nötigen Hilfen bereitzustellen, um in dieser so wichtigen Phase einer Ausprägung von Behinderungen und damit möglicherweise einer schulischen Besonderung vorzubeugen. Frühförderung wurde demnach bereits im Ansatz als ein integrativer Dienst verstanden" (Speck 1996, 16).

Diese Empfehlungen trugen wesentlich dazu bei, dass mit dem 3. Änderungsgesetz zum Bundessozialhilfegesetz (BSHG) 1974 im § 40 Abs. 1 unter die „Maßnahmen der Eingliederungshilfe" unter Nr. 2a ein kleiner Passus neu aufgenommen wurde: „[…] heilpädagogische Maßnahmen für Kinder, die noch nicht im schulpflichtigen Alter sind".

Mit diesem Einschub entstand 1974 eine Rechtsgrundlage auf „heilpädagogische Maßnahmen", die gegenüber den kommunalen Sozialhilfeträgern (Kreise und kreisfreie Städte) geltend gemacht werden konnte. Dies war die Grundlage dafür, dass flächendeckend in Deutschland Frühförderstellen entstehen konnten.

Dies war jedoch gleichzeitig eine gesetzliche Regelung, die das Fundament und damit auch Finanzierungsansprüche auf (heil-) pädagogische Maßnahmen begrenzte. Insofern wurde entgegen dem interdisziplinären Ansatz der Expertengruppe *Frühförderung* zunächst überwiegend mit *pädagogischer* Frühförderung gleich gesetzt. Und insofern hatten die Frühförderstellen, die in der Folge entstanden, sowohl bezüglich der personellen Besetzung als auch der inhaltlichen Ausrichtung überwiegend einen pädagogischen Fokus. Dies blieb nicht ohne Ressentiments durch andere Berufsgruppen.

1.3 Pädagogisch-Medizinische Auseinandersetzungen

Bei diesen Ressentiments standen die fachlichen Ansprüche an die Hilfen für Kinder mit Behinderungen während der Entstehungsphase der Frühfördereinrichtungen in den 1970er Jahren noch nicht im Vordergrund. Auch die (heil-) pädagogischen Hilfen hatten damals noch einen stark kurativen Charakter und waren „geprägt von dem Glauben an die Möglichkeiten therapeutischer Übungsbehandlungen mit dem Kind, zunächst in isolierter Durchführung durch Fachleute" (Sohns 2000a, 43). Vielmehr waren es „standespolitische Auseinandersetzungen" (vgl. ebd., 34 ff), die um die Frage geführt wurden, welche Disziplin bei der

Ausgestaltung dieses neuen Hilfesystems die Federführung inne hatte: die medizinische Disziplin, die daran gewöhnt war, über den ärztlichen Rezeptblock oder die Leitungsfunktion in medizinischen Einrichtungen in hierarchischer Struktur die Arbeit des Hilfesystems zu überwachen, oder die pädagogische Disziplin, die im Zuge der Emanzipationsbewegungen seit Ende der 1960er Jahre auch in der außerschulischen Pädagogik eine eigene Identität und Selbstbewusstsein entwickelte und sich soeben an deutschen Hochschulen zu einer neuen wissenschaftlichen Disziplin ausgebaut hatte.

Bereits das Votum innerhalb der Expertengruppe des Deutschen Bildungsrates war nicht einheitlich. Konnten ihre Mitglieder über wesentliche grundsätzliche Inhalte (Etablierung von Frühförderzentren, interdisziplinäre Arbeitsweise) noch Einvernehmen erzielen, kam es zu einer Spaltung an der Frage, ob solche Frühfördereinrichtungen primär pädagogische oder pädiatrisch geleitete Einrichtungen sein sollen. Dem (Mehrheits-) Bericht der Expertengruppe unter der Leitung von Otto *Speck*, Ordinarius für Geistigbehindertenpädagogik an der Universität München, der Zentren für pädagogische Frühförderung mit dem Schwerpunkt einer mobilen Hausfrüherziehung forderte, wurde ein (Minderheiten-) Gutachten durch Johannes *Pechstein* gegenüber gestellt, in dem „die Auffassung vertreten (wurde), daß nur medizinisch-klinische Dienste Frühförderung effektiv betreiben könnten" (Speck 1993, 128 f). Hierzu wurde ein Ausbau von *Sozialpädiatrischen Zentren* vorgeschlagen.

Hintergrund dieser Auseinandersetzung waren die sich bereits abzeichnenden unterschiedlichen Systeme der Frühförderung: Zum einen das System der pädagogisch orientierten Frühförderstellen, die dezentral in allen Regionen wohnortnahe und mobile Angebote für Familien vorhielten. Dieses von *Speck* favorisierte System fand auch Unterstützung bei den Behindertenverbänden, vornehmlich bei der Bundesvereinigung der *Lebenshilfe*, unter deren Trägerschaft 1970 in Bonn die erste deutsche Frühförderstelle gegründet wurde. Zum anderen das *„familienzentrierte, sozialpädiatrische Arbeitsmodell"* (Pechstein 1981, 97), umgesetzt in Sozialpädiatrischen Zentren (SPZ). Dieses Konzept sieht einen zentralen Charakter mit einem größeren Einzugsgebiet vor, dafür jedoch interdisziplinär besetzte Teams aus Psychologen, medizinischen Therapeuten und Heilpädagogen, die jedoch alle obligatorisch unter gesamtärztlicher Leitung stehen.

Ausgehend von dem Bruch in der Expertengruppe des Deutschen Bildungsrates 1973 kam es in der Folge zu konkurrierenden Auseinandersetzungen zwischen den beiden Systemen und ihren Vertretern, die auch auf politischer Ebene bis hinein in das damalige Bundeskabinett ausgetragen wurden. Wurde in Folge des Expertenberichtes mit dem 3. ÄndG des BSHG eine Rechts- und Finanzierungsgrundlage für „heilpädagogische Leistungen" und damit für pädagogische Frühförderstellen geschaffen, so fehlte eine Rechtsgrundlage für SPZ noch bis 1989. Diese Ungleichheit provozierte Widerstand und führte zu Auseinandersetzungen, die bis weit in die (sonder-) pädagogischen und medizinischen Berufsverbände reichten. Höhepunkt war eine Resolution des Deutschen Ärztetages 1976, in der die Existenz der entstehenden Frühförderstellen abgelehnt wurde:

„Der Deutsche Ärztetag bittet die Bundesländer, die durch die Vorsorgeprogramme für Säuglinge und Kinder eingeleitete Früherkennung und Frühförderung behinderter oder von Behinderung bedrohter Kinder weiter auszubauen. Im Gegensatz zu der vom Deutschen Bildungsrat empfohlenen Errichtung neuer Zentren mit pädagogischem Schwerpunkt empfiehlt der Deutsche Ärztetag die organisatorische Erweiterung bestehender medizinischer Einrichtungen. Damit wird eine zu einseitige Orientierung der Frühförderung vermieden und bei geringerem Kostenaufwand eine höhere Effektivität erzielt" (Der Kinderarzt 7, 1976, 846).

Die Gesundheitsminister der Länder entsprachen diesem Anliegen, indem sie einvernehmlich eine „Zusammenfassung von Beratungs- und Förderangeboten in Sozialpädiatrischen Zentren" forderten, die vornehmlich an Kinderkrankenhäusern und Kinderkliniken einzurichten seien (Konferenz der Gesundheitsminister 1977). Und auch das Bundesministerium für Arbeit und Sozialordnung sprach sich für einen ausschließlichen Ausbau der Sozialpädiatrischen Zentren auf Kosten der Frühförderstellen aus (Speck 1979, 4) und befürwortete ein flächendeckendes Netz an SPZ (Pechstein 1981, 98), die durch das Aktionsprogramm „Rehabilitation in den 80er Jahren" auf 300 SPZ ausgebaut werden sollten (Herriger 1984, 88, Pechstein 1979). Hingegen bekräftigte der damalige Bundesminister für Bildung und Wissenschaft die Bedeutung der pädagogischen Frühförderung (Schmude 1980, zusammenfassend: Sohns 2000a, 40f), so dass sich im Endeffekt keine der beiden Richtungen durchsetzte und beide Institutionsformen sich separat nebeneinander entwickelten.

Diese Auseinandersetzungen waren insofern nicht nur Folge der Rechtsgrundlage für pädagogische Frühförderstellen, sondern auch die Ursache dafür, dass die beiden Systeme – bereits in der Expertengruppe des Deutschen Bildungsrates – nicht zusammen finden konnten und sich damit bis heute so schwer tun. Die Reibungsverluste durch die auf existenzieller Basis geführten Auseinandersetzungen der 1970er Jahre waren auch für eine interdisziplinäre Kooperation in den Regionen enorm und anhaltend. Es ist insbesondere einer neuen Generation kooperativer Ärzte zu verdanken, die als Leiter unterschiedlicher Sozialpädiatrischer Zentren (Bonn, Tübingen, Gießen, Kassel, Pelzerhaken u.a.) bereits in den 1980er Jahren eng mit Vertretern der pädagogischen Frühförderung kooperierten und somit einen wesentlichen Teil zur Entspannung des medizinisch-pädagogischen Verhältnisses im Rahmen der Frühförderung beitrugen. Bis heute wirken einzelne Ressentiments noch nach und es gibt große regionale Unterschiede in der Ausgestaltung von Kooperations- und Netzwerkstrukturen, die in vielen Fällen primär durch das persönliche Engagement einzelner Fachpersonen geprägt sind. Dazu trägt auch bei, dass die Rehabilitationsträger (also die Kostenträger) bis heute nicht die Kraft hatten, Kooperationsstrukturen verbindlich einzuführen und entsprechende Finanzierungsstrukturen zu schaffen. Dass ein Konkurrenzdenken zwischen den Frühfördersystemen jederzeit erneut ausbrechen und die Kooperationen zwischen den beiden Disziplinen nachhaltig beeinträchtigen können, zeigte sich auch erneut bei der sich derzeit vollziehenden Neugestaltung der Frühförderung im Rahmen der Komplexleistung. Das betrifft jedoch nicht nur das medizinisch-pädagogische Spannungsfeld, sondern auch weitere Systeme der Frühförderung.

1.4 Sonderpädagogisch – Sozialpädagogisches Spannungsfeld

Auch innerhalb der pädagogischen Disziplin treffen zwei Systeme aufeinander, die sich in ihrem Status, ihrer gesellschaftlichen Anerkennung (insbesondere dokumentiert durch die Bezahlung ihrer Fachpersonen) und in ihrem Selbstbewusstsein deutlich unterscheiden: Im Schulbereich als staatliche Hoheitsaufgabe hatten die Lehrer als Beamte in Deutschland ein machtvolles System aufgebaut, das im Regelschulwesen wie im Sonderschulwesen als Disziplin (bis heute) weitgehende Autonomie besitzt und von interdisziplinären Kooperationen weitgehend unberührt geblieben ist. Selbst im Rahmen der Einschulungsuntersuchungen wird auf (amtsärztliche) Eingangsuntersuchungen zurück gegriffen, die lediglich beratenden Charakter und damit die Funktion der Zuarbeit für die Pädagogen der staatlichen Schulämter inne haben.

Im Vorschulbereich fehlt diese gesellschaftliche Anerkennung des Bildungswesens. Da in diesem Bereich in klassisch deutscher Tradition als Domäne der erziehenden Mütter eine professionelle pädagogische Förderung und Betreuung kaum Wert geschätzt wurde, gelang es den Fachkräften – anders als in fast allen europäischen Ländern – nicht, eine gesellschaftliche Anerkennung ihrer Profession mit akademischer Ausbildung zu erreichen: Bis in jüngste Zeit stand dem zu 100 % akademisierten Lehramtsbereich eine Quote von 3,3 % von akademisch ausgebildetem Personal in Kindertageseinrichtungen gegenüber (vgl. Pasternack 2007, 12), und erst nach der durch die Pisa-Studien ausgelösten neuen Bildungsdebatte gibt es Bemühungen, zumindest im Ausbildungsbereich hieran etwas zu ändern: „Neben Österreich, Malta und der Slowakei war Deutschland eines der letzten Länder, die auf eine akademische Qualifizierung verzichtet haben" (Nentwig-Gesemann 2007, 2). Angesichts dieser gravierenden Status- (und Finanzierungs-) Unterschiede zwischen Pädagogen im Schul- und im Vorschulbereich ist es nicht verwunderlich, wenn der Schulbereich darum bemüht ist, sich deutlich abzugrenzen und ggf. auch despektierlich auf die „minder qualifizierten" Fachkräfte eines ganzen Systems herab blickt.

Die traditionelle ideologische Zuordnung von Kindern im Vorschulalter als Domäne der Familie hatte Auswirkungen auf die Anforderungsprofile der vorschulischen Einrichtungen. Entsprechend der eng gefassten Angebote von Kindergärten konnten es sich diese leisten, Aufnahmebedingungen zu stellen. Die Kindergärten waren „so konzipiert, dass sie bestimmte Eingangs-Anforderungen an die Kinder stellten: Hierzu gehörten ein Mindestmaß an sozialen Kompetenzen (Gemeinschaftsfähigkeit), an kulturellen Fähigkeiten (z. B. Sauberkeit) und an kognitiven und motorischen Voraussetzungen (d. h. z. B. die Nichtaufnahme von Kindern mit ‚Behinderungen'). Das Elternhaus hatte dafür Sorge zu tragen, dass diese Voraussetzungen vor einer Aufnahme erreicht wurden. Für Kinder, die diesen normativen Eingangs-Anforderungen nicht gerecht wurden, wurde der Aufnahmezeitpunkt verschoben, oder es wurde an ein separates Kindertagesstättensystem verwiesen: spezielle Kindertagesstätten und Sondergruppen mit verbesserten Personalressourcen und zumeist spezifisch geschultem (heil-) pädagogischem Personal" (Sohns 2009 a, 94).

Damit waren zwei Systeme des Kindertagesstättenwesens vorgezeichnet: Regel- und Sonderkindertagesstätte. Ausgehend von dem Verständnis, dass Kinder mit (drohenden) Behinderungen zusätzliche Förderung und therapeutische Unterstützung gegenüber „normalen" Kindern benötigen, wurden die Sonderkindergärten personell besser ausgestattet und boten zusätzliche Therapiemaßnahmen an.

> „Liefen die Regel- und Sondereinrichtungen lange Zeit ungestört nebeneinander her, so entwickelten sich in den letzten 30 Jahren zwei Störfaktoren für diese Ordnung: Zum einen entstanden emanzipatorische Ansprüche im Zuge allgemeiner gesellschaftlicher Bewegungen. Hieraus griff der gesellschaftliche Anspruch an Integration und Inklusion auch auf die sogenannte Behindertenhilfe über und führte sukzessive zu einem fachlichen und politischen Umdenken. Zum anderen führte die Veränderung ökonomischer und damit auch gesellschaftlicher Rahmenbedingungen zu einer Veränderung der Lebensbedingungen der Kinder und der Anforderungen an die Elternhäuser. Wir müssen feststellen, dass eine zunehmende Zahl an Kindern den Anforderungen an einen klassischen Regelkindergarten nicht mehr gerecht wird" (ebda. 94 f).

Damit verändern sich Ansprüche an Frühförderung. Einerseits entwickelten Eltern und Fachpersonen einen Druck auf Sondereinrichtungen, die strenge Abgrenzung zum Regelbereich aufzuweichen und sich für wohnortnahe Integrationsmaßnahmen zu öffnen. Andererseits veränderten sich die Indikationen für sonderpädagogische Betreuungen mit immer fließenderen Übergängen, so dass bei einer dramatisch wachsenden Zahl von Kindern zwar keine *Behinderung* im klassischen Sinn als Körper-, geistige oder Mehrfachbehinderung vorlag, andererseits die Betreuungsanforderungen der Kinder so anstiegen, dass die Regelsysteme mit ihren Kompetenzen und Ressourcen dem nicht mehr gewachsen sind. Diese Überforderung der Institutionen erfordert systemübergreifende professionelle Denkansätze.

1.5   Der Rechtsanspruch auf Komplexleistung

Wie der Wechsel der Bundesregierung 1969, so brachte auch der erneute Wechsel 1998 weit reichende Folgen für die Frühförderung mit sich. Hatte der Deutsche Bundestag bereits seit 1980 wiederholt ein eigenes Behindertengesetz gefordert

(Schellhorn 1997, 20, Sohns 2002, 50), so hatte die Regierung den Ehrgeiz, dieses Anliegen – wie andere auch – möglichst schnell umzusetzen. Im Eilverfahren wurde das Rehabilitationsgesetz erstellt und trat als SGB IX im Juli 2001 in Kraft. Für die (pädagogische) Frühförderung hatte dies weit reichende Konsequenzen: War es ihr während der 1990er Jahre weitgehend gelungen, sich aus Angst vor finanziellen Kürzungen der Kostenträger (Sohns 2000b, 63) dem Blickfeld der Politik zu entziehen, nahm in diesem Gesetz der Gesetzgeber Frühförderung erstmal offensiv auf und definierte sie systemübergreifend als „Komplexleistungen" mit einem gegenseitigen Bezug zwischen „medizinischer Rehabilitation" (medizinisch-therapeutische Frühförderung, § 30 SGB IX) und den Leistungen zur „Teilhabe am Leben in der Gemeinschaft" (pädagogische Frühförderung, § 55 SGB IX). Mit der Vorgabe, dass Frühförderleistungen nun interdisziplinär abgestimmt werden müssen, wurde in die Grundlage für eine disziplinspezifische Frühförderung eingegriffen.

Dieser Einschnitt war so gravierend, dass mehr als 100 Jahre unterschiedlicher Traditionen der Sozialsysteme davon betroffen sind: Bis dato standen die medizinisch-therapeutischen Leistungen seit der Einführung der Krankenversicherung 1883 (über die Reichsversicherungsordnung, die erst in den 1980er Jahren ins SGB V überführt wurde) und die Leistungen der Behinderten- und Eingliederungshilfe unvermittelt nebeneinander, sie gestalteten sich administrativ völlig anders aus (Versicherungssystem einerseits, über Steuern finanzierte staatliche Leistungen im Rahmen der kommunalen Selbstverwaltung andererseits), entwickelten unterschiedliche Finanzierungsstrukturen und gänzlich voneinander abweichende disziplinorientierte Mentalitäten (ärztlich-hierarchische Struktur einerseits, [heil-] pädagogische Orientierung andererseits). Die Neuorientierung kam so unvermittelt und zudem in ihrer juristischen Ausgestaltung so uneindeutig, dass sie 2001 und in den Folgejahren für große Unsicherheiten sorgte und Platz für eigenwillige Interpretationen und willkürliche Umsetzungen schuf. Diese führten dazu, dass auch fast 10 Jahre nach der Verabschiedung des SGB IX kaum eine befriedigende Umsetzung der seinerzeitigen Intention des Gesetzgebers erfolgte.

Für die Frühförderung bedeutete dies, dass sie – nach einem ersten Impuls durch die Änderung des § 93 des Bundessozialhilfegesetzes (BSHG) in den 1990er Jahren mit der Notwendigkeit, mit den Kommunen als örtliche Sozialhilfeträger so genannte „Leistungsvereinbarungen" abzuschließen – nun endgültig aus ihrem Schattendasein heraus treten und sich neuen fachlichen Diskussionen und administrativen Verhandlungen stellen musste. Um diese Entwicklung der letzten 10 Jahre nachvollziehen zu können, ist es daher notwendig, zunächst ausführlich die detaillierten Rechtsgrundlagen von Frühförderung zu betrachten.

2 Die rechtlichen Grundlagen der Frühförderung

2.1 Die Vielfalt der Frühförder-Struktur in Deutschland

Artikel 28 Abs. 1 des Grundgesetztes definiert die Bundesrepublik Deutschland als föderativen Staat mit weitgehender *kommunaler Selbstverwaltung*. Bestandteil dieser Selbstverwaltung sind u. a. die kommunale Kostenträgerschaft für die *Jugendhilfe* und die *Eingliederungshilfe* für Menschen mit (drohender) Behinderung. Entsprechend liegt die Zuständigkeit für die Ausgestaltung und Finanzierung der regionalen (pädagogischen) Frühförderstellen bei den Kreisen und kreisfreien Städten in Deutschland. Es oblag also jeder einzelnen kommunalen Gebietskörperschaft, die Frühförderstellen im Rahmen der wenig konkreten bundesweiten Gesetzgebung nach ihren Vorstellungen (gemeinsam mit Leistungsanbietern) auszugestalten.

Entsprechend stellt sich die Struktur der über 1000 Frühförderstellen in Deutschland als ein Flickenteppich dar, der in seiner Unterschiedlichkeit von Kreis zu Kreis kaum noch überschaubar ist. Jeder einzelne Träger von Frühfördereinrichtungen handelt mit den zuständigen kommunalen Gebietskörperschaften separate Leistungs- und Entgeltvereinbarungen aus. Die Unterschiede der festgelegten Parameter sind bundesweit enorm. Sie lassen sich vielfach mit fachlichen und rechtlichen Grundlagen nicht in Einklang bringen. Vielmehr sind die Ergebnisse dieser Verhandlungen abhängig vom Geschick, Engagement und den fachlichen Ansprüchen der Verhandlungspartner. Während für den Leistungserbringer[3] in dem einen Landkreis die Frühförderstelle die einzige einzige berufliche Existenzgrundlage bildet, ist sie möglicherweise im Nachbarkreis Bestandteil einer Vielfalt von Einrichtungen unter gleicher Trägerschaft. Je nach Trägermentalität besitzen in manchen Regionen umsatzstärkere Werkstätten für Behinderte oder Integrative Wohn- und Betreuungsstätten Priorität, hier können in gemeinsamen Kostenverhandlungen Standards für die Frühförderung geopfert werden. In anderen Regionen besteht hingegen die Motivation, den ambulanten Bereich der Frühförderung mit Überschüssen aus stationären Betreuungen zu subventionieren. Die Rehabilitationsträger mischen sich nur selten in die Ausgestaltung durch die Leistungserbringer ein. Auf der Gegenseite besteht bei zahlreichen regionalen Kostenträgern die Einsicht, dass eine fachlich gut ausgebaute Hilfestruktur gerade bei frühen Hilfen präventiv wirken kann und besonders gut ausgestattet wird, während bei einer (vermutlich überwiegenden) Zahl der deutschen Kreise und kreisfreien Städte ange-

---

3 Die Träger der Frühförderstellen.

sichts unausgeglichener Haushalte das Bemühen überwiegt, auch bei der ambulanten Eingliederungshilfe möglichst niedrige Kostensätze durchzusetzen. So hat sich in Deutschland in den 1980er und 1990er Jahren besagter Flickenteppich mit völlig unterschiedlichen Rahmenbedingungen gebildet, auf dem innerhalb eines Bundeslandes in dem einem Landkreis Frühförderstellen mit gut ausgebildeten interdisziplinären Teams mit über 30 Fachpersonen eine umfassende mobile Versorgung mit Offener Anlaufstelle gewährleisten, während im Nachbarkreis zwei Fachpersonen ohne Hochschulabschluss für ein niedriges Gehalt – unterstützt von ehrenamtlichen Müttern – ein ganzes Kreisgebiet versorgen sollen. Während in dem einen Landkreis über 10 % der Kinder im Vorschulalter Hilfen durch Frühförderstellen erhalten, sind es in einem anderen weniger als 1 % (vgl. Kap. 6.3 und 6.4). Während in dem einem Landkreis gut ausgebildeten Fachpersonen akademische Gehälter gezahlt werden und diese dauerhaft an die Frühförderung gebunden bleiben (auch männliches Fachpersonal), wird in anderen Landkreisen die Frühförderung von Fachpersonen gewährleistet, deren Stundenlohn unterhalb dessen liegt, was in Deutschland als Mindestlohn für Paketzusteller diskutiert wird.

Die Gesetzgeber im Bund und in den Bundesländern zögerten mit einer weiteren inhaltlichen Konkretisierung der im BSHG § 40 vorgesehenen „heilpädagogischen Maßnahmen", da mit einer detaillierten Vorgabe von Qualitätskriterien aus den entsprechenden Mehrkosten eine finanzielle Mitverantwortung für Bund und Länder hätte abgeleitet werden können. Dies lag jedoch nicht in der Absicht der Gesetzgeber.

Strukturell bildet die deutsche Frühförderung eine unkoordinierte Mischform von niedergelassenen ärztlichen und therapeutischen Praxen, die zumeist ein eigenes (häufig geschlossenes) Hilfesystem entwickelt haben, das überwiegend mit klinischen Einrichtungen innerhalb des medizinischen Systems kooperiert. Daneben haben sich die sogenannten Frühförder-Einrichtungen etabliert, die der Gesetzgeber als solche hervorgehoben hat (Frühförderungsverordnung, vgl. Kap. 2.7): zum einen die nach 1974 entstandenen Frühförderstellen mit primär pädagogischer Ausrichtung, zum anderen die Sozialpädiatrischen Zentren unter ärztlicher Leitung. Während die SPZ sich überwiegend an Kliniken oder sonstigen medizinischen Institutionen ansiedelten, sind die Trägerschaften der Frühförderstellen geprägt durch das *Subsidiaritätsprinzip* und den jahrzehntelangen Vorrang der freien Wohlfahrtspflege.

2.1.1 Das Subsidiaritätsprinzip

Dabei gilt die Nachrangigkeit von Leistungen der Sozialhilfe. Der Gesetzgeber geht davon aus, dass zunächst alle anderen Leistungen zur Unterstützungen von Hilfebedürftigen herangezogen werden sollen, bevor auf Leistungen der Sozialhilfe als letztes Auffangnetz zurück gegriffen wird. Dementsprechend sind zunächst auch Hilfeleistungen aus anderen gesetzlichen Grundlagen und bei anderen Rehabilitationsträgern zu überprüfen.

Für die Frühförderung kann das in der Praxis bedeuten, dass beispielsweise ein Kind mit hirnorganischen Verletzungen nach einem Autounfall einen unbestrittenen Anspruch auf Frühförderleistungen hat. Trotzdem kann der Rehabilitationsträger der Eingliederungshilfe die Bewilligung einer Frühförderleistung mit dem Hinweis darauf verweigern, dass die Unfallversicherung (die Haftpflichtversicherung des Unfallverursachers) vorrangig für die Übernahme der Unfallfolgekosten zuständig sei. Dies würde den Anspruch auf Eingliederungshilfe als nachrangig ersetzen.

Bei Streitigkeiten um die Zuständigkeit verschiedener Rehabilitationsträger hat der Gesetzgeber festgelegt, dass dies nicht zu Lasten der Hilfeempfänger gehen darf. Im Zweifelsfall gibt es eine *Vorleistungspflicht* des örtlichen Sozialhilfeträgers.

Zum zweiten bezieht sich das Subsidiaritätsprinzip auf eine Nachrangigkeit öffentlicher Trägerschaften. Ausgehend von den Erfahrungen einer politischen Dominanz staatlicher Einrichtungen und einer Entmündigung eigenständiger Verbände während der Diktatur des Nationalsozialismus haben die Gesetzgeber danach in der Bundesrepublik einen *Vorrang der Freien Wohlfahrtspflege* verfügt. Demnach sollen staatliche Einrichtungen sich nach Möglichkeit aus dem Angebot sozialer Hilfen zurückziehen, wenn „aus der Gesellschaft heraus" (z. B. durch Vereine oder Verbände) eigene Initiativen für soziale Einrichtungen entstehen. In Folge dessen sind in der Bundesrepublik breite Strukturen sozialer Einrichtungen entstanden, die sich in der „Liga der freien Wohlfahrtspflege" mit sechs zentralen Verbänden zusammengeschlossen haben: Arbeiterwohlfahrt, Deutsches Rotes Kreuz, Caritas, Diakonie, Zentralwohlfahrtstelle der Juden in Deutschland, Paritätischer Gesamtverband.

Diese Verbände teilen sich traditionell die Trägerschaften des größten Teils der sozialen Einrichtungen in Deutschland auf, sie besitzen alle den Status der Gemeinnützigkeit.

Nach 1990 griff mit der Übernahme der gesetzlichen Grundlagen der Bundesrepublik auch für die ehemalige DDR dieses System auch in den neuen Bundesländern. Die ehemals staatlichen Hilfesysteme einschließlich der umfangreichen Kindertagesstättenstruktur wurden innerhalb kurzer Zeit überwiegend in frei-gemeinnützige Trägerstrukturen überführt.

2.1.2 Das Wirtschaftlichkeitsprinzip

Dieses Primat der freien Wohlfahrtspflege wurde jedoch während der 1990er Jahre im Zuge mehrerer gesetzlicher Neuregelungen um den § 93 BSHG aufgeweicht (vgl. Sohns 2000a, 129 ff). Vor den Vorrang gemeinnütziger Träger wurde im Zuge dessen ein *Wirtschaftlichkeitsprinzip* gestellt:

> „Sind Einrichtungen vorhanden, die im gleichen Maße geeignet sind, soll der Träger der Sozialhilfe Vereinbarungen vorrangig mit Trägern abschließen, deren Vergütung bei gleichem Inhalt, Umfang und Qualität der Leistung nicht höher ist als die anderer Träger" (§ 93 BSHG Abs. 1, Satz 3).

Mit der Betonung dieser neuen Parameter hat der Gesetzgeber private Anbieter mit den gemeinnützigen Leistungsanbietern gleichgestellt. Im Mittelpunkt des Interesses der Sozialhilfeträger steht in soweit nicht mehr der gemeinnützige Status von Verbänden, sondern „der Inhalt, Umfang und die Qualität der Leistung". Damit können auch private gewinnorientierte Anbieter die Zulassung einer regionalen Frühförderstelle beantragen. Die Folge ist, dass die Funktion der örtlichen Sozialhilfeträger als inhaltliche Steuerungsinstanz für die Versorgung der Bevölkerung mit Frühförderangeboten (die traditionell zumeist an einen gemeinnützigen Träger vergeben wurde) zurückgedrängt wurde zugunsten eines allgemeinen *Konkurrenzprinzips* zwischen möglichen verschiedenen Anbietern von Frühförderung, die im Rahmen einer Kundenorientierung auf einem Markt der Sozialleistungen gegeneinander konkurrieren.

Entsprechend argumentieren viele örtliche Sozialhilfeträger, dass sie bei der Zulassung neuer Anträge auf Frühförderstellen keine Entscheidungsfreiheit mehr haben, ob diese Einrichtungen sich in die Infrastruktur einbetten oder nicht. Analog zum Pflegebereich mit seinen vielfältigen und meist unüberschaubaren Pflegediensten könnten somit auch beliebig viele Frühförderstellen neu entstehen. Es liegt auf der Hand, dass zwischen den Einrichtungen keine Mentalität einer kooperativen Unterstützung der Fachpersonen mit unterschiedlichen Qualifikation aufkommen kann, sondern eine betriebliche Abgrenzung von konkurrierenden Einrichtungen mit dem Ziel, die Qualität der anderen Angebote zu Gunsten eines eigenen Profils nicht zu stärken. Die Kommunen stehen nun vor der Fragestellung, ob sie bei einer vorliegenden Konzeption mit einem Mindestmaß an inhaltlichen und qualitativen Angeboten beliebig viele Frühförderstellen zulassen müssen, oder ob sie nach wie vor einen regionalen Planungsauftrag besitzen, nachdem nur eine begrenzte Zahl von Einrichtungen zugelassen wird oder Auflagen bezüglich trägerübergreifender Verbundsysteme erfolgen. In der Praxis gehen die Kommunen auch mit dieser Frage uneinheitlich um. Während ein Großteil der deutschen Kreise und kreisfreien Städte in ihrem Einzugsgebiet nach wie vor nur eine oder zwei Frühförderstellen in Trägerschaft der Freien Wohlfahrtspflege zugelassen hat, sind im letzen Jahrzehnt in anderen Landreisen (insbesondere in Nordrhein-Westfalen, Niedersachen und Schleswig-Holstein) zahlreiche, meist kleine, Frühförderstellen privater Anbieter zusätzlich entstanden, die teilweise eine Koordinierung dieser Einzelangebote nicht mehr ermöglichen.

Trotz der Übernahme des Subsidiaritätsprinzips als § 5 Abs. 4 Satz 1 in das SGB XII gibt es vereinzelt Frühförderstellen auch in kommunaler Trägerschaft (angebunden an Jugend- oder Gesundheitsämter).

2.2 Medizinische und therapeutische Frühförderung (SGB V)

Vor der Einführung der Komplexleistung im Jahr 2001 wurde die Frühförderung in zwei große Bereiche unterteilt, die nur wenige Berührungspunkte untereinander hatten:

- in den Bereich der pädagogischen Frühförderung und
- in den Bereich der medizinisch-therapeutischen Frühförderung.

Die Finanzierung der medizinischen Frühförderung fußt auf dem SGB V, zuständige Rehabilitationsträger sind die Krankenversicherungen.

2.2.1 Aufgabenfelder

Hier lässt sich eine in der Medizin etablierte Differenzierung in primäre, sekundäre und tertiäre *Prävention* vornehmen, die auch für die Frühförderung von Bedeutung ist (Sohns 2000a, 138f):

- die primäre Prävention als Verhütung von Krankheiten und deren Verschlimmerung (§ 20)
- die sekundäre Prävention als medizinische Früherkennung und Frühdiagnostik (§§ 25–26)
- die tertiäre Prävention als die ärztliche Beratung und Behandlung (§§ 27–28) und ärztlich verordnete medizinisch-therapeutische Maßnahmen, z. B. mit Heilmitteln (§ 32).

Besondere Bedeutung für die Frühförderung hat die medizinische Früherkennung und Diagnostik. Aus fachlicher Sicht herrscht Übereinstimmung dahingehend, dass eine Diagnostik ohne ärztliche Beteiligung nicht vertretbar ist, sei es im Rahmen einer Diagnosestellung kindlicher Entwicklungsstörungen aus medizinischer Sicht, sei es im Rahmen einer Ausschlussdiagnostik medizinischer Ursachen für kindliche Entwicklungsauffälligkeiten. Entsprechend greift § 73 Abs. 1 Punkt 4 SGB V, der „die Einleitung oder Durchführung präventiver und rehabilitativer Maßnahmen sowie die Integration nichtärztlicher Hilfen und flankierender Dienste in die Behandlungsmaßnahmen" als eine der ärztlichen Hauptaufgaben vorsieht.

Die ärztliche Beratung und Behandlung geht über die Diagnostik und Diagnosemitteilung hinaus. Sie kann das Verordnen von Medikamenten beinhalten, aber auch invasive Maßnahmen (z. B. kinderchirurgische Eingriffe), sie kann sich jedoch auch auf eine allgemeine Beratung und Aufklärung über die kindliche Entwicklung und deren Prognose aus medizinischer Sicht konzentrieren.

2.2.2 Heilmittelrichtlinien

Bei indiziertem Bedarf können Ärzte auch eine weiterführende Behandlung durch medizinische Therapeuten einleiten, die gemäß § 124 SGB V zugelassen sein müssen:

> „(1) Heilmittel, die als Dienstleistungen abgegeben werden, insbesondere Leistungen der physikalischen Therapie, der Sprachtherapie oder der Ergotherapie, dürfen an Versicherte nur von zugelassenen Leistungserbringern abgegeben werden."

Bis zur Einführung der Komplexleistung im Jahr 2001 erfolgte dies auch im Rahmen der Frühförderung durch die Anwendung der „Heilmittelrichtlinien des Gemeinsamen Bundesausschusses", nach denen die Verfahren der niedergelassenen Heilmittelversorgung geregelt werden. Unabhängig von einer Komplexleistung Frühförderung kann auf ärztliches Rezept eine medizinisch-therapeutische Maßnahme auch weiterhin veranlasst werden.

Auch nach der Einführung einer gemeinsamen Komplexleistung werden bei deren Umsetzung von den Krankenkassen eben jene Kriterien für die Anerkennung von interdisziplinären Frühförderstellen zu Grunde gelegt, die bei den Heilmittelrichtlinien angewandt werden und den involvierten Referenten von daher bekannt und vertraut sind. Für die Frühförderstellen bedeutet dies jedoch, dass sie sich ggf. neuen Raumanforderungen stellen müssen, die bei einigen Einrichtungen erhebliche Umbaumaßnahmen erfordern oder ihre Anerkennung als interdisziplinäre Frühförderstelle (IFF) in Frage stellen. Beispielsweise wiesen die Verbände in Schleswig-Holstein darauf hin, dass entsprechende Umbaumaßnahmen zusätzliche Investitionen in Millionenhöhe erforderten. Auch in Thüringen wurden nach Inkrafttreten der Landesrahmenempfehlungen Frühförderstellen durch Vertreter der Krankenkassen und des Sozialministeriums primär dahingehend überprüft, ob die Raumanforderungen den Ansprüchen der Heilmittelrichtlinien entsprechen. Aus fachlicher Sicht entsprechen diese rein verwaltungstechnisch zusammengestellten Kriterien oftmals nicht den kindlichen Bedürfnissen. Beispielsweise wird eine Frühförderstelle nicht genehmigt, wenn sie nicht eine vorgegebene Mindestraumhöhe vorweisen kann (mit der Begründung, es müsse u.a. ein Trampolinspringen ohne Gefährdung möglich sein, vgl. Kap. 4.5.2.4). Es erscheint offenbar, dass insbesondere durch die Krankenkassen an verwaltungstechnisch etablierten Parametern festgehalten wird, obwohl von Seiten des Bundesgesetzgebers ebenso wie von allen Vertretern der Länderministerien inzwischen eindeutig klar gestellt wurde, dass die Heilmittelrichtlinien auf die Komplexleistung Frühförderung nicht anzuwenden seien (Bundesministerium für Arbeit und Sozialordnung/Bundesministerium für Gesundheit 2009, Bundesministerium für Arbeit und Sozialordnung 2008).

Traditionell finanzierte sich die medizinisch-therapeutische Frühförderung auf Grundlage der Reichsversicherungsordnung (RVO), die – auf ärztliches Rezept – eine therapeutische Behandlung von Kindern im Vorschulalter ermöglichte. Im Mittelpunkt stand zunächst die Krankengymnastik, die sich später zur *Physiothe-*

rapie weiter entwickelte. Besondere Berücksichtigung gerade für Kinder im Vorschulalter findet – auch bei den Vergütungssätzen durch die Krankenkassen – die Physiotherapie „auf neurophysiologischer Grundlage"[4]. Speziell hierzu geschulte Physiotherapeuten (gegebenenfalls auch Ergotherapeuten und andere Berufsgruppen) können für diese Behandlungsform auf ärztliches Rezept bei den Krankenkassen gesonderte Kostensätze abrechnen.

Im Laufe der 1960er Jahre erweiterte die Beschäftigungstherapie ihren Fokus auch auf spezifische Konzepte für kleine Kinder. Sie entwickelte sich weiter zur *Ergotherapie*, die sich gezielt auf motorisch-funktionelle, sensomotorisch-perzeptive, neuropsychologische und -physiologische oder psychosoziale Störungen fokussiert.

Die Sprachtherapie entwickelte sich parallel zur Sprachheilpädagogik, die sich primär in (schulischen) Einrichtungen etablierte. Außerhalb der Schulen entstand die Logopädie als dritte gemäß § 124(1) SGB V anerkannte Therapieform („Heilmittel").

2.2.3 Ärztliche Vorsorgeuntersuchungen

Unabhängig von der in der Medizin etablierten Differenzierung in primäre, sekundäre und tertiäre *Prävention* und ihre Bedeutung für die Frühförderung (Sohns 2000a, 138 f) gelten die *ärztlichen Vorsorgeuntersuchungen* als zentrale Maßnahme zur Früherkennung kindlicher Entwicklungsstörungen. Das Recht auf diese Untersuchungen wurde im Rahmen der Reichsversicherungsordnung 1971 mit den U1 bis U7 für Säuglinge und Kleinkinder eingeführt. Hierbei handelt es sich um ein Screeningverfahren[5], das niedergelassene Ärzte oder Kinderärzte bzw. Gynäkologen, unmittelbar nach der Geburt durchführen, um mögliche kindliche Entwicklungsstörungen frühzeitig zu erkennen. Die Leistungen der RVO wurden mit dem Gesundheitsreformgesetz (GRG) von 1988 in das SGB V übernommen. Mit dem Gesundheitsstrukturgesetz (GStrG) von 1992 wurden auch die ärztlichen Vorsorgeuntersuchungen (inzwischen U1 bis U9) in das SGB V überführt.

2.2.4 Sozialpädiatrische Zentren

Ebenfalls mit diesem GStrG und seiner Einbettung in das SGB V wurde erstmals auch eine gesetzliche Etablierung *Sozialpädiatrischer Zentren* eingeführt. Nach

---

4 Hiermit sind die spezifischen Behandlungsansätze nach dem Bobath- beziehungsweise Vojtakonzept gemeint.
5 Screeningverfahren dienen per Definition nicht der Diagnostik von Erkrankungen oder Behinderungen, sondern klären lediglich ab, ob ein Kind eine normale Entwicklung durchläuft oder ein Verdacht auf eine mögliche Entwicklungsstörung vorliegt, der genauere Diagnostiken nach sich ziehen sollte.

§ 119 Abs. 2 SGB V ist „die Behandlung durch sozialpädiatrische Zentren [...] auf diejenigen Kinder auszurichten, die wegen der Art, Schwere oder Dauer ihrer Krankheit oder einer drohenden Krankheit nicht von geeigneten Ärzten oder in geeigneten Frühförderstellen behandelt werden können. Die Zentren sollen mit den Ärzten und den Frühförderstellen eng zusammenarbeiten".

Damit wurde erstmals in einem deutschen Gesetz nicht nur eine Rechtsgrundlage für Sozialpädiatrische Zentren und ein Anspruch auf ihre Leistungen festgelegt, sondern auch die Existenz von Frühförderstellen namentlich erwähnt. Eine nähere Ausgestaltung der Arbeit dieser Frühförderstellen erfolgte jedoch nicht. Während die Existenz von Frühförderstellen von einer Leistungsvereinbarung mit den kommunalen Entscheidungsträgern abhängig ist, müssen SPZ durch einen eigenen Zulassungsausschuss genehmigt werden. In diesem sind nur zwei Organisationen vertreten: „die Kassenärztlichen Vereinigungen und die Landesverbände der Krankenkassen sowie die Ersatzkassen für den Bezirk jeder Kassenärztlichen Vereinigung oder für Teile dieses Bezirks (Zulassungsbezirk)" (§ 96 Abs. 1 SGB V). In diesem Zulassungsausschuss sind „Vertreter der Ärzte und der Krankenkassen in gleicher Zahl" stimmberechtigt (§ 96 Abs. 2 SGB V).

Die Genehmigung und Finanzierung der SPZ entzieht sich somit – anders als bei Frühförderstellen – einer unmittelbaren politischen Kontrolle. In konsequenter Logik der Zuständigkeit eines (Kranken-) Versicherungssystems mit ärztlich dominierter hierarchischer Struktur bestimmen ärztliche Vereinigungen und Krankenkassen selbst über die Ausgestaltung der medizinischen Infrastruktur. Damit unterliegen sie den verbandspolitischen Interessen dieser Gremien auf regionaler Ebene. In der Praxis führt dies dazu, dass bspw. in Ballungsgebieten wie Berlin zeitweise über 20 verschiedene SPZ genehmigt wurden oder im Rhein-Main-Gebiet gleich fünf SPZ auf wenigen Kilometern nebeneinander arbeiten, während in Mecklenburg-Vorpommern mit nur zwei SPZ (Schwerin, Greifswald) nur 1,6 % der Einrichtungen 6,4 % der Fläche der gesamten Bundesrepublik zu versorgen haben. Die Folge ist, dass nur aus ca. 1/3 der Landkreise in Mecklenburg-Vorpommern überhaupt Familien mit Kindern ein SPZ aufsuchen (Sohns 2001, 22) und dennoch in den SPZ Wartezeiten von 1/2 bis 1 Jahr bestehen. Auch eine Resolution im Landtag Mecklenburg-Vorpommerns, in denen zwei weitere SPZ (in Neubrandenburg und Rostock) angeregt wurden, konnte keinen Einfluss auf den Zulassungsausschuss nehmen. Hier können trotz einer gesetzlichen Fundierung die verbandspolitischen Interessen der Kassenärzte eine Verbesserung der Infrastruktur durch eine Blockadehaltung im Zulassungsausschuss verhindern.[6]

Strukturell unterscheiden sich Sozialpädiatrische Zentren von Frühförderstellen neben ihrer überregionalen Ausrichtung dadurch, dass sie in einem obligatorischen interdisziplinären Team unter ärztlicher Leitung eine bessere Personal- und Sachausstattung haben, die insbesondere bei der Diagnostik einer kindlichen

---

6 Umgekehrt erfolgte Anfang der 1990er Jahre in Hessen die Zulassung des ersten SPZ im Rhein-Main-Gebiet, obwohl sich das zuständige Sozialministerium zum damaligen Zeitpunkt gegen solche Einrichtungen aussprach.

Entwicklungsstörung zum Tragen kommt. Dadurch ist die hierarchische Abstufung des § 119 SGB V begründet, wonach sie als überregionale Zentren (nur) bei einer besonderen Schwere und Dauer der Krankheit oder drohenden Krankheit zuständig sind. Die Tatsache, dass die SPZ mit Ärzten und Frühförderstellen eng zusammenarbeiten sollen, impliziert jedoch gleichzeitig ein kooperatives Verhältnis, bei dem es möglich sein muss, dass auch beide Einrichtungen parallel mit jeweils spezifischer Fragestellung in Anspruch genommen werden können (Bundesministerium für Arbeit & Sozialordnung 2009).

Bzgl. der Finanzierung gibt es in den fast 130 SPZ in Deutschland ebenfalls unterschiedliche Verfahrensweisen. In vielen SPZ gab es Übergangsregelungen, wonach die pädagogischen Leistungen in SPZ in diagnostische Leistungen (finanziert durch die Krankenkassen) und fördernde Tätigkeiten (finanziert durch die Sozialhilfeträger) differenziert werden mussten. Damit wurde in mühseliger Einzeldokumentation versucht, die pädagogischen Tätigkeiten in die beiden Bereiche aufzuteilen, um Erfahrungswerte für eventuelle Pauschalen zu erhalten. Auch wenn inzwischen fast durchgängig Quartalspauschalen eingeführt wurden, werden in manchen Ländern die SPZ zu 100 % durch die Krankenkassen finanziert, in anderen werden mit den örtlichen Sozialhilfeträgern des Wohnortes des Kindes anteilige Kosten für die pädagogischen Leistungen separat berechnet.

2.3 Frühförderung im Rahmen der Eingliederungshilfe (SGB XII)

2.3.1 Der heilpädagogische Fokus

Durch die Einführung des Rechtsanspruches auf „heilpädagogische Maßnahmen" im Jahr 1974 im BSHG wurde der Aufbau und die Struktur der deutschen Frühförderstellen wesentlich von den Inhalten dieses Gesetzes geprägt. Die Finanzierungszuständigkeit für pädagogische Frühförderung lag bei den örtlichen Sozialhilfeträgern, die Arbeit wurde auf die Berufsgruppe der Heilpädagogen fokussiert. Welche Ausbildung nun zwingend erforderlich ist, um „heilpädagogische Maßnahmen" durchführen zu können, wurde vom Gesetzgeber nicht detailliert vorgegeben. Entsprechend finden sich in den Frühförderstellen je nach Anerkennungspraxis der jeweiligen regionalen Kostenträger völlig unterschiedliche Berufsgruppen aus dem pädagogischen Bereich und darüber hinaus.

Auch innerhalb einer beruflichen „heilpädagogischen" Qualifikation gibt es von den Rehabilitationsträgern keine dezidierten Vorgaben. Bislang gibt es nur wenige deutsche Hochschulen, die Heilpädagogen ausbilden. Ihre Absolventen bilden nur einen geringen Anteil an den heilpädagogischen Fachkräften der

Frühförderung. Häufiger finden sich Fachpersonen mit einer Fachschulausbildung, die ggf. eine heilpädagogische Weiterbildung absolviert haben (vor allem in ostdeutschen Bundesländern), in allen Bundesländern aber auch pädagogische Fachpersonen mit einer anderen Hochschulausbildung (Sozial-, Diplom- oder Sonderpädagogen).

Da der gesetzliche Fokus primär auf die „heilpädagogischen Maßnahmen" zielte, konzentrieren sich auch die Qualifikationen der Fachpersonen zunächst auf die Förderung des Kindes (zur fachlichen Grundlage der Heilpädagogik in ihre Veränderung vgl. Kap. 3.1.7):

Entsprechend legen auch viele örtliche Sozialhilfeträger in Deutschland traditionell den Fokus der pädagogischen Frühförderung auf eine „heilpädagogische Übungsbehandlung". Einzelne Landkreise haben sogar im Rahmen ihrer Leistungsvereinbarung einen verbindlichen Passus aufgenommen, wonach bei jeder Betreuungseinheit ein bestimmtes Zeitkontingent (z. B. 45 Min.) „am Kind" zu erbringen sei. Erwartungsgemäß vielfältig sind auch die Unterschiede bezüglich einer weitergehenden Elternberatung. Während manche Kostenträger dies nicht als Aufgabe der Frühförderstellen sehen wollen, haben in anderen Landkreisen die Frühförderteams weitgehende Entscheidungsspielräume bezüglich des Betreuungsschwerpunkts von Kind und Familie. Generell lässt sich feststellen, dass je eingeschränkter die Handlungsspielräume für die Frühförderteams durch die Kostenträger sind, desto stärker konzentrieren sich auch die Qualifikationen der Mitarbeiter auf die verschiedenen Formen der Kindesförderung. Umgekehrt haben sich in Regionen mit weitgehenden Entscheidungsfreiheiten und einer hohen Grundqualifikation der Fachpersonen (akademische Ausbildung) die Teams vielfältigere Kompetenzen auch bezüglich einer weiteren Elternberatung und -begleitung angeeignet. Auffallend war beispielsweise in Hessen, dass während er 1990er Jahre ein regelrechter Boom unter den Mitarbeiterinnen der Frühförderstellen nach familientherapeutischen Zusatzqualifikationen bestand. Demgegenüber finden sich in den ostdeutschen Bundesländern solche fachlichen Ausrichtungen bislang nur selten.

2.3.2 Umfassendes und zeitnahes Hilfeangebot

Der Gesetzgeber hat ebenfalls einen Rechtsanspruch verankert, wonach zur Umsetzung der gesetzlichen Ansprüche auf Hilfeleistung eine „ausreichende Zahl" von Einrichtungen „rechtzeitig" zur Verfügung stehen (SGB I, § 1, Abs. 2). Ohne dass hierbei in den Gesetzestexten näher erläutert wird, was sich hinter diesen Begriffen „ausreichend und rechtzeitig" verbirgt, dürfte hierbei vor allem im Rahmen der Frühförderung eine umfassende und zeitnahe Betreuung der Kinder und eine Begleitung ihrer Eltern in der sensiblen Phase der frühkindlichen Entwicklung zu erwarten sein.

Dabei darf der Träger der Eingliederungshilfe nicht erst tätig werden, wenn ein offizieller Antrag von Kind und Eltern vorliegt, es genügt eine einfache Information:

„Die Sozialhilfe [...] setzt ein, sobald dem Träger der Sozialhilfe oder den von ihm beauftragten Stellen bekannt wird, dass die Voraussetzungen für die Leistung vorliegen" (§ 18 Abs. 1 SGB XII). Auch ab diesem Zeitpunkt besteht ein Anspruch auf Leistungen (§ 18 SGB XII Abs. 2).

Damit besteht auch ein Anspruch auf eine rückwirkende Erstattung für Leistungen, die nach der Antragstellung, aber vor der Bewilligung der Eingliederungshilfe erfolgen. Beginnen die Frühförderstellen unmittelbar nach der Antragstellung mit der Förderung, muss ihnen ihr Aufwand (nach erfolgter Genehmigung) erstattet werden. Zahlreiche deutsche Sozialhilfeträger verweigern eine solche rückwirkende Erstattung und sind erst bereit, nach erfolgter Genehmigung die Frühförderleistung zu finanzieren. Frühförderstellen, die trotzdem versuchen, Wartezeiten für Kind und Eltern dadurch zu verkürzen, und sich auf § 18 SGB XII beziehen, tragen allerdings das Risiko, bei einer Ablehnung des Antrages auf Frühförderhilfen durch die Sozialhilfeträger ihre erfolgten Vorleistungen nicht refinanzieren zu können. Die meisten Frühförderträger scheuen dieses Risiko.

Interessant ist hierbei eine fast durchgängig unterschiedliche Praxis zwischen den ost- und westdeutschen Frühförderstellen: In den westdeutschen Bundesländern gibt es in den meisten Einrichtungen Wartelisten, die in einer begrenzten Personalkapazität begründet liegen. Das heißt, innerhalb der Einrichtungen gibt es festgeschriebene Qualitätsstandards, nach denen eine Bezugspeson im Rahmen einer vorgegebenen Fördereinheit (FE) eine bestimmte Kapazität zur Familienbetreuung zur Verfügung hat. Damit betreut jede Fachkraft nur eine begrenzte Zahl von Familien. Melden sich nun mehr Familien an als den Fachpersonen FE zur Verfügung stehen, scheuen die Träger der Frühförderstellen das Arbeitgeberrisiko der Personalaufstockung, um bei einem späteren eventuellen Rückgang von Anmeldungen keine „personelle Überkapazität" zu besitzen. Die Fachpersonen wiederum insistieren auf ihren Zeitbudgets, die den einzelnen Familien zur Verfügung stehen sollen, um dort eine möglichst gute Begleitung gewährleisten zu können. Die Konsequenz ist, dass dieses Spannungsfeld zwischen Kostenträger, Einrichtungsträger und Fachpersonen der Frühförderung einvernehmlich auf dem Rücken der Familien ausgetragen wird. Ihnen wird in der überwiegenden Zahl der westdeutschen Frühförderstellen suggeriert, dass kurzfristig keine Betreuungsmöglichkeit zur Verfügung steht und sie deswegen eine Warteliste in Kauf nehmen müssen.[7]

In den ostdeutschen Frühförderstellen gibt es ebenfalls Wartelisten, die jedoch nur in wenigen Fällen auf einer personellen Unterkapazität oder durch ein Festhalten an zuvor

---

7 Unabhängig von dieser grundsätzlichen Verfahrensweise haben die Frühförderstellen zumeist große saisonale Schwankungen dahingehend, dass mit der eintretenden Sommerpause ein Großteil ihrer Kinder die Frühfördereinrichtung in Richtung Schule oder Kindergarten verlässt und damit zu Einbrüchen der Betreuungszahlen führt. Diese werden erst langsam durch Vermittlungen aus Arztpraxen und den neuen Aufnahmen der Kindertagesstätten nach der Sommerpause, die häufig zur Vermittlung von neuen Kindern an Frühfördestellen führen, kompensiert. Dies erschwert eine kontinuierliche Personalplanung der Frühfördereinrichtungen.

vereinbarten Betreuungskapazitäten für die einzelnen Familien bedingt sind. Die hier beklagten Wartezeiten rühren vielmehr zumeist daher, dass nach einer Beantragung einer Frühförderhilfe bei den zuständigen örtlichen Sozialämtern von diesen eine längere Diagnostik- und Bearbeitungsphase in Anspruch genommen wird. In einzelnen Fällen wird den Frühförderstellen sogar offen angekündigt, dass angesichts fehlender Haushaltsmittel im nächsten halben Jahr keine Bearbeitungen durchgeführt werden. Beide Verfahrenspraktiken sind ein offener Rechtsbruch gegenüber dem Bedürftigkeitsprinzip der Eingliederungshilfe. Ein Sozialgeldempfänger kann auch nicht der Lebensunterhalt vorenthalten werden, weil die im Haushaltsplan vorgesehenen Budgets zu knapp kalkuliert waren. Der Rechtsbruch besteht aber auch gegenüber den im § 14 SGB IX verbindlich definierten Bearbeitungsfristen (vgl. Kap. 2.6.2.4).

Mit dem Überführen des Rechtsanspruchs auf „heilpädagogische Maßnahmen" vom § 40 BSHG in den § 55 Abs. 2 Punkt 2 SGB IX als „heilpädagogische Leistungen für Kinder, die noch nicht eingeschult sind", wird die rechtliche und finanzielle Grundlage der pädagogischen Frühförderung nahtlos weiter geführt. Die Hilfen können als ambulante und mobile Leistungen gegenüber dem örtlichen Sozialhilfeträger (also Kreisen und kreisfreien Städte) geltend gemacht werden.

Der Gesetzgeber spricht seitdem nicht mehr von heilpädagogischen „Maßnahmen", sondern von „Leistungen". Frühförderung wird unter die „Eingliederungshilfe für behinderte Menschen" subsumiert und ist damit Bestandteil der Sozialhilfe (§ 8 Pkt. 4 SGB XII). Gleichzeitig wird der Bezug des Leistungsgesetzes zu den fachlichen Ansprüchen des SGB IX hergestellt. § 53 SGB XII stellt in Abs. 4 klar:

> „Für die Leistungen zur Teilhabe gelten die Vorschriften des Neunten Buches, soweit sich aus diesem Buch und den auf Grund dieses Buches erlassenen Rechtsverordnungen nichts Abweichendes ergibt. Die Zuständigkeit und die Voraussetzungen für die Leistungen zur Teilhabe richten sich nach diesem Buch."

2.3.3 Zielgruppen der Frühförderung

Mit der Einführung des SGB XII wurden im Jahr 2004 die meisten Ansprüche des BSHG und damit auch die Kriterien für die Personengruppen der Leistungsberechtigten weitgehend übernommen. Als *Zielgruppe* für eine (heil-) pädagogische Frühförderung definiert das SGB IX Menschen, die „behindert oder von Behinderung bedroht sind".

§ 53 SGB XII konkretisiert die Voraussetzungen für eine Inanspruchnahme der Leistungen:

> „(1) Personen, die durch eine Behinderung im Sinne von § 2 Abs. 1 Satz 1 des Neunten Buches wesentlich in ihrer Fähigkeit, an der Gesellschaft teilzuhaben, eingeschränkt oder von einer solchen wesentlichen Behinderung bedroht sind, erhalten Leistungen der Eingliederungshilfe, wenn und solange nach der Besonderheit des Einzelfalles, insbesondere nach Art oder Schwere der Behinderung, Aussicht besteht, dass die Aufgabe der Eingliederungshilfe erfüllt werden kann. Personen mit einer anderen körper-

lichen, geistigen oder seelischen Behinderung können Leistungen der Eingliederungshilfe erhalten."

Für die heilpädagogischen Leistungen der Frühförderung wird dies altersspezifisch eingegrenzt auf „Kinder, die noch nicht eingeschult sind" (§ 55 Abs. 2 Punkt 2, SGB IX), also Kinder im Säuglings-, Kleinkind- und Vorschulalter. Sozialpädiatrische Zentren behandeln hingegen Kinder und Jugendliche bis zum Erwachsenenalter. Nach § 2 Absatz 1 SGB IX sind Menschen behindert, „wenn ihre körperliche Funktion, geistliche Fähigkeit oder seelische Gesundheit mit hoher Wahrscheinlichkeit länger als sechs Monate von dem für das Lebensalter typischen Zustandes abweichen". Dementsprechend gehören hierzu auch Kinder, bei denen eine – nicht nur kurzfristige – allgemeine *Verzögerung* ihrer Entwicklung festgestellt wird. Die Ursachen der Behinderung sind dabei vielfältig: sie können einerseits organischer Art sein (Körperbehinderungen, Sinnesschädigungen, Folgen frühkindlicher Schädigungen, etc.), anderseits durch psychische oder soziale Faktoren bedingt. Da sich beide Ebenen maßgeblich auf die Entwicklung eines Kindes auswirken, ist es gerade im frühen Kindesalter in vielen Fällen noch nicht möglich, diagnostisch eine eindeutige Zuordnung vorzunehmen. Dementsprechend ist es bei der Feststellung eines Rechtsanspruches auf heilpädagogische Maßnahmen hilfreich, dass der Gesetzgeber seit 1969 den Adressatenkreis für Eingliederungshilfen auf Menschen mit *drohenden* Behinderungen erweitert hat (ehemals § 39 Abs. 2 BSHG, übernommen in § 35a SGB VIII und § 2 Abs. 1 SGB IX). Nach § 53 Abs. 2 SGB XII sind „von einer Behinderung bedroht" Personen, bei denen der Eintritt der Behinderung nach fachlicher Erkenntnis mit hoher Wahrscheinlichkeit zu erwarten ist. Hierunter sind Gefährdungen und Auffälligkeiten der Entwicklung von Kindern im Vorschulalter zu verstehen, die „mit hoher Wahrscheinlichkeit" zu Behinderungen führen können, die jedoch durch entsprechende Gegenmaßnahmen noch beeinflussbar sind.

Diese enge Auslegung einer „drohenden Behinderung" wird durch die sehr weite Definition der „Behinderung" relativiert. Der Gesetzgeber stellt mit der sehr umfassenden Abgrenzung (einschließlich einer Entwicklungs-Abweichung) klar, dass nach Möglichkeit frühzeitig – präventiv – interveniert werden kann. Dies zeigt sich auch in der weit gefassten Zielsetzung der Teilhabe-Leistungen:

> „Besondere Aufgabe der Eingliederungshilfe ist es, eine drohende Behinderung zu verhüten oder eine Behinderung oder deren Folgen zu beseitigen oder zu mildern und die behinderten Menschen in die Gesellschaft einzugliedern" (§ 53 Abs. 3 SGB XII). Niedrigschwelliger lässt sich eine Aufgabenstellung kaum noch formulieren.

Damit stellt sich die fachliche Frage nach der terminologischen Einordnung verschiedener in diesem Zusammenhang benutzter Begriffe wie „Entwicklungsverzögerung", „Entwicklungsauffälligkeit" oder „Entwicklungsgefährdung". Unter Fachpersonen der Frühförderung erscheint unstrittig, dass diese Begriffe den Status einer drohenden Behinderung umschreiben, zumal der Gesetzgeber die Zielgruppen und die Ziele für Maßnahmen der Eingliederungshilfe bewusst niedrig gehalten hat.

"In der gegenwärtigen Praxis der Frühförderung ist die ‚drohende Behinderung' das rechtlich-technische Pendant zu den fachlichen Kategorien der ‚Entwicklungsverzögerung' und ‚Entwicklungsauffälligkeit', die eine breite Palette von Auffälligkeiten bei Kindern, verbunden mit ungünstigen Milieus, umfassen. Insofern öffnet der Begriff der ‚drohenden Behinderung' die Frühförderstellen allen Eltern und anderen Erziehungsverantwortlichen, die sich Sorgen machen, ob ein Kind sich richtig entwickelt; gleichzeitig spricht er die Verantwortung von Frühförderung an für riskante Entwicklungsbedingungen, unter denen Kinder aufwachsen" (Thurmair/Naggl 2003, 17).

Wir haben seinerzeit vorgeschlagen (Weiß/Neuhäuser/Sohns 2004, 55), den Terminus *Entwicklungsgefährdung* als Oberbegriff für die Zielgruppe pädagogischer Frühförderung anzusehen. Das rechtliche Fundament der gesamten (pädagogischen) Frühförderung ist unter die Kategorie „Teilhabe am Leben der Gemeinschaft" zu subsumieren (Abschnitt 7 des SGB IX). Als Bestandteil dieser gesellschaftlichen Teilhabe (die auch kompatibel ist mit der entsprechenden WHO-Klassifikation im Rahmen der ICF) sind Kinder mit Entwicklungsgefährdungen verschiedenster Ursachen mit ihrer gesamten personalen und sozialen Integration zu sehen. Hierauf beruhen sämtliche moderne pädagogische Konzepte der Frühförderung, von präventiven Ansätzen bis hin zu Risiko- und Resilienzkonzepten (ebd.). Der Gesetzgeber hat seinen Willen zu einem möglichst niedrigschwelligen Zugang zur Frühförderung auch dadurch offenbart, dass er im Gegensatz zu dem Bereich der Jugendhilfe auf den Zusatz einer *wesentlichen* Behinderung im Rahmen der Eingliederungshilfe bewusst verzichtet hat.

2.3.4 Familienorientierte Frühförderung

Ein expliziter Auftrag für über die „heilpädagogischen Maßnahmen" hinausgehende Aufgabenbereiche ließ sich in der gesetzlichen Vorgabe zunächst nicht erkennen, das BSHG sah allenfalls unter § 8 Abs. 2 eine „Beratung in sonstigen sozialen Angelegenheiten" vor. Insgesamt war es schwierig, aus den gesetzlichen Grundlagen eine Finanzierungspflicht für die weiteren Aufgabefelder der Frühförderung abzuleiten (Sohns, 2000a, 127f.). Das SGB XII bietet hier neue Anhaltspunkte. § 16 macht die Vorgabe von „Familiengerechten Leistungen": „Bei Leistungen der Sozialhilfe sollen die besonderen Verhältnisse in der Familie der Leistungsberechtigten berücksichtigt werden. Die Sozialhilfe soll die Kräfte der Familie zur Selbsthilfe anregen und den Zusammenhalt der Familie festigen". Bezogen auf die Frühförderung wird dieser vage Ansatz durch spezifischere Ausführungen mit Bezug zur Frühförderung im SGB IX und v.a. in der Frühförderungsverordnung (FrühV) ausgeweitet.

2.3.5 Bedarfsgerechte Frühförderung

Besonderes Anliegen der spezifischen Hilfen sowohl im Bereich der Eingliederungs- als auch der Jugendhilfe ist es, den individuellen Bedürfnissen der Hilfeempfänger gerecht zu werden. Seit der Feststellung des Individualisierungsprinzips durch das Bundesverfassungsgericht (1954) ist dieser Anspruch unstrittig und wurde als *Bedarfsdeckungsprinzip* in die entsprechende Sozialgesetzgebung aufgenommen. Dies äußerst sich auch darin, dass im Rahmen des BSHG die Notwendigkeit der Erstellung eines Gesamtplans (§ 46, übernommen in § 58 des SGB XII) als auch im Bereich der Jugendhilfe als Hilfeplan (§ 36 SGB VIII) der Anspruch auf eine individuelle Bedarfsfeststellung besteht.

Im SGB IX findet sich das Individualisierungsprinzip im § 9 (1): „Die Leistungen richten sich nach der Besonderheit des Einzelfalles, insbesondere nach der Art des Bedarfs, den örtlichen Verhältnissen, den eigenen Kräften und Mitteln der Person oder des Haushalts bei der Hilfe zum Lebensunterhalt." Das bedeutet nicht, dass nicht auch pauschale Leistungen und Vergütungen von den Kostenträgern ermöglicht werden können. Dahinter verbirgt sich jedoch der fachliche Anspruch, für jeden Hilfebedürftigen ein individuelles Konzept zu erstellen, das seinen spezifischen Bedürfnissen gerecht wird.

Dies wurde lange Zeit von den Sozialämtern gleichgesetzt mit einem allgemeinen Genehmigungsverfahren, bei dem im Zuge der Antragstellung auf Frühförderung lediglich eine grundsätzliche Anspruchsberechtigung festgestellt wurde. In den meisten deutschen Landkreisen wurde der Bedarf in der Regel auf eine pauschale Betreuungseinheit pro Woche vereinheitlicht. In vielen Landkreisen wird dieser Bewilligungsbescheid durch regelmäßig zu erstellende Entwicklungsberichte der Frühförderstellen ergänzt. Dabei ist die Qualität und Ausgestaltung dieser Entwicklungsberichte regional sehr unterschiedlich. Während die Mehrzahl der Frühförderstellen regelmäßige, individuelle Entwicklungsberichte erstellen und dokumentieren kann (zum Teil unterstützt durch spezifische Softwareprogramme) ergaben Evaluierungen in Frühförderstellen (Sohns 2001, 41), dass in einzelnen Frühförderstellen diese obligatorischen Entwicklungsberichte von den Mitarbeiterinnen in ihrer Freizeit und – mangels einer fehlenden PC-Ausstattung der Einrichtung – handschriftlich zu Hause erstellt werden mussten.

Der Gesetzgeber hat den Anspruch des Individualisierungs- und Bedarfsdeckungsprinzips für die Frühförderung durch die FrühV dahingehend gestärkt, dass die interdisziplinäre Erstellung eines *individuellen* Förder- und Behandlungsplans unter Beteiligung und mit der Unterschrift zweier verschiedener Berufsgruppen obligatorisch geworden ist (§ 7 Abs. 1 FrühV).

Mit dieser Ausführung ist auch für den Bereich der Frühförderung erstmals das rechtliche Fundament dafür gegeben, dass in den Frühfördereinrichtungen für jedes einzelne Kind eine verbindliche, individuelle Bedarfserstellung unter Berücksichtigung der vielfältigen Einflussfaktoren seiner Lebenswelt besteht. In dem Förder- und Behandlungsplan sind somit alle Ressourcen und Bedarfe des Kindes zu erfassen und der umfassende Hilfebedarf – in den verschiedenen Zuständigkeitsbereichen – zu beschreiben. Dies birgt auch die Chance, die bisher häufig nebeneinander laufenden Hilfen der unterschiedlichen Systeme zu erfassen und abzuwägen. Für eine solche Gesamtsicht ist es auch notwendig, mobile, ambulante, teilstationäre und bei Bedarf auch stationäre Hilfen aufzunehmen und in ihren Möglichkeiten gegeneinander abzuwägen.

Dieser fachliche Anspruch wird auch von bundespolitischer Seite bekräftigt. So führte der seinerzeitige Sozialminister aus:

„Drittens wird interdisziplinäres Arbeiten gefördert und auch gefordert. Behinderte und von Behinderung bedrohte Kinder haben im Regelfall einen Bedarf nicht nur an medizinischen, sondern auch an pädagogisch-psychologischen Hilfen. Nur durch einen individuell angepassten Mix ist optimale Hilfe möglich. Dabei gilt es Grenzen zu überwinden, sowohl zwischen den Leistungsträgern als auch bei den Leistungserbringern" (Müntefering 2006).

2.4 Frühförderung im Rahmen der Jugendhilfe (SGB VIII)

Seit dem zweiten Änderungsgesetz des BSHG von 1969 war der anspruchsberechtigte Personenkreis für Leistungen der Eingliederungshilfe auf Menschen mit (drohender) körperlicher, geistiger oder seelischer Behinderung festgelegt. Mit der Einführung des Kinder- und Jugendhilfegesetzes (SGB VIII) stellte sich die Frage, unter welches Leistungsgesetz die Leistungen der Frühförderstellen subsumiert werden: Sollte an dem etablierten System mit den örtlichen Sozialhilfeträgern festgehalten werden, oder sollte die Frühförderung in den Bereich der Jugendhilfe überführt werden? Die Befürworter der Jugendhilfe führten an, mit der Zuständigkeit des KJHG für die Frühförderung würde ein deutliches Signal gesetzt, dass die Kinder zunächst als *Kinder* und nicht als „Behinderte" definiert werden. Damit könnten subjektive Stigmatisierungen relativiert werden. Zudem gelte mit der Überführung in das KJHG ein Gesetz mit aktuellen fachlichen Ansprüchen, die innerhalb der Behörden in dem Bereich der Jugendhilfe durch fachlich besser ausgebildete Fachpersonen vertreten würden. Dagegen wurde insbesondere von den Fachverbänden (vor allem der Bundesvereinigung Lebenshilfe e.V.) argumentiert, die Frühförderung habe sich in den vorangegangenen zehn Jahren flächendeckend in Deutschland etabliert und gute strukturelle Rahmenparameter entwickelt. Durch eine Verlagerung der Kostenträgerschaft in andere behördliche Zuständigkeiten würden diese etablierten Strukturen hinterfragt und möglicherweise gefährdet. Daher wurde für ein Beibehalten der pädagogischen Frühförderung mit ihren „heilpädagogischen Maßnahmen" in der Zuständigkeit des BSHG plädiert.

Der Gesetzgeber folgte mit der Einführung des KJHG am 26.06.1990 keiner der beiden Argumentationslinien: Er riss die anspruchsberechtigte Personengruppe in der Mitte durch. Beließ er einerseits die Zuständigkeit für Kinder mit geistigen und körperlichen Auffälligkeiten beim BSHG und damit beim örtlichen Sozialhilfeträger, wurden sogenannte „seelisch behinderte und von Behinderung bedrohte Kinder" dem KJHG zugeordnet. Obwohl sich diese Differenzierung in der Praxis als nicht praktikabel erweist (Lempp 1994, 13), wurde diese Aufteilung auch bei der Novellierung des KJHG 2005 bestätigt. Der entsprechend novellierte Paragraph (jetzt § 10 Abs. 4 SGB VIII) lautet:

> „(4) Die Leistungen nach diesem Buch gehen Leistungen nach dem Zwölften Buch vor. Leistungen der Eingliederungshilfe nach dem Zwölften Buch für junge Menschen, die körperlich oder geistig behindert oder von einer solchen Behinderung bedroht sind, gehen Leistungen nach diesem Buch vor."

Damit bleiben Kinder mit einer seelisch bedingten Entwicklungsgefährdung zunächst unter dem Vorrang des KJHG. Es wird jedoch den einzelnen Bundesländern überlassen, diese Zuordnung umzugestalten: „Landesrecht kann regeln, dass Leistungen der Frühförderung für Kinder unabhängig von der Art der Behinderung vorrangig von anderen Leistungsträgern gewährt werden" (§ 10 Abs. 4 Satz 2, SGB VIII). Einzelne Länder hatten bereits nach 1990 von einer entsprechenden Übergangsregelung Gebrauch gemacht (Gernert 1995). Mit diesem Passus wurde die Übergangregelung in eine grundsätzliche Ausgestaltungsmöglichkeit für die Länder überführt, die nun entscheiden können, ob die Frühfördereinrichtungen für eine Binnendifferenzierung innerhalb der kommunalen Kostenträger nochmals diagnostisch differenzieren müssen oder ob zumindest hier eine Leistung aus einer Hand gewährleistet wird.

Es stellt sich damit wie vor 1990 noch immer die Frage, ob die Frühförderung primär als Leistung für „behinderte" Kinder angesehen wird, oder primär als grundlegende Hilfestellung für Kinder. Bis auf wenige Ausnahmen liegt in den deutschen Kreisen und kreisfreien Städten die Zuständigkeit primär bei den Sozialhilfeträgern, nur wenige Landkreise praktizieren im Bereich der mobil-ambulanten Hilfe eine Einzelfall bezogenen Aufteilung zwischen den Behinderungsformen. Angesichts der zumeist noch bevorstehenden Umwandlung der Kostenträgerstrukturen im Rahmen der Komplexleistung Frühförderung könnte auch diese Zuständigkeit in den einzelnen Kommunen oder Ländern neu hinterfragt werden. Unstrittig ist, dass sich die Diagnosen und die Hilfebedarfe der Kinder in der Frühförderung auch nach 1990 verändert haben: Standen in den 1980er Jahren in den deutschen Frühförderstellen noch Kinder mit eher klassischen Behinderungsformen (körperliche, geistige und Mehrfachbehinderungen) im Vordergrund, machen diese Kinder heute gegenüber Kindern mit (eher umfeldbedingten) allgemeinen Entwicklungsverzögerungen oder sogenannten psychosozialen Auffälligkeiten nur noch eine Minderheit aus (vgl. Kap. 3.3.3.3). Diese Tatsache lässt ebenso eine mögliche Zuordnung der pädagogischen Frühförderung zum Rehabilitationsträger Jugendhilfe als bedenkenswert erscheinen wie die Tatsache, dass auch aus fachlicher Sicht im Interesse von koordinierten Verbundsystemen mögliche Reibungsverluste innerhalb der deutschen Kommunen zwischen Sozial- und Jugendhilfe dadurch reduziert würden. Dafür spricht auch, dass sich nach 20 Jahren Jugendhilfegesetz die Jugendhilfe um einen systematischen Abbau von stigmatisierenden Interventionen bemüht hat und hiermit auch der – subjektiv für die Eltern als stigmatisierend empfundene – Behindertenstatus leichter relativiert werden könnte.

Die Grundlage für eine Finanzierung von Frühförderleistungen nach dem SGB VIII findet sich im § 35a, der als „Eingliederungshilfe für seelisch behinderte Kinder und Jugendliche" einen eigenen Unterabschnitt des vierten Abschnittes des KJHG bildet. Die fachlichen Grundlagen im Rahmen der Frühförderung nach SGB VIII sind die gleichen wie die für Kinder mit körperlichen und geistigen Entwicklungsgefährdungen nach SGB XII:

> „(3) Aufgabe und Ziel der Hilfe, die Bestimmung des Personenkreises sowie die Art der Leistungen richten sich nach § 53 Abs. 3 und 4 Satz 1, den §§ 54, 56 und 57 des Zwölften Buches, soweit diese Bestimmungen auch auf seelisch behinderte oder von einer solchen Behinderung bedrohte Personen Anwendung finden" (§ 35a, Abs. 3, SGB VIII).

Allerdings hat der Gesetzgeber bezüglich der Diagnostik durch einen neu eingefügten Absatz 1a im § 35a eine zusätzliche Anforderung formuliert, nach der „der Träger der öffentlichen Jugendhilfe die Stellungnahme 1. eines Arztes für Kinder- und Jugendpsychiatrie und -psychotherapie, 2. eines Kinder- und Jugendpsychotherapeuten oder 3. eines Arztes oder eines psychologischen Psychotherapeuten, der über besondere Erfahrungen auf dem Gebiet seelischer Störungen bei Kindern und Jugendlichen verfügt, einzuholen" hat. Dabei ist auch „darzulegen, ob die Abweichung Krankheitswert hat oder auf einer Krankheit beruht" (ebd.). Hiermit ist nicht nur eine zusätzliche fachliche Anforderung im Rahmen des Genehmigungsverfahrens verbunden, es erscheint auch fraglich, ob die obligatorische Darlegung eines „Krankheitswertes" bei Kindern im Frühförderalter überhaupt abzugrenzen und zu diagnostizieren ist. Aus fachlicher Sicht erscheint es mit Bezug zur Frühförderung nicht praktikabel, diese gesetzliche Vorgabe einzulösen.

Für den Bereich der Frühförderung erscheint es vielmehr hilfreich, dass sowohl im Eingliederungshilfegesetz (§ 58 SGB XII) als auch im Jugendhilfegesetz (§ 36 SGB VIII) die verbindliche Erstellung eines Gesamt- bzw. Hilfeplans vorgegeben ist. Gleiches ist auch in die Frühförderungsverordnung als Förder- und Behandlungsplan übernommen und noch spezifischer ausgestaltet worden. Für die Praxis böte es sich demnach an, diagnostische Erkenntnisse, den möglichen Bedarf weitergehender Diagnostiken und ihre Auswirkungen auf einen spezifischen Hilfebedarf für das Kind und seine Familie im Rahmen einer solchen Förder- und Behandlungsplanerstellung zu harmonisieren. Entsprechende Landesregelungen könnten hierbei die notwendige Grundlage schaffen, um eine für Kinder im Vorschulalter unsägliche Differenzierung zwischen verschiedenen Behinderungsformen zu vermeiden.

2.5 Schwangerenberatung nach dem Schwangeren- und Familienhilfeänderungsgesetz (SFHÄndG)

Weitgehend unbekannt – selbst in den Frühfördereinrichtungen – ist ein gesetzlicher Anspruch auf Beratung durch „Fachkräfte mit besonderer Erfahrung in der Frühförderung behinderter Kinder" im Schwangeren- und Familienhilfeänderungsgesetz (§ 2, Abs. 2, Punkt 5 SFHÄndG). Mit der Veränderung der §§ 218/219 des Strafgesetzbuches und dem Ersetzen der „embryonalen Indikation" für einen straffreien Schwangerschaftsabbruch durch eine „medizinisch-soziale Indikation" im Jahr 1995 hat der Gesetzgeber ein Bündel von zusätzlichen Hilfeangeboten für Familien eingeführt, die dazu beitragen sollen, sich in einer Schwangerschaftskonfliktsituation für das Kind zu entscheiden. Am heftigsten diskutiert wurde von diesen Maßnahmen die Einführung eines Rechtsanspruchs auf einen Kindertagesstättenplatz für Kinder ab dem dritten Lebensjahr. Der Rechtsanspruch auf eine Frühförderberatung, z. B. über „Hilfsmöglichkeiten für behinderte Menschen und ihre Familien, die vor oder nach der Geburt eines in seiner körperlichen, geistigen oder seelischen Gesundheit geschädigten Kindes zur Verfügung stehen" (§ 2 Abs. 2 Punkt 5 SFHÄndG), blieb indes weitgehend unbekannt und auch ungenutzt. Die Mehrzahl der hierzu befragten Frühförderstellen gibt an, über einen solchen Rechtsanspruch nicht informiert und fachlich hierauf auch nicht vorbereitet zu sein. Fälle, in denen in den 14 Jahren seit Einführung dieses Gesetzes Schwangerschafts- und Konfliktberatungsstellen auf die Kolleginnen der Frühförderung mit dem Ziel einer gemeinschaftlichen Beratung zugegangen wären, sind auch nicht bekannt.

Der Bedarf nach einer solchen Beratung ist hingegen hoch. Mit Hilfe technischer Möglichkeiten kann eine immer spezifischere pränatale Diagnostik durchgeführt werden. Diese liefert eine Vielzahl an Informationen, gegebenenfalls auch unklare Verdachtsmomente oder die Kenntnis von einer möglichen Behinderung des entstehenden Kindes. Die Konfliktsituationen in Folge von Entscheidungsnotwendigkeiten für Eltern vor und nach einer solchen pränatalen Diagnostik nehmen zu.

Aus rechtlicher Sicht kann nach der Abschaffung der „embryonalen Indikation" kein Schwangerschaftsabbruch *wegen* der Behinderung mehr begründet werden. De facto geschieht jedoch genau das Gegenteil: Mit Bezug auf eine „medizinische Indikation" wird eine Straffreiheit für einen Abbruch bis zum Entbindungstermin ermöglicht, wenn der „körperliche oder seelische Gesundheitszustand der Schwangeren durch die Geburt bedroht" wird und die Gefahr nicht auf andere für sie zumutbare Weise abgewendet werden kann (§ 218a Absatz 2 StGB).

Damit müsste der Tatbestand erfüllt sein, dass das Kind die Mutter unmittelbar bedrohe. In der Tat wird mit Verweis auf das subjektiv beeinträchtigte Wohlbefinden der Mutter in der Praxis jegliche Behinderung als „schwerwiegende Beeinträchtigung" im Sinne des Gesetzes bewertet. Weitgehend undiskutiert bleiben die psychischen Folgen einer „Spätabtreibung". Häufig bleiben die Mütter dem enormen Druck einer Verarbeitung ohne entsprechende Reflektionsmöglichkeiten ausgeliefert. Geburtskliniken (zum Beispiel die Charité in Berlin) berichten von „vielen Frauen, die über den Tod ihres Kindes trotz eines ausführlichen Abschieds nicht hinwegkommen, weil sie die Entscheidung für einen Schwangerschaftsabbruch viel zu schnell getroffen haben" (Flasspöhler 2009, 41).

Unabhängig von der Gefahr von Fehldiagnosen im Zuge der pränatalen Diagnostik soll Frühförderung nach dem Willen des Gesetzgebers bei eben jenem Beratungsbedarf ansetzen. Notwendig wären für die Mütter erfahrene Beraterinnen unabhängig von dem medizinischen System, das die Diagnose gestellt hat. Hierbei können auch Möglichkeiten zur Sprache kommen, wie sich ein Leben mit einem behinderten Kind gestaltet oder wie der Ablauf einer Spätabtreibung erfolgt. Die Mütter müssen hierbei nicht nur verarbeiten, dass in einem späten Schwangerschaftsstadium zumeist eine intensivere Annahme des Kindes und ein Beziehungsaufbau erfolgt ist, sie müssen auch entscheiden, ob ihr Kind bei einer Spätabtreibung zuvor durch eine Kaliumchloridspritze im Mutterleib getötet und danach tot geboren werden soll. Erfolgt dies nicht, ändert sich für die ÄrztInnen die Rechtsgrundlage: Bei einem lebend geborenen Kind müssen sie wiederum medizinische Hilfestellung leisten. Für die Mütter kann eine solche aktive Entscheidung zur Tötung ihres Kindes im Mutterleib mit schweren Schamgefühlen und oft späten Selbstvorwürfen einhergehen.

Schwangerschaftsberatungsstellen verweisen an diesem Punkt darauf (vgl. z. B. Baumgarten 2005), dass bereits im Vorfeld einer pränatal-diagnostischen Untersuchung von Eltern ein Beratungsbedarf besteht.

> „Die Bio-Technisierung mit den neuen Möglichkeiten der Pränatal-Technologie greift an diesem Punkt in die Beziehungsstrukturen zwischen Eltern und Embryo ein, in dem sie eine Differenzierung zur eigenen Bindung, Beziehung und Freude auf ein Kind provoziert – zumindest so lange, bis eine Entscheidung gefällt ist, ob von den Möglichkeiten einer Entscheidung gegen das Weiter-Leben des Embryos Gebrauch gemacht wird" (Sohns 2009b, 130).

Dabei wird es auch bei einer geringen Behinderung zunehmend als normal angenommen, dass ein behindertes Kind nicht gewollt wird – umso mehr, je restriktiver, individualisierter und ich-bezogener das gesellschaftliche Klima ist und je unbekannter, mit Vorurteilen behafteter und beängstigender ein Leben mit Behinderung erscheint. Bereits vor 20 Jahren wurde aus dem Bundesgesundheitsministerium mit Bezug zur Erzwingung einer „gesundheitsbewussten Lebensführung" von Krankenversicherten ausgeführt:

> „Insgesamt kann die geltende Gesetzeslage im Sozialrecht dazu benutzt werden, im Namen der Mitversicherten und ihrer Kostenbelastung gesundheitsgerechtes Verhalten nunmehr auch auf der Grundlage der durch Genomanalyse gewonnenen Daten zu erzwingen" (von Eberbach in Speck 2003, 147, zit. nach Tolmein 1993, 23).

Entsprechend werden heute nicht nur etwa 90 % der diagnostizierten Kinder mit Down-Syndrom oder Spina bifida abgetrieben, sondern es werden auch Beispiele benannt, wonach ein Embryo wegen einer Hasenscharte im Mutterleib getötet wurde (Flasspöhler 2009, 43). Die Mutterschaftsrichtlinien der Krankenkassen unterstützten diese Tendenz beispielsweise durch die Auflage, dass den Eltern bei einem pathologischen Befund ein Schwangerschaftsabbruch obligatorisch angeboten werden muss. In ihrer Expertise für das Deutsche Jugendinstitut unter dem Titel „Die Lebenslagen von Kindern und Jugendlichen mit Behinderung und ihren Familien in Deutschland" resümiert Beck (2000, 76):

> „Wenn den Eltern keine Perspektiven eines gelingendes Leben mit einem behinderten Kind aufgezeigt werden [...], werden die Nachfragen nach vorgeburtlicher Diagnostik steigen, wie die Bereitschaft auch des Umfeldes zu Integration sinkt." Umgekehrt führt Katja Baumgarten als Hebamme und betroffene Mutter in einem Interview aus: „Wenn Eltern das Zutrauen hätten, dass sie mit einem behinderten Kind nicht allein sind und die Gesellschaft die Verantwortung mitträgt, würden sich bestimmt mehr Mütter und Väter für ihr Kind entscheiden. Nur wenn es Netzwerke und Hilfen gibt, lastet nicht die ganze Verantwortung auf der Kleinfamilie." (Flasspöhler 2009, 43).

Auch wenn der Bedarf an unabhängigen kompetenten Beratungsangeboten und ihre gesellschaftliche Bedeutung hoch ist, zeigt sich insgesamt, wie der Gesetzgeber in seiner gut gemeinten Absicht, verschiedene Beratungssysteme in einer kooperativen Ergänzung zusammenzuführen, mögliche Abgrenzungen und institutionelle Ressentiments dieser Systeme außer Acht gelassen hat. Offensichtlich erscheint es für die Mitarbeiterinnen einer Schwangerschaftskonfliktberatung ebenso uninteressant, Kolleginnen der Frühförderung – deren Kompetenz sie größtenteils nicht einschätzen können oder diese möglicherweise gar als Konkurrenz empfinden – in eine gemeinsame Betreuung einzubeziehen, wie es für die Mitarbeiterinnen der Frühförderung offenbar uninteressant ist, sich angesichts ihrer hohen Belastungssituation in ein völlig neues Aufgabenfeld einzuarbeiten und sich den Beratungsstellen für Schwangere als Kooperationspartnerinnen anzubieten. Der Gesetzgeber hat nach der Beschlussfassung eines solchen Rechtsanspruchs auch keine Initiative erkennen lassen, dieses Gesetz durch weitere Initiativen von außen lebendig werden zu lassen. Vielmehr scheinen auch hier mögliche finanzielle Forderungen, die mit einer Aufnahme zusätzlicher Arbeitsfelder einher gehen könnten, auch auf die Gesetzgeber oder die Rehabilitationsträger abschreckende Wirkung zu besitzen.

2.6 Frühförderung nach dem Rehabilitationsgesetz (SGB IX)

2.6.1 Die Ausgangsposition zum Zeitpunkt der Verabschiedung des SGB IX

Die Ausgangssituation für die Frühfördereinrichtungen hatte sich in 1990er Jahren verschärft. Lange Zeit verfolgten die (pädagogischen) Frühfördereinrichtungen die Strategie, wenig auf sich aufmerksam zu machen, um nicht in den Fokus politischer Sparbemühungen und finanzieller Kürzungen zu geraten.

Vielerorts ist diese Mentalität noch immer spürbar. Sie hat dazu beigetragen, dass – im Gegensatz zu anderen Disziplinen und Einrichtungen – die Fachpersonen der Frühförderung keine Lobby aufgebaut und sich kaum vernetzt haben und bislang keine eigene Berufsidentität besitzen. In vielen Bundesländern haben die Fachpersonen in den Frühfördereinrichtungen kaum Kenntnisse über Nachbarfrühförderstellen, oder sie fühlen sich in Konkurrenz zueinander und haben das Bedürfnis, sich strikt abzugrenzen. Die Folge ist, dass es zu keinem gemeinsamen Auftreten der Frühfördereinrichtungen kommt, keine Öffentlichkeit hergestellt wird und Frühförderung auch von anderen sozialen Systemen kaum wahr genommen wird. Dort, wo dies geschehen ist – z.B. in Hessen, wo bereits in den 1980er Jahren MitarbeiterInnen der Frühförderstellen sich regelmäßig überregional in Arbeitskreisen trafen und gemeinsam zahlreiche öffentlichkeitswirksame Veranstaltungen unter politischer Beteiligung von Ministerinnen und Staatssekretären organisiert wurden –, konnten die Frühfördereinrichtungen sich anders aufstellen und bis heute bspw. auf eine umfangreiche zusätzliche Finanzierung aus Landesmitteln zurück greifen.

Ende der 1990er Jahre mussten die Frühförderstellen erkennen, dass die Strategie des Sich-Versteckens und Klein-Machens nicht mehr durchzuhalten war. „Angst hat sich breit gemacht – in den sozialen Einrichtungen und auch in den Frühfördereinrichtungen. Die gezielte Umverteilung finanzieller Ressourcen von der öffentlichen Hand zu privaten Haushalten und Institutionen hat die Spielräume für die Erfüllung freiwilliger und gesetzlicher Leistungen immer enger werden lassen – bis hin zur vielfachen Existenzbedrohung bei Leistungsanbietern. Durch gesetzliche Neuregelungen mit der Einführung von Konkurrenzstrukturen im Pflege- wie im Eingliederungshilfebereich wurde der in Kostenverhandlungen ohnehin spürbare Druck für die etablierten Einrichtungen weiter verstärkt. [...] Dieser Druck hat vor den Leistungen der Frühförderung nicht Halt gemacht" (Sohns 2000b, 63).

Die Vertreter der Frühförderung mussten handeln. Bereits im Vorfeld der Entstehung des Rehabilitationsgesetzes als neues „Behindertenrecht" wurde offenbar, dass auch die Frühförderung in diesem Gesetz detailliert geregelt und als „Komplexleistung" ausgestaltet werden sollte. Im Herbst 2000 schloss sich eine Initiative aus vier zentralen Verbänden zu einer gemeinsamen Plattform zusammen, die in einem Memorandum zentrale Grundlagen zur Frühförderung aus fachlicher Sicht ausformulierten (vgl. Frühförderung interdisziplinär 2/2001, 78–83). Bei diesen Verbänden handelte es sich um: die Lebenshilfe für Menschen mit geistiger Behinderung e. V., den Bundesverband für Körper- und Mehrfachbehinderte, die deutsche Gesellschaft für Sozialpädiatrie und Jugendmedizin (DGSJ) und die Vereinigung für interdisziplinäre Frühförderung (VIFF).

Strukturell regte diese Plattform an, „die Komplexleistung Früherkennung und Frühförderung durch Sozialpädiatrische Zentren und interdisziplinäre Frühförderstellen [...] besser in einem eigenen Kapitel des Artikel 1, SGB IX als eigenständige Leistung der Teilhabe (zu regeln)". Während dieser strukturelle Vorschlag vom Gesetzgeber nicht berücksichtigt wurde, wurden jedoch einige Formulierungen dieser Plattform in die spätere Begründung des Gesetzes aufgenommen (Jetter 2004, 17).

Inhaltlich wies das Memorandum auf die Notwendigkeit hin, neben der Förderung des Kindes weitere Aufgabenfelder der Frühförderung verbindlich auszugestalten, insbesondere die weitere Elternbegleitung, interdisziplinäre Kooperationen und die Dokumentation.

„Im Vorfeld der vorbereitenden Verhandlungen hatten wir eigentlich in wachsendem Maße ein gutes Gefühl. Von Entwurf zu Entwurf zeichnete sich eine bemerkenswerte Verbesserung der bestehenden organisatorischen Bedingungen ab" (Speck 2004, 17).

Die Diskussion um das Entstehen des SGB IX und die Neugestaltung der Frühförderung führte insofern auch dazu, dass sich unterschiedliche Verbände, die bis dato primär ihren spezifischen Verbandsinteressen gefolgt waren, untereinander abstimmten, eine gemeinsame fachliche Grundlage erstellten und gegenüber Politik und Verwaltung vertraten. Die Erstellung des Memorandums (und späterer Fachpapiere) wirkten auch in die einzelnen Frühfördereinrichtungen hinein, in dem sie eine Auseinandersetzung mit fachlichen Inhalten förderten und ein gemeinsamen fachliches Fundament vertieften.

2.6.2 Fachliche und administrative Grundansprüche des SGB IX

2.6.2.1 Prävention

Mit dem SGB IX wurden dann auch zahlreiche Neuregelungen eingeführt, aus denen sich moderne fachliche Ansprüche erkennen lassen.

Neben einem Primat für integrative Hilfen in § 4 Abs. 3 hat der Gesetzgeber im SGB IX entgegen der beschriebenen Tradition der Kostenträger erstmals einen eigenen Paragraphen (§ 3) der *Prävention* gewidmet, in dem die Rehabilitationsträger aufgefordert werden, den *Eintritt* einer Behinderung einschließlich einer chronischen Erkrankung zu vermeiden.

Hiermit schafft der Gesetzgeber die Grundlage dafür, dass die zuständigen Rehabilitationsträger nicht nur eine Verantwortung dafür wahrnehmen, Menschen mit Behinderungen entsprechende solidarische Hilfen zur Verfügung zu stellen. Sie werden auch aufgefordert, bereits im Vorfeld tätig zu werden und Konzepte zu etablieren, nach denen der Entstehung solcher „Behinderungen" entgegen gewirkt wird. Hierzu müssen sich die Rehabilitationsträger mit den Ursachen von (sich möglicherweise verändernden) Behinderungen auseinandersetzen. Wenn nach der Analyse dieser Ursachen offensichtlich wird, dass ein Großteil der (drohenden) Behinderungen gerade bei Kindern im Vorschulalter nicht mehr primär organische, sondern überwiegend umfeldbedingte Ursachen haben, sind die Rehabilitationsträger durch den Anspruch des § 3 SGB IX dazu aufgefordert, mit modernen Konzepten bereits diesen Ursachen entgegen zu wirken.

Es bleibt jedoch auch mehr als acht Jahre nach Verabschiedung des Gesetzes die Frage offen, mit welchen Konzepten die Rehabilitationsträger diesen Anspruch einzulösen gedenken.

2.6.2.2 Ganzheitlicher Ansatz

Und schließlich beschreibt § 4 Abs. 1 Satz 4 als Aufgabe, „die persönliche Entwicklung *ganzheitlich* zu fördern und die Teilhabe am Leben in der Gesellschaft sowie eine möglichst selbständige und selbstbestimmte Lebensführung zu ermöglichen oder zu erleichtern". Damit intendiert der Gesetzgeber offensichtlich eine Abkehr vom Primat der traditionellen defizitorientierten Behandlung von behinderungsbedingten Störungen und der ausschließlichen Fokussierung auf die zu behandelnde Klientel. Rehabilitationsträger, die den Frühfördereinrichtungen bspw. ausdrücklich ein Zeitkontingent vorgeben, das eine Behandlung „am Kind" vorschreibt, müssen sich fragen lassen, ob derartig starre administrative Vorgaben diesen Anforderungen noch entsprechen können. Ganzheitlichkeit erfordert eine sozial-ökologische Umfeld-Orientierung im Sinne Specks (2003, 268 ff), bei der das Kind Ausgangspunkt ist, die fachlichen Ansätze jedoch je nach spezifischer Fragestellung bei allen Faktoren ansetzen, die die Entwicklungsmöglichkeiten des Kindes beeinflussen.

Ob der Terminus „Ganzheitlichkeit" aus wissenschaftlicher Sicht diese Intention angemessen ausdrückt, muss indes bezweifelt werden. Die Problematik dieses Begriffs liegt darin, dass der Anspruch, das „Ganze" sehen zu wollen, eine Utopie beschreibt und keinen Bezug zur vollständigen praktischen Umsetzung zulässt. Zudem steht sie in einem Spannungsverhältnis zum Anspruch der Autonomie der Familie, in dem das Bemühen, mit der Ganzheit „alles" zum Fokus von Frühförderung werden zu lassen, die Gefahr von ungewollten Übergriffen in die Intimsphären der Familien mit sich bringt (Weiß/Neuhäuser/Sohns 2004, 17).

2.6.2.3 Federführung und Koordinierung

Wie ein roter Faden zieht sich das Anliegen des Gesetzgebers durch das SGB IX, dass sich die verschiedenen Rehabilitationsträger untereinander abstimmen und sich gegenüber den Hilfeempfängern als Einheit darstellen sollen. Entsprechend wird in § 14 Abs. 1 festgelegt, dass Anträge auf Hilfen bei jedem beliebigen Rehabilitationsträger eingereicht werden können. Diese sollen sich dann – ohne weiteren Verfahrensaufwand für die Antragsteller – untereinander abstimmen:

> „(1) Werden Leistungen zur Teilhabe beantragt, stellt der Rehabilitationsträger innerhalb von zwei Wochen nach Eingang des Antrages bei ihm fest, ob er nach dem für ihn geltenden Leistungsgesetz für die Leistung zuständig ist; bei den Krankenkassen umfasst die Prüfung auch die Leistungspflicht nach § 40 Abs. 4 des Fünften Buches. Stellt er bei der Prüfung fest, dass er für die Leistung nicht zuständig ist, leitet er den Antrag unverzüglich dem nach seiner Auffassung zuständigen Rehabilitationsträger zu. Muss für eine solche Feststellung die Ursache der Behinderung geklärt werden und ist diese Klärung in der Frist nach Satz 1 nicht möglich, wird der Antrag unverzüglich dem Rehabilitationsträger zugeleitet, der die Leistung ohne Rücksicht auf die Ursache erbringt."
>
> In Abs. 2 wird hierzu konkretisiert: „Kann der Rehabilitationsträger, an den der Antrag weitergeleitet worden ist, für die beantragte Leistung nicht Rehabilitationsträger nach § 6 Abs. 1 sein, klärt er unverzüglich mit dem nach seiner Auffassung zuständigen Rehabilitationsträger, von wem und in welcher Weise über den Antrag innerhalb der Fristen nach den Sätzen 2 und 4 entschieden wird und unterrichtet hierüber den Antragsteller."

D.h., auch bei einer erneuten Weiterleitung verlängern sich hierdurch nicht die gesetzlich vorgegebenen Fristen. Gleichzeitig wird auch der Wille des Gesetzgebers deutlich, dass nur *ein* Rehabilitationsträger die *verantwortliche Federführung* für die Leistungserbringung übernimmt. Dies beinhaltet auch eine Koordinierung möglicher Einzelleistungen zu einer Gesamtleistung. § 10 Abs. 1 stellt entsprechend klar:

> „(1) Soweit Leistungen verschiedener Leistungsgruppen oder mehrerer Rehabilitationsträger erforderlich sind, ist der nach § 14 leistende Rehabilitationsträger dafür verantwortlich, dass die beteiligten Rehabilitationsträger im Benehmen miteinander und in Abstimmung mit den Leistungsberechtigten die nach dem individuellen Bedarf voraussichtlich erforderlichen Leistungen funktionsbezogen feststellen und schriftlich so zusammenstellen, dass sie nahtlos ineinander greifen."

Diese Regelung wurde inzwischen sozialgerichtlich bestätigt (Urteil vom 26.10.2004, AZ: b 7 AL 16/04 R). Demnach ist ein Rehabilitationsträger, der als Zweit-Angesprochener mit einem Antrag konfrontiert wird, zur Kostenübernahme verpflichtet, selbst wenn sein Leistungsrecht eine solche Leistung nicht vorsieht. Gleichzeitig ist der „eigentlich" zuständige Kostenträger nicht gänzlich aus der Verantwortung entlassen.

Das kann für die Praxis bedeuten, dass beispielsweise ein Antrag auf Frühförderung beim Jugendamt eingereicht wird, da aus Sicht der Eltern dies das zuständige Amt für die Hilfeleistung für ihr Kind ist. Das Jugendamt fühlt sich jedoch für Frühförderung grundsätzlich nicht zuständig und leitet den Antrag an die Krankenkassen als „Rehabilitationsträger für Therapien" weiter. Insofern sind die Krankenkassen der als zweites angesprochene Rehabilitationsträger, der im Sinne des § 14 SGB IX die Leistung zu erbringen hat. Auch wenn die Krankenkassen für die Finanzierung von heilpädagogischen Maßnahmen im Rahmen der Frühförderung nicht zuständig sind und den Antrag entsprechend an das Sozialamt weiterleiten, müssen sie nach der bestehenden Rechtslage dennoch in Vorleistung für die Leistungen treten. Gesetzgeber und Gerichte vertreten in diesem Punkt eine eindeutige Verfahrenslinie im Interesse der Betroffenen, die nicht unter ungeklärten Zwisten zwischen Rehabilitationsträgern leiden sollen.

Die Rehabilitationsträger müssen dabei sowohl dem individuellen Bedarfsdeckungsprinzip als auch einer Flexibilität der Hilfe bei einem veränderten Hilfebedarf Rechnung tragen. § 14 Abs. 1 führt weiter aus:

> „Die Leistungen werden entsprechend dem Verlauf der Rehabilitation angepasst und darauf ausgerichtet, den Leistungsberechtigten unter Berücksichtigung der Besonderheiten des Einzelfalls die den Zielen der §§ 1 und 4 Abs. 1 entsprechende umfassende Teilhabe am Leben in der Gesellschaft zügig, wirksam, wirtschaftlich und auf Dauer zu ermöglichen. Dabei sichern die Rehabilitationsträger durchgehend das Verfahren entsprechend dem jeweiligen Bedarf und gewährleisten, dass die wirksame und wirtschaftliche Ausführung der Leistungen nach gleichen Maßstäben und Grundsätzen erfolgt."

2.6.2.4 Bearbeitungsfristen

Eine neue Qualität in den rechtlichen Grundlagen der Frühförderung stellen enge Vorgaben des SGB IX bzgl. der Bearbeitungsfristen von Anträgen dar. Wird grundsätzlich eine 2-Wochen-Frist eingeräumt, um ggf. einen Antrag an den zuständigen Rehabilitationsträger weiter zu leiten, kann in der Regel jedoch davon ausgegangen werden, dass Anträge auf Frühförderung nach einer Beratung durch die Frühfördereinrichtungen in eingespielten Verwaltungsverfahren von Beginn an beim zuständigen Rehabilitationsträger abgegeben werden. Entsprechend greift § 14 Abs. 2:

> „(2) Wird der Antrag nicht weitergeleitet, stellt der Rehabilitationsträger den Rehabilitationsbedarf unverzüglich fest. Muss für diese Feststellung ein Gutachten nicht eingeholt werden, entscheidet der Rehabilitationsträger innerhalb von drei Wochen nach Antragseingang. Wird der Antrag weitergeleitet, gelten die Sätze 1 und 2 für den Rehabilitationsträger, an den der Antrag weitergeleitet worden ist, entsprechend; die in Satz 2 genannte Frist beginnt mit dem Eingang bei diesem Rehabilitationsträger."

Damit besteht nach Antragstellung eine Frist von drei Wochen, innerhalb derer der Antrag bearbeitet sein muss. Viele Sozialhilfeträger machen bislang routinemäßig davon Gebrauch, zur fachlichen Beurteilung einer (drohenden) Behinderung ein eigenes Fachgutachten beim hausinternen Gesundheitsamt einzuholen. Ob dies nach In-Kraft-Treten der Frühförderungsverordnung (FrühV) mit ihren interdisziplinären Diagnostikanforderungen (vgl. Kap. 2.7.5) noch angemessen und Kind und Familie eine weitere (Doppel-)Diagnostik durch das Gesundheitsamt zumutbar ist, muss bezweifelt werden. Für den Fall, dass der Rehabilitationsträger auf einem eigenen Gutachten besteht, sind hierfür im § 14 enge Fristen vorgesehen:

„Ist für die Feststellung des Rehabilitationsbedarfs ein Gutachten erforderlich, wird die Entscheidung innerhalb von zwei Wochen nach Vorliegen des Gutachtens getroffen."

Für eine solche Gutachtenerstellung sieht das SGB IX jedoch ein Verfahren vor, das grundsätzlich abweicht von den gängigen hausinternen Praktiken der Kreise und kreisfreien Städte. Anstelle des allgemein etablierten Verfahrens, wonach Eltern und Kind einem Termin in das Gesundheitsamt folgen müssen, wird ihnen in § 14 Abs. 5 eine Wahlmöglichkeit zwischen verschiedenen Gutachtern eingeräumt, die (subjektiv) möglichst niedrigschwellig wirken sollen:

„(5) Der Rehabilitationsträger stellt sicher, dass er Sachverständige beauftragen kann, bei denen Zugangs- und Kommunikationsbarrieren nicht bestehen. Ist für die Feststellung des Rehabilitationsbedarfs ein Gutachten erforderlich, beauftragt der Rehabilitationsträger unverzüglich einen geeigneten Sachverständigen. Er benennt den Leistungsberechtigten in der Regel drei möglichst wohnortnahe Sachverständige unter Berücksichtigung bestehender sozialmedizinischer Dienste. Haben sich Leistungsberechtigte für einen benannten Sachverständigen entschieden, wird dem Wunsch Rechnung getragen. Der Sachverständige nimmt eine umfassende sozialmedizinische, bei Bedarf auch psychologische Begutachtung vor und erstellt das Gutachten innerhalb von zwei Wochen nach Auftragserteilung. Die in dem Gutachten getroffenen Feststellungen zum Rehabilitationsbedarf werden den Entscheidungen der Rehabilitationsträger zugrunde gelegt. Die gesetzlichen Aufgaben der Gesundheitsämter bleiben unberührt."

Diese gesetzliche Vorgabe unterscheidet sich nicht nur von der bis dato geltenden Praxis der örtlichen Sozialhilfeträger, sie ist auch nach unserer Kenntnis nach dem Inkrafttreten des SGB IX am 01. 07. 2001 nicht in die Praxis umgesetzt worden. In der Regel wird bis heute von der Mehrzahl der Kreise und kreisfreien Städte eine obligatorische Vorstellung des Kindes im Gesundheitsamt gefordert. Kommen Eltern dieser Anforderung nicht nach, wird der entsprechende Antrag auf Frühförderung nicht bearbeitet oder abgelehnt.

Ebenso werden – zumindest in zahlreichen ostdeutschen Kreisen und kreisfreien Städten – die Vorgaben bezüglich der Bearbeitungsfristen nicht eingehalten: bei einer ordnungsgemäßen Abgabe des Antrages beim zuständigen Rehabilitationsträger muss der Antrag innerhalb von drei Wochen, bei einer zusätzlichen Beauftragung eines Gutachters innerhalb von fünf Wochen bearbeitet sein. Es erscheint offensichtlich, dass eine Vielzahl der Rehabilitationsträger es nicht für notwendig hält, den gesetzlichen Anforderungen im Interesse der Hilfeempfänger zu entsprechen. Sie können sich auch weitgehend sicher sein, dass die Hilfeempfänger den Weg scheuen werden, sich eine zügigere Bearbeitung oder einen externen Gutachter vor Gericht einzuklagen. Zu hoch wären Zeitaufwand und Kosten, zu gering wären die Aussichten auf ein rechtskräftiges Urteil, solange ihr Kind noch im Alter eines Frühförderkindes ist. Wie dies für die Familien häufig in der Praxis aussieht, mag am Beispiel von Patrick und seinen Eltern verdeutlicht werden:

Fallbeispiel 1: Patrick, frühkindliche zerebrale Bewegungsbeeinträchtigung

Patrick ist fünf Monate alt, er wird in der 27. Schwangerschaftswoche geboren, nachdem bei seiner Mutter, Frau Delmening, frühzeitige Wehen einsetzten. Nach der Geburt erfolgt eine intensivmedizinische Versorgung in der neonatologischen Abteilung eines Großkrankenhauses. Die ersten Lebenswochen muss er im Inkubator verbringen. Seine Eltern besuchen ihn regelmäßig auf Station. Sie zeigen sich sehr besorgt und fragen häufig, ob es bei Patrick zu Folgekomplikationen der Frühgeburt käme. In der Tat teilen die Ärzte den Eltern nach kurzer Zeit mit, dass Patrick eine frühkindliche zerebrale Bewegungsbeeinträchtigung (spastische Bewegungsmuster) habe, die einer physiotherapeutischen Behandlung bedürfe. Dies sei jedoch nichts Ungewöhnliches bei Frühgeborenen. Über die weitere Prognose und ob Patrick „wieder ganz gesund" werde könne zum jetzigen Zeitpunkt noch keine Aussage gemacht werden.

Nach etwa zehn Wochen erfolgt die Entlassung von Patrick aus der Kinderklinik, gleichzeitig wird von Seiten der Klinikärzte die weitere physiotherapeutische Behandlung durch eine niedergelassene Therapeutin angeregt und die entsprechenden medizinischen Dokumente an diese weitergeleitet. Die Behandlung erfolgt in der Folge zweimal wöchentlich nach dem Bobath-Konzept, die Finanzierung ist über ärztliche Rezepte durch die private Krankenversicherung des Vaters gewährleistet. Die Eltern werden beide von der Physiotherapeutin, Frau Melk, in die Behandlungsformen eingewiesen und führen Behandlungseinheiten auch selbstständig zu Hause weiter. Obwohl von Seiten der Ärzte in der Klinik Patrick lediglich mit dem Verweis auf einen physiotherapeutischen Behandlungsbedarf und mit der Vermutung auf eine weiterhin „gute Prognose" nach Hause entlassen wurde, zeigt sich insbesondere die Mutter sehr verunsichert bezüglich des „richtigen" Umgangs mit Patrick. Er schlafe nur sehr kurz, schreie viel (obwohl er doch noch so schwach sei), lasse sich nur schwer beruhigen, zeige Probleme bei der Nahrungsaufnahme. Frau Melk empfiehlt der Mutter darauf hin, sich an eine regionale Frühförderstelle der Lebenshilfe zu wenden. Dort erhalten die Eltern nach telefonischer Anmeldung einen kurzfristigen Ersttermin, bei dem Patrick der Leiterin der Frühförderstelle, Frau Schmidt, vorgestellt wird. Am Ende des Ersttermins bietet Frau Schmidt Familie Delmening an, Patrick regelmäßig zu Hause zu besuchen und für alle Fragen der Mutter zur Verfügung zu stehen. Die Eltern sollten einen entsprechenden „Antrag auf Frühförderung" beim örtlichen Sozialamt stellen. Hierzu händigt Frau Schmidt den Eltern ein Antragsformular aus, das von Herrn Delmening am nächsten Tag bei der zuständigen Stelle im Sozialamtes eingereicht wird.

Nach einer Wartezeit von vier Wochen fragt Herr Delmening in der Frühförderstelle nach, ob die Betreuung von Patrick nicht endlich beginnen könne. Sie seien zwar mit der physiotherapeutischen Behandlung zufrieden, es ergäben sich jedoch zahlreiche weitere Unsicherheiten auch bezüglich der Entwicklung von Patrick, auf die die Physiotherapeutin nur unzureichende Antworten geben könne. Auch von ärztlicher

Seite erhielten sie keine Hilfestellungen bzgl. des alltäglichen Umgangs mit Patrick. Frau Schmidt erwidert, solch lange Bearbeitungszeiten seien beim Sozialamt „nicht unüblich", manchmal beschleunige es das Verfahren, wenn die Eltern vor Ort direkt nachfragten. Auf Nachfrage von Herrn Delmening bei der zuständigen Sachbearbeiterin im Sozialamt wird ihm mitgeteilt, eine Bearbeitung des Antrages sei bislang noch nicht möglich gewesen, da bisher noch kein Gutachten des Gesundheitsamtes vorläge. Offenbar habe das Gesundheitsamt bislang noch keine Möglichkeit gehabt, den Eltern einen Termin zur amtsärztlichen Überprüfung anzubieten. Dies sei auch verständlich, da jetzt im Frühjahr „Hochsaison" bezüglich der Schuleingangsuntersuchungen herrsche und die Amtsärztinnen völlig ausgebucht seien.

Herr Delmening will sich damit nicht zufrieden geben. Er ruft direkt im Gesundheitsamt an und möchte mit der Leiterin verbunden werden. Diese ist sehr freundlich, lässt sich sofort die Akte vorlegen und entschuldigt sich dafür, dass die Eltern so lange nichts gehört haben. Sie bietet den Eltern an, noch am gleichen Tag gegen Abend mit Patrick in die Räume des Gesundheitsamtes zu kommen, um ihren Sohn dort persönlich vorzustellen.

Bei dem besagten Termin um 17 Uhr werden sie von Frau Dr. Schykowski, Jugendärztin im Gesundheitsamt, empfangen. Sie lässt sich von den Eltern ausführlich die Umstände der Geburt und der Zeit während des Klinikaufenthaltes schildern, untersucht Patrick eingehend und gibt den Eltern daraufhin die Rückmeldung, dass seine Entwicklung angesichts der „deutlichen Frühgeburt" offensichtlich ganz positiv verlaufe, und meint: „Na, da haben Sie ja noch mal Glück gehabt." Sie sagt zu, sich umgehend die weiteren Unterlagen aus der Klinik kommen zu lassen. Ein Angebot der Eltern, die Unterlagen von ihnen zu kopieren und gleich zu behalten, hält sie für nicht nötig. Sie habe ein gutes Kooperationsverhältnis zur örtlichen Klinik und bevorzuge die Originalunterlagen. Sie sagt den Eltern zu, das Gutachten für das Sozialamt „zeitnah" weiterzureichen.

Nach weiteren drei Wochen des Wartens erhalten die Eltern einen offiziellen Brief der Kreisbehörde. Dieser enthält einen Bescheid für ihren Antrag auf Frühförderung gemäß 56 SGB IX, in dem dieser Antrag abgelehnt wird. Zur Begründung heißt es, Patrick habe sich in den Wochen nach seiner Geburt „ausgezeichnet entwickelt", er werde regelmäßig physiotherapeutisch behandelt. Diese Behandlung sei zur weiteren Entwicklung von Patrick ausreichend. Auch machten die Eltern einen „gebildeten und reflektierten Gesamteindruck", so dass auch hier keine weitere Anleitung zum Umgang mit Patrick „zwingend geboten" sei. Daher sei kein Anspruch auf weitere Leistungen gemäß SGB IX gegeben.

Die Eltern von Patrick zeigen sich über dieses Schreiben enttäuscht, sie nehmen am folgenden Tag sofort Kontakt mit Frau Schmidt in der Frühförderstelle auf. Frau Schmidt bestätigt, dass auch in anderen Fällen Eltern ihr Anliegen auf pädagogische Frühförderung von Seiten des Sozialamtes abgelehnt worden sei. Sie sehe in diesem Fall nur noch die Möglichkeit, dass die Eltern einen Widerspruch bei der Kreisbehörde einreichen. Dies habe manchmal Aussichten auf Erfolg. Danach bliebe ihnen nur noch der Klageweg, wobei bis zu einer endgültigen gerichtlichen Entscheidung sehr viel Zeit vergehe. Frau Schmidt betont, sie wisse nicht, ob sie den Eltern zu einem solchen Klageweg raten könne. Beide Eltern möchten die Hilfen der Frühförderstelle gerne in Anspruch nehmen und formulieren – mit Hilfe eines von ihnen eingeschalteten Anwalts – ein Widerspruchschreiben an die Kreisbehörde.

Nach zehn Tagen – innerhalb der von Seiten des Anwalts eng gesetzten Anhörungsfrist – findet ein Termin in der Kreisbehörde statt, an dem neben Familie Delmening und ihrem Anwalt die Leiterin des Gesundheitsamtes und der Leiter des Sozialamtes mit der zuständigen Sachbearbeiterin teilnehmen. Die Eltern legen in diesem Gespräch ausführlich dar, wie sie einerseits von der physiotherapeutischen Behandlung profitieren, andererseits jedoch zahlreiche – alltagsorientierte – Unsicherheiten bestünden. Sie wüssten oft nicht, ob ihre Anregungen und ihre Pflege bezüglich Patrick angemessen sein. Auch die Großmutter von Patrick, die im selben Ort wohne wie die Eltern, meine, sein (spastisches) Bewegungsverhalten sei völlig anders, auch seine Mimik und sein sonstiges Kommunikationsverhalten entspreche nicht dem, was sie von ihren eigenen Kinder her kenne. Die Eltern von Patrick schildern, sie seien sich insbesondere nachts unsicher, wie sie regieren sollten, wenn Patrick plötzlich wach werde. Sie hätten Angst etwas zu versäumen oder nicht genügend aufzupassen und Patrick könne z. B. mit dem Atmen aufhören. Gleichzeitig lache er nicht mit ihnen und sei auch ansonsten sehr kommunikationsarm. Dann zöge sich immer ihr Magen zusammen und v. a. Frau Delmening hätte wahnsinnige Angst, dass ihr Kind nie lachen werde. Sie bräuchten dringend jemanden, die sie im Alltag berät und ihnen mehr Sicherheit gäbe.

Nach dem etwa einstündigen Gespräch ziehen sich der Leiter des Sozialamtes und die Leiterin des Gesundheitsamtes zu einer kurzen Beratung zurück, die Eltern werden gebeten, solange draußen zu warten. Im anschließenden Gespräch teilt der Sozialamtsleiter den Eltern mit, der ablehnende Bescheid sei „aus juristischer Sicht" rechtens. Sie hätten in der Tat keinen Anspruch auf Frühförderung, da Patrick nicht „behindert oder von Behinderung bedroht" sei. Die Eltern hätten jedoch überzeugend dargelegt, dass sie – für eine Übergangszeit – dem Umgang mit Patrick im Alltag „nicht alleine gewachsen seien". Er hätte daher im Einvernehmen mit seiner Kollegin vom Gesundheitsamt entschieden, dass die Leistungen der Frühförderstelle für ein halbes Jahr „auf Kulanz" bewilligt werden.

Als die Eltern noch am gleichen Tag Frau Schmidt von dem Ergebnis des Anhörungstermins telefonisch in Kenntnis setzten, freut diese sich gemeinsam mit den Eltern. Sie fügt allerdings an, dass auch die Frühförderstelle „sehr lange Wartezeiten" habe. Derzeit müssten Eltern nach einer Bewilligung bis zu drei Monate auf eine Betreuung warten. Angesicht dieses „Ausnahmefalles" werde sie sich jedoch bemühen, im nächsten Teamgespräch eine Mitarbeiterin für die vorzeitige Betreuung von Patrick zu gewinnen. Sie habe auch schon eine Mitarbeiterin im Hinterkopf, von der sie glaube, dass sie den weiteren Beratungsbedürfnissen von Familie Delmening gerecht werden könne.

In der Woche darauf meldet sich Frau Schnitzler telefonisch bei den Eltern und kündigt an, dass sie kurzfristig für eine pädagogische Frühförderung zur Verfügung stehe und vereinbart einen Besuchstermin im Hause der Eltern. Sie möchte auch zum nächsten Termin der Physiotherapie mit hinzukommen, um sich gemeinsam mit Frau

Melk interdisziplinär über die bestmögliche Förderung von Patrick, über seine Stärken und Schwächen und über die gemeinsamen Förderschwerpunkte abzustimmen. Diese Kooperation zwischen den beiden Fachpersonen wird in der Folge fortgeführt. Frau Schnitzler und Frau Melk stimmen sich mit Einverständnis der Eltern regelmäßig ab, wobei Frau Schnitzler zur Therapieeinheit in die Praxis kommt, da Frau Melk keine Zeitbudgets für einen gemeinsamen fachlichen Austausch zur Verfügung stehen. Während die Physiotherapie in den Behandlungsräumen von Frau Melk durchgeführt wird, besucht Frau Schnitzler regelmäßig die Familie zuhause. Dabei ergänzt sie zum einen die motorische Förderung der Physiotherapie im häuslichen Bereich, zum anderen nimmt sie auch an den Mahlzeiten und an der Pflege von Patrick teil, gibt hierzu Hinweise und übersetzt Patricks Signale an die Eltern, indem sie erläutert, was ein frühgeborenes Kind in seinem Alter bereits kann und wo bestimmte Fähigkeiten aufgrund seines Entwicklungsstandes und seinen bisherigen Lebenserfahrungen noch nicht zu erwarten sind. Die Eltern werden sich hierdurch in ihrer Kommunikation mit Patrick sicherer, sie lernen sich auch an kleinen Äußerungen ihres Sohnes zu erfreuen, ohne dass über all seinen Rückmeldungen die bange Frage steht, „hoffentlich ist das noch normal für ein solches Kind".

Die Erfahrungen von Familie Delmening und ihrem Sohn Patrick mit den bewilligenden Behörden sind nicht ungewöhnlich. Gesetzliche Bearbeitungsfristen werden häufig ignoriert und es gibt in einer Vielzahl deutscher Landkreise Dutzende solcher Erfahrungen, viele Frühförderstellen beschreiben, dass bis zu 10 % der Anträge von Eltern auf Frühförderung abgelehnt würden. Meist sind es nur gut situierte Familien wie Familie Delmening, die ihre Interessen (mit anwaltlicher Hilfe) nachdrücklich vertreten können. Gleichzeitig wäre es auch hier recht unproblematisch gewesen, sich über ein ärztliches Rezept auch weitere Behandlungen – z.B. als Ergotherapie, gegebenenfalls auch als Logopädie zur Förderung der kindlichen Mundmotorik, gerade bei den vorhandenen Essproblemen – zu ermöglichen. Diese Hilfen werden additiv aneinander gereiht und sind kaum interdisziplinär miteinander vernetzt. Auch bei Familie Delmening ist es lediglich der engagierten Frau Schnitzler und ihrer Möglichkeit, mobil arbeiten zu können, zu verdanken, dass die beiden Fachpersonen sich untereinander abstimmen. Die formale Zuständigkeit für die Einleitung therapeutischer Hilfen liegt beim rezeptierenden Haus- oder Kinderarzt. Unabhängig davon, dass Eltern trotz Praxisgebühr häufig zahlreiche verschiedene Ärzte (in Kliniken, SPZ oder niedergelassener Praxis) aufsuchen und auch an verschiedenen Plätzen bezüglich ärztlicher Rezeptierung nachfragen, haben auch die ärztlichen Fachkräfte kaum Zeitbudgets für eine interdisziplinäre Vernetzung, schon gar nicht mit (pädagogischen) Fachpersonen außerhalb des medizinischen Systems nach SGB IX. Entsprechend ist es nicht verwunderlich, wenn in Deutschland einerseits sehr viel Geld für Einzelmaßnahmen ausgegeben wird, sich das Frühfördersystem jedoch noch immer überwiegend als additv aneinandergereihte Einzelleistungen darstellt.

2.6.2.5 Trägerschaften von Frühfördereinrichtungen

Mit der Einführung des SGB XII und entsprechenden Anpassungen im Zuge einer Novellierung des SGB IX wurde das Primat von gemeinnützigen Einrichtungen der freien Wohlfahrtspflege vor öffentlichen oder privaten Einrichtungen vollends aufgehoben: § 17 Abs. 1 des SGB IX legt hierzu fest:

„(1) Der zuständige Rehabilitationsträger kann Leistungen zur Teilhabe
1. allein oder gemeinsam mit anderen Leistungsträgern,
2. durch andere Leistungsträger oder
3. unter Inanspruchnahme von geeigneten, insbesondere auch freien und gemeinnützigen oder privaten Rehabilitationsdiensten und -einrichtungen (§ 19)

ausführen. Er bleibt für die Ausführung der Leistungen verantwortlich. Satz 1 gilt insbesondere dann, wenn der Rehabilitationsträger die Leistung dadurch wirksamer oder wirtschaftlicher erbringen kann."

Damit haben die Parameter *Wirksamkeit* und *Wirtschaftlichkeit* den Vorrang einer Gemeinnützigkeit endgültig abgelöst. Die zuständigen Rehabilitationsträger können somit auch für den pädagogischen Bereich der Frühförderung selbst entscheiden, ob sie eine Leistungsvereinbarung mit einem gemeinnützigen oder einem privaten Träger abschließen oder ob sie die Angebote der Frühförderung in eigener (kommunaler) Trägerschaft durchführen. § 17 legt entsprechend ausdrücklich fest, dass die *Verantwortung* für ein angemessenes Leistungsangebot *ausschließlich beim Rehabilitationsträger* liegt.

2.6.2.6 Finanzierungszuständigkeiten

Wurden mit der Einführung des Rehabilitationsgesetztes (SGB IX) einerseits völlig neue fachliche Parameter eingeführt, handelt es sich andererseits bei diesem Gesetz jedoch nicht um ein Leistungsgesetz. Das heißt, aus dem Gesetz können nur fachliche und strukturelle Ansprüche abgeleitet werden, jedoch keine finanziellen. Zur Umsetzung der vorgegebenen fachlichen Parameter muss eine Verbindung mit den jeweiligen Leistungsgesetzen hergestellt werden. Hierzu sind sieben zentrale Rehabilitationsträger aufgeführt (§ 6), von denen drei für die Frühförderung besondere Relevanz haben:

- die Krankenkassen, die ihre Leistungen auf der Grundlage des SGB V erbringen,
- die Jugendhilfeträger, die ihre Leistungen im Rahmen des Kinder- und Jugendhilfegesetzes (SGB VIII) erbringen,
- die örtlichen Sozialhilfeträger, die ihre Leitungen als Eingliederungshilfeträger seit 2004 auf der Grundlage des SGB XII erbringen.[8]

Hinzu kommen auch die Kultus- und Bildungsministerien, die als Träger der Komplexleistungen aufgeführt werden, aber nicht als Rehabilitationsträger vorgesehen sind.

---

8 *In* § 53 Abs. 4.

Diese Rehabilitationsträger sind im SGB IX nun aufgefordert, ihre unterschiedlichen Leistungen konzeptionell zu einer Leistung zusammen zu fassen. Hierzu hat der Gesetzgeber zwei neue Parameter eingeführt:

- das persönliche Budget (§ 17) und
- den Terminus der sogenannten *Komplexleistung* (§§ 30 und 56).

2.6.2.7 Selbstbestimmung des Hilfeempfängers/Das persönliche Budget

Im § 17 SGB IX wird ein 2004 (bis einschließlich 2007 probeweise) eingeführtes „persönliches Budget" geregelt. Hiernach haben Leistungsberechtigte das Recht, auf Antrag sich die Hilfen selbst zusammenzustellen. Diese werden „von den beteiligten Leistungsträgern trägerübergreifend als Komplexleistung erbracht" und („in der Regel", Abs. 3) als Geldleistung oder durch Gutscheine (in begründeten Fällen) ausgezahlt.

Damit haben Frühfördereltern die Möglichkeit, sich auf Antrag die Kosten einer Frühförderleistung auszahlen zu lassen und sich individuell eigene Hilfen, Förderungen und Beratungen zu suchen und zu bezahlen.

Bislang gibt es hierzu auch nach über fünf Jahren im Bereich der Frühförderung kaum praktische Erfahrungen. Offenbar sind die Eltern von Frühförderkindern wenig daran interessiert, mit einem zusätzlichen Verwaltungsverfahren die Regie und Bezahlung der Frühförderung für ihre Kinder auch noch selbst zu übernehmen. Es bleibt abzuwarten, ob mit einer zunehmenden Etablierung und Inanspruchnahme des persönlichen Budgets sich diese Tendenz verändern wird. Die Folge könnte sein, dass mit einer zunehmenden Kundenorientierung das Frühfördersystem sich noch weiter als konkurrenzorientiertes System unterschiedlicher Anbieter ausbaut. Die Folge könnte dabei ebenfalls sein, dass mit diesem Konkurrenzsystem auch die Selbstdarstellung der einzelnen Frühfördereinrichtungen zunimmt und diese Hilfeangbote sich stärker im öffentlichen Bewusstsein bemerkbar machen.

2.6.3 Die Komplexleistung Frühförderung innerhalb des SGB IX

„Mit der Verabschiedung des SGB IX bezweckt der Gesetzgeber, die an der Frühförderung beteiligten Rehabilitationsträger zu verpflichten, die Leistungen der Früherkennung und Frühförderung in interdisziplinären Frühförderstellen gemeinsam zu finanzieren" (Lachwitz 2004, 35).

Frühförderung wird in dieser erstmaligen gesetzlichen Regelung im § 26 Abs. 2 unter die „Leistungen zur medizinischen Rehabilitation" subsumiert: „Leistungen zur medizinischen Rehabilitation umfassen insbesondere [...]

2. Früherkennung und Frühförderung behinderter und von Behinderung bedrohter Kinder." Damit gelten auch für die Frühförderung die sonstigen für die medizinische Rehabilitation festgelegten Ziele, die in Abs. 1 festgelegt sind:

„Zur medizinischen Rehabilitation behinderter und von Behinderung bedrohter Menschen werden die erforderlichen Leistungen erbracht, um
Behinderungen einschließlich chronischer Krankheiten abzuwenden, zu beseitigen, zu mindern, auszugleichen, eine Verschlimmerung zu verhüten."
Hierzu bestimmt Abs. 3 wesentliche Inhalte der Leistungen, „insbesondere
1. Hilfen zur Unterstützung bei der Krankheits- und Behinderungsverarbeitung,
2. Aktivierung von Selbsthilfepotentialen,
3. mit Zustimmung der Leistungsberechtigten Information und Beratung von Partnern und Angehörigen sowie von Vorgesetzten und Kollegen,
4. Vermittlung von Kontakten zu örtlichen Selbsthilfe und Beratungsmöglichkeiten,
5. Hilfen zur seelischen Stabilisierung und zur Förderung der sozialen Kompetenz, unter anderem durch Training sozialer und kommunikativer Fähigkeiten und im Umgang mit Krisensituationen,
6. Training lebenspraktischer Fähigkeiten,
7. Anleitung und Motivation zur Inanspruchnahme von Leistungen der medizinischen Rehabilitation".

All diese Leistungen und Ansätze gelten für die medizinische Rehabilitation insgesamt. Dem Aufgabenfeld der „Früherkennung und Frühförderung" gilt ein eigener Paragraph (§ 30), allerdings mit der Einschränkung „die *medizinischen* Leistungen zur Früherkennung und Frühförderung behinderter und von Behinderung bedrohter Kinder nach § 26 Abs. 2, Nr. 2".

Spricht der Gesetzgeber damit im § 26 im Zuge der Abgrenzung der Leistungen zur medizinischen Rehabilitation noch von Früherkennung und Frühförderung allgemein, sind die spezifischen Ausführungen hierzu im § 30 Abs. 1 auf die „medizinischen" Leistungen eingegrenzt. Offenbar unterstellt der Gesetzgeber dabei neben der medizinischen Frühförderung auch noch weitere Teilgebiete einer darüber hinausgehenden Frühförderung.

§ 30 differenziert die medizinischen Leistungen zur Früherkennung und Frühförderung (nach § 26 Abs. 2 Nr. 2) in Abs. 1 weiter in

„1. die medizinischen Leistungen der mit dieser Zielsetzung fachübergreifend arbeitenden Dienste und Einrichtungen,
2. nichtärztliche sozialpädiatrische, psychologische, heilpädagogische, psychosoziale Leistungen und die Beratung der Erziehungsberechtigten, auch in fachübergreifend arbeitenden Diensten und Einrichtungen, wenn sie unter ärztlicher Verantwortung erbracht werden und erforderlich sind, um eine drohende oder bereits eingetretene Behinderung zum frühestmöglichen Zeitpunkt zu erkennen und einen individuellen Behandlungsplan aufzustellen".

„Wenn gleich der Gesetzgeber zu wenig Sorgfalt bei der Ausformulierung des Gesetzes walten ließ" (Jetter 2004, 15), so wird damit doch zunächst offensichtlich, dass unter das Dach der medizinischen Frühförderung auch Leistungen nicht ärztlicher Berufsgruppen subsumiert werden, „wenn sie unter ärztlicher Verantwortung erbracht werden". Die *Komplexleistung* Frühförderung definiert der Gesetzgeber allerdings darüber hinausgehend: „Leistungen nach Satz 1 werden als Komplexleistung in Verbindung mit heilpädagogischen Leistungen (§ 56) erbracht."

Dieser § 56 findet sich im Unterabschnitt „Rehabilitation und Teilhabe behinderter Menschen" (§§ 55 ff). Zu den „Leistungen zur Teilhabe am Leben in der Gemeinschaft" legt § 55 fest (Abs. 2): „Leistungen nach Abs. 1 sind […] 2. heilpädagogische Leistungen für Kinder, die noch nicht eingeschult sind."

Mit dieser Formulierung ist die rechtliche Grundlage für die pädagogische Frühförderung in modifizierter Form vom BSHG in das SGB IX übertragen worden.

Damit fußt die Komplexleistung Frühförderung auf zwei zentralen Standbeinen: Zum einen die beschriebenen Leistungen der medizinischen Rehabilitation, zum anderen die heilpädagogischen Leistungen gemäß § 56. Beide Bereiche werden unter das Dach einer gemeinsamen Komplexleistung subsumiert. § 56 konkretisiert nun den Anlass für heilpädagogische Leistungen: wenn „2. die Folgen einer Behinderung beseitigt oder gemildert werden können."

Gleichzeitig wird in Abs. 1 eine weitere Konkretisierung eingeführt: „Sie werden immer an schwerstbehinderten und schwerstmehrfachbehinderten Kindern, die noch nicht eingeschult sind, erbracht."

Mit dieser Klarstellung will der Gesetzgeber einer möglichen Argumentation entgegen wirken, wonach bei schwerstbehinderten Kindern sich eine Förderung „nicht lohne", da hier weder gravierende Entwicklungsfortschritte noch eine Minderung der Folgen der Behinderung zu erwarten seien. Damit wird auch diesen Kindern und ihren Eltern ausdrücklich ein Anspruch auf Frühförderung zugesprochen.

Dass die heilpädagogischen Leistungen den Frühförderleistungen im Rahmen der medizinischen Rehabilitation gleichwertig gegenüberstehen, dokumentiert das SGB IX ebenfalls im § 56 Abs. 2: „In Verbindung mit Leistungen zur Früherkennung und Frühförderung (§ 30) und schulvorbereitenden Maßnahmen der Schulträger werden heilpädagogische Leistungen als Komplexleistung erbracht."

Hierdurch findet einerseits § 30 bzgl. der Komplexleistung sein Pendant und verdeutlicht, dass diese immer zwei Standbeine hat: das pädagogische und das medizinische. Beide bilden den elementaren Bestandteil einer interdisziplinären Frühförderung, für die der Gesetzgeber den Begriff Komplexleistung eingeführt hat[9].

Gleichzeitig erweitert der Gesetzgeber die in die Komplexleistung Frühförderung involvierten drei Rehabilitationsträger nach SGB IX um einen vierten Kostenträger: den Schulträger. Auch er hat seine schulvorbereitenden Maßnahmen nach den Vorgaben für eine Komplexleistung mit abzustimmen.

---

9 Gesondert diskutiert werden muss hier die Frage, ob beide Leistungsformen im Rahmen einer Komplexleistung auch immer erbracht werden müssen (vgl. Kap. 2.7.3).

Der Gesetzgeber reagiert auf einen sich verändernden Bedarf an Frühförderung auf zwei zentralen Ebenen. Zum einen durch die Vorgabe neuer fachlicher Blickwinkel wie „Prävention, Integration oder Ganzheitlichkeit (§§ 3 und 4), zum anderen durch die Vernetzung der Jugend- und Eingliederungshilfe mit dem Bildungssystem. Hintergrund dieser Regelung ist eine – politisch gewollte – Tendenz im Zuge einer neuen Bildungsdiskussion, die im Zuge der letzten Jahre nach den für Deutschland schockierenden Ergebnissen der PISA-. IGLU- und Delphie-Studien entstanden sind. Dies könnte mittelfristig einschneidende Veränderungen der Angebote in Kitas forcieren, zumal Deutschland hier erheblichen Nachholbedarf hat. Im Zuge dieser Diskussionen werden Bildungsangebote zunehmend auch bereits für den Vorschulbereich angedacht und konzipiert. Dies geschieht zum einen dadurch, dass Kindertagesstätten sich konzeptionell zunehmend für Bildungsangebote öffnen, zum anderen dadurch, dass sich die Schulträger mit ihren Konzepten in den Vorschulbereich hinein ausweiten. Der Gesetzgeber verpflichtet die Schulträger nun, eine solche Ausweitung unter das Dach einer gemeinsamen Komplexleistung einzubetten. Einige Länder (Hessen und Thüringen) definieren in ihren Bildungsplänen bereits das Alter der „Frühen Bildung" von 0 – 10 Jahren und beschreiben damit eine Durchlässigkeit zwischen den Vorschul- und den Schulsystemen. Die Vernetzung der teilstationären Bildungsangebote wird auch Auswirkungen auf die ambulanten Kooperationssysteme innerhalb des Vorschulbereichs haben: Dienste der Jugendhilfe, Kinderärzte, Frühförderstellen, Therapeutische Praxen, Ambulanzen. Es erscheint dem Gesetzgeber sinnvoll, diese Dienste mit ihren spezifischen Aufgaben und Möglichkeiten in ein abgestimmtes Gesamtkonzept zu integrieren.

Dieser – erst 2004 eingefügte zusätzliche Passus – kollidiert jedoch mit dem § 30 Abs. 3, wonach „Landesrecht vorsehen (kann), dass an der Komplexleistung weitere Stellen, insbesondere die Kultusverwaltung, zu beteiligen sind. In diesem Fall ist eine Erweiterung der gemeinsamen Empfehlungen anzustreben". Wer in einem Bundesgesetz in § 56 die Schulträger verbindlich auffordert, ihre Leistungen als Komplexleistung abzustimmen, kann deren Einbeziehung nicht in § 30 in das Ermessen der Länder stellen.

Der § 30 führt in Abs. 2 zu einer weiteren Unklarheit. Dort führt das Gesetz zusätzlich zu den „medizinischen Leistungen" nach § 30 Abs. 1 weitere „Leistungen zur Früherkennung und Frühförderung" auf, die als „nicht ärztliche, therapeutische, psychologische, heilpädagogische, sonderpädagogische, psychosoziale Leistungen und die Beratung der Erziehungsberechtigten durch interdisziplinäre Frühförderstellen" konkretisiert sind.

Die Subsumierung dieser – eher klassisch durch Frühförderstellen erbrachten – Leistungen der Frühförderung unter die medizinische Rehabilitation – aber ausdrücklich nicht unter ärztliche Verantwortung – musste entsprechend für zusätzliche Verwirrung sorgen. Nicht nur, dass einzelne kommunale Rehabilitationsträger hieraus sofort eine alleinige Zuständigkeit der Krankenkassen ableiteten (vgl. Stellungnahme des Bayerischen Landkreistages in diesem Kapitel), es ergeben sich zahlreiche weitere Ungereimtheiten bezüglich dessen, was der Gesetzgeber unter medizinische Rehabili-

tation oder unter das Dach einer abgestimmten Komplexleistung fasst. Hierin liegt der Kern einer kontinuierlichen Kritik am SGB IX, die von der Stellungnahme des Deutschen Bundesrats (2003) bis zu den Fachverbänden reicht: *„Das Gesetz gibt in seiner wenig präzisen Form eher Anlass zu Konkurrenz zwischen den Leistungsträgern sowie zwischen den Disziplinen, anstatt klare Wegweisungen für eine gedeihliche Zusammenarbeit zu geben"* (Kühl 2004b, 8).

Auffallend ist, dass beim § 30 Abs. 1 die „nicht ärztlichen medizinischen Leistungen" unter ärztlicher Verantwortung zu erbringen sind, während dies bei den Leistungen nach Abs. 2 nicht der Fall ist. Speck weist in diesem Zusammenhang auf die Vieldeutigkeit des Begriffs „nicht ärztliche sozial-pädiatrische Leistungen" hin (Speck 2004, 20) und betont, pädiatrische Leistungen seien per Definition immer medizinische Leistungen (als Teilgebiet der Kinderheilkunde). Entsprechend können auch sozial-pädiatrische Leistungen nur ärztliche Leistungen sein. Nicht ärztliche sozial-pädiatrische Leistungen könne es entsprechend gar nicht geben. „Zum anderen bleibt unklar, was unter ‚ärztlicher Verantwortung' zu verstehen ist, und wie weit diese reicht. Nur die Verantwortung von Ärzten ist im Gesetz und in der Frühförderungsverordnung genannt. Soll hier auch eine generelle ‚Durchführungsverantwortung', also eine Verantwortung für die Qualität anderer Fachleistungen intendiert sein?" (ebd.).

Hieraus leiten die örtlichen Sozial- und Jugendhilfeträger zwischenzeitlich den Anspruch ab, für die Kostenübernahme der Frühförderung nicht mehr zuständig zu sein. Begründet wurde dies damit, dass Frühförderung mit Einführung des SGB IX und deren Subsumierung unter die medizinische Rehabilitation nun ausschließlich in den Zuständigkeitsbereich der Krankenkassen falle. Unmittelbar nach Verabschiedung des Gesetzes und noch vor dessen In-Kraft-Treten am 01. Juli 2001 forderte beispielsweise der bayerische Landkreistag seine Kommunen auf, sich aus der Finanzierung der Frühförderung zurückzuziehen. Der Gesetzgeber musste daraufhin zunächst allgemein klarstellen, dass mit der Subsumierung von Frühförderung unter die medizinische Rehabilitation eine einseitige Zuordnung der Kosten zu den Krankenkassen nicht beabsichtigt war.

Den hiermit einhergehenden erheblichen Verunsicherungen versuchte der Gesetzgeber dadurch entgegen zu wirken, dass er im § 30 Abs. 3 ausführte:

> „Zur Abgrenzung der in den Absätzen 1 und 2 genannten Leistungen und der sonstigen Leistungen dieser Dienste und Einrichtungen, zur Übernahme oder Teilung der Kosten zwischen den beteiligten Rehabilitationsträgern, zur Vereinbarung und Abrechnung der Entgelte sowie zur Finanzierung werden gemeinsame Empfehlungen vereinbart; § 13 Abs. 3, 4 und 6 gilt entsprechend."

§ 30 Abs. 3 gibt nun also die Verantwortung für die weitere Ausgestaltung einer uneindeutigen Gesetzesregelung an die Länderebene weiter. Ihnen soll die Möglichkeit einer näheren Ausgestaltung gegeben werden. Damit wird eine Ebene einbezogen, die sich bislang überwiegend für gar nicht zuständig gehalten hat – die Bundesländer. Bis

dato hatten sich lediglich einige Bundesländer aus freiwilligen Haushaltsmitteln an der Finanzierung der Frühförderung beteiligt, um in ihrem Land bessere Rahmenbedingungen zu gewährleisten (vgl. Kap. 4), in sieben Bundesländern hatten sich die Landesregierungen jedoch stets konsequent geweigert, sich an der Finanzierung der Frühförderung zu beteiligen (vgl. Sohns 2000a, 220). Gleichzeitig bleibt unklar, in welcher Funktion den jeweiligen Landesregierungen nun Verantwortung für die Umsetzung des SGB IX zukommt. Auch nach 2001 gibt es einige Länder, die sich schnell um eine Ausgestaltung der Komplexleistung bemühten und die weiteren Verhandlungen (der Rehabilitationsträger) aktiv begleiteten, während andere Länder sich nach wie vor als nicht zuständig ansehen. Kein Land lässt bislang Initiativen bzgl. eines Ausführungsgesetzes – wie bspw. in der Jugendhilfe – erkennen[10].

2.6.4 Die BAR-Arbeitsgruppe

Mit dem SGB IX fordert der Gesetzgeber seit 2001 die drei primär verantwortlichen Rehabilitationsträger auf, sich gemeinsam auf ein abgestimmtes Konzept zur Ausgestaltung der Komplexleistung Frühförderung zu verständigen. Zur näheren Ausgestaltung dieser abgestimmten Leistungen sieht § 13 SGB IX vor, dass die beteiligten Rehabilitationsträger gemeinsame Empfehlungen erstellen.

Die Bundesgesetzgeber hatten dabei offenbar Zweifel daran, dass die verschiedenen Rehabilitationsträger unter sich in der Lage seien, diese gemeinsame Ausgestaltung mit dem primären Ziel einer hohen Fachlichkeit und Effektivität der Leistungen durchzuführen. Sie bestimmen daher in § 13 Abs. 7 ausdrücklich, dass solche Rahmenempfehlungen unter der Moderation der Bundesarbeitsgemeinschaft für Rehabilitation (BAR) durchgeführt werden:

> „Die beteiligten Rehabilitationsträger vereinbaren die gemeinsamen Empfehlungen im Rahmen der Bundesarbeitsgemeinschaft für Rehabilitation im Benehmen mit dem Bundesministerium für Gesundheit und Soziale Sicherung und den Ländern auf der Grundlage eines von ihnen innerhalb der Bundesarbeitsgemeinschaft vorbereiteten Vorschlags. Der Bundesbeauftragte für den Datenschutz wird beteiligt. Hat das Bundesministerium für Gesundheit und Soziale Sicherung zu einem Vorschlag aufgefordert, legt die Bundesarbeitsgemeinschaft für Rehabilitation den Vorschlag innerhalb von sechs Monaten vor. Dem Vorschlag wird gefolgt, wenn ihm berechtigte Interessen eines Rehabilitationsträgers nicht entgegenstehen."

---

10 Eine Ausnahme könnte hier das Land Brandenburg darstellen. Nachdem landesweite Regelungen auf freiwilliger Ebene gescheitert waren und der erste Landkreis, für den die Vereinbarung zur Ausgestaltung einer Komplexleitung angekündigt war (Havelland), ebenfalls zu keiner Übereinkunft kam, kündigte der Referent des Gesundheitsministerium im Rahmen des XI. Forums Frühförderung am 09. September 2009 in Potsdam an, die Landesregierung werde notfalls auch auf gesetzlichem Wege die Rehabilitationsträger zwingen, zu einer konstruktiven Ausgestaltung zu kommen.

Das gleiche Konzept wird im Paragraphen zur „Qualitätssicherung" aufgegriffen, wonach „die Rehabilitationsträger nach § 6 Abs. 1 Nr. 1 bis 5 gemeinsame Empfehlungen zur Sicherung und Weiterentwicklung der Qualität der Leistungen, insbesondere zur barrierefreien Leistungserbringung, sowie für die Durchführung vergleichender Qualitätsanalysen als Grundlage für ein effektives Qualitätsmanagement der Leistungserbringer (vereinbaren). § 13 Abs. 4 ist entsprechend anzuwenden" (§ 20 Abs. 1 SGB IX). Und zur konkreten Ausgestaltung wird in Abs. 3 festgelegt:

> „Die Bundesarbeitsgemeinschaft für Rehabilitation bereitet die Empfehlungen nach Absatz 1 vor. Sie beteiligt die Verbände behinderter Menschen einschließlich der Verbände der Freien Wohlfahrtspflege, der Selbsthilfegruppen und der Interessenvertretungen behinderter Frauen sowie die nach § 19 Abs. 6 gebildeten Arbeitsgemeinschaften und die für die Wahrnehmung der Interessen der ambulanten und stationären Rehabilitationseinrichtungen auf Bundesebene maßgeblichen Spitzenverbände. Deren Anliegen wird bei der Ausgestaltung der Empfehlungen nach Möglichkeit Rechnung getragen".

Dabei soll zwischen den beteiligten Rehabilitationsträgern Verhandlungspartnern Einvernehmen geschaffen werden (Abs. 3).

Gemäß dieser Grundlage wurde von der *Bundesarbeitsgemeinschaft für Rehabilitation* (BAR) eine Arbeitsgruppe mit Vertretern der Rehabilitationsträger (Krankenkassen und kommunale Spitzenverbände) ins Leben gerufen, an der auch jeweils ein Vertreter der vier Verbände teilnahm, die zuvor als „Plattform" das Memorandum zur Frühförderung veröffentlicht hatten (vgl. Kap. 2.6.1).

Die Folge für die Frühförderung war, dass in den Jahren 2001 und 2002 in den – eigentlich zuständigen – kommunalen Gebietskörperschaften bis zu einer solchen detaillierten Ausgestaltung durch die BAR-Arbeitsgruppe Frühförderung gewartet und die Ausgestaltung der Komplexleistung solange ausgesetzt wurde. Innerhalb der Arbeitsgruppe fanden regelmäßige Treffen von Vertretern der kommunalen Spitzenverbände, der Spitzenverbände der Krankenkassen sowie von Vertretern der Fach- und Dachverbände statt.

Die BAR-Arbeitsgruppe erstellte nach langen Verhandlungen eine gemeinsame Vorlage für eine Vereinbarung, der alle Vertreter innerhalb der Arbeitsgruppe zustimmten. Erst in der entscheidenden Sitzung im Lenkungsausschuss der BAR verweigerten die kommunalen Spitzenverbände ihre Zustimmung mit der Begründung, die Leistungen nach § 26 Abs. 3 fielen in die Zuständigkeit der Krankenkassen; dies beinhalte auch Leistungen, die zuvor auf Grundlage des § 40 BSHG von den Kommunen übernommen worden seien (vgl. Lachwitz 2004, 36f).

> „Tatsächlich schien bis zum April 2002 eine Vorlage entwickelt worden zu sein, in der vieles eindeutiger geregelt war und die weitestgehend auf Konsens zu treffen schien. Umso schmerzhafter war es dann für fast alle an den Beratungen Beteiligten, dass in der abschließenden geplanten Sitzung vor allem die Vertreter der kommunalen und überörtlichen Sozialhilfeträger den Konsens aufkündigten und in einigen Punkten zu keinerlei Kompromissen bereit waren. Der größte Widerstand bezog sich auf die vor-

gesehene Kostenteilung zwischen den gesetzlichen Krankenversicherungen und den Sozialhilfeträgern, was angesichts der leeren Kassen der Kommunen zwar verständlich erschien, aber vom Gesetz her nicht begründet werden konnte. Ebenso schwer – fachlich sogar schwerer – wog der Beschluss, dass Qualitätsstandards und Qualitätssicherungen gänzlich aus den Empfehlungen gestrichen werden sollten. So misslang schließlich auch ein Vermittlungsversuch des Bundesministeriums. Im Herbst scheiterten die gemeinsamen Empfehlungen endgültig dadurch, dass die Sozialhilfeträger bekundeten, den Empfehlungen in der vorgelegten Form nicht beizutreten" (Jetter 2004, 18).

Dieses Scheitern kann als ein Offenbarungseid gesehen werden für die Intention der kommunalen Rehabilitationsträger, die seit 1974 die primäre Finanzierungszuständigkeit für die Finanzierung der Frühförderstellen innehaben. Im Rahmen dieser Verhandlungen stellte sich die Frage, ob es gelingen konnte, die Vertreter der Rehabilitationsträger mit fachlichen und wissenschaftlichen Argumenten von der Notwendigkeit einer modernen Komplexleistung zu überzeugen und ein gemeinsames Konzept solidarisch zu erstellen oder ob kurzfristige strategische Überlegungen bzgl. der Einschränkung oder Verweigerung einer finanziellen Umsetzung der gesetzlichen Grundlagen auf Kosten einer Fachlichkeit und langfristiger systemübergreifender Effektivität und damit auf Kosten der Hilfebedürftigen die Oberhand behielten. Deutlicher als Karlheinz Jetter, der als Bundesvorsitzender der Vereinigung für interdisziplinäre Frühförderung (VIFF) an den Verhandlungen teilnahm, fasste dies der Vertreter des Bundesverbandes für Körper- und Mehrfachbehinderte zusammen:

„Die Verantwortung für das Scheitern tragen die kommunalen Spitzenverbände. Die Verhandlungen sind nicht an unangemessenen Forderungen der Verbände, nicht an fehlender Ausgewogenheit oder mangelnder Kompromissbereitschaft gescheitert. Nicht einmal den Krankenkassen kann man fehlendes finanzielles Entgegenkommen vorwerfen. Sie haben nicht nur die notwendige Qualitätssteigerung der Frühförderung in ihre Kostenverantwortung genommen, sondern waren auch noch bereit, deutliche Entlastungen der Sozialhilfeträger zu tragen.
Für mich gibt es im Wesentlichen zwei Gründe für das Scheitern. Der erste Grund liegt im Desinteresse der kommunalen Spitzenverbände, sich ernsthaft mit ihrer Verantwortung für ihren Anteil an der Frühförderung auseinanderzusetzen. Das haben sie nicht nur durch ihre Präsenz in der Fachgruppe belegt, sondern auch durch die Stellungnahme dokumentiert, mit der sie die Ablehnung begründen. Diese Stellungnahme ist so schlecht, dass selbst die überörtlichen Sozialhilfeträger sich nicht mit diesem Papier verbinden wollten und entgegen ihrer Ankündigung eine eigene Stellungnahme abgegeben haben.
Den zweiten und vielleicht entscheidenderen Grund sehe ich in der Führungsschwäche der kommunalen Spitzenverbände. Hier wird nach dem Motto verfahren: ‚Für eine nicht zustande gekommene Empfehlung kann man nicht zur Verantwortung gezogen werden.' Für eine abgeschlossene Empfehlung muss man Überzeugungsarbeit leisten. Man muss für die vorgeschlagenen Regelungen werben, sie erläutern und an der einen oder anderen Stelle Kritik aushalten. Alle anderen Beteiligten, einschließlich der Krankenkassen, sind so verfahren. Die kommunale Seite konnte oder wollte das nicht. Sie wollte sicher auch nicht auf die Option auf die bayrische Rechtsauslegung verzichten" (Müller-Fehling 2002, 1).

Lachwitz resümiert als Vertreter der Bundesvereinung Lebenshilfe in der BAR-Arbeitsgruppe:

„Das Scheitern des Diskussionsentwurfs der BAR ist vor allem deshalb zu bedauern, weil es nach dem übereinstimmenden Votum zahlreicher Fachleute erstmals gelungen war, die Elemente der Komplexleistung ‚Früherkennung/Frühförderung' aufzuschlüsseln. In mühevollen Beratungen konnten die kind- und Familienbezogenen Leistungen genau beschrieben und zugleich die Anforderungen an die Leistungserbringung definiert werden" (Lachwitz 2004, 37).

2.7 Die Frühförderungsverordnung (FrühV)

2.7.1 Die Entscheidung der Gesetzgeber

Nachdem der Versuch der Rehabilitationsträger, unter sich einvernehmliche Regelungen zur Ausgestaltung der Komplexleistung zu vereinbaren, gescheitert war, wurde § 32 SGB IX relevant, der im Falle einer Nichteinigung der Rehabilitationsträger für die Bundesregierung eine Verordnungsermächtigung vorsieht:

„Das Bundesministerium für Gesundheit und Soziale Sicherung wird ermächtigt, durch Rechtsverordnung mit Zustimmung des Bundesrates
1. Näheres zur Abgrenzung der in § 30 Abs. 1 und 2 genannten Leistungen und der sonstigen Leistungen dieser Dienste und Einrichtungen, zur Übernahme oder Teilung der Kosten zwischen den beteiligten Rehabilitationsträgern, zur Vereinbarung und Abrechnung der Entgelte sowie zur Finanzierung zu regeln, wenn gemeinsame Empfehlungen nach § 30 Abs. 3 nicht innerhalb von sechs Monaten, nachdem die das Bundesministerium für Gesundheit und Soziale Sicherung dazu aufgefordert haben, vereinbart oder unzureichend gewordene Empfehlungen nicht innerhalb dieser Frist geändert worden sind".

Entsprechend musste das Bundesministerium für Gesundheit und soziale Sicherung den Bundesgesetzgebern in Bund und Ländern eine Vorlage erstellen, um die fehlende nähere Ausgestaltung durch eine eigene Verordnung zu ersetzen. Diese Frühförderungsverordnung (FrühV) trat am 1. Juli 2003 in Kraft. Es war von Anfang an klar, dass sie – da sie Gesetzeskraft besitzt – stärker auf einen juristischen Rahmen fokussiert und inhaltlich weniger detailliert ausgestaltet würde als die BAR-Empfehlung.

„Nicht in die Rechtsverordnung aufgenommen werden konnten bspw. Regelungen über die Anforderungen an die Leistungserbringung, über Standards der Einrichtung oder über Maßnahmen der Qualitätssicherung" (Liebig 2003, 3).
Zur Zielsetzung äußerte sich der zuständige Referent der Bundesregierung auf dem „Forum Frühförderung der Bundesvereinigung Lebenshilfe":
„Die wegen des Scheiterns der gemeinsamen Empfehlungen notwendig gewordene Rechtsverordnung und das SGB IX verfolgen dasselbe Hauptziel: Die Erleichterung

und die Beschleunigung der Inanspruchnahme der Leistungen. Kinder und ihre Eltern sollen die Leistungen koordiniert ‚aus einer Hand' erhalten, und zwar unabhängig davon, welcher Leistungsträger letztlich für die erforderlichen Leistungen zuständig ist. Zu Verwirklichung dieses Ziels wurden die Leistungen als Komplexleistung ausgestaltet" (ebd.).

Konnte sich die Bundesregierung für ihren Entwurf der FrühV im Bundestag einer Mehrheit der rot-grünen Koalition sicher sein, erschien dies für die notwendige Zustimmung im Bundesrat fraglich. Hier wurden 2003/2004 von den CDU-geführten Ländern mit ihrer Mehrheit die meisten Gesetzesentwürfe der Bundesregierung abgelehnt, um deren Handlungsfähigkeit zu beeinträchtigen und vorzeitige Neuwahlen herbeizuführen. Entsprechend musste dies auch für die FrühV befürchtet werden.

In der Anhörung der Länder zu dem Referentenentwurf der FrühV wurde das Anliegen, die unbefriedigende Situation in Folge der uneindeutigen Rechtslage zu beenden, grundsätzlich begrüßt. In der entscheidenden Bundesratssitzung gab es verschiedene Änderungsanträge, z. B. zur Verschiebung der Kosten zu den Krankenkassen oder zur Erweiterung der Frühförderinstitutionen auch auf Tageseinrichtungen für Kinder. Sie alle waren jedoch im Bundesrat nichts mehrheitsfähig. Der Bundesrat verabschiedete schließlich die FrühV mit einigen Änderungen, gleichzeitig forderte er die Bundesregierung auf, klare Regelungen zu treffen, da die Probleme vor Ort durch Uneindeutigkeiten im Gesetz bedingt seien.

> Er „stellt fest, dass seit dem Inkrafttreten des neunten Buches Sozialgesetzbuch erhebliche Unsicherheiten hinsichtlich der Zuständigkeiten der Rehabilitationsträger bei der Erbringung von Leistungen der Früherkennung und Frühförderung und hinsichtlich der Kostentragungspflicht eingetreten sind. Diese Unsicherheiten haben Eltern von Kindern, die auf Frühförderung angewiesen sind, schwer belastet und Ängste genährt, sie würden die dringend benötigenden Leistungen nicht mehr im erforderlichen Umfang oder in der nötigen Qualität erhalten. Frühförderstellen bangen um ihre künftige Existenz" (Deutscher Bundesrat 2003, 7).

Entsprechend fordert der Bundesrat die Bundesregierung auf, durch eine Veränderung des Rehabilitationsgesetzes Unsicherheiten entgegenzuwirken und folgert:

> „Der Bundesrat betrachtet die FrühV deshalb nur als vorübergehende Lösung, die die bestehende Rechtsunsicherheit nicht endgültig beseitigen kann. Er vertritt im Übrigen die Auffassung, dass die FrühV der in den letzten Jahren überproportional angestiegenen Kostenbelastung der Kommunen in diesem Bereich zu wenig Rechnung trägt. Bei den im Rahmen der Komplexleistung aufzuwendenden Kosten ist die Situation der Kommunen stärker zu berücksichtigen" (ebd., 8).

Die Bundesregierung führt jedoch auch nach 2003 und des Wechsels der Bundesregierung 2005 aus, dass eine Veränderung des Gesetzes nicht notwendig und nicht angedacht sei. Eventuelle Unsicherheiten bei der Interpretation des – nach Ansicht der Bundesregierung eindeutigen – Gesetzes erfolgt seit dem allenfalls durch schriftliche Erläuterungen und Klarstellungen aus den zuständigen Bundesministerien. Die für die Ausgestaltung der Frühförderung zuständigen Kreise und kreisfreie Städte warteten jedoch mit der weiteren Ausgestaltung darauf, dass von der im Gesetz ermöglichten näheren Ausgestaltung auf Länderebene durch entsprechende Rahmenvereinbarungen oder -empfehlungen Gebrauch gemacht wurde. Dies war auch im Interesse der Krankenkassen, da diese landesweit organisiert sind und wenig Interesse an Verhandlungen in den einzelnen kommunalen Gebietskörperschaften haben.

2.7.2 Definition der Komplexleistung

Die am 01.07.2003 in Kraft getretene „Verordnung zur Früherkennung und Frühförderung behinderter und von Behinderung bedrohter Kinder (Frühförderungsverordnung – FrühV) vom 24.06.2003" (BGBl. I S. 998) will lediglich drei zentrale Anliegen erfüllen:

- Die Abgrenzung der durch interdisziplinäre Frühförderstellen und sozialpädiatrische Zentren ausgeführten Leistungen nach § 30 Abs. 1 und 2 des Neunten Buches Sozialgesetzbuch zur Früherkennung und Frühförderung noch nicht eingeschulter behinderter und von Behinderung bedrohter Kinder,
- die Übernahme und die Teilung der Kosten zwischen den beteiligten Rehabilitationsträgern sowie
- die Vereinbarung der Entgelte

Die Frühförderleistungen beinhalten die Leistungen zur medizinischen Rehabilitation (geregelt in § 5) und heilpädagogische Leistungen (geregelt in § 6), die „unter Inanspruchnahme von fachlich geeigneten interdisziplinären Frühförderstellen und sozialpädiatrischen Zentren unter Einbeziehung des sozialen Umfelds der Kinder ausgeführt (werden)" (§ 2 FrühV).
Damit stellt sich die Frage, was im Sinne der Verordnung als „fachlich geeignet" anzuerkennen ist. SGB IX bringt in soweit eine neue Qualität mit sich, dass hierunter nur noch *interdisziplinäre* Frühförderstellen vorgesehen sind. Damit stellt sich zunächst die Frage, wann eine Frühförderstelle den Status *interdisziplinär* erfüllt und welcher spezifischen Disziplinen eine Frühförderstelle bedarf.

> „Aus rechtlicher Sicht hat vor allem der Gesichtspunkt Bedeutung, dass von einer ‚fachlich geeigneten' interdisziplinären Frühförderstelle der §§ 2 Satz 2 und 3 FrühV nur die Rede sein kann, wenn sichergestellt ist, dass eine Frühförderstelle, die z.B. medizinisch-therapeutische Fachkräfte im Wege der Kooperation in ihre Arbeit einbinden möchte, in der Lage ist, das gleiche Angebot zur Verfügung zu stellen, wie eine interdisziplinär besetzte Frühförderstelle. Dies setzt vor allem voraus, dass der individuelle Förder- und Behandlungsplan, der für die einzelnen Kinder gemäß § 7 FrühV zu erstellen ist, von den kooperierenden Fachkräften inhaltlich, zeitlich und qualitativ in der gleichen Weise erarbeitet und umgesetzt werden kann wie von einem interdisziplinär besetzten Fachteam, das in der interdisziplinären Frühförderstelle beschäftigt ist. Dies bedingt wiederum, dass beispielsweise eine niedergelassene Therapeutin, die als Kooperationspartnerin einer Frühförderstelle auftreten will, zeitlich flexibel auf die Anforderungen der Frühförderstelle reagieren kann.

Denkbar ist, dass die Therapeutin als freie Mitarbeiterin in das Team der Frühförderstelle eingebunden und ihr ausdrücklich eine Nebentätigkeit als niedergelassene Therapeutin gestattet wird. Freie Mitarbeiter dürfen allerdings nicht weisungsgebunden für einen Arbeitgeber tätig sein, da sonst ein verschleiertes – sozial- und lohnsteuerpflichtiges – Arbeitsverhältnis vorliegt. Eine Kooperationsvereinbarung, die sicherstellen soll, dass die niedergelassene therapeutische Fachkraft für die von den Frühförderstellen betreuten Kinder in gleicher Weise zur Verfügung steht wie eine fest angestellte Therapeutin, setzt möglicherweise gerade voraus, dass die Frühförderstelle der kooperierenden Fachkraft hinsichtlich ihres zeitlichen Einsatzes konkrete Weisungen erteilen kann. Bereits diese Überlegungen zeigen, dass es nicht einfach sein wird, Bedingungen für Kooperationsverträge mit Fachkräften zu vereinbaren, die den Schluss zulassen, dass die Interdisziplinarität einer Frühförderstelle durch Kooperationsverträge gewahrt ist" (Lachwitz 2004, 39f).

Aus der Gesetzeslage lässt sich eine Verpflichtung zur interdisziplinären Besetzung im Angestelltenverhältnis nicht ableiten. § 3 der FrühV (interdisziplinäre Frühförderstellen) definiert diese folgendermaßen:

„Interdisziplinäre Frühförderstellen im Sinne dieser Verordnung sind familien- und wohnortnahe Dienste und Einrichtungen, die der Früherkennung, Behandlung und Förderung von Kindern dienen, um in interdisziplinärer Zusammenarbeit von qualifizierten medizinisch-therapeutischen und pädagogischen Fachkräften eine drohende oder bereits eingetretene Behinderung zum frühestmöglichen Zeitpunkt zu erkennen und die Behinderung durch gezielte Förder- und Behandlungsmaßnahmen auszugleichen oder zu mildern. Leistungen durch interdisziplinäre Frühförderstellen werden in der Regel in ambulanter, einschließlich mobiler Form erbracht".

Damit sieht die FrühV lediglich als Voraussetzung der Interdisziplinarität vor, dass die Einrichtung als „familien- und wohnortnaher Dienst oder Einrichtung organisiert ist" und die „interdisziplinäre Zusammenarbeit von qualifizierten medizinisch-therapeutischen und pädagogischen Fachkräften" zu gewährleisten ist.

„Der Begriff der ist mehrdeutig. Er lässt die Interpretation zu, dass eine interdisziplinäre Frühförderstelle nur dann vorliegt, wenn sowohl qualifizierte medizinisch-therapeutische als auch pädagogische Fachkräfte beschäftigt werden. Zulässig ist aber auch die Lesart, dass von interdisziplinärer Zusammenarbeit bereits dann gesprochen werden kann, wenn nur pädagogische Fachkräfte in der Frühförderstelle fest angestellt sind, mit medizinisch-therapeutischen Fachkräften jedoch Kooperationsvereinbarungen bestehen" (Lachwitz 2004, 39).

Die BAR-Empfehlung hatte als Kriterium einer interdisziplinären Frühförderstelle als Mindeststand vorgesehen, dass drei verschiedene Fachpersonen in der Einrichtung angestellt sein müssen, von denen mindestens eine aus einer medizinisch-therapeutischen Berufsgruppe kommt. Diese Vorgabe ist jedoch nicht in die FrühV übertragen worden. Auch innerhalb des Fachverbandes VIFF werden hierzu unterschiedliche Positionen vertreten. Während im Bundesvorstand mehrheitlich die Auffassung vorherrscht, Fachpersonen verschiedener Berufsgruppen müssten innerhalb der Frühförderstelle unter einem Dach als Angestellte tätig sein, wird von der VIFF Hessen die

Auffassung vertreten, das dort bewährte System einer interdisziplinären Kooperation mit niedergelassenen medizinisch-therapeutischen Fachpersonen erfülle auch das Kriterium einer interdisziplinären Frühförderstelle. Entsprechend könnten auch solche Einrichtungen als interdisziplinäre Frühförderstelle anerkannt werden.

Die FrühV tendiert zunächst nicht in diese Richtung, in dem die Begründung zum § 3 ausführt, „ein loser Zusammenschluss von niedergelassenen Ärzten und Heilmittelerbringern („virtuelle Frühförderstelle") (bildet) keine interdisziplinäre Frühförderstelle im Sinne der Verordnung, das gleiche gilt auch für Tagesstätten und Sonderkindergärten". Es stellt sich jedoch die Frage, wie verbindlich eine Kooperation sein muss, damit sie nicht nur einen „losen Zusammenschluss" darstellt. Die FrühV sieht „Kooperationen mit nicht in der Einrichtung beschäftigten Fachkräften" nach der gleichen Begründung zum § 3 als möglich an. Es wird also nicht vorgegeben, dass die externen Fachpersonen (z. B. Ärzte und medizinisch-therapeutische Therapeuten) in einem festen Anstellungsverhältnis stehen müssen. Hier wird viel Spielraum für die Ausgestaltung vor Ort gelassen.

Unklar bleibt bei diesen Regelungen auch, inwieweit noch weitere Disziplinen (jenseits der Pädagogik und Therapie) als Voraussetzung einer notwendigen Interdisziplinarität gewährleistet werden müssen. Bezüglich der ärztlichen Leistung scheint eine Kooperation mit niedergelassenen Ärzten im Gegensatz zu der Kooperation mit niedergelassenen Therapeuten unstrittig. Ungeklärt ist die verbindliche Kooperation hingegen mit anderen Berufsgruppen, wie bspw. Psychologen oder auch sozialpädagogischen Fachkräften (z. B. im Rahmen der Jugendhilfe). Der Gesetzgeber lässt eine Vorgabe hierzu offen und fügt in § 2 Satz 3 lediglich an: „Näheres zu den Anforderungen an interdisziplinäre Frühförderstellen und sozialpädiatrische Zentren kann durch Landesrahmenempfehlungen geregelt werden."

Einerseits offenbart das SGB IX das „Ziel, bisher getrennt gewährte Leistungen aus unterschiedlichen Leistungsgesetzen als einheitliche Leistung zusammenzuführen. Diese Zusammenführung hat als Konsequenz einen konzeptionellen Aspekt, denn das Ziel ist die ‚Teilhabe' oder ‚Partizipation' jener Personen, für die eine ‚Komplexleistung' vorgesehen ist. Es kann sich aus diesem Grunde nicht nur um die Addition zweier oder mehrer, vorher getrennt gewährter Leistungen handeln, sondern um etwas Neues" (Kühl, 2004a). Dabei gehört es auch zum Anliegen der Komplexleistung, die Teilhabe des Hilfebedürftigen am gesellschaftlichen Kontext und seine Selbstbestimmung zum Ziel der Frühförderhilfen zu machen.

Andererseits hat es der Gesetzgeber dabei versäumt, den Begriff der Komplexleistung ausreichend zu definieren. In der Gesetzesbegründung zum SGB IX (Bundestagsdrucksache 14/50/74, 204f.) wird sie lediglich als ein interdisziplinäres abgestimmtes System ärztlicher, medizinisch-therapeutischer, psychologischer, heilpädagogischer und sozialpädagogischer Leistungen definiert, die sowohl ambulant als auch mobil stattfindet und eine Beratung beinhaltet. Allgemein wird der Komplexleistung unterstellt, dass diese Hilfeleistungen der verschiedenen Berufsgruppen nicht als einzelne Leistungen additiv nach- oder nebeneinander zusammengesetzt werden, sondern eine ganzheitliche Ein-

heit darstellen. Bzgl. der administrativen und fachlichen Ausgestaltung dieser – zuständigkeitsübergreifenden – Anforderung macht der Gesetzgeber (zunächst) keine weiteren Vorgaben, sondern überträgt die Verantwortung – in streng föderativer Sichtweise – auf die Länder. Es lässt sich vermuten, dass das jedoch nicht nur aus einem föderativen Denken heraus geschehen ist, sondern aus Angst davor, für Mehrkosten der Neuregelungen haftbar gemacht zu werden.

2.7.3 Die Zwei-Kreuze-Regelung

In der Begründung zu § 30 SGB IX heißt es:

> „Abs. 1 Satz 2 stellt klar, dass die in Satz 1 der medizinischen Rehabilitation zugeordneten Leistungen in einem engen Funktionszusammenhang mit den heilpädagogischen Maßnahmen nach § 56 stehen und gegenüber den Leistungsberechtigten systemorientiert als Komplexleistung zu erbringen sind".

Damit definiert der Gesetzgeber ein *Gesamtsystem Frühförderung*, das sich der medizinischen Rehabilitation und den heilpädagogischen Leistungen zuordnet. Gleichwohl stellt sich die Frage, was unter dem „engen Funktionszusammenhang" zwischen den Leistungen zu verstehen ist. Die wissenschaftliche Studie des Instituts für Sozialforschung und Gesellschaftspolitik im Auftrag des Bundessozialministeriums sieht hierbei zwei Interpretationsmöglichkeiten:

> „Grundsätzlich wird die *Komplexleistung* entweder definiert als eine Kombination von pädagogischen und medizinisch-therapeutischen Leistungen, die parallel oder innerhalb eines festgelegten Zeitraums in abgestimmter Reihenfolge erbracht werden (*additive Form der Leistungserbringung*). Oder die Komplexleistung wird als ein *integrativ bzw. ganzheitlich* erbrachtes *Leistungspaket* definiert, das organisatorisch durch eine interdisziplinäre Struktur gewährleistet wird und jedem Kind mit Leistungsanspruch zur Verfügung steht. Vertreter dieser Sichtweise betonen, dass eine Komplexleistung *mehr* bedeute als die Summe einzelner Komponenten, da sie in interdisziplinärer Kompetenz erbracht werde und damit dem ganzheitlichen Bedarf des Kindes angemessener sei" (ISG 2008, 5f).

Weitgehend durchgesetzt hat sich offenbar die erstbeschriebene additive Auffassung, wonach es sich immer dann um eine Komplexleistung handelt,

> „wenn für eine prognostisch festgelegten Zeitraum (in der Regel ein Jahr) sowohl medizinisch-therapeutische als auch heilpädagogische Leistungen notwendig sind und durch eine interdisziplinäre Frühförderstelle oder ein Sozialpädiatrisches Zentrum erbracht werden, um ein übergreifendes Therapie- und Förderziel (Teilhabeziel) zu erreichen" (Bundesministerium für Arbeit & Sozialordnung/Bundesministerium für Gesundheit 2009, 2).

Damit haben die beiden zuständigen Ministerien im Juni 2009 wörtlich die Formulierung übernommen, die die Referenten aller Bundesländer im September 2008 in dem sog. „Konsenspapier" (*Bundesministerium für Arbeit und Sozialord-*

nung 2008) gewählt haben und die auch in die Stellungnahme der ViFF (2009) übernommen wurde. Dieser Vorschlag beinhaltet eine Zwei-Kreuze-Regelung, wonach eine Komplexleistung nur dann indiziert sei, wenn die beiden Leistungsformen „sowohl [...] als auch" notwendig sind. Die Begründung der kommunalen Spitzenverbände ist – wie hier am Beispiel des bayerischen Landkreistages – recht lapidar:

> „In § 56 Abs. 2 SGB IX heißt es ziemlich eindeutig: In Verbindung mit Leistungen zur Früherkennung und Frühförderung (§ 30) [...] werden heilpädagogische Leistungen als Komplexleistungen erbracht. Spiegelbildlich ist die Formulierung des § 30 Abs. 1 Satz 2 SGB IX bezogen auf die sog. medizinisch-therapeutischen Leistungen. Nach unserer Einschätzung kann das – rechtlich betrachtet – nur heißen: Es muss auch eine isolierte heilpädagogische Leistung möglich sein, sonst wäre die gesetzliche Abgrenzung nicht notwendig. Diese Differenzierung wird in der Frühförderungsverordnung weitergeführt" (Schulenburg 2006).

Mit dieser einfachen Begründung wird sich über den – verbindenden – Anspruch des SGB IX und der FrühV schlichtweg hinweg gesetzt. In der Praxis bedeutet dies vielerorts ein Verfahren, wonach in separater Diagnostik der Bedarf der jeweiligen Leistungsform festgestellt werden muss und nur dann eine Komplexleistung mit ihren gesamten fachlichen Ansprüchen gewährleistet wird, wenn unabhängig voneinander beide Leistungsformen als notwendig angesehen werden. Dies schränkt die fachlichen Ansprüche an eine ganzheitliche Frühförderung wesentlich ein und führt zu einer erneuten Bürokratisierung. Diese äußert sich bspw. darin, dass Frühförderstellen künftig drei getrennte Systeme ihrer Leistungen vorhalten: Ein interdisziplinäres System für die Komplexleistung, ein medizinisch-therapeutisches System und ein traditionelles rein pädagogisches Frühfördersystem, das dann in Anspruch genommen wird, falls nicht parallel zur pädagogischen Frühförderung auch eine medizinisch-therapeutische Behandlung indiziert scheint. In diesem Fall wären alle interdisziplinären Standards hinfällig, es könnte auch zu keiner disziplinübergreifenden fachlichen Abstimmung kommen.

Eine typische Regelung, wie Landesrahmenvereinbarungen die Zwei-Kreuze-Regelung aufgreifen und formulieren, ist beispielsweise: „Heilpädagogische Leistungen nach § 56 SGB IX, die nicht in Verbindung zu Leistungen mit medizinischen Rehabilitation bzw. medizinische Leistungen, die nicht in Verbindung mit heilpädagogischen Leistungen – und somit nicht als Komplexleistung – erbracht werden, sind nicht Gegenstand dieser Vereinbarung" *(Landesrahmenvereinbarung Sachsen § 2 Abs. 2).*

Diese Formulierung ist umso erstaunlicher, da § 56 SGB IX ausdrücklich ausweist, dass die heilpädagogischen Leistungen eben in Verbindung mit Leistungen zur medizinischen Rehabilitation (verbindlich) zu erbringen sind. Dies setzt eine obligatorische (kontinuierliche) Abstimmungsmöglichkeit der beiden Systeme voraus unabhängig davon, ob nach der Abstimmung auch separate Leistungen aus den beiden Systemen („am Klientel") notwendig sind. Mit der gleichen Begründung müssten die Rehabilitationsträger und die Ministerien auch den § 56 Abs. 2 auf-

greifen („In Verbindung mit Leistungen zur Früherkennung und Frühförderung [§ 30] und schulvorbereitenden Maßnahmen der Schulträger werden heilpädagogische Leistungen als Komplexleistung erbracht") und argumentieren, dass heilpädagogische Leistungen ohne Verbindung zu schulvorbereitenden Maßnahmen auch keine Komplexleistung darstellen.

Aus fachlicher Sicht plausibler erscheint entsprechend die zweite mögliche Deutung des § 30 SGB IX in der ISG-Studie dahin gehend, dass Komplexleistung *ein* System unterschiedlicher Kompetenzen beinhaltet, aus denen je nach Bedarf die notwendigen Leistungen angeboten werden unabhängig davon, ob medizinische und pädagogische (oder andere) Leistungen notwendig sind. Die Zuordnung zu den §§ 30 und 56 ist dabei lediglich den historisch unterschiedlichen Kostenträgerstrukturen geschuldet, die gerade durch die gegenseitige Bezugnahme überwunden werden sollen. Diese Interpretation lässt den Rehabilitationsträgern keine Möglichkeit, die traditionellen Systeme während der Diagnostikphase unabgestimmt nebeneinander laufen zu lassen und eine abgestimmte Komplexleistung erst nach Abschlussphase der Diagnostik mit dem Ergebnis des beiderseitigen Behandlungsbedarfs beginnen zu lassen. Vielmehr wäre vom ersten Termin an ein disziplinübergreifendes Diagnostiksystem verbindlich, bei dem je nach Bedarf in interdisziplinärer Abstimmung entschieden werden kann, welche Disziplinen in allen Arbeitsphasen der Frühförderung notwendig sind. Dies ermöglicht auch eine Effektivierung der Arbeit mit weniger Bezugspersonen für Kind und Familie, die sich jedoch in Form eines transdisziplinären Arbeitens stärken und ergänzen können (vgl. Kap. 3.1.3.3).

Die Interpretation der Komplexleistung gemäß § 30 SGB IX als fachlich-ganzheitliches Gesamtssystem unabhängig von einer Zwei-Kreuze-Regelung entspricht auch eher der Begründung des Gesetzgebers zu § 30, nach der es heißt:

„Alle Leistungen werden auf der Grundlage eines individuellen Förderkonzepts gemeinsam mit den Eltern erbracht, interdisziplinär entwickelt und laufend entsprechend der Erfordernisse fortgeschrieben. Die Frühförderung als System von Hilfen für behinderte und von Behinderung bedrohter Kinder und ihrer Familien beginnt mit der Feststellung des Entwicklungsrisikos und endet in der Regel mit dem Schuleintritt."

Dies lässt sich so interpretieren, dass alle Leistungen – sowohl medizinische als auch heilpädagogische – auf der Grundlage eines interdisziplinär entwickelten und umgesetzten Gesamtkonzepts zu erbringen sind. Die Leistung stellt sich somit als Gesamtleistung dar, eine Aufsplittung in die ehemals zuzuordnenden Einzelleistungen gilt als überholt. „In der rechtswissenschaftlichen Literatur spricht man von Komplexleistungen, wenn Leistungen verschiedener Sozialhilfeträger gebündelt und durch ein multi-professionelles Team erbracht werden [...] D. h. die in die Zuständigkeit unterschiedlicher Leistungsträger fallenden Leistungselemente werden nicht additiv zusammengesetzt, sondern wirken ganzheitlich zusammen" (Lachwitz 2004, 36). Damit entsteht mit der Komplexleistung etwas Neues, das inhaltlich über den ehemals separierten Leistungen steht. „Wesentlich ist – bei allen unerfüllt gebliebenen Wünschen –, dass damit eindeutig formuliert wird, dass die Früherkennung und Frühförderung zwei gleichgewichtige Standbeine hat: die Leistungen der medizinischen Rehabilitation und die heilpädagogischen Leistungen, die beide als Komplexleistung dem Ziel der Teilhabe am Leben in der Gesellschaft untergeordnet sind" (Jetter 2004, 19). Damit stehen die Ansprüche „Teilhabe" und „Selbstbestimmung" als Auslöser der Komplexleistung im Mittelpunkt und nicht die Indikation auf Grund zweier unabhängig erfolgter Diagnostiken. Dies findet auch seinen Bezug zur internationalen Entwicklung in Form der ICF (International Classification of Functioning, Disability and Health) der Weltgesundheitsorganisation (vgl. Kühl 2004, 8).

2.7.4 Die Offene Anlaufstelle

Eltern zögern oft jahrelang damit, bei einer sich abzeichnenden Behinderung ihres Kindes oder bereits bei dem Verdacht, ihr Kind könne sich nicht normal entwickeln, externe Hilfen aufzusuchen. Zu groß sind in dieser sensiblen und hochemotionalen Konfliktlage die Hemmschwellen vor fremden Institutionen, fremden Fachpersonen und einem bedrückenden Verwaltungsaufwand – zu groß ist die Angst vor einer Kränkung, wenn ihnen offiziell die „Störung" ihres Kindes bestätigt werden sollte. In dem Prozess einer Auseinandersetzung mit möglichen Entwicklungsproblemen des eigenen Kindes können solche Hemmschwellen für lange Zeit unüberwindbar werden, zumal wenn die Institutionen und Rehabilitationsträger zusätzliche Barrieren aufbauen (vgl. Sohns 2000a, 57f).

Der Gesetzgeber nimmt solche Hemmschwellen ernst und hat versucht ihnen bereits im Zuge der Ausgestaltung des SGB IX Rechnung zu tragen: Neu ist ein Passus im § 19 Abs. 1 Satz 2, wonach die Rehabilitationsträger bei der Ausgestaltung ihrer Leistungen und der Wahl der Anbieter darauf zu achten haben, „dass für eine ausreichende Zahl solcher Rehabilitationsdienste und -einrichtungen Zugangs- und Kommunikationsbarrieren nicht bestehen".

Wie bereits bei der Wahl möglicher Gutachter im § 14 Abs. 5 weist der Gesetzgeber die Rehabilitationsträger damit ausdrücklich darauf hin, dass sie die subjektiven Befindlichkeiten der Hilfebedürftigen bei der (administrativen) Ausgestaltung ihrer Zugangswege zu berücksichtigen haben. Für die Frühförderung bedeutet dies, dass die bisherigen abschreckenden und belastenden Aufnahmewege über eine förmliche Antragstellung und eine anschließende amtsärztliche Begutachtung gleich zu Beginn der Kontaktaufnahme nicht mehr angemessen sind. Vielmehr kann dem § 19 nur dadurch Rechnung getragen werden, dass bei der weiteren Ausgestaltung eine „Offene Anlaufstelle" ohne Zugangs- und Kommunikationsbarrieren gewährleistet wird.

Die FrühV konkretisiert dieses Anliegen im § 3. In der Begründung hierzu heißt es: „Der Frühförderstelle obliegt die Gewährleistung der ganzheitlichen Zusammenarbeit der verschiedenen Berufsgruppen einschließlich eines offenen Beratungsangebotes". Damit wird die Offene Anlaufstelle zum „Wesenskern der interdisziplinären Frühförderung" (Müller-Fehling 2004, 29). Dieser offene Zugang kann sich auch nicht damit begnügen, dass der Frühfördereinrichtung ermöglicht wird, bei einem Erstkontakt ihre Angebote und Räumlichkeiten zu präsentieren[11]. Vielmehr muss die Frühfördereinrichtung bei einem Erstkontakt bereits die Möglichkeit haben, die Sorgen der Eltern zu hören und ernst zu nehmen. Hierzu gehört auch, Zeit mit dem Kind zu haben und den Eltern eine erste Rückmeldung (z. B. bezüglich weiterer sinnvoller Diagnostiken) geben zu können.

In zahlreichen Bundesländern wird die Offene Anlaufstelle im Zuge der Ausgestaltung von LRV mit Leben gefüllt. Dort stehen den Frühförderstellen (im Zuge der Komplexleistung) unmittelbar nach der Anmeldung – unabhängig von einer späteren Förderbedürftigkeit – feste Zeitbudgets für eine interdisziplinäre Diagnostik zur Verfügung. Diese schaffen auch die Möglichkeit, Eltern und Kind bereits im Erstkontakt mit ihren persönlichen Anliegen anzunehmen, erste Erkenntnisse zu gewinnen und eine unmittelbare Rückmeldung zu geben (vgl. Kap. 4).

2.7.5 Aufgabenfelder der Frühförderung

In den §§ 5 und 6 FrühV werden die jeweiligen „Leistungen zur medizinischen Rehabilitation" (§ 5) und „Heilpädagogische Leistungen" (§ 6) gegenüber gestellt. Bzgl. der medizinischen Leistungen im Rahmen des § 5 zur Früherkennung und Frühförderung werden dabei „insbesondere" die aus § 30 SGB IX bekannten ärztlichen, psychologischen, heilpädagogischen und psychosozialen Leistungen benannt, „soweit und solange sie unter ärztlicher Verantwortung erbracht werden". Obligatorisch ist die Einbeziehung von Ärzten im Bereich der Früherkennung und Diagnostik. Benannt werden auch so genannte „nichtärztliche Leistungen unter ärztlicher Verantwortung" als „sozialpädiatrische Leistungen" und die drei klassischen medizinisch-therapeutischen Angebote.

Auffallend ist jedoch, dass unter dem Punkt der „Früherkennung" und der „Erstellung eines individuellen Förder- und Behandlungsplans" die medizinisch-therapeutischen Berufsgruppen fehlen. Punkt 3 führt sie erst im Rahmen der Behandlung auf, „soweit sie aufgrund des Förder- und Behandlungsplans [...] erforderlich sind." Unklar ist, ob die Gesetzgeber diese Leistungen lediglich „vergessen" haben, oder ob sie im Bereich der Diagnostik und Förder- und Behandlungsplanerstellung als nicht notwendig erachtet werden. Dafür spräche einerseits, dass die obligatorischen Unterschriften

---

11 Auf diese Möglichkeiten beschränkt bspw. die Landesrahmenempfehlung Thüringen die Arbeit der Frühförderstellen im Rahmen des Erstkontaktes. Diese eigenwillige Interpretation der Rehabilitationsträger schiebt ein „offenes Beratungsangebot" des Erstkontaktes auf eine Darstellung der Möglichkeiten der Frühfördereinrichtung in die Richtung einer Aquise-Veranstaltung. An dieser müssten dann die Träger der Frühförderstellen Eigeninteresse haben, eine fachlich-inhaltliche Beratung der Familien wird hiermit ausgeschlossen, damit auch die Notwendigkeit einer Finanzierung.

unter dem Förder- und Behandlungsplan nur von einer medizinischen und pädagogischen Berufsgruppe zu leisten sind. Andererseits wäre dies dann befremdlich, wenn durch die Zwei-Kreuze-Regelung die aus dem Förder- und Behandlungsplan entstehende Komplexleistung nur unter Einbeziehung medizinisch-therapeutischer Leistungen legitimiert werden kann.

Neben der Früherkennung, Diagnostik und Förderplanerstellung sieht § 5 FrühV auch die Beratung der Erziehungsberechtigten vor, wobei folgende Tätigkeiten im Mittelpunkt stehen:

1. das Erstgespräch,
2. anamnestische Gespräche mit Eltern und anderen Bezugspersonen,
3. die Vermittlung der Diagnose,
4. Erörterung und Beratung des Förder- und Behandlungsplans,
5. Austausch über den Entwicklungs- und Förderprozess des Kindes einschließlich Verhaltens- und Beziehungsfragen,
6. Anleitung und Hilfe bei der Gestaltung des Alltags,
7. Anleitung zur Einbeziehung in Förderung und Behandlung,
8. Hilfen zur Unterstützung der Bezugspersonen bei der Krankheits- und Krankheits- und Behinderungsverarbeitung,
9. Vermittlung von weiteren Hilfs- und Beratungsangeboten.

Dieser Aufgabenkatalog ist jedoch nicht verbindlich abgeschlossen: „Weiter gehende Vereinbarungen auf Landesebene bleiben unberührt" (§ 5 Abs. 3 FrühV).

Der gleiche fachliche Aufgabenkatalog zur Beratung der Erziehungsberechtigten gilt auch für die heilpädagogischen Leistungen, § 6 legt fest: „§ 5 Abs. 2 und 3 gilt entsprechend".

Darüber hinaus werden den heilpädagogischen Leistungen alle Maßnahmen zugeordnet, „die die Entwicklung des Kindes und die Entfaltung seiner Persönlichkeit mit pädagogischen Mitteln anregen, einschließlich der jeweils erforderlichen sozial- und sonderpädagogischen, psychologischen und psychosozialen Hilfen sowie die Beratung der Erziehungsberechtigten".

Mit dieser Formulierung werden nicht nur pädagogische Ansätze zur Entfaltung der Persönlichkeit des Kindes unter die Aufgabenfelder der (heilpädagogischen) Frühförderung subsumiert, sondern auch die Arbeit weiterer (sozial- und sonderpädagogischer) Fachpersonen sowie die Tätigkeit von Psychologen und noch weiterführende Hilfen aus dem psychosozialen Bereich. Diese Hilfen sind im SGB IX lediglich unter § 30 Abs. 2 erwähnt. Die FrühV verschiebt diese Leistung ausdrücklich in den Bereich der heilpädagogischen Leistungen und damit auch unter die Kostenträgerschaft der kommunalen Rehabilitationsträger. Gleichzeitig dokumentiert die nahtlose Übertragung der Aufgabenstellungen aus § 5 (medizinisch-therapeutische Leistungen) in den § 6 (heilpädagogische Leistungen) das hohe Maß an inhaltlicher Übereinstimmung der grundständigen Berufsgruppen als einheitliche Komplexleistung.

2.7.6 Die Förder- und Behandlungsplanerstellung

Eine Förder- und Behandlungsplanerstellung hat für weite Teile der Praxis der Frühförderung keine Tradition. In einem medizinischen Behandlungsplan werden in der Regel lediglich anamnestische Daten mit den Indikationen für medizinische Behandlungen verbunden. In der Eingliederungshilfe wurde im BSHG zwar die Erstellung eines Gesamtplanes verbindlich vorgeschrieben (§ 46) und in manchen Kreisen und kreisfreien Städten wurden regelmäßige „Förderberichte" verbindlich, vielerorts wurde die Umsetzung jedoch von Seiten der Kostenträger zumeist ebenfalls auf die Zusammenstellung der notwendigen Maßnahmen einschließlich der Anzahl von Betreuungseinheiten reduziert. Mitunter wurden die Förder- und Behandlungspläne auch durch die Gesundheitsämter im Rahmen des Antragsverfahrens erstellt und den Frühförderstellen vorgegeben. Wie beschrieben (vgl. Kapitel 2.3.5) wurden in einigen Frühförderstellen die Gesamtpläne für die Kostenträger sogar handschriftlich von den Fachpersonen der Frühförderung verfasst, da es keine PC-Ausstattung gab. Eine interdisziplinäre Abstimmung wurde – außer in Hessen und Teilen Niedersachsens – nicht finanziert.

§ 7 der FrühV stellt die Förder- und Behandlungsplanerstellung auf eine verbindliche Grundlage. Er ist interdisziplinär zu entwickeln. Verantwortlich für die Entwicklung ist die interdisziplinäre Frühförderstelle, die hierzu den jeweils individuellen Bedarf der erforderlichen medizinischen und heilpädagogischen Leistungen gemäß den §§ 5 und 6 FrühV „in Zusammenarbeit mit den Erziehungsberechtigten" zusammenzustellen hat (Abs. 1). Der Anspruch der Interdisziplinarität im Diagnostikprozess wird nur erfüllt, wenn ärztliche, medizinisch-therapeutische, psychologische und heilpädagogische Kompetenz zusammenfließen (Lachwitz 2004, 40). Dokumentiert wird die erfolgreiche Abstimmung des Förder- und Behandlungsplans durch eine obligatorische Unterzeichnung „von dem für die Durchführung der diagnostischen Leistungen nach § 5 Abs. 1 Nr. 1 verantwortlichen Arzt und der verantwortlichen pädagogischen Fachkraft" (§ 7 Abs. 1). Der Förder- und Behandlungsplan ist Bestandteil des Antrages auf Frühförderleistungen, der bei allen beteiligten Rehabilitationsträgern gestellt werden kann (§ 8, Abs. 1, Satz 2).

Unter Berücksichtigung der Fristen des § 14 SGB IX müssen diese den Antrag bearbeiten: „Die beteiligten Rehabilitationsträger stimmen sich untereinander ab und entscheiden innerhalb von zwei Wochen nach Vorliegen des Förder- und Behandlungsplans über die Leistung" (§ 8 Abs. 1 Satz 4). Sie können jedoch auch auf eine Abstimmung verzichten, wenn sich auf einen zuständigen Rehabilitationsträger für die jeweilige Einrichtungsform verständigt wurde. Dann kann dieser alleine über die Genehmigung entscheiden. Wird dem vorgelegten Förder- und Behandlungsplan nicht zugestimmt, ist die Ablehnung entsprechend zu begründen und eine Widerspruchsmöglichkeit zuzulassen. Es kann auch zu einer Modifizierung des Förder- und Behandlungsplans kommen. Eine nachträgliche Veränderung der Komplexleistung ist jedoch nicht zulässig, sie wird „auf der

Grundlage des Förder- und Behandlungsplans zuständigkeitsübergreifend als ganzheitliche Komplexleistung erbracht" (§ 8 Abs. 1 Satz 1 FrühV). Es besteht allerdings die Möglichkeit, *im* Förder- und Behandlungsplan bereits eine Behandlung durch eine andere Einrichtung oder andere Fachpersonen (z. B. als Heilmittel) zu empfehlen (§ 8 Abs. 2 FrüV).

Der Förder- und Behandlungsplan wird damit zur zentralen Instanz der Ausgestaltung einer Frühförderleistung. Er wird in der Frühfördereinrichtung erstellt. Hier kommen die verschiedenen Fachpersonen, die an der Diagnostik beteiligt waren und Kind und Familie kennen, zusammen. Sie legen auf Grund ihrer Kenntnisse den individuellen Förderbedarf für Kind und Familie fest und empfehlen in Abstimmung mit den Eltern auch die zur Umsetzung notwendigen Institutionen. Aufgabe des Rehabilitationsträgers ist es demnach, die Vorgaben des Förder- und Behandlungsplans auf ihre Schlüssigkeit hin zu prüfen. Nur wenn hieran Zweifel bestehen, wird der Förder- und Behandlungsplan zur Modifizierung zurückgegeben. Ein Widerspruch gegen diese Entscheidung, die einen offiziellen Verwaltungsakt darstellt, ist entsprechend möglich.

Unklar bleibt die Verbindlichkeit der ärztlichen Stellungnahme in Bezug auf das weitere Genehmigungsverfahren.

> „So eindeutig die inhaltlichen Anforderungen an den ärztlichen Part im Rahmen der Aufgaben interdisziplinärer Frühförderstellen definierbar sind, so wenig geklärt ist leider die konkrete Umsetzung der gesetzlichen Vorgaben. Da diese im Wesentlichen den Bundesländern überlassen wird, sind regionale Vereinbarungen zu erwarten" (Fricke 2004, 56).

Der fachliche Ansatz, bereits Vertreter des Rehabilitationsträgers in den Entscheidungsprozess um den Förder- und Behandlungsplan einzubeziehen, wie er in einigen Landkreisen und Bundesländern (z. B. Saarland) durchgeführt wird, wird von den Bundesländern insgesamt kritisch gesehen:

> „Eine frühzeitige Einbindung der zuständigen Rehabilitationsträger in Form einer fachlichen Abstimmung des Förder- und Behandlungsplans ist praktisch kaum durchführbar. Darüber hinaus besteht hierfür keine Notwendigkeit. Der Förder- und Behandlungsplan ist als Grundlage des Antrages bei den zuständigen Rehabilitationsträgern zu sehen" (Begründung des Bundesrates zum Änderungsvorschlag zu § 7 FrühV vom 10. 06. 2003).

Diese Auffassung ist in so weit befremdlich, da in deutschen Landkreisen das Gegenteil erfolgreich praktiziert wurde. Zahlreiche Aussagen zeugen davon (vgl. Sohns 2000 a, 56 ff), dass es für Eltern und Kind häufig eine besondere Belastung und zusätzliche Hemmschwelle darstellt, ihr Kind in einem eigenen Termin dem Gesundheitsamt vorführen zu müssen. In der Vergangenheit sind deswegen einige Frühförderstellen dazu übergegangen, ein Diagnostikverfahren gemeinsam mit den später begutachtenden ÄrztInnen des Gesundheitsamtes durchzuführen, um den Familien diese zusätzliche Belastung und Hemmschwelle zu ersparen (vgl. Kap. 6.2). Es bleibt unklar, ob der Bundesrat mit seinem „nicht praktikabel" intendiert, den Rehabilita-

tionsträgern eine zusätzliche Überprüfungsmöglichkeit auf Kosten von Kind und Familie einzuräumen, oder ob sie es als unzumutbar empfinden, den Familien in einem späteren Genehmigungsverfahren diesen weiteren Termin (Doppeldiagnostik) zuzumuten und damit bereits die ärztliche Stellungnahme im Förder- und Behandlungsplan als verbindliche fachliche Stellungnahme ansehen. Für die zweite Vermutung spricht, dass die zuständigen Referenten aller Bundesländer im September 2008 im sogenannten „Konsenspapier" den Frühfördereinrichtungen „das notwendige interdisziplinäre diagnostische Know-how" zur Erstellung des Förder- und Behandlungsplans zubilligen und anfügen: „die ‚ärztliche Verantwortung' wird dadurch sichergestellt, dass der für die Diagnose nach § 5 Abs. 1 FrühV verantwortliche Arzt den Förder- und Behandlungsplan (FuB) unterzeichnet" (Bundesministerium für Arbeit und Sozialordnung 2008, 6). Damit wird auch klargestellt, dass die „ärztliche Verantwortung" sich nicht auch auf die Durchführung der Förder- und Behandlungsplanerstellung beziehen muss.

2.7.7 Finanzierung „aus einer Hand"

Ausdrücklich gewünscht hat der Gesetzgeber, dass die Rehabilitationsträger eine Finanzierung der Komplexleistung „aus einer Hand" gewährleisten (vgl. Begründung zum § 8 FrühV), entsprechend verweist diese Begründung auch ausdrücklich auf gegenseitige Erstattungsansprüche, die nicht zu Lasten der Eltern oder Einrichtungen gehen sollen. Von Seiten der Bundesregierung wird dies folgendermaßen erläutert:

> „Die Verordnung beendet aber die aufgekommenen Rechtsunsicherheiten bezüglich der Leistungszuständigkeiten der beteiligten Rehabilitationsträger. Das ist ihr Hauptziel. Erreicht wird dies durch die Zuordnung der Leistungen zu den jeweiligen Leistungsträgern entsprechend der Vorgaben des SGB IX. In der Praxis führt dies dazu, dass die gesetzlichen Krankenkassen grundsätzlich für alle medizinischen/medizinisch-therapeutischen Leistungen zuständig sind, des Weiteren für heilpädagogische Leistungen im Rahmen der Früherkennung bis zur Aufstellung eines Förder- und/oder Behandlungsplans. Für heilpädagogische Leistungen zur Förderung und Behandlung sind grundsätzlich die Sozialhilfeträger zuständig.
> Vorteile für die Eltern betroffener Kinder und die Einrichtungen wird auch § 8 der Verordnung bringen, der das Erfordernis der Leistungserbringung ‚aus einer Hand' sicher stellen soll. Die Vorschrift bestimmt im Wesentlichen, dass die Komplexleistung Frühförderung gegenüber den Familien nur durch *einen* Rehabilitationsträger erbracht wird. Mit der Frage von Zuständigkeiten und etwaigen anschließenden Kostenstreitigkeiten der beteiligten Rehabilitationsträger werden die Eltern nicht belastet. Es müssen streng genommen auch nicht für verschiedene Leistungen, die im Rahmen der Komplexleistung erforderlich sind, mehrere Leistungsanträge bei verschiedenen Leistungsträgern gestellt werden, sondern nur ein Antrag auf die Komplexleistung, und dieser kann bei jedem beliebigen Rehabilitationsträger gestellt werden" (Liebig 2003, 3).

Damit konkretisiert der Bundesgesetzgeber seine Festlegungen aus den §§ 26, 30 und 56 SGB IX bezüglich der Zuständigkeiten der verschiedenen Rehabilitationsträger. Zu Grunde gelegt wird die gleiche Verteilung, wie sie zuvor schon bei den Sozialpädiatrischen Zentren üblich war: Grundsätzlich sind die Krankenkassen für alle ärztlichen und medizinisch-therapeutischen Leistungen zuständig, die kommunalen Rehabilitationsträger für alle pädagogischen Leistungen, sofern diese nicht in die Phase der Diagnostik oder Förder- und Behandlungsplanerstellung gehören. Dann ist ebenfalls die Krankenkasse zuständiger Kostenträger.

Damit vollzieht der Gesetzgeber eine Verlagerung von Teilaufgaben von den Kommunen zu den Krankenkassen. Wurden die Leistungen in Frühförderstellen bis dato auch im Bereich der pädagogischen Eingangsdiagnostik vollständig durch die örtlichen Sozialhilfeträger übernommen, wird dieses Aufgabenfeld durch das Zusammenführen in interdisziplinären Frühförderstellen einheitlich für alle Berufsgruppen unter die Zuständigkeit der Krankenkassen übertragen. Entsprechend wurde auch in der Begründung zu § 30 SGB IX den Parlamentariern erläutert, dass hierdurch bei den Krankenkassen Mehrkosten von etwa 50 Millionen DM pro Jahr zu berechnen seien (BT-DRS. 14/5074, 133).

Aus dieser Tatsache wird in der Praxis häufig abgeleitet, dass alle Leistungen im Rahmen der Diagnostikphase – unabhängig von der durchführenden Berufsgruppe – unter eine ärztliche Verantwortung zu subsumieren sei. Dies entspricht der allgemeinen Gepflogenheit der Krankenkassen, nur Leistungen zu finanzieren, die von gemäß SGB V anerkannten Ärzten verantwortet werden. Gedeckt werden kann diese Auffassung auch durch deren Subsumierung unter die Leitungen „zur Früherkennung" gemäß § 30 Abs. 2 SGB IX, die jedoch nicht unter ärztliche Verantwortung gestellt werden. Dagegen spricht auch, dass im Abs. 3 ebenfalls nichtärztliche Leistungen aufgeführt werden und es den Verhandlungen vor Ort überlassen bleibt, festzulegen, welche Leistungen welchem Rehabilitationsträger zugeordnet werden. Für eine partnerschaftliche Kooperation bei den diagnostischen Leistungen unter gemeinsamer Verantwortung pädagogischer und ärztlicher Fachpersonen spricht die Bestimmung des § 7 Abs. 1 FrühV, wonach der Förder- und Behandlungsplan obligatorisch von beiden Berufsgruppen zu unterzeichnen ist. Dagegen spricht schließlich auch, dass unter den derzeitigen Rahmenbedingungen die niedergelassenen Haus- und Kinderärzte einer verantwortlichen Übernahme der Koordination eines so umfassenden Prozesses wie der interdisziplinären Diagnostik bis hin zur Erstellung eines Förder- und Behandlungsplanes nicht gewachsen sein können. Entsprechend stellt das Ministerium für die Rolle der Frühförderstellen auch klar: „Sie erstellen den für die Entscheidung der Rehabilitationsträger grundlegenden Förder- und Behandlungsplan und empfehlen den jeweiligen Leistungserbringer" (Liebig 2003, 4). Dabei ist unstrittig, dass die Fachpersonen der Frühförderstellen in ihren Diagnostikprozess und die Erstellung des Förder- und Behandlungsplans obligatorisch eine ärztliche Diagnostik einbeziehen müssen. Werden die kommunalen Kostenträger einerseits durch die Verlagerung von Teilen der Diagnostikzuständigkeit auf die Krankenkassen entlastet, entstehen durch die obligatorischen Abstimmungsprozesse (einer interdisziplinären

Kooperation) Mehrkosten, die fachlich im Interesse einer größeren Effektivität unverzichtbar sind, bisher jedoch von keinem Kostenträger befriedigend gewährleistet wurden. Es bietet sich an, diese Mehrkosten durch eine zwischen den Rehabilitationsträgern ausgehandelte Mischfinanzierung aufzufangen.

Bei der Zuordnung des Bundesministeriums wird den Sozialhilfeträgern lediglich die Zuständigkeit für die „heilpädagogischen Leistungen" zugeteilt. Damit stellt sich die Frage nach der notwendigen Elternbegleitung im Rahmen einer interdisziplinären Frühförderung. Das Ministerium führt hierzu aus, dass die „familienbezogenen Leistungen" nach § 5 Abs. 2 FrühV (die aus der BAR-Empfehlung übernommen wurden) „ausdrücklich sowohl zum Bestandteil der medizinischen als auch der heilpädagogischen Leistungen bestimmt" sind (vgl. Liebig 2003, 4). Entsprechend müssen bezüglich dieser Leistungen einvernehmliche Vereinbarungen zwischen den Rehabilitationsträgern über die Übernahme der Kosten getroffen werden. Dies erhöht die Gefahr, dass bei einer Nichteinigung genau diese Leistungen der Ressourcenstärkung im Elternhaus von einer befriedigenden Finanzierung und damit von der Umsetzung ausgeschlossen werden.

Gleiches gilt für die sogenannten *Korridorleistungen*, die nicht unmittelbar aus dem Förder- und Behandlungsplan abzuleiten, aber obligatorisch für deren Umsetzung sind: Fahrzeuge für die mobile Frühförderung, Dokumentationsleistungen im Rahmen der Aktenführung und für einen interdisziplinären Austausch (Team- und Fallbesprechungen), Weiterbildung, Supervision, kurzfristige Abstimmungsgespräche, Dienstbesprechungen etc.

„Die Komplexleistung Früherkennung und Frühförderung ist in erster Linie genau dafür bestimmt, diese Korridorleistungen zu erfassen, ohne eindeutig klären zu müssen, welcher Rehabilitationsträger für welches Leistungselement im Einzelnen zuständig ist" (Lachwitz 2004, 42). Voraussetzung hierfür ist jedoch, dass die verschiedenen Rehabilitationsträger die Notwendigkeit dieser Korridorleistungen und deren Refinanzierung anerkennen. „Es lässt sich deshalb bereits zu diesem Zeitpunkt vorhersagen, dass der Erfolg der mit der SGB IX eingeführten Komplexleistung Früherkennung und Frühförderung weitgehend davon abhängen wird, ob es den beteiligten Rehabilitationsträgern und Frühförderstellen gelingt, die Leistungen derart zu beschreiben und zu vereinbaren, dass behinderte und von Behinderung bedrohte Kinder das zu ihrer individuellen Förderung und Behandlung erforderliche Leistungspaket ganzheitlich, qualitativ hochwertig und in ausreichendem Umfang erhalten." (ebd., 42).

Dies ist in einzelnen Regionen in Ansätzen umgesetzt. So ist im Saarland landesweit ein Budget für derartige Leistungen ausgehandelt worden (vgl. Kap. 4.2.2.5). Auch in den (wenigen) Kreisen und kreisfreien Städten in NRW, in denen eine Vereinbarung entsprechend der Landesrahmenempfehlung geschlossen wurde, ist es gelungen, zwischen den Kommunen und Krankenkassen pauschalierte Sätze für die Kostenübernahme eines Gesamtpaketes „Komplexleistung" zu vereinbaren. Dabei haben sich die Rehabilitationsträger auf eine Anregung der Frühförderungsverordnung bezogen:

Zur Aufteilung der Entgelte zwischen den Rehabilitationsträgern sieht § 9 Abs. 3 der Frühförderungsverordnung ausdrücklich vor, dass diese pauschaliert werden kön-

nen. Allerdings werden die Ausgaben der Kommunen auf höchstens 80 % für interdisziplinäre Frühförderstellen und 20 % für SPZ begrenzt.

Dadurch, dass sich die Krankenkassen in der Regel mit mindestens 20 % an der Gesamtfinanzierung in Frühförderstellen beteiligen, will der Gesetzgeber eine Mischfinanzierung der primär zuständigen Kostenträger erreichen. Die traditionelle – und noch weitgehend praktizierte – ausschließliche Zuständigkeit der Kommunen für die Frühförderstellen und der Krankenkassen für die SPZ wird somit durch die Frühförderungsverordnung ausgeschlossen.

Die rechtliche Ausgestaltungspflicht in fachlicher und finanzieller Art liegt von Anfang an bei den Kommunen und Krankenkassen – unabhängig von bestehenden Landesrahmenvereinbarungen oder -empfehlungen. Insoweit erhalten Landesrahmenvereinbarungen (LRV) lediglich eine Verbindlichkeit, wenn die jeweiligen Rehabilitationsträger ihr beitreten. Geschieht dies nicht – wie in den überwiegenden Kreisen und kreisfreien Städten –, so obliegt den Rehabilitationsträgern vor Ort dennoch die Umsetzung der rechtlichen Vorgaben des SGB IX und der Frühförderungsverordnung. Trotzdem warteten seit 2001 fast alle deutschen Kommunen auf den Abschluss (unverbindlicher) Landesrahmenempfehlungen und verzögerten somit die Umsetzung des geltenden Rehabilitationsrechts. Unabhängig davon, ob die weiteren Verhandlungen nach Verabschiedung der Frühförderungsverordnung landesweit einheitliche Rahmenparameter für alle Gebietskörperschaften vorgeben (z. B. Bayern, Saarland) oder ob sie ausdrücklich offen für den Beitritt und die spezifische Ausgestaltung in den einzelnen Kommunen vor Ort bleiben[12], müssen die Vereinbarungen der Rehabilitationsträger den Vorgaben der Frühförderungsverordnung entsprechen. Da diese ausdrücklich die Möglichkeit vorsieht, detailliertere Vereinbarungen auf Landesebene zu treffen, erschien dies den Rehabilitationsträgern offensichtlich eine willkommene Begründung, auch nach 2003 weiterhin auf die Ausgestaltung von detaillierten Rahmenbedingungen zu verzichten, diesmal mit Verweis auf landesweit geführte Verhandlungen.

---

12 In den jeweiligen Landesvereinbarungen vorgesehen: Berlin (§ 4), Brandenburg (§ 2 Abs. 5, § 12), Bremen (§ 12 Entwurfsfassung), Hamburg (§ 1), Mecklenburg-Vorpommern (§ 8), Hessen (S. 5 Absatz 1), Niedersachsen (Präambel), Nordrhein-Westfalen (§ 2, § 16 Abs. 1), Rheinland-Pfalz (§ 10), Sachsen (§ 7, § 13 Abs. 5). Sachsen-Anhalt (§ 11 Punkt 3–4, § 12), Schleswig-Holstein (§ 13 Abs. 3, § 15).

2.8 Weitere Klärungen durch die Stellungnahmen der Bundesministerien und das „Konsenspapier" der Länderministerien

2.8.1 Kürzungen der Betreuungsmöglichkeiten durch die kommunalen Rehabilitationsträger

Die Absicht des Bundesgesetzgebers, mit einem modernen Gesetz neue Akzente für eine fachlich fundierte Ausgestaltung sozialer Hilfeleistungen für die Zukunft zu setzen, blieb in den Folgejahren ein theoretischer Anspruch, der in der Praxis eher das Gegenteil bewirkte.

> „Seit In-Kraft-Treten des Gesetzes ist nicht nur die Verunsicherung größer geworden, sondern viele Frühförderstellen müssen um ihre Existenz und manche Familien um eine hinreichende Frühförderung ihres Kindes bangen. Es ist davon auszugehen, dass dies gewiss nicht in der Absicht des Gesetzgebers lag, wenngleich er zu wenig Sorgfalt bei der Ausformulierung des Gesetzestextes walten ließ" (Jetter 2004, 14). „Die Frühförderstellen sind von dieser Neuregelung deshalb akut betroffen, weil die Krankenkassen eine solche Erweiterung ihres Leistungskatalogs bislang ablehnen und die Sozialhilfe sich allein auf die sogenannten ‚heilpädagogischen Leistungen' (§ 56) zurück ziehen möchte. Bis die Aufteilung der Kosten endgültig rechtlich geklärt ist, bekommen die Frühförderstellen eine Verknappung der Ressourcen zu spüren, die sich belastend auf die Arbeit der Frühförderstellen auswirkt" (Speck 2004, 18).

Dass es zu einer solchen Verschlechterung der Rahmenbedingungen zahlreicher Frühfördestellen nach Einführung des SGB IX gekommen ist, liegt jedoch nicht nur an restriktiveren Verfahrensweisen der Rehabilitationsträger vor Ort, sondern auch in den strukturellen Verunsicherungen, die erst durch die Einführung des SGB IX ausgelöst wurden. „Das Gesetz gibt in seiner wenig präzisen Form eher Anlass zur Konkurrenz zwischen den Leistungsträgern sowie zwischen den Disziplinen, anstatt klare Wegweisungen für eine gedeihliche Zusammenarbeit zu geben" (Kühl 2004b, 8).

In der Praxis zeigt sich diese Verschlechterung am deutlichsten an den Zeitbudgets für die einzelne Familie in der pädagogischen Frühförderung: Wurden Ende der 1990er Jahre noch von einer Vollzeitstelle in den meisten Bundesländern in der Regel zwischen 10 und 16 Familien betreut (Sohns 2000a, 283), hat sich dieser daraus ergebende Schlüssel für eine wöchentlich durchzuführende Fördereinheit (FE) von 150–200 Minuten inzwischen dramatisch verringert. Angesichts der gestiegenen Nachfrage von Frühförderung wissen sich die örtlichen Sozialhilfeträger offenbar nicht mehr anders zu helfen, als den Betreuungsumfang für die einzelne Familie und damit auch die Hilfemöglichkeit durch die Betreuungskräfte deutlich zu verringern: Bei der Erhebung des Instituts für Sozialforschung und Gesellschaftspolitik im Auftrag des Bundessozialministeriums (ISG-Studie) betrug die Durchschnittsdauer einer FE in

Frühförderstellen nur noch 130 Minuten. Da eine gleichzeitige Flexibilisierung der Zahl der bewilligten FE pro Familie (je nach individuellem Bedarf) nicht fest gestellt werden kann, lässt sich – mit großen regionalen Unterschieden – zwischen 2000 und 2006 eine De-facto-Kürzung des Zeitumfangs, der an pädagogischer Frühförderung für jede Familie zur Verfügung steht, von über 20% vermuten.

2.8.2 Der Ausschluss der Heilmittel-Richtlinien

Unabhängig von den einseitigen Kürzungen der kommunalen Kostenträger gestalteten sich die Verhandlungen zur Ausgestaltung der Frühförderungsverordnung zwischen den kommunalen Spitzenverbänden und den Vertretern der Krankenkassen insbesondere deswegen problematisch, weil beide Seiten ihre traditionell völlig unterschiedlichen Parameter der Ausgestaltung ihrer Leistungen in die gemeinsamen Verhandlungen einbrachten: Waren dies auf Seiten der Frühförderung die heilpädagogischen Leistungen, die primär in mobiler Hausfrühförderung erfolgten, legten die Krankenkassen die Maßstäbe der Heilmittelrichtlinien als Grundlage für die Komplexleistung fest. Diese waren jedoch weder mit den fachlichen Ansprüchen noch mit der traditionellen Ausgestaltung für Frühförderstellen kompatibel. Wo bereits in der Vergangenheit zahlreiche interdisziplinäre Frühförderstellen entstanden sind (insbesondere in NRW) kam es entsprechend innerhalb der Frühförderstellen zu unterschiedlichen Arbeitsbedingungen für die pädagogischen und medizinisch-therapeutischen Berufsgruppen, da die Zeitbudgets für die pädagogischen Fachkräfte mit ihrem familienorientierten Ansatz ungleich höher sind als die für die medizinisch-therapeutischen Fachpersonen mit ihrer behandlungsorientierten Ausrichtung.

Für Unruhe im Bereich der niedergelassenen Ärzte und Therapeuten, aber für eine dankenswerte Klärung im medizinischen Frühfördersystem sorgte entsprechend die Novellierung der Heilmittelrichtlinien Ende 2003 durch den Bundesausschuss der Ärzte und Krankenkassen. Neben der Budgetierung der Verordnungsquantität und einem Eingriff in die Verordnungsdauer in Abhängigkeit von einem überprüfbaren Behandlungserfolg, die beide nachhaltig in die Freiheiten der niedergelassenen Ärzte eingriffen, wurde die Frühförderung vor allem durch die Veränderung der Ziffer 16.3 berührt: Demnach wurde festgelegt, dass „Heilmittel nicht an Stelle von therapeutischen Leistungen verordnet werden dürfen, wenn diese im Rahmen der Frühförderung nach § 30ff SGB IX i.V.m. der Frühförderungsverordnung vom 24.06.2003 und Verträgen mit der Frühförderstelle von dieser als therapeutische Leistungen zu erbringen sind". Damit wird offensichtlich, dass medizinisch-therapeutische Leistungen durch interdisziplinäre Frühförderstellen nicht unter die Heilmittel-Richtlinien fallen und deshalb nicht über das Heilmittelbudget abgerechnet werden können. Die Krankenkassen müssen hierfür entsprechend einen neuen Finanzierungstopf einrichten. Daher können die medizinisch-therapeutischen Leistungen der Frühförderung auch nicht von niedergelassenen Ärzten verordnet werden.

Dieser Anspruch an die Krankenkassen, neue Finanzierungsgrundlagen für die medizinisch-therapeutische Frühförderung zu schaffen, entspricht der Begründung des Bundesgesetzgebers zum § 30 SGB IX, wonach hierzu von den Krankenkassen voraussichtlich zusätzliche 50 Mio. DM bereit zu stellen seien (vgl. Kap. 2.7.7). Genau dies wurde jedoch von den Krankenkassen bei Verhandlungen zu Landesrahmenempfehlungen negiert; vielmehr wurden in zahlreichen Ländern die Verhandlungen ausdrücklich von den zuständigen Referenten für Heilmittelrichtlinien geführt und auch gegenüber den Kommunen und Ministerien mit den dortigen Bestimmungen argumentiert.

2.8.3 Das Konsens-Papier der Bundes- und Länderministerien

Als Begründung dafür, dass es den Rehabilitationsträgern in einzelnen Regionen bis heute überwiegend nicht gelungen ist, eine Komplexleistung Frühförderung umzusetzen, dienten zunächst die nicht in Kraft getretenen Landesrahmenempfehlungen oder -vereinbarungen. Danach wurde auf die fehlende Ausgestaltungsbereitschaft der jeweils anderen Rehabilitationsträger vor Ort verwiesen. Im Sommer 2008 ergriff schließlich das Bundesministerium für Arbeit & Soziales (BMAS) die Initiative und lud die zuständigen Fachreferenten aller bundesdeutscher Landesministerien sowie die Behinderten- und Patienten-Beauftragten der Bundesregierung zu zwei Arbeitstreffen ein, die im August und September 2008 stattfanden (BMAS 2009). Dort gelang es, in wesentlichen strittigen Fragen einen einheitlichen Konsens zwischen den Bundesvertretern und allen 16 Referenten der zuständigen Landesministerien herzustellen und in einem sogenannten „Konsenspapier" festzuhalten (BMAS 2008). Dabei wurden zu wesentlichen Punkten in diesem Papier folgende Festlegungen getroffen:

Zur Weigerung der Krankenkassen, medizinisch-therapeutische Leistungen in integrativen Kindertagesstätten mit Hinweis auf die neu gefassten Heilmittel-Richtlinien zu finanzieren, stellt das Konsenspapier hierbei eindeutig klar, dass die Grundsätze der Heilmittelrichtlinien bei der Erstellung der Komplexleistung keine Anwendung finden. Werden die Leistungen also durch interdisziplinäre Frühförderstellen erbracht, müssen andere Finanzierungswege gefunden werden.

Bezüglich der Notwendigkeit der Indikation sowohl medizinisch-therapeutischer als auch heilpädagogischer Leistungen im Rahmen der Definition der Komplexleistung (Zwei-Kreuze-Regelung) wird festgestellt, dass diese Maßnahmen nicht obligatorisch gleichzeitig indiziert sein müssen, sondern auch „nebeneinander oder mit unterschiedlicher und ggf. auch wechselnder Intensität erfolgen" können (S. 4).

Es wird bekräftigt, dass die Komplexleistung Frühförderung eine „neue und eigenständige Leistung" ist. Entsprechend ist eine bloße Addition der bisherigen Leistungspflichten der jeweiligen Rehabilitationsträger nicht ausreichend. Dies gilt auch für die Leistungen des § 30 SBG IX im Zuständigkeitsbereich der Krankenkassen, die über die medizinisch-therapeutischen Leistungen des § 43a SGB V hinausgehen. Hierzu dienen die für voraussichtliche Mehrkosten vorgesehenen 50 Mio. DM (vgl. Kap. 2.7.7)

Gleichzeitig mit der Nichtzuständigkeit der Heilmittelrichtlinien wird auch die ärztliche Verordnung für Leistungen im Rahmen der Komplexleistungen unmöglich. Stattdessen richtet sich die Komplexleistung nach der Grundlage des Förder- und Behandlungsplans. Vergütet wird die erbrachte Leistung entweder als Fördereinheit oder als Kostenpauschale. Hierzu bedarf es einer Vergütungsvereinbarung zwischen den Rehabilitationsträgern und den Leistungserbringern. Im Rahmen der verbindlichen Lebensweltorientierung der Komplexleistung Frühförderung wird betont, dass – neben anderen Aufgaben – „der Austausch über den Entwicklungs- und Förderprozess des Kindes einschließlich Verhaltens- und Beziehungsfragen, die Anleitung und Hilfe bei der Gestaltung des Alltages und die Anleitung zur Einbeziehung in die Förderung und Behandlung ein zentrales Element darstellt". Hierbei wird die besondere Bedeutung „mobil aufsuchender Hilfen" betont – „sowohl in Bezug auf die heilpädagogischen als auch in Bezug auf die medizinisch-therapeutischen Leistungen" (BMAS 2008, 5). Entsprechend wird die mobile Hausfrühförderung in ihrem Profil der familiennahen und niedrigschwelligen Hilfe besonders hervorgehoben, die „gerade bei sozial benachteiligten Familien […] unverzichtbar (ist), da diese Familien ansonsten gar nicht erreicht werden können" (ebd.).

Bezüglich der Finanzierungsmodalitäten betont das Konsenspapier die besondere Bedeutung von *Pauschalen*, die der Regelfall sein sollen (ebd.). Mit Bezug auf Bayern wird der dort praktizierte Rahmenvertrag mit einzeln vereinbarten Leistungssätzen in Folge des „erheblichen bürokratischen Aufwandes" kritisch gesehen (vgl. Kap. 4.2.1).

Schließlich äußert sich das Konsenspapier auch noch zur „ärztlichen Verantwortung im Zuge der Erstellung des Förder- und Behandlungsplans". Diese werde dadurch sichergestellt, dass der verantwortliche Arzt den Förder- und Behandlungsplan unterzeichnet. Ansonsten verfügten IFF und SPZ über ein „notwendiges interdisziplinäres diagnostisches Know-How" (ebd.). Damit nimmt das Konsenspapier Abstand von Regelungen in einzelnen Bundesländern, die – einhergehend mit der alleinigen Finanzverantwortung der Krankenkassen für die Diagnostikphase – ausschließlich dem Arzt die Aufgabe der Durchführung von Diagnostik zuordnen.

Mit diesem Vorstoß und der einvernehmlichen Absprache aller zuständigen Landesministerien ist zu wesentlichen Punkten eine dankenswerte Klarheit gegenüber den Rehabilitationsträgern geschaffen worden. Das Bundesarbeitsministerium hat sich inzwischen ebenfalls kritisch zu der Ausgestaltung der gesetzlichen Grundlage geäußert: „Die Umsetzung der Komplexleistung Frühförderung ist auch aus Sicht der Bundesregierung bisher nicht zufriedenstellend verlaufen" (BMAS 2009). Damit wird über sieben Jahre nach Verabschiedung des Rehabilitationsgesetzes eine Tendenz dahingehend offenbar, dass sich die politischen Entscheidungsträger stärker in die (fehlende) Ausgestaltung der Frühförderung einmischen:

„Die Bundesregierung wird das Umsetzungsdefizit im Bereich der Frühförderung nicht hinnehmen. Gleichzeitig ist der Verantwortung der Akteure vor Ort für die Vereinbarung von Landesrahmenempfehlungen und von regionalen Vergütungsvereinbarungen Rechnung zu tragen. In diesem Spannungsfeld wirkt die Bundesregierung auf die Akteure ein, pragmatische und einvernehmliche Lösungen im Sinne der betroffenen Kinder zu finden" (BMAS 2009).

3 Theorie und Forschungsergebnisse

Damit untersucht werden kann, ob und wie sich die rechtlichen Grundlagen der Frühförderung in Form von Landesrahmenvereinbarungen oder -empfehlungen in der Bundesrepublik auch aus fachlicher Sicht sinnvoll etablieren, erscheint es notwendig, die Begriffe Frühförderung und Rehabilitation zunächst genauer zu untersuchen und mit wissenschaftlichen Erkenntnissen und modernen fachlichen Ansprüchen zu konfrontieren. Wenn sich die Gesellschaft in den letzten zwanzig Jahren verändert hat, so haben dies auch Familien und ihre Erziehungssituationen und so muss sich auch die Frühförderung in ihren Konzepten auf diese Veränderungen einstellen. Gerade wenn der Gesetzgeber versucht hat, dem mit neuen Gesetzen Rechnung zu tragen, ist es Aufgabe der Wissenschaft, den ausgestaltenden Kostenträgern vor Ort Handlungskonzepte vor Augen zu führen, die diesen neuen Anforderungen gerecht werden können. Hierzu ist es zunächst notwendig, die Ausgangslage der heutigen Frühförderung näher zu betrachten und ihre fachliche Ausrichtung kritisch zu hinterfragen.

3.1 Definition zentraler Begriffe

3.1.1 Behinderung

Ein Anrecht auf Frühförderung haben Kinder (vor der Einschulung), die „behindert oder von Behinderung bedroht sind". Der Gesetzgeber legt im SGB IX für eine (drohende) Behinderung die beiden Kriterien *Schwere* und *Dauer* zu Grunde. Um eine ausreichende „Schwere" zu gewährleisten, muss die Möglichkeit der „Teilhabe am Leben in der Gemeinschaft" beeinträchtigt sein, die „Dauer" bemisst sich daran, dass dies für einen absehbaren Zeitraum von mindestens sechs Monaten der Fall ist. Diese rechtlich-adminstrative Eingrenzung ist einerseits sehr starr und gleichzeitig dehnbar. Es bedarf fachlich weiterführender Kriterien insbesondere bezüglich der Abgrenzung einer „Teilhabe". In der erziehungswissenschaftlichen Diskussion hat sich die Definition von Behinderung in den letzten 30 Jahren von einer abgegrenzten Funktionsstörung hin zu einem umfassenden „öko-systemischen" Gesamtbild entwickelt. Demnach „liegt Behinderung vor, wenn ein Mensch auf Grund einer Schädigung oder Leistungsminderung ungenügend in sein vielschichtiges Mensch-Umfeld-System integriert ist" (Sander 1988). Mit dieser Definition können die Fachdisziplinen erstmals auch auf den Status von „Behinderung" Einfluss nehmen: Die Umfeld-Bedingungen können (pädagogisch) so verändert werden, dass der Mensch *weniger* behindert ist. Im Gegensatz zum traditionellen medizinischen – störungsorientierten – Paradigma, nachdem Behinderungen nicht „heilbar" sind, sondern nur die Symptome ärztlich, medizinisch-therapeutisch oder heilpädagogisch „behandelt" werden können, ist somit eine zweite Position entstanden: Behinderung als Einschränkung der Umfeld-Interaktionen. Der Fokus richtet sich gemäß der gesetzlichen Terminologie auf die *Teilhabe am Leben in der Gemeinschaft*. Und hier können Pädagogik und andere Disziplinen in vielfältiger Art helfend Einfluss nehmen. Entsprechend stellen sich auch neue fachliche Parameter als zentrale Ansprüche in den Vordergrund einer modernen Frühförderung.

3.1.2 Integration und Inklusion

Der Begriff der Integration hat sich in den letzten dreißig Jahren in Deutschland weitgehend etabliert, Eingang in die zentrale Sozialgesetzgebung gefunden und zur Entwicklung einer eigenen pädagogischen Ausrichtung geführt (vgl. Kap. 3.1.5). Zentrales Ziel einer *Integration* ist es, zuvor ausgesonderte (segregierte) Menschen wieder in die zentralen Prozesse der Gesellschaft einzugliedern. Für den Schul- und Vorschulbereich bedeutet dies, dass eine starre organisatorische Trennung zwischen Regel- und Sondereinrichtungen aufgeweicht wurde und stattdessen lediglich zwischen Kindern mit und ohne „besonderem Förderbedarf" differenziert wird[13]. Wurden diese Kinder in der Vergangenheit aus den Regelbetreuungs- und Schulsystemen mit der Begründung ausgegliedert, in eigenen spezifischen Sondersystemen könne ihre Förderung fachgerechter und mit individueller orientierten Hilfeangeboten durchgeführt werden, haben sich zwischenzeitlich auch die politischen Vorgaben verändert: seit 1994 ist auf Beschluss der Kultusministerkonferenz (KMK) im Schulbereich eine staatliche Einweisung in Sonderschulen ohne Zustimmung der Eltern nicht mehr zulässig. Die Sonderschulbedürftigkeit wurde durch jenen staatlich festgestellten „sonderpädagogischen Förderbedarf" ersetzt, der je nach Einzelfall in Sondereinrichtungen oder als *Integration* in Regeleinrichtungen eingelöst werden soll.

Integration zielt in sofern auf ein Miteinander von behindert und nichtbehindert, indem beide vom gleichem System betreut werden. Zentraler Ansatz ist es jedoch unverändert, die Kinder im zentralen Normal-System diesem anzupassen. Hierzu werden für das Kind mit besonderem Förderbedarf spezifische Integrationshelfer zur Verfügung gestellt, um es soweit zusätzlich zu fördern und zu unterstützen, dass es an den allgemeinen Aktivitäten (Kindertagesstätte) oder dem Unterricht (Schule) teilhaben kann.

Während Integration sich in diesem Sinne mit *Präsenz im System* übersetzen ließe, richtet die *Inklusion* ihr Augenmerk auf die aktive *Teilnahme*. Zentraler Ansatz ist hierbei nicht, die Fähigkeiten der Kinder den Bedingungen der Institutionen anzupassen, sondern die Rahmenbedingungen an den Bedürfnissen und Beson-

---

13 Für den die Disziplin der Sonderpädagogik das Monopol beansprucht.

derheiten der Kinder auszurichten. Sie begnügt sich entsprechend nicht damit, die (Wieder-) Eingliederung der zuvor „ausgesonderten" Kinder zu gewährleisten, sondern erhebt den pädagogischen Anspruch, der *Diversität* aller Kinder gerecht zu werden. Dahinter steckt die zentrale Annahme, dass nicht mehr die Homogenität aller in Richtung auf eine Normalität und die Anpassung an zentrale Regeln, Strukturen und Curricula Ziel von Bildung und Erziehung ist, sondern die Normalität durch eine Heterogenität und Diversität bestimmt ist – und dies als Stärke des Systems gesehen wird. Entsprechend müssen sich auch die Bildungs- und Erziehungsinstitutionen in ihren pädagogischen Konzepten auf diese Vielfalt und deren Erhalt einstellen. Im Mittelpunkt von Inklusion stehen die Besonderheit und die individuellen Bedürfnisse eines jeden Kindes, sie müssen von den pädagogischen Fachpersonen individuell wahrgenommen und in das didaktische Konzept eingebettet werden. Die UNESCO fasst das neue Paradigma eines inklusiven Ansatzes mit einfachen Worten zusammen: „Looking at education through an inclusive lens implies a shift from seeing the child as a problem to seeing the education system as a problem" (Schumann 2009).

Die im Rahmen der UNESCO-Weltkonferenz von Salamanca im Jahr 1994 beschlossene Resolution zur „Pädagogik für besondere Bedürfnisse: Zugang und Qualität" beinhaltet auch einen „Aktionsrahmen", in dem die neuen Parameter festgeschrieben sind: Insbesondere mit Bezug zum Schulsystem geht dieser Aktionsrahmen davon aus,

> „daß menschliche Unterschiede normal sind, daß das Lernen daher an das Kind angepaßt werden muß und sich nicht umgekehrt das Kind nach vorbestimmten Annahmen über das Tempo und die Art des Lernprozesses richten soll. Eine kindzentrierte Pädagogik ist für alle Kinder und in der Folge für die gesamte Gesellschaft von Nutzen. Erfahrungen haben gezeigt, daß sie Drop-Out- und Wiederholungsraten, die ein wesentlicher Bestandteil vieler Schulsysteme sind, deutlich reduzieren kann und daß gleichzeitig ein höherer Leistungsdurchschnitt gesichert wird [...] Darüber hinaus sind kindgerechte Schulen der Übungsbereich für eine Gesellschaft, die sich am Menschen orientiert und sowohl die Unterschiede als auch die Würde aller Menschen respektiert" (UNESCO 1994).

Wurden in Deutschland einhergehend mit der Salamanca-Erklärung mit dem Ersetzen der Sonderschulbedürftigkeit durch einen individuellen sonderpädagogischen Förderbedarf unmittelbare Konsequenzen gezogen, erfolgte die weitere Ausgestaltung jedoch statisch-administrativ: Sie beschränkte sich zunächst darauf, einem Kind mit sonderpädagogischem Förderbedarf lediglich ein zusätzliches Kontingent an Förderstunden zuzuweisen, mit dem das Kind im Regelunterricht Unterstützung erfahren sollte. Eine grundsätzliche Veränderung des gesamt-didaktischen Konzeptes an deutschen Grundschulen, wonach – bspw. nach skandinavischen Vorbild – alle Kinder in einem hochdifferenzierten Unterricht individuell an Bildung herangeführt werden, wurde nur an einer Minderheit der deutschen Grundschulen bis heute Realität (wenn auch teilweise mit ausgezeichneten Konzepten und hohem pädagogischen Engagement). Die Kultus- und Bildungsministerien erschweren mit ihren starren zentralen Bildungscurricula solche Schritte.

Schon die deutsche Übersetzung des UNESCO-Dokuments durch die österreichische Kommission ersetzte das englische Wort „inclusion" durch das deutsche Wort „Integration" und brachte damit zum Ausdruck, dass der inhaltliche Schritt von der Präsenz zur Teilhabe nicht erkannt wurde oder nicht vollzogen werden sollte. Entgegen dem internationalen Trend werden in Deutschland nach wie vor weit über achtzig Prozent der SchülerInnen mit sonderpädagogischem Förderbedarf in eigenen Sonderschulen unterrichtet (im Jahr 2006: 84,3 %, KMK-Statistik 2008). Seit den ersten soziologischen Untersuchungen von Thimm in den 1970er Jahren wird kontinuierlich bestätigt, dass ca. 90 % Prozent dieser SchülerInnen zur unteren sozialen Schicht gehören. Die OECD-Studien wie PISA und andere mahnen seit fast einem Jahrzehnt gegenüber Deutschland immer wieder kritisch an, dass in kaum einem anderen Land die soziale Herkunft so stark über die späteren Bildungschancen eines Kindes vorbestimmt wie in Deutschland. Allen gesetzlichen und politischen Beteuerungen zum Trotz hält Deutschland kontinuierlich an seiner Spitzenreiterposition in der sozialen Exklusion von Kindern mit sozialer Benachteiligung oder mit Entwicklungsrisiken fest.

3.1.3 Interdisziplinarität und Transdisziplinarität

3.1.3.1 Die Bedeutung interdisziplinärer Kooperation

> „Bei der großen Vielfalt von Angeboten und Aufgabenfeldern im Rahmen der Frühförderung muß vorausgesetzt werden, daß oftmals nicht nur eine Bezugsperson und nur eine Berufsgruppe den spezifischen Anforderungen gerecht werden können. Frühförderung wird zur interdisziplinären Zusammenarbeit verschiedener Berufsgruppen, die all diese Leistungen als Gesamtheit der Einzelmaßnahmen interdisziplinärer Frühförderung unter ihr Dach subsumiert" (Sohns 2000a, 24).

Dieser Anspruch an interdisziplinäre Kooperation als fachliches Grundprinzip hat die Frühförderung seit ihrem Bestehen begleitet – sowohl im Modell der Sozialpädiatrischen Zentren als auch in den Frühförderstellen (Deutscher Bildungsrat 1973, 49). Die Verbindlichkeit führt dazu, dass die einzelnen Förder- und Behandlungsansätze sich untereinander ergänzen und Redundanzen (Doppelbetreuungen) vermieden werden. Gleichzeitig geben sich die verschiedenen Berufsgruppen untereinander Rückmeldungen und Sicherheit und reflektieren somit gegenseitig die jeweiligen Arbeitsansätze. Interdisziplinäre Frühförderung geht dabei über das Addieren der Kenntnisse der einzelnen Berufsgruppen hinaus, sie bedingt vielmehr ein *eigenes* Förderkonzept, das sich aus dem Austausch der verschiedenen Kenntnisse speist (Höfer/Behringer 2004, 79). Entsprechend bedarf jede Fachperson einer eigenen professionellen Identität. Interdisziplinarität mündet dann in einen „Prozess, bei dem der einzelne Professionelle die Begrenztheit seiner Fachkompetenz erkennt und bereit und fähig wird, die andere Fachkompetenz zu verstehen und sinnvoll in den eigenen Arbeitsansatz zu integrieren. Der Einzelne bleibt dabei Experte seiner eigenen Profession, die er im interfachlichen

Team kompetent zu vertreten hat" (Speck 2009, 2). Gleichzeitig ist er jedoch bereit, in andere Disziplinen hinein zu denken und seinen fachlichen Horizont zu erweitern. Konflikte in diesem Prozess entstehen dann, wenn eine eigene Identität nicht besteht oder aus „Unsicherheit heraus als Ideologie vertreten werden muss" (Viebrock 2004, 74).

Auch die Bundesregierung hat in ihren 1989 bis 2005 herausgegebenen Broschüren zur Frühförderung die hohe Bedeutung berufsgruppenübergreifender Kooperationen hervorgehoben. Sie beschreibt die „Frühförderung behinderter und von Behinderung bedrohter Kinder" als „eine Aufgabe, die nur in fachübergreifender Zusammenarbeit angemessen erfüllt werden kann. Medizinische, psychologische, pädagogische und soziale Maßnahmen sind dabei als unverzichtbare Bestandteile eines ganzheitlichen Konzepts zu sehen, in das die Familie einbezogen ist" (Bundesministerium für Gesundheit und soziale Sicherung 2005, 5).

Jedoch findet dieser „allgemeine Konsens [...] bislang keine ausreichende Entsprechung in einer konzeptionellen Verankerung zur Umsetzung von Interdisziplinarität in der Praxis. Damit bleibt die Gestaltung der Kooperation den einzelnen Fachkräften überlassen. Sie ist wenig eindeutig klar geregelt und häufig unterbleibt eine Klärung der Ziele der Zusammenarbeit" (Höfer/Behringer 2004, 79f).

3.1.3.2 Additive Frühförderung als Folge eingeschränkter interdisziplinäre Möglichkeiten

Die Analyse der Umsetzung einer interdisziplinären Kooperation im Rahmen der Frühförderung in Deutschland führt zu einer ernüchternden Bestandsaufnahme (Sohns 2000a, 302–310, 314f., vgl. auch Albers/Neuhäuser 2006), die sowohl eine fehlende Tradition als auch weitgehend fehlende Finanzierungskonzepte offenbart. Im Vordergrund der realen Umsetzung von Frühförderung in Deutschland steht – bedingt durch unstrittige Finanzierungsgrundlagen – eine primär „multidisziplinär-additive Frühförderung" (Strassmeier 1992, 350).

Additive Frühförderung fußt auf einem statischen Denken, bei dem sich die Fachperson auf ein – definitorisch abgegrenztes Gebiet – beschränkt und bei weiterführendem Bedarf an andere Fachpersonen verweist. Nach diesem Modell wird das Kind in seine verschiedene Entwicklungsbereiche (vor allem Motorik, Sprache, Kognition, Wahrnehmung, Emotionalität) aufgeteilt und bei festgestellten Entwicklungsdefiziten werden die jeweiligen Spezialisten für deren Therapie eingesetzt (vgl. Thurmair/Naggl 2007, 29f).

> „Die Qualität der Förderung/Therapie liegt also in der Addition der fachspezifischen Bausteine. Mit der Komplexität der Entwicklungsproblematik muss demnach die Zahl der Förder-/Therapieanteile und Spezialisten steigen. Auch wenn es zu Abstimmungen zwischen den beteiligten Fachleuten kommt, handelt es sich in der Praxis doch oft eher um ein Nebeneinander- als um ein Miteinander-Arbeiten, also mehr um einen multiprofessionellen und multidisziplinären denn um einen interdisziplinären Ansatz. Seine Probleme dürfen nicht verschwiegen werden: Neben fehlender oder zumindest unzureichender Abstimmung kommt es oft zu einer Überforderung des Kindes mit der Folge

einer ‚Therapiemüdigkeit', aber auch zu einer Überbelastung der Eltern. Dennoch ist dieses Modell multidisziplinärer Therapie und Förderung nach wie vor geübte Praxis, oftmals in der Form, dass neben der Förderung durch die Frühförderstelle weitere, häufig niedergelassene Fachpersonen mit dem Kind arbeiten, manchmal ohne voneinander zu wissen" (Weiß/Neuhäuser/Sohns 2004, 117).

3.1.3.3 Ziele interdisziplinärer Frühförderung

Der Anspruch an Interdisziplinarität hat zum Mittelpunkt, ein solch unabgestimmtes Nebeneinander zu verhindern. Fachlich zieht er seine Notwendigkeit als Arbeitsprinzip aus dem ganzheitlichen Arbeitsansatz der Frühförderung. Demnach wird eine Entwicklungsgefährdung eines Kindes immer in seinen „bio-psycho-sozialen Zusammenhängen" gesehen. Das Kind erscheint als physische, psychische und soziale Einheit. Entsprechend bedarf Frühförderung eines mehrdimensionalen Diagnose-, Therapie- und Förderansatzes und „eines breiten, interdisziplinären Handlungsspektrums der Stelle", um bei jedem einzelnen Kind „und im jeweiligen Entwicklungsabschnitt eines Kindes" angemessene Förderschwerpunkte, abgestimmt auf die jeweilige familiäre Situation, anbieten zu können (Thurmair & Naggl 2003, 29).

Es bedarf auch in einem interdisziplinären Modell zumeist einer federführenden Fachperson, die gleichzeitig als Bezugsperson für die Familie zur Verfügung steht und sich für die Koordinierung der Einzelhilfen zuständig fühlt. Dies beinhaltet auch eine psychologisch-pädagogische Interaktionshilfe für die Eltern, die bspw. mögliche veränderte Bewegungs- und Kommunikationsverhalten übersetzen können (vgl. Weiß/Neuhäuser/Sohns 2004, 117). Ziel einer interdisziplinären Abstimmung ist es auch, der Familie möglichst wenige – aber sehr qualifizierte – Fachpersonen als Bezugspersonen für das Kind und die Familie insgesamt anzubieten. „Die bewusste Beschränkung auf möglichst eine Fachkraft schließt jedoch im Einzelfall nicht aus, dass bei entsprechend mehrdimensionalen Förder-/Therapiebedürfnissen weitere Fachpersonen direkt mit dem Kind und der Familie arbeiten" (ebd.).

In dieses interdisziplinäre Konzept mit der Beschränkung auf möglichst wenige – oder gar nur eine – Bezugsperson greift die Interpretation der Komplexleistung im Sinne der Zwei-Kreuze-Regelung (vgl. Kapitel 2.7.3) ein: Wenn für eine Komplexleistung voneinander unabhängig medizinisch-therapeutische und pädagogisch-psychologische Leistungen als Bedarf diagnostiziert werden müssen, werden Frühförderfachkräfte versuchen nachzuweisen, dass sowohl pädagogisch als auch medizinisch-therapeutisch unmittelbarer Förder- und Behandlungsbedarf besteht – was bei der etablierten defizitorientierten Sichtweise zumeist nicht schwer ist. Unabhängig davon, dass in vielen Fällen eine Betreuung durch zwei Förder- und Behandlungspersonen trotz eines erwiesenen Förderbedarfs in beiden Bereichen vermeidbar wäre, ist bislang noch keine befriedigende Finanzierungsgrundlage für eine kontinuierliche, Prozess begleitende Abstimmung dieser obligatorischen Fachpersonen gegeben. Noch weniger besteht jedoch bislang ein Anreiz für die Fachpersonen darin, im

Rahmen einer Familienbetreuung die Möglichkeiten abzuklären, ob ihre interdisziplinäre Arbeitsweise nicht im Interesse von möglichst wenigen Bezugspersonen in eine transdisziplinäre Arbeitsweise überführt werden kann.

3.1.3.4 Transdisziplinärer Wissenschaftsansatz

Transdisziplinäres Denken hat sich als theoretisches Konstrukt zunehmend in der wissenschaftlichen Diskussion etabliert. Während Interdisziplinarität eine zielgerichtete konkrete Zusammenarbeit unterschiedlicher Berufsgruppen auf Zeit bedeutet, greift ein *transdisziplinärer Ansatz* in die fachlichen und disziplinären Orientierungen selbst ein und verändert diese Ordnung. Indem sich Transdisziplinarität als wissenschaftliches Arbeits- und Organisationsprinzip definiert, das problemorientiert über Fächer und Disziplinen hinausgreift (vgl. Mittelstrass 2005), erweitert sie die originäre (professionelle) Herkunftsordnung und berührt die Domänen anderer Disziplinen. Entsprechend ist Transdisziplinarität auch keine Methode und auch kein transwissenschaftliches Prinzip. Sie wird dort wirksam, „wo eine allein fachliche oder disziplinäre Definition von Problemlagen oder Problemlösungen nicht möglich ist bzw. über derartige Definitionen hausgeführt wird" (Mittelstrass 2005, 21).

Übertragen auf die Frühförderung einschließlich der Sozialpädiatrie bedeutet dies, dass eine Fachperson aus den originären disziplinären Begrenzungen hinaustritt, damit eigene Arbeitsformen entwickelt (gemäß der zugrunde liegenden Problemkonstitution) und mit diesen auch die involvierten Disziplinen verändert. D. h. transdisziplinäres Arbeiten verändert die methodischen und theoretischen Orientierungen in verschiedenen Disziplinen. Bspw. kann nach diesem Verständnis eine Ergotherapeutin – ohne entsprechende Grundausbildung – auch eine Beratung von Eltern in Erziehungsfragen durchführen, ohne dass in jedem Fall eine pädagogische Fachperson in das Elterngespräch eingebunden werden muss. Umgekehrt können heilpädagogische Fachpersonen die Motorik eines Kindes fördern, ohne dass in jedem Fall eine Physiotherapeutin mitwirken muss. Sozialpädiater können ebenso disziplinübergreifend Ansätze anderer Berufsfelder (z. B. der Kinder- und Jugendpsychiatrie) berühren und bspw. an der Behandlung sogenannter ADHS-Kinder mitwirken. Damit werden in begrenztem Umfang starre Domänen und Zuständigkeitsmonopole aufgeweicht. Alle Fachpersonen sind *Frühförderer* und wachsen mit zunehmender Berufserfahrung in einem Frühförderteam zusammen. Ihr Einsatz ergibt sich aus ihren spezifischen Kompetenzen und den jeweiligen fachlichen Anforderungen durch die Familien. Berufliche Grundausbildungen treten im Zuge jahrelanger Berufserfahrungen und entsprechender Kenntniserweiterung zurück hinter die sich sukzessiv erweiternden Fachkompetenzen.

Damit öffnet sich einerseits ein neuer Horizont für einen bedarfsgerechteren Einsatz qualifizierter Fachpersonen und eine bessere Vernetzung in bislang unflexiblen Zuständigkeiten nebeneinander arbeitender Experten-Monopole. Gleichzeitig wird den Fachpersonen das professionelle Sicherheitsnetz einer engen Zuordnung von spezifischen – grundständig erlernten und stetig vertieften – Einsatzgebieten entzogen. Damit erhöht sich die Gefahr, dass sich einerseits Fachpersonen in ihren Ansprüchen überfordern, und andererseits Arbeitgeber oder Rehabilitationsträger einen Druck auf – nicht ausreichend qualifizierte – MitarbeiterInnen ausüben, aus Kostengründen Aufgabenfelder (mit-) zu übernehmen, obwohl sie hierzu die Kompetenzen und den fachlichen Rückhalt nicht besitzen. Dass bei einigen Arbeitgebern und Rehabilitationsträgern wenig Skrupel bestehen, überforderte Fachpersonen vor Ort in schwierigsten Aufgabenstellungen allein stehen zu lassen, lässt sich in der alltäglichen Frühförderpraxis seit Jahren an unzähligen Beispielen belegen.

Notwendig bleiben entsprechend bei einer transdisziplinären Erweiterung der professionellen Einsatzfelder ein interdisziplinärer Hintergrund und eine methodisch rekonstruierbare Arbeitsweise (methodische Transdisziplinarität). Insofern wird in einer transdisziplinären Arbeitsweise Interdisziplinarität keineswegs unnötig (sie gewinnt sogar an Bedeutung), d. h. ein Kostenträger kann sich auch nicht voreilig auf die Finanzierung von nur noch einer – transdisziplinär arbeitenden – Frühförderperson zurück ziehen. Transdisziplinarität in Frühförderfamilien ist vielmehr nur mit einem interdisziplinären Hintergrund zu verantworten. Es bedarf eines Teams, das den Bezugspersonen Rückhalt für ihre innerfamiliäre Arbeit in Form von Anregungen, Beratungen oder einer Kontrolle vor Überforderung gibt. Im Team wird auch entschieden, wie lange wie viele Fachpersonen in einer Familie verantwortbar sind und wann gegebenenfalls weitere Fachpersonen mit welchen Kompetenzen und Indikationen hinzukommen müssen.

Bislang wird solch ein transdisziplinäres Arbeiten für die Frühförderung durch die allgemeine Praktizierung einer Zwei-Kreuze-Regelung unterbunden. Notwendig wäre, dass die Coaching-Tätigkeiten interdisziplinärer Kollegen als eigenständige Frühfördertätigkeit anerkannt werden, ohne dass eine unmittelbare Konfrontation mit dem Klientel zwingend erforderlich ist. Ohne diese Grundlage ist ein transdisziplinäres Arbeiten als Konzept in der Frühförderung nicht umzusetzen.

Ein weiteres Fallbeispiel, das bereits viele Jahre zurück liegt, mag veranschaulichen, wie transdisziplinäres Arbeiten Reibungsverluste und unnötige Vermittlungen einerseits verhindern kann, gleichzeitig aber interdisziplinäres Arbeiten und strukturell flexible Arbeitsbedingungen unabdingbar sind:

Fallbeispiel 2: Nico, vermutete Entwicklungsverzögerung

Frau Grünewald meldet sich auf Anraten Ihres Hausarztes telefonisch bei Herrn Koller, Heilpädagoge, in der kreisweiten Frühförderstelle an. Sie sei sich unsicher, ob sich ihr 5-jähriger Sohn Nico „richtig entwickele". Sie schildert bei ihrem (einzigen) Kind eine große Kontaktscheu und Unsicherheit, er sei motorisch ungeschickt, werfe alles gleich wieder weg. Er könne eigentlich viel mehr, aber scheine sich zu weigern, Neues auszuprobieren und aufzunehmen. Herr Koller bietet einen Termin für die kommende Woche in seinen Therapieräumen in einer Außenstelle des Gesundheitsamts, wo dem freien Träger kostenfrei Räume zur Verfügung gestellt wurden, an.

Zu dem Termin kommen Frau Grünewald und Nico gemeinsam. Herr Koller lernt Nico näher kennen, verbringt eine halbe Stunde spielend im Therapieraum. Herr Koller erlebt einen anfangs zurückhaltenden, aber aufgeweckten zarten Jungen, der sich schnell in Spielsituationen vertieft und auch höheren kognitiven Anforderungen schnell gewachsen ist. Nico ist bald begeistert von den Spielangeboten, wirkt sehr interessiert und möchte das Spielen am liebsten nicht mehr beenden. Frau Koller verfolgt das Spielen aufmerksam und greift mehrfach ein, indem sie ergänzt, dass Nico bestimmte Dinge zu Hause „noch viel besser könne". Als Herr Koller vorschlägt, dass Frau Grünewald doch für $^1/_2$ Stunde „einkaufen gehen könne" und er noch etwas mit Nico allein weiter spiele, reagiert sie zunächst verblüfft und ablehnend, und auch Nico möchte das nicht. Herr Koller gibt am Ende des Ersttermins der Mutter die kurze Rückmeldung, dass er von Nico ganz angetan sei. Er möchte sich gerne nochmals ausführlich mit ihr (und am besten auch ihrem Mann) zu einem Gespräch ohne Nico treffen, gerne auch abends. Außerdem wolle er Nico in der Kita besuchen und dem Hausarzt gerne eine Rückmeldung geben. Frau Grünewald stimmt dem zu und entbindet Herrn Koller von der Schweigepflicht.

Obwohl Herr Koller in einem ersten Offenen Aufnahmegespräch den Eindruck gewinnt, dass Nico trotz seiner schüchternen und vorsichtigen Art ganz aufgeweckt ist und sich altersgemäß entwickelt hat, nimmt er das Anliegen der Mutter ernst und leitet eine routinemäßige Eingangsdiagnostik mit einem Anamnesegespräch bei den Eltern (zu einem Abendtermin, damit beide Eltern daran teilnehmen, während Nico bereits im Bett ist) ein. Er will sich zudem mit zwei interdisziplinären Absprachen (beim Hausarzt, der an ihn vermittelt hat, und in Nicos Kindertagesstätte) weitere Informationen einholen, um sich zum einen abzusichern, zum anderen den KollegInnen vor Ort eine Rückmeldung zu geben und einen möglichen fachlichen Austausch einzuleiten.

Herr Koller erreicht den Hausarzt Dr. Grau am nächsten Tag telefonisch in seiner Praxis. Dieser schildert, dass er an diese „Beratungsstelle im Gesundheitsamt" weiter vermittelt habe, nachdem die Mutter sich sehr unsicher zeigte. Er selber halte keine Betreuung für notwendig, aber eine Beratung der Mutter „könne nicht schaden". Ansonsten erzählt er am Telefon zahlreiche intime Details aus der Familie, die Probleme scheinen eher in der Familie als bei Nico zu liegen, z. B. lässt er sich ausführlich über die Potenzprobleme des Vaters aus. Herr Koller bedankt sich für die Informationen, obwohl er verwundert über die Offenheit ist, ohne dass er Dr. Grau bislang persönlich kannte oder dem Arzt eine Schweigepflichtsentbindung vorgelegt wurde.

Beim Besuch von Herrn Koller in der darauffolgenden Woche im Kindergarten freut sich Nico bereits, Herrn Koller zu sehen. Er ist stolz, den anderen Kindern „seinen Bekannten" vorzustellen. Auch hier erlebt Herr Koller einen etwas vorsichtigen, aber aufgeweckten Jungen, auch die Erzieherinnen schildern Nico als weitgehend integriert. Es sei schon sinnvoll, wenn jemand mal danach schaut, ob sich Nico „etwas mehr öffnen" könne, andere Kinder hätten eine Betreuung jedoch viel notwendiger. Aber bei denen sei es schwierig, die Eltern hierauf anzusprechen. Am Abend danach lernt Herr Koller bei einem Hausbesuch auch Herrn Grünewald kennen. Er führt ein ausführliches Anamnesegespräch durch, bei dem sich keine gravierende Komplikationen oder Entwicklungsauffälligkeiten ergeben. Allerdings zeigen sich beide Eltern sehr besorgt um die Entwicklung ihres einzigen Kindes. Sie wollten auf keinen Fall etwas versäumen, daher wollten sie gerne eine Rückmeldung von fachlicher Seite. Nach den Wünschen an die Fördereinrichtung befragt, äußert v. a. Frau Grünewald, sie wünsche sich mehr Anregungen zum Umgang mit Nico. Sie sei oft unsicher, ob sie ihm gerecht werden könne.

Herr Koller muss nun eine Entscheidung treffen. Einerseits wurde sein Eindruck durch die interdisziplinären Absprachen bestätigt: Weder Hausarzt noch Kita sehen einen unbedingten Förder- und Behandlungsbedarf bei Nico. Andererseits schildern die Eltern eigene Unsicherheiten und haben bereits mehrfach Dr. Grau deshalb aufgesucht, bis dieser offenbar leicht genervt Frau Grünewald an „diese Beratungsstelle im Gesundheitsamt", von der er zwar ein Faltblatt in seiner Praxis ausgelegt, die er jedoch ansonsten bislang nicht näher wahrgenommen hatte, weiter vermittelte. Herr Koller tut sich schwer, die Eltern nun wiederum ab- oder weiterzuweisen. Er möchte das Anliegen von Frau Grünewald aufgreifen und ihr anbieten, nur mit ihr (ohne Nico) für einen begrenzten Zeitraum von 6 Terminen wöchentliche Gespräche über die Alltagssituation mit Nico zu führen; darüber hinaus wolle er Nico in größeren Abständen in der Kita besuchen. Er spricht Nico in seinem nächsten Teamgespräch an.

Nach den Schilderungen von Herrn Koller vor den Teammitgliedern ist für eine junge pädagogische Kollegin ist sofort klar, dass hier kein weiterer Hilfebedarf besteht. Aufgabe der Frühförderung sei die Förderung von Nico, Herr Koller sei Pädagoge in der Frühförderstelle und für die Förderung von Kindern zuständig. Wenn die Eltern weiteren Beratungsbedarf hätten, dann solle Herr Koller an die Erziehungsberatungsstelle vermitteln, die sei als offene Anlaufstelle hierfür zuständig. Herr Koller gibt zu bedenken, dass die Eltern bereits von Dr. Grau weiter vermittelt wurden. Beide erschienen ihm recht verwundbar, er befürchte, eine erneute Weitervermittlung würde als Kränkung aufgefasst. In der Erziehungsberatungsstelle (EB) müssten sie sich wieder auf neue Bezugspersonen einlassen, es würde eine neue Anamnese erhoben; es entstehe der Eindruck, die Systeme (einschließlich des Arztes) wüssten nicht, wer wofür zuständig sei. Die Ärzte im Team der Frühförderstelle, die von der Kinderklinik und der Klinik für Kinder- und Jugendpsychiatrie regelmäßig konsiliarisch an den Teamsitzungen teilnehmen, sehen für Nico ebenfalls keinen Behandlungsbedarf. Allerdings räumen beide ein, dass eine Weitervermittlung an eine EB nach der Vorgeschichte in der Tat nicht sinnvoll sei. Sie sprechen offen an, dass Herr Koller als erfahrener Mitarbeiter offenbar noch eine weitere Begleitung anbieten möchte. Wenn dies durch kompetente Kollegen, die Erfahrungen in der Beratung und in der Bewertung von Familiendynamiken hätten, kooperierend begleitet würde, könne dies für einen Übergangszeitraum sinnvoll sein. Die Psychologin der Frühförderstelle bietet an, für weitere Absprachen bezüglich der Familienbetreuung begleitend zur Verfügung zu stehen.

Das Angebot von Herrn Koller einer weiteren Beratung von Frau Grünewald wäre in den meisten deutschen Kreisen und kreisfreien Städten nicht möglich. Bei einer obligatorischen Überprüfung durch das Gesundheitsamt wäre Nico untersucht worden, und – nachdem keine (drohende) Behinderung festgestellt wurde – wäre kein weiterer Frühförderbedarf gesehen worden. In dem Landkreis von Herrn Koller hat sich die Verwaltung des kommunalen Rehabilitationsträgers für eine Pauschalfinanzierung entschieden (vgl. Kap. 6.1): Der Sozialdezernent vertritt die Auffassung, dass es ein unnötiger Verwaltungsaufwand sei, alle Kinder einzeln durch die Verwaltung zu kontrollieren. Entsprechend wird dem Träger der Frühförderstelle – analog der Erfahrungen aus anderen Landkreisen – ein jährlicher Festbetrag zur Verfügung gestellt, mit dem der Rechtsanspruch auf Frühförderung kreisweit abzudecken ist. Als Legitimation genügt ein ausführlicher Jahresbericht, in dem die Betreuungen statistisch aufgelistet werden. Die Frühförderstelle muss der Kreisbehörde keinen Namen einer Familie melden, die Familien benötigen keinerlei formales Antragsverfahren. Damit kann die Frühförderstelle auch selbst entscheiden, welchen Familien sie innerhalb der bestehenden Ressourcen welche Hilfeangebote macht.

In der Folge kommt Frau Grünewald wöchentlich zu Gesprächen in die Außensprechstunde; es werden zahlreiche Alltagssituationen mit Nico besprochen. Ziel von Herrn Koller ist es, der Mutter mehr Sicherheit dafür zu geben, dass sich Nico „ganz normal" entwickele, und sie sich keine Sorgen zu machen braucht. Bei seinem zwischenzeitlichen Besuch im Kindergarten ist er überrascht, dass die Erzieherinnen sich begeistert „von der Veränderung Nicos" zeigen, er habe sich toll entwickelt, werde von Tag zu Tag selbstsicherer. Die „Therapie" im Gesundheitsamt (die gar nicht statt findet) schlage offenbar sehr gut an. Herr Koller beschließt, die sechs Gespräche alle durchzuführen.

In der 6. Woche wirkt Frau Grünewald bedrückter und zurückhaltender bei ihren Schilderungen von Nico. Von Herrn Koller darauf angesprochen, was denn heute los sei und ob etwas passiert sei, erwidert Frau Grünewald mit sichtlichem Unbehagen, es gäbe etwas, was ihr „in letzter Zeit" sehr im Kopf herum geistere. Sie habe sich allerdings nie getraut, es irgendwo anzusprechen. Auf die Frage, ob sie glaube, dass ihr „Geheimnis" etwas mit der Entwicklung von Nico zu tun habe, zuckt sie mit den Schultern und sagt schließlich „ja". Zögernd erzählt sie, sie glaube, sie könne Nico keine gute Mutter sein, dafür habe sie selbst zu viele Probleme. Herr Koller erfährt in diesem Gespräch nach und nach, dass Frau Grünewald seit frühester Kindheit bis zu ihrer Hochzeit und dem Auszug aus dem Haus der Pflegeeltern, bei denen sie aufgewachsen ist, von ihrem Pflegevater regelmäßig sexuell missbraucht wurde. Sie träume noch immer nachts davon und habe auch das Gefühl, ihrem Mann keine gute Frau sein zu können. Sie habe auch ein schlechtes Gewissen, weil sie sich lieber eine Tochter gewünscht habe. Außerdem wisse sie, dass ihr Pflegevater sich nicht nur an ihr vergangen habe, sondern auch an anderen Pflegekindern. Vielleicht mache er dies sogar noch heute. Sie habe aber nie mit den anderen Frauen darüber gesprochen.

Herr Koller ermutigt Frau Grünewald, offensiv mit ihrer Vergangenheit umzugehen. Er zieht einerseits eine Grenze dahingehend, dass er als weiterer Gesprächspartner für

Frau Grünewald nicht mehr zur Verfügung stehen kann, da er einen psychotherapeutischen Hilfebedarf sieht. Er bietet aber an, sich kurzfristig um einen Therapieplatz zu bemühen. Gleichzeitig spricht er mit Frau Grünewald ab, dass er sich – mit Namensnennung – bei den KollegInnen im Jugendamt nach ihrem Pflegevater erkundigt, um herauszufinden, ob er noch immer als Pflegevater für junge Mädchen fungiert. Frau Grünewald sagt zu, mit anderen ehemaligen Pflegekindern Kontakt aufzunehmen, um eventuell noch weitere Betroffene direkt anzusprechen. Sie vereinbaren zum Abschied, dass Herr Koller nach einem halben Jahr eine Rückmeldung per Postkarte von ihr bekommt.

In der Tat stellte sich heraus, dass der Pflegevater von Frau Grünewald auch nach über 30 Jahren noch immer vom Jugendamt Pflegekinder vermittelt bekam. Dies wurde nach einer Intervention von Herrn Koller beendet. Frau Grünewald und zahlreiche ebenfalls betroffene Frauen entschlossen sich zu einer Sammelklage, die mit einer Verurteilung endete.

Für Herrn Koller stellten sich im Nachhinein auch andere Details der Anamnese und interdisziplinären Absprachen in einem anderen Licht dar, z.B. die vermeintlichen Potenzprobleme von Herrn Grünewald. Bei einer Nachbereitung im Team der Frühförderstelle stellt die Psychologin heraus, wie wichtig es war, dass es für Frau Grünewald nicht einen erneuten Wechsel der Bezugsperson gab, der wahrscheinlich zu einem weiteren Vertrauensverlust gegenüber Fachpersonen geführt hätte.

3.1.4 Frühförderung und ihre Teilsysteme

Wenn wir Frühförderung mit *Speck* als „komplexes Arbeitssystem" (2001, 269) ansehen, so umreißt der Begriff „Frühförderung" ein übergeordnetes Aufgabenfeld, in dem verschiedene Subsysteme unter einer gemeinsamen Fragestellung abgestimmte Hilfeangebote bereit stellen:

> „Seine inhaltliche Komplexität ergibt sich aus der Aufgabenstellung, entwicklungshemmende Bedingungen für das Kind zu minimieren und entwicklungsanregende Bedingungen innerhalb seines sozialen Kontextes (in der Lebenswelt der Familie, aber gegebenenfalls auch außerfamiliären Lebenswelten wie Krippe oder Kindergarten) zu fördern durch medizinische Behandlung, Therapie, bzw. Früherziehungshilfe. Dies schließt die qualifizierte Beratung, Anleitung, Begleitung der Eltern, bei Bedarf auch die psychosoziale Unterstützung der Familie unabdingbar mit ein" (Weiß/Neuhäuser/Sohns 2004, 23).

Um dieser Aufgabe gerecht zu werden, bedient sich die Frühförderung verschiedener Teilsysteme, die sich auf spezifische Aufgabenfelder spezialisiert haben. „Keines der Teilsysteme sei es das medizinische, das psychologische, das pädagogische oder das sozialfürsorgerische kann für sich allein kompetente Frühförderung betreiben" (Speck 1989, 22). Seit ihrem Bestehen hat Frühförderung den inhaltlichen Anspruch, die verschiedenen Kompetenzen der unterschiedlichen Teildisziplinen interdisziplinär zu verknüpfen. Durch die Verknüpfung der verschiedenen Systeme wird es der Frühförderung möglich, ihren ehemals eng auf die physische und kognitive Entwicklung gerichteten Blickwinkel bedarfsgerecht auf die entwicklungsfördernden Lebensbedingungen des Kindes im Alltag zu erweitern. Die Frühförderung hat diesen fachlichen Anspruch lange mit dem Begriff „ganzheitlich" umschrieben – ein Terminus, den der Gesetzgeber inzwischen als Rechtsanspruch übernommen hat (vgl. Kap. 2.6.2.2).

Die Teilsysteme der Frühförderung ergeben sich durch unterschiedliche Finanzierungs- und Rechtsgrundlagen, grundsätzlich lassen sich zunächst drei Teilsysteme unterscheiden (Weiß/Neuhäuser/Sohns 2004, 15):

Tab. 1: Institutionen der Frühförderung (vgl. Weiß/Neuhäuser/Sohns 2004, 15)

Teilsystem A	Teilsystem B	Teilsystem C
Frei praktizierende bzw. niedergelassene Ärzte, Therapeuten, Psychologen, (Heil-)Pädagogen	Allgemeine, spezielle und überregionale Frühförderstellen	Sozialpädiatrische Zentren und spezialisierte Fachkliniken (z. B. für Neuropädiatrie oder Kinder- und Jugendpsychiatrie)

3.1.4.1 Das System der frei praktizierenden Fachkräfte (Teilsystem A)

Tab. 2: Teilsystem A

Niedergelassene Therapeuten	Niedergelassene Ärzte	Niedergelassene Psychologen	Niedergelassene (heil-)pädagogische Fachpersonen
a) Physiotherapeuten b) Ergotherapeuten c) Logopäden in freier Praxis	a) Kinderärzte b) Allgemeinärzte in Hausarztfunktion	Psychologen	Heilpädagogen Sozial-, Diplom- und Sonderpädagogen
Häufig können kassenzugelassene Therapeuten auch (für Teile ihrer Arbeitszeit) an anderen Institutionen (z. B. Kindertagesstätten oder interdisziplinäre Frühförderstellen) auf Honorarbasis tätig sein.	Auch niedergelassene Ärzte können über Honorarverträge an Frühfördereinrichtungen gebunden werden. Sie sind gemäß der FrühV verbindlich in die (diagnostische) Arbeit von interdisziplinären Frühförderstellen einzubeziehen.	sind im Rahmen der Komplexleistung bei Bedarf in die Frühförderung einzubinden. Sie sind fester Bestandteil der FrühV. Einen verbindlichen Finanzierungsanspruch für die psychologische Berufsgruppe gibt es jedoch weder innerhalb der Institutionen, noch für die Koordinierung mit niedergelassenen psychologischen Fachpersonen.	Refinanzierung der eigenen Praxis im Rahmen von Leistungsvereinbarungen mit dem örtlichen Sozial- oder Jugendhilfeträger zur Erbringung von „heilpädagogischen Leistungen" für Kinder im Vorschulalter.

Medizinisch-therapeutischen Berufsgruppen in freier Praxis können nach einer Überprüfung (gemäß §§ 124f SGB V) eine Kassenzulassung erhalten. Sie sind fester Bestandteil des gesamten Frühfördersystems, eine fachliche Eingliederung und Vernetzung beispielsweise mit den Frühförderstellen scheitert seit 30 Jahren jedoch häufig an der fehlenden Verbindlichkeit und Finanzierungsgrundlage. Gleiches galt für das System niedergelassener Psychologen und Ärzte. Für die Ärzte wurde nach der Verabschiedung der FrühV durch die Rahmenvereinbarungen in den Ländern eine tragende Rolle vereinbart, hier ist zumindest bei der Anerkennung einer offiziellen Komplexleistung eine verbindliche Zusammenarbeit zwischen ihnen und dem pädagogischen System zu regeln.

Ebenfalls zum Teilsystem A gehören (heil-) pädagogische Fachpersonen, denen es seit der Veränderung des § 93 BSHG im Jahr 1996 möglich wurde, als niedergelassene Fachpersonen eine Leistungsvereinbarung mit dem örtlichen Sozialhilfeträger zu schließen und heilpädagogische Maßnahmen der Frühförderung anzubieten. Mit der Einführung der Komplexleistung Frühförderung kann diese nur noch von anerkannten interdisziplinären Frühförderstellen und SPZ angeboten werden. Die meisten Landesrahmenvereinbarungen definieren jedoch neben der Komplexleistung auch noch eine isolierte pädagogische Frühförderung, wenn gleichzeitig kein medizinisch-therapeutischer Behandlungsbedarf bestehe. Diese pädagogischen Leistungen können dann auch weiterhin von heilpädagogischen Praxen erbracht werden.

Damit wird auch nach der Frühförderungsverordnung die Grundstruktur der Frühfördersysteme beibehalten. Neu ist lediglich

- *die Notwendigkeit, bei gleichzeitiger Indikation von pädagogischen und therapeutischen Leistungen diese miteinander zu kombinieren,*
- *die Verbindlichkeit, ärztliche (diagnostische) Kompetenz in den Frühförderprozess zu integrieren,*
- *das Angebot der Komplexleistung unter das Dach von Frühförderstellen (Teilsystem B) oder sozialpädiatrischen Zentren (Teilsystem C) zu stellen.*

Die heilpädagogischen Leistungen in freier Praxis, die in den vergangenen 10 Jahren in zahlreichen Bundesländern entstanden sind, können in der Gesetzesauslegung der meisten Rehabilitationsträger dadurch erhalten werden, dass im Zuge der Zwei-Kreuze-Regelung (vgl. Kap. 2.7.3) auch heilpädagogische Leistungen ohne Abstimmungsbedarf definiert werden. Den niedergelassenen Pädagogen bleibt damit weiterhin eine unveränderte Arbeitsmöglichkeit, gleichzeitig werden sie vom Angebot der Komplexleistung ausgeschlossen. Unabhängig von der umstrittenen Plausibilität einer Zwei-Kreuze-Regelung (vgl. ebd.) erscheint diese Regelung auch strukturell und organisatorisch künstlich konstruiert und nicht sinnvoll.

3.1.4.2 Das System der Frühförderstellen (Teilsystem B)

Tab. 3: Teilsystem B: Frühförderstellen

Allgemeine regionale Frühförderstellen	Spezielle Frühförderdienste	Überregionale sinnesspezifische Frühförderstellen
wohnortnah, i.d.R. mobil tätige Anlaufstellen für Kinder mit Entwicklungsrisiken	System- oder diagnosebezogene Einrichtungen der (sonder-)pädagogischen Frühförderung	(primär pädagogische) Frühfördereinrichtungen für blinde und sehbehinderte, sowie für hörbehinderte Kinder

Das Teilsystem B der Frühförderstellen ist in den meisten Bundesländern traditionell aus dem pädagogischen Arbeitsfeld heraus entstanden, hat sich jedoch partiell zu einer interdisziplinären Einrichtungsform weiterentwickelt. Schwerpunkt sind die *allgemeinen* Frühförderstellen, die wohnortnah den Anspruch auf heilpädagogische Maßnahmen des SGB IX abdecken. Sie arbeiten in den meisten deutschen Kreisen und kreisfreien Städten mobil und widmen sich überwiegend sowohl der Förderung der Kinder als auch der Begleitung ihrer Eltern.

Neben diesen Einrichtungen (teilweise auch stattdessen, vgl. Baden-Württemberg, Kap. 4.4.1) existieren in einzelnen Regionen spezielle Frühförderdienste, die sich spezifischen Aufgabenstellungen oder spezifischen Teilgruppen der Frühförderung zuwenden: Hierunter lässt sich beispielsweise das mobile sonderpädagogische Hilfesystem (MSH) „für noch nicht schulpflichtige Kinder mit sonderpädagogischem Förderbedarf" in Bayern subsumieren, das primär in Kindertagesstätten gezielte zusätzliche Förderung anbietet. Hierbei handelt es sich um ein präventiv ausgerichtetes Angebot des Schulsystems, das sich bewusst in den Vorschulbereich ausgeweitet hat und unabhängig und teilweise in Konkurrenz zu den gesetzlich fundierten Systemen der kommunalen Kostenträger arbeitet. Ähnlich dieser bayerischen Initiative des Kultusministeriums besteht auch traditionell in Baden-Württemberg ein Frühfördersystem, das an Sonderschulen angegliedert ist. Diese Frühförderstellen haben zu Beginn der Frühförderung (in den 1970er Jahren) zunächst den Rechtsanspruch auf pädagogische Frühförderung allein abgedeckt. Obwohl später in zahlreichen Kommunen in Baden-Württemberg interdisziplinäre Frühförderstellen zusätzlich entstanden sind, bilden sie noch immer die Mehrzahl der dortigen Frühfördereinrichtungen. Da sie in einigen Landkreisen das ausschließliche Angebot darstellen, stellen sie ein Grundsystem der Frühförderversorgung dar und sind entsprechend nicht nur als „ergänzend" zu definieren[14].

---

14 Die bundesweite ISG-Studie hat diese Einrichtungsform bei ihrer Untersuchung der deutschen Frühförderung nicht mit aufgenommen. Angesichts des hohen Versorgungsauftrages, den diese 338 Einrichtungen für Baden-Württemberg ausfüllen, stellen sie jedoch einen Großteil des dortigen Frühförderangebotes dar. Unabhängig davon sollte auch künftig – kritisch – diskutiert werden, welchen Stellenwert diese ausschließlich aus Landesmitteln finanzierten Frühfördereinrichtungen an Sonderschulen für die Infrastruktur in Baden-Württemberg einnehmen, und wie auch ein schulisches System den fachlichen Ansprüchen an interdisziplinäre Frühförderung gerecht werden sollte.

Ebenfalls überwiegend aus dem Bereich des Sonderschulsystems stammen die Frühförderstellen für blinde und sehbehinderte bzw. gehörlose und hörbehinderte Kinder. Sie haben eine längere Tradition als die allgemeinen Frühförderstellen. Beide Systeme bestehen z. T. unvermittelt nebeneinander. Die sogenannten „sinnesspezifischen Frühförderstellen" begrenzen sich auf ihre Klientel und decken insoweit traditionell einen Teil der Frühförderung mit eigenen Angeboten ab. Ihre Arbeitsweise entspricht weitgehend der der allgemeinen Frühförderstellen: Sie sind überwiegend bis ausschließlich mobil tätig, wobei sie aufgrund ihres überregionalen Charakters z. T. sehr weite Anfahrtswege zurücklegen. Der Status und die Ausbildung der Fachkräfte sind – entsprechend ihrer Herkunft aus dem Sonderschulwesen – in der Regel hoch und teilweise dem der allgemeinen Frühförderstellen überlegen. Ihre Kosten werden teilweise aus Landesmitteln (Kultus- und Bildungsministerien) abgedeckt, überwiegend werden sie jedoch mit den jeweiligen kommunalen Gebietskörperschaften im Rahmen von Leistungsvereinbarungen abgerechnet.

3.1.4.3 Stationäre und Sozialpädiatrische Einrichtungen

Das Teilsystem C wird von SPZ sowie weiteren Fachkliniken ausgefüllt, die überwiegend als ambulante Anlaufstellen im Rahmen der Diagnostik aufgesucht werden. Bei spezifischen Fragestellungen können von hier auch laufende therapeutische Maßnahmen angeboten werden. Im Rahmen der Diagnostik ist es einigen SPZ sowie den klinischen Einrichtungen auch möglich, stationäre diagnostische Angebote vorzuhalten, beispielsweise zur näheren Abklärung oder Einstellungen bei Anfallsleiden oder auch bei unklaren Hintergründen von Verhaltensauffälligkeiten (im Rahmen der Kinder- und Jugendpsychiatrie).

Somit ergibt sich auch ein kleiner Zweig der stationären Frühförderung, insbesondere im Bereich der Diagnostik. Er bezieht sich primär auf eine stationäre Aufnahme in klinischen Einrichtungen, und ist entsprechend unter das Teilsystem C subsumiert. Angesichts der insgesamt untergeordneten Bedeutung dieses Bereiches erscheint es jedoch weder sinnvoll, hierfür ein eigenes Teilsystem abzugrenzen, noch erscheint es angemessen, nichtmedizinische stationäre Institutionen (z. B. in Heimeinrichtungen oder Pflegefamilien) als eigenes System der Frühförderung zu definieren.

Das Teilsystem C fällt primär in die Zuständigkeit der Krankenversicherung. Anders als bei der obligatorischen Einbettung von niedergelassenen Ärzten im Zuge der Komplexleistung ist für die Ärzte aus SPZ und Kliniken bislang noch keine verbindliche Finanzierungsgrundlage für externe interdisziplinäre Absprachen absehbar. Entsprechend ist die Einbettung des Teilsystems C in ein koordiniertes Gesamtsystem noch in hohem Maße abhängig vom persönlichen fachlichen Engagement der beteiligten Fachpersonen.

3.1.4.4 Teilstationäre Frühförderung

In Erweiterung der klassischen Dreiteilung der Institutionen der Frühförderung (Weiß/Neuhäuser/Sohns 2004, 15) erscheint es im Interesse einer modernen Frühförderung, die den Blickwinkel auf die Gesamtsysteme eines abgestimmten Förderbedarfs für Kind und Familie richtet, notwendig, sich über den Horizont einer isolierten mobil-ambulanten Frühförderung hinaus zu orientieren. Unabhängig von der institutionellen Zuständigkeit erscheint es mit Klein (2002, 42 und 131) sinnvoll, auch die Leistungen von Sonderkindergärten und Integrationskindertagesstätten (nach § 24 SGB VIII) dem System Frühförderung zuzuordnen. Hierzu gehören auch die Leistungen „in der Krippe als Ganztagseinrichtung für Kleinkinder". Dies betrifft zum einen die heilpädagogischen Leistungen, zumal die meisten kommunalen Kostenträger eine – mit den Rechtsgrundlagen nicht vereinbare – pauschale Verfahrensweise praktizieren, wonach diese Leistungen für Kinder mit Entwicklungsrisiken *entweder* teilstationär in einer Kindertagesstätte *oder* durch eine ambulante Frühfördereinrichtung durchgeführt werden. Mit diesem Ausschluss werden die heilpädagogischen Maßnahmen in teilstationären Einrichtungen (Kindertagesstätten) als Äquivalent für ambulante Frühförderleistungen definiert. Auch wenn dies nicht der administrativen Realität entspricht, sind sie unter das Dach des Systems Frühförderung zu subsumieren.

Wie sehr diese (fehlende) Abstimmung zwischen den Leistungen des teilstationären Bereiches und des mobil-ambulanten Bereiches für eine bedarfsgerechte Frühförderung (vgl. Kap. 2.3.5) notwendig wäre, lässt sich in der alltäglichen Praxis bei den meisten deutschen Kreisen und kreisfreien Städten leicht nachvollziehen. Einerseits besteht in zahlreichen Regionen eine Tendenz, Hausfrühförderung durch administrative Einflüsse zu reduzieren und andererseits schließen in den meisten Bundesländern die Landesrahmenvereinbarungen eine gleichzeitige integrative Betreuung in Kindertagesstätten und eine parallel verlaufende familienorientierte Frühförderung als sogenannte „Doppelbetreuung" aus. Indem die Kostenträger entscheiden, dass die heilpädagogischen Maßnahmen mit einer Aufnahme in eine Integrations- oder Sonderkindertagesstätte ausschließlich dort durchgeführt werden, wird dem dortigen (heil-) pädagogischen Personal auferlegt, neben der Förderung des Kindes (in der Einrichtung) auch die fachlichen Ansprüche einer familienorientierten Frühförderung umzusetzen. Dies geschieht jedoch in der Praxis kaum und ist unter den gegebenen Umständen auch nicht praktikabel. Die Fachpersonen in den Kindertagesstätten sind häufig weder für eine solche Aufgabe ausreichend qualifiziert, noch stehen ihnen die entsprechenden Ressourcen für eine mobile familienorientierte Hilfe zur Verfügung. Das heißt, de facto wird mit der Aufnahme in eine Integrationseinrichtung eine familienorientierte Frühförderung ausgeschlossen.

Wozu die fehlende Betreuung der Familien – gerade in einem sozial benachteiligten Milieu – führt, mag ein Fallbeispiel aus einem Praxisbericht einer Studentin verdeutlichen.

Fallbeispiel 3: **Beate, Heilpädagogischer Kindergarten**

„Beate ist fünf Jahre alt. Weil sie noch oft einkotet und einnässt, gehen ihr viele aus dem Weg. Die Kinder hänseln sie und rufen: „Äh, die stinkt aber wieder." Auch die Erzieherinnen gehen ihr eher aus dem Weg. Das war wohl auch in ihrer ersten Kita so. Das Personal hat dann den Antrag auf Sonderkindergarten gestellt, seitdem ist sie bei uns in der Heilpädagogischen Gruppe [...]

Offiziell gilt sie als seelisch behindert, sie muss sehr auffällig gewesen sein, hat viel geschrien und andere Kinder geschlagen. Die Erzieherinnen waren dem nicht mehr gewachsen. In einem Bericht steht, sie hätten eine eigene Fachkraft gebraucht, um Beate zu bewachen [...]

Zu den Eltern besteht kaum Kontakt. Die Erzieherinnen meinen, die Eltern seien völlig desinteressiert, kümmerten sich nicht um Beate. Das sei zwecklos. Deshalb komme sie auch so unregelmäßig, sei oft so schmutzig. Die Frühförderstelle dürfe Beate und ihre Familie nicht betreuen, dafür werde ja eine teilstationäre Hilfe bewilligt, die das alles abdecke" (Praktikantenbericht, 2005).

Alle Fachleute wissen: Es gibt in Deutschland Tausende von Kindern wie Beate. Und wir müssen vermuten, dass Beate nie eine Regelschule besuchen wird, obwohl sie vielleicht nicht weniger intelligent ist als andere Kinder. Niemand weiß offenbar, warum Beate so schmutzig und offenbar verwahrlost in die Kindertagesstätte kommt. Niemand fühlt sich dafür zuständig, herauszufinden, warum die Eltern offensichtlich keine Ressourcen dafür einsetzen (können), dass Beate sauber und ordentlich versorgt in der Kindertagesstätte erscheint. Die Gründe hierfür können sehr vielfältig sein: von einer physischen oder psychischen Überforderung über bestehende Erkrankungen oder Suchtprobleme in der Familie, gegebenenfalls aber auch akute Krisensituationen, zum Beispiel eine unterschwellige Trennungsproblematik, weil die Mutter erfahren hat, dass der Vater eine andere Frau hat und all ihre Aufmerksamkeit auf die Beziehungsproblematik legt. Den Spekulationen können hier kaum Grenzen gesetzt werden. Es erscheint jedoch offensichtlich, dass mit Beate ein Kind heranwächst, das von unseren Systemen schon frühzeitig als „behindert" kategorisiert wird. Und das möglicherweise nur deshalb, weil sie sich auf ihre Art (durch massive Verhaltensauffälligkeiten) gegen erdrückende Belastungssituationen aus ihrem Umfeld (noch) zur Wehr setzt. Unsere Hilfesysteme reagieren hierauf in klassischer Art und Weise: durch Aussonderung und Therapiezuweisung des auffälligen Kindes (also möglicherweise der Symptomträgerin). Eine abgestimmte gemeinsame Zuständigkeit von teilstationärer und mobil-ambulanter Frühförderung wird durch die administrativen Praktiken der überwiegenden Zahl der deutschen Rehabilitationsträger systematisch verhindert. Wir müssen uns die Frage stellen, ob durch eine solche Systematik nicht Tausende von Kindern – wie Beate – nur deshalb zu behinderten Kindern gemacht werden, weil wir unfähig sind, unsere professionellen Hilfesysteme so zu organisieren, wie es die Kinder und ihr soziales Umfeld bedürften.

Die Konzepte, die wir einsetzen, fußen auf einer traditionellen Einzelförderung der „betroffenen" Kinder. Hierfür gibt es Rechts- und Finanzierungsgrundlagen, hier sehen die Rehabilitationsträger eine Zuständigkeit – aber erst, wenn die „(drohende) Behinderung" amtlich festgestellt wird. Damit steht auch bei den öffentlichen Kostenträgern ein klassisch defizitorientierter Ansatz im Mittelpunkt. Präventive und Ressourcen stärkende Konzepte haben bei Rehabilitationsträgern keine Tradition. Dabei belegen fast alle Effektivitätsstudien (weltweit), wie gering der Effekt von Einzelförderung ist, wird diese nicht in ein integriertes Gesamtkonzept eingebettet.

3.1.4.5 Die abgegrenzten Systeme – Jugendhilfe und Familienhebammen

Gleichzeitig erscheint die Effektivität nicht ausschließlich abhängig von finanziellen Zuwendungen der Kostenträger. Vielmehr sind die deutschen Hilfesysteme geprägt von einer hohen Ausdifferenzierung verschiedener Systeme (für unterschiedliche Zielgruppen) in unterschiedlichen Trägerschaften und damit in Teilsysteme E, F usw., die insgesamt das Bild eines unkoordinierten Nebeneinanders der Hilfen mit unklaren Zuständigkeiten, hohen bürokratischen Hürden und häufig fehlenden umfeldorientierten Konzepten abgibt.

Zu Recht folgert Klein (2002, 124), dass Frühförderung sich auch als Angebot der Jugendhilfe zu verstehen habe. Beispielsweise solle die sozialpädagogische Familienhilfe sich „nicht nur als ‚Hilfe zur Erziehung', sondern als präventive Maßnahme der Frühförderung verstehen" (ebd.). Dies gilt insbesondere für Kinder mit sogenannten psychosozialen Risiken. Dahinter verbirgt sich der fachliche Anspruch, dass die verschiedenen – traditionell nebeneinanderher arbeitenden – Systeme über ihren eng begrenzten Tellerrand hinausschauen und – in Kooperation oder Absprache – ein gemeinsames umfassendes Hilfekonzept mit den Klienten entwickeln und umsetzen. Systematische Lücken im Hilfesystem wie am Beispiel von Beate aufgezeigt, könnten somit verkleinert werden.

Entsprechend umfasst das Teilsystem D alle Hilfen im Rahmen von teilstationären Betreuungen in Kindertagesstätten, die somit den gleichen fachlichen Ansprüchen entsprechen müssen wie das Gesamtsystem der Frühförderung. Gleichzeitig ist es sinnvoll, auch die weiteren Hilfesysteme im Feld der familienorientierten Hilfen für Säuglinge, Klein- und Vorschulkinder unter das Dach der Frühförderung zu subsumieren. Entsprechend ließe sich Sozialpädagogische Familienhilfe als System E kategorisieren, System F könnten die Risikozentren bilden, die (v.a. nach dem „Fall Kevin" in Bremen) vermehrt entstanden sind – die Liste ließe sich beliebig erweitern.

Die Einrichtungen, die Angebote der Frühförderung unterbreiten, lassen sich gleichzeitig auf zwei weiteren Ebenen beschreiben:

- Primäre Frühförderinstitutionen. Hiermit sind die Einrichtungen gemeint, die im Sinne des Gesetzgebers (SGB IX) Angebote der Früherkennung und Früh-

förderung (nach § 30) unterbreiten: interdisziplinäre Frühförderstellen und sozialpädiatrische Zentren (Teilsysteme B und C)
- Sekundäre Frühförderinstitutionen. Hierunter werden Einrichtungen verstanden, die ebenfalls Angebote der Frühförderung unterbreiten, jedoch nicht die Möglichkeiten zur Erbringung einer Komplexleistung im Sinne des Gesetzgebers vorhalten: niedergelassene medizinisch-therapeutische Praxen, heilpädagogische Einrichtungen, die nicht interdisziplinär vernetzt sind, medizinische Zentren oder teilstationäre Einrichtungen der Frühförderung (insbesondere Kindertagesstätten) (Teilsysteme A und C, vgl. Weiß/Neuhäuser/Sohns 2004, 16).

Über diese enge Auslegung von Frühfördereinrichtungen, die Angebote im klassischen administrativen Sinne unterbreiten, gibt es weitere benachbarte Systeme, deren Hilfen ebenfalls das System der Frühförderung tangieren: Die größte Bedeutung haben sicherlich die *Hilfen zur Erziehung* (HzE) inne, die auf der Grundlage des Kinder- und Jugendhilfegesetzes (SGB VIII) ebenfalls im Feld einer familienorientierten Frühförderung tätig sind und daher einer Vernetzung mit den originären Frühförderangeboten bedürfen (z.B. Leistungen der Erziehungsberatung, sozialpädagogische Familienhilfe, hierzu können aber auch weitere soziale Hilfeangebote zählen, wie beispielsweise Schuldnerberatung, sozialrechtliche Hilfen, weitere therapeutische Maßnahmen etc.).

Ein neu entstandenes System ist das der *Familienhebammen*. Bereits vor vielen Jahren als Gewinn für eine niedrigschwellige Frühförderung gerade in sozial benachteiligten Familien diskutiert (vgl. Sohns 2000a, 227), haben sie in den letzten Jahren eine hohe Verbreitung erfahren und werden von politischer Seite (insbesondere aus dem Bundesfamilienministerium und dem niedersächsischen Sozialministerium) als zentraler Ansatz für eine familienorientierte Hilfe gesehen, der durch eigene bundesweite Programme und Modellprojekte (z.B. „Pro Kind") gefördert wird.

Aus Sicht der Frühförderung handelt es sich hierbei um ein Hilfesystem mit hoher Akzeptanz und Fachlichkeit, welches in vielen Fällen einen gelungenen Ansatz für einen niedrigschwelligen Zugang und alltagsorientierte Hilfen für Kinder und eine Ressourcenstärkung der Eltern darstellt. Allerdings wird auch hier wiederum eine eigenes neues System mit einer eigenen Identität, eigenem Abgrenzungsbedürfnis und keiner verbindlich geregelten und finanzierten interdisziplinären Kooperation geschaffen, das – in deutscher Tradition – unvermittelt neben den anderen Systemen steht.

3.1.4.6 Das Zusammenwachsen der Frühförder-Systeme

Angesichts der in dramatisch steigendem Maße wachsenden Aufnahmezahlen für Kinder ohne organische, sondern mit sozio-ökonomischen Hintergründen (vgl. Kap. 3.3.3) ist das System der mobilen (pädagogischen) Frühförderung mit seinen ausgebauten Standards, seiner Dezentralität, Mobilität und umfassenden Familienorientierung (in der Theorie und in weiten Teilen der Praxis) eines der geeignetsten Systeme, um in diesem Feld Ressourcen stärkend und ggf. präventiv wirken zu können.

Insofern muss aber auch unsere Aussage, wonach die Eigenständigkeit eines jeden Teilsystems noch unbedingte *Voraussetzung* für eine offene Kooperation sei (Weiß/Neuhäuser/Sohns 2004, 24), weiter geführt werden zu der in jedem Einzelfall zu stellenden Frage, ob – und wenn ja: in welcher Form – im Interesse einer abgestimmten Komplexleistung die verschiedenen Teilsysteme für eine solche Kooperation benötigt werden. Hier nehmen künftig zu stärkende transdisziplinäre Ansätze Einfluss.

3.1.4.7 Die Generalisierung des Frühförderbegriffs

Speck (2005, 1f) hat unter dem Schlagwort „Turbo-Frühförderung?" auf Tendenzen verwiesen, die fachlichen Ansätze unter dem Begriff „Frühförderung" im Sinne einer verbesserten allgemeinen frühkindlichen Bildung einzusetzen mit dem Ziel, bereits bei kleinen Kindern (neurologische) Grundlagen für verbesserte Lern- und Denkstrategien zu stärken. Auffallend hierbei ist, dass entsprechende Initiativen aus dem Feld der deutschen Wirtschaft initiiert werden:

> „Vorschulische Einrichtungen haben die Aufgabe, die motorischen, affektiven, sozialen und insbesondere auch die kognitiven Fähigkeiten zu fördern. Frühkindliche Bildung muss sicherstellen, dass das kindliche Gehirn im ersten ‚Lernfenster' zu seiner neuronalen Vernetzung reichhaltige Anregungen für das logische Denken, die Sprachkompetenz, das Gedächtnistraining und die Entwicklung eigener Lernstrategien erhält" (Vereinigung der Bayerischen Wirtschaft 2003).

Speck (2005) verweist auf den engen Zusammenhang zwischen dem Bedarf der Wirtschaft nach „verwertbarem Humankapital" mit einer frühen Eliteförderung und einer frühen Selektion (zum Beispiel der „Lernschwachen") und ihre möglichen Auswirkungen auf einen noch frühen Lern- und Motivationsdruck auf die Kinder.

Die Bedenken von Speck erscheinen berechtigt. In der Tat ist ein Szenario denkbar, wonach – durch Fachpersonen in teilstationären Einrichtungen mit Bildungsauftrag, aber auch durch die eigenen Eltern – ein Klima für Kinder geschaffen wird, das einen (schulischen) Leistungsdruck bereits in die ersten Lebensjahre vorzieht und damit eine – aus dem Schulbereich hinlänglich bekannte – Demotivierung und Verweigerung der Kinder gegen abstrakte von außen aufoktroyierte Bildungscurricula verschärft. Mit eben jenen Argumenten hat eine (vorwiegend linke) Pädagogik die Ausweitung des Bildungssystems in den Vorschulbereich jahrzehntelang erfolgreich verhindert. Hierbei konnte sie sich einer Allianz mit einer (vorwiegend konservativen) Pädagogik gewiss sein, die die Ausweitung des Bildungsbereiches in den Vorschulbereich als Domäne der Familie ablehnt.

Demgegenüber stehen zwei Faktoren, denen sich auch die Frühförderung auf Dauer nicht verschließen kann: Zum einen die Ergebnisse hirnorganischer Forschungen, die

die hohe Bedeutung von äußeren Anregungen für die Entwicklung neuronaler Strukturen bereits im Kleinkindalter immer stärker hervorheben. Damit wird auch die Bedeutung von Anregungen der Kinder bereits im frühkindlichen Alter in höherem Maße anerkannt. Zum zweiten das Explorations- und Neugierverhalten der Kinder selbst. Kinder wollen Bildung, sie wollen bereits frühzeitig auch in die Welt der Buchstaben und des Rechnens eingeführt werden, und es verstärkt bereits im frühen Kindesalter die auseinander klaffende Schere der Entwicklungschancen zwischen Kindern aus einem bildungsfernen und bildungsreichen Milieu, wenn dieses Neugierverhalten nicht auch von professionellen Betreuungseinrichtungen offensiv aufgegriffen wird. Die wesentliche Frage der Zukunft wird demnach sein, ob es in Vorschuleinrichtungen zu einem „Verständnis von Lernen (kommt), das an den Nürnberger Trichter' erinnert, diesmal mit elitären Inhalten, die abzufüllen wären" (Speck 2005, 1). Oder ob es gelingt, Kindern Lernmöglichkeiten einzuräumen, die in hohem Maße von Eigenmotivation und von einer emotionalen Ansprache statt einer externen Systematisierung geprägt sind. Dies ist auch abhängig von der Qualifikation und den Ressourcen der Fachpersonen in den teilstationären Einrichtungen. Solange Deutschland in Europa zu den Schlusslichtern bezüglich der Qualifikationen und gesellschaftlichen Anerkennung der „Betreuungskräfte" im Vorschulbereich gehört, müssen die Befürchtungen Specks geteilt werden.

Speck äußert das Bedürfnis, die bewährte bisherige Frühförderung von dem „Konzept einer verbreiterten Frühförderung" abzugrenzen. Gleichzeitig macht er geltend, dass die traditionelle Frühförderung der generalisierten Frühförderung wichtige Erfahrungen anzubieten habe (ebd., 2). Er gibt zu bedenken, ob diese Abgrenzung nicht auch terminologisch geschehen sollte, indem sich die traditionelle Frühförderung den Zusatz „heilpädagogisch-therapeutische Frühförderung" gibt. Ich halte diese terminologische Abgrenzung für nicht sinnvoll. Bevor das in 30 Jahren Tradition gewachsene umfassende Frühfördersystem terminologisch in die Defensive geht, erscheint es vielmehr notwendig, gerade aufgrund der Erfahrungen der Frühförderung eine offensive und generalisierende Weiterentwicklung der Frühförderdefinition aus ihren Wurzeln heraus zu forcieren. Analog zur Entwicklung des *Behindertenbegriffs* nötigt die sich de facto vollziehende Entwicklung in den Frühförderstellen einen veränderten Fokus auf eine Frühförderdefinition, die sich nicht nur auf die klassisch behinderten Kinder konzentriert. Vielmehr stehen heute Kinder mit allgemeinen Entwicklungsverzögerungen unklarer Genese im Vordergrund (vgl. Kapitel 3.3.3). Entsprechend werden in Zukunft sich auch die fachlichen Angebote und die administrativen Zuordnungen auf diese Veränderung einstellen müssen. Einer Frühförderung, bei der jedoch nicht mehr nur heilpädagogisch-therapeutische Interventionen im Vordergrund stehen, sondern familienorientierte, Ressourcen stärkende Gesamtangebote, fällt es schwer, die Entwicklungsauffälligkeiten der Kinder und – bei zunehmender Etablierung von präventiven Maßnahmen – auch die Entwicklungsrisiken beim Kind und in der Familie mit dem Status „behindert oder von Behinderung bedroht" zu vereinbaren. Es ist eine historische Chance, mit dem Aufweichen dieses starren Behinderten-Status den individuellen Hilfebedarf eines *jeden*

Kindes und seiner Familie in den Vordergrund zu stellen. Ein Frühfördersystem, das seinen Anspruch jedoch nicht mehr aus einem bürokratischen Behindertenstatus, sondern aus einem individuellen Hilfebedarf heraus ableitet, muss sich terminologisch nicht mehr von einem allgemeinen Förderbedarf abgrenzen. Ein solcher Förderbedarf besteht im Bildungsbereich wie in der allgemeinen Entwicklung bei allen Kindern: Manche Kinder haben weniger Förderbedarf, manche Kinder (gegebenenfalls insbesondere hochbegabte) haben einen stärkeren Förderbedarf. Wann innerhalb solch unterschiedlicher Förderbedarfe nun eine Schwelle zum Status „Behinderung" überschritten wird, verliert fachlich – aber perspektivisch auch administrativ – zunehmend an Bedeutung. Unter einer solchen Perspektive erscheint es kontraproduktiv, das bewährte System der Frühförderung terminologisch wieder in seinen originären Zweig der pädagogisch-therapeutischen Behindertenförderung zurückdrängen zu wollen.[15]

3.1.4.8 Definition der Frühförderung

Definieren wir Frühförderung als ein umfassendes Hilfesystem mit speziellen Hilfeangeboten für Kinder im Vorschulalter mit Entwicklungsrisiken sowie für die Bezugspersonen in ihrem Lebensumfeld, so lassen sich auf einer mehr als 30 jährigen Tradition zentrale fachliche und strukturelle Indikatoren für Frühförderung beschreiben. Das Gesamtsystem besteht aus unterschiedlichen Institutionen und Berufsgruppen, die inter- und transdisziplinär mit dem Ziel zusammenarbeiten, über eine Stärkung der kindlichen Persönlichkeit und der Ressourcen in seinem Lebensumfeld dazu beizutragen, die bestmöglichen Voraussetzungen für die kindliche Entwicklung zu gewährleisten. Dabei sind die Stärkung motorischer und kognitiver Fähigkeiten, die emotionale Stabilität und die Inklusion in soziale Netzwerke zentrale Parameter. Die Hilfen der Frühförderung sind entsprechend nicht nur auf das Kind selbst, sondern auch auf sein weiteres soziales Umfeld (Familie, Kindertagesstätte, sonstige Bezugspersonen) ausgerichtet.

---

15 Einem derartigen Plädoyer für eine Generalisierung des Frühfördersystems wird entgegengehalten (z. B. Burgener Woeffray und Jenny-Fuchs 1999), dass die Frühförderung (beziehungsweise heilpädagogische Früherziehung in der Schweiz) durch eine allzu weite Ausdehnung des Blickwinkels auf Kinder mit sozio-ökonomischer Benachteiligung ihr originäres Profil verliert (vgl. Kontroverse mit Klein 1999). Einerseits kann dem dadurch begegnet werden, dass eine qualifizierte und differenzierte Ausgestaltung eines Frühfördersystems auf der Grundlage eines individuellen Förderplans zu keiner Profilbeeinträchtigung für die einzelne Familie führt, zum anderen wird aufgezeigt werden (vergleiche Kapitel 3.3.3), dass die reale Entwicklung in den deutschen Frühförderstellen mit bis zu 80 % der Kinder mit unklaren Entwicklungsverzögerungen ohne klare medizinische Diagnose (und ohne klassisches Behindertenprofil) eine Veränderung der Hilfestrukturen implizieren. Hier erscheint es vielmehr notwendig, die – von den Rehabilitationsträgern verstärkte – Gefahr zu diskutieren, wonach ein starres Festhalten am klassischen Profil der therapiezentrierten Förderung von Kindern mit Entwicklungsauffälligkeiten („Förderung am Kind") eine fachliche Fehlentwicklung darstellt.

Damit steht das Gesamtsystem der Frühförderung in der Notwendigkeit der Abstimmung umfassender Hilfemöglichkeiten für Kind und Familie auf einer breit gefächerten Grundlage. Mit der Verabschiedung des SGB IX hat der Gesetzgeber die Frühförderung terminologisch jedoch sehr eng auf den § 30 fokussiert. Unabhängig von der gleichzeitig erfolgten Verknüpfung mit Leistungen zur Teilhabe im Zuge einer Komplexleistung presst der Gesetzgeber die Frühförderung damit terminologisch in das Konzept der Rehabilitation. Damit muss sich Frühförderung auch definitorisch mit diesem Begriff auseinandersetzen.

3.1.5 Der Rehabilitationsbegriff

Laut Wikipedia versucht Rehabilitation, „einen die Teilhabe oder Erwerbsfähigkeit bedrohenden oder (z. B. durch Unfall) entstandenen Gesundheitsschaden zu beseitigen, zu mildern oder Folgen zu beseitigen". Juristisch bezeichnet sie (v. *rehabilitatio* = „Wiederherstellung") die Bestrebung oder deren Erfolg, einen Menschen wieder in einen vormals existierenden körperlichen Zustand beziehungsweise eine soziale oder juristische Position hineinzuversetzen. Damit setzt sie voraus, dass es ehemals einen „gesunden" oder „normalen" Zustand gegeben habe, der langsam oder durch ein plötzliches Ereignis gestört wurde. Rehabilitation richtet damit ihr Augenmerk darauf, diesen Zustand wieder herzustellen[16].

Damit ist der Begriff zur Kategorisierung von Frühförderung nicht geeignet. Zum einen besteht die Behinderung oftmals von Geburt an, es kann sich dabei nicht um eine Re-Habilitation sondern allenfalls um eine Habilitation (Befähigung) handeln. Zum anderen erscheint der Begriff für den pädagogischen Anspruch der Teilhabe wenig geeignet. Teilhabe ist ein fortlaufender dynamischer Prozess in einer kontinuierlichen Interaktion zur Umwelt, dem der eher statische Begriff der Rehabilitation nicht gerecht werden kann.

Dennoch regelt der Gesetzgeber Frühförderung im Rehabilitationsgesetz (SGB IX) und subsumiert sie dort unter „medizinische Rehabilitation". Um den Widerspruch zwischen einem medizinischen und pädagogischen Ansatz bezüglich der Arbeit mit Menschen mit Behinderungen aufzufangen, wurde der Begriff der „Sozialen Rehabilitation" eingeführt. Glaubt man wiederum Wikipedia, bezieht sich diese „auf Leistungen nach § 55 SGB IX und wird oftmals auch als Eingliederungshilfe bezeichnet". Zentrales Ziel der Sozialen Rehabilitation sei demnach die Teilhabe am Leben in der Gemeinschaft. Damit wird in der Systematik des SGB IX dem ersten Teil (Medizinische Rehabilitation) der Teil der Eingliederungshilfe (Soziale Rehabilitation) gegenüber gestellt und der Gesamtanspruch eines Rehabilitationsgesetzes aufrecht erhalten.

---

16 Entsprechend stammt der Begriff ethymologisch im Mittelalter auch aus dem juristischen Sprachgebrauch. Ein Mensch ist dann rehabilitiert, wenn seine Unschuld erwiesen ist und er in sein vormaliges Amt wieder aufgenommen wurde.

3.1.6 Die terminologische Kategorisierung pädagogischer Frühförderung

3.1.6.1 Rehabilitationspädagogik

Von Befürwortern dieser Systematik kann geltend gemacht werde, dass als Oberbegriff für eine pädagogische Arbeit mit Menschen mit Behinderungen der Begriff der *Rehabilitationspädagogik* existiere. Diese Rehabilitationspädagogik müsste dann jedoch genau die gleichen Wiederherstellungs-Ziele anstreben, die bereits bei der medizinischen Rehabilitation zu kurz greifen. Ist es einerseits zu begrüßen, dass mit dem Ausbau des Ziels der Teilhabe eine Erweiterung des fachlichen Blickwinkels einhergeht, so muss sich andererseits gefragt werden, ob mit dem Fokus einer Wiederherstellung eines ehemaligen Zustandes und der damit einhergehenden Fixierung auf „Normalität" an einem Ansatz festgehalten wird, der modernen fachlichen Ansprüchen an Empowerment und eine Ressourcenstärkung in einem Leben mit Behinderung nicht gerecht werden kann.

Bereits im Deutschen Bildungsrat hat zu diesem Begriff eine Auseinandersetzung stattgefunden mit dem Ergebnis, dass auf Grund des damit verbundenen zentralen Bezugs zum medizinischen Heilungsverständnis und der primären Verwendung im medizinischen Kontext der Rehabilitationsbegriff für unpassend gehalten wurde. Entsprechend hat er keine bundesdeutsche Tradition.

Der Begriff ist auch deswegen umstritten, weil sich hinter dieser Terminologie der zentrale Hochschulausbildungsgang für eine pädagogische Arbeit mit Menschen mit Behinderungen in der DDR verbunden hat. Speck weist darauf hin (Speck 2003, 55), dass in der Fülle der DDR-Literatur hierunter die „Tätigkeit eines Kollektivs" verstanden wird mit dem Ziel, die Fähigkeit wieder herzustellen, aktiv am sozialistischen Gesellschaftsleben teilzunehmen. Nicht-Anhängern des Marxismus/Leninismus als „methodologische Basis für die Rehabilitationspädagogik waren damit von dem wissenschaftlichen Zugang ausgeschlossen" (ebd.).

Einige Ausbildungsstätten bieten in Deutschland dennoch einen (akademischen) Ausbildungsgang Rehabilitationspädagogik an (z. B. Universität Dortmund). Dort wird sie folgendermaßen definiert:

> „Rehabilitation ist ein interdisziplinär angelegter Prozess, der von der medizinischen Erstbehandlung zu unterscheiden ist und der nicht Krankheiten heilen oder Schädigungen beheben, sondern deren Auswirkungen auf das Leben mindern will. Pädagogische Maßnahmen sind integrale Bestandteile des übergreifenden Rehabilitationsprozesses und immer dann von zentraler Bedeutung, wenn Fragen von Bildung und Erziehung im Vordergrund stehen, also vor allem in den Lebensphasen Kindheit und Jugend und bei der beruflichen Aus- und Weiterbildung" (Wember 2003, 25).

Mit dieser Definition fokussiert sich die Rehabilitationspädagogik auf die Bereiche Bildung und Erziehung vor allem in den frühen Lebensphasen. Damit unterscheidet sie sich gemeinsam mit der Sonderpädagogik von den Ansätzen der Heil- und

Behindertenpädagogik, wonach pädagogische Hilfen für Menschen mit (schweren) Behinderungen über die gesamte Lebensspanne gleichermaßen indiziert sein können. Für das komplexe Gesamtsystem der Frühförderung greift der Leitbegriff der Rehabilitation auch deswegen zu kurz, weil dieses auch bei „in erster Linie soziokulturell oder -ökonomisch bedingten Erschwernissen" zuständig ist, die „nicht primär mit Gesundheitsschäden oder -störungen in Zusammenhang stehen" und somit „nicht in den Geltungs- und Zuständigkeitsbereich einer Rehabilitationspädagogik (fallen)" (Lindmeier 2003, 14).

Einen erweiterten Ansatz einer Rehabilitations-Definition in Abgrenzung zur „Disability-Orientierung" verfolgt die Weltgesundheitsorganisation (WHO):

„Rehabilitation umfasst alle Maßnahmen, die das Ziel haben, die negativen Wirkungen jener Bedingungen abzuschwächen, die zu Aktivitätsstörungen oder Partizipationsstörungen führen, und die hilfreich oder notwendig sind, um Personen mit Aktivitäts- oder Partizipationsstörungen zu befähigen, soziale Integration zu erreichen. Rehabilitation zielt nicht nur darauf, Personen mit Aktivitäts- und Partizipationsstörungen die Anpassung ihres Lebens an ihre Umwelt zu ermöglichen, sondern auch auf Intervention und Vermittlung innerhalb ihrer unmittelbaren Umwelt sowie innerhalb der Gesellschaft insgesamt, um ihre soziale Intergration zu erleichtern" (vgl. Schuntermann 1999).

Mit dieser Definition führt die WHO die Bedeutung des Begriffs Rehabilitation über ihren terminologischen Ursprung hinaus in Aufgabenfelder, die modernen pädagogischen Ansprüchen genügen. Diese Definition ist daher eine geeignete Grundlage dafür, neben den Aufgabenbereichen der medizinischen Rehabilitation ein medizinisch-soziales Gesamtsystem an Hilfeangeboten zu vervollständigen.

3.1.6.2 Behinderten-, Sonder- und Integrationspädagogik

Es bleibt die Frage, welche pädagogische Ausrichtung diesen Ansprüchen am ehesten gerecht wird und den gesetzlichen Vorgaben entspricht. Neben den beschriebenen Einwänden gegen eine Zuständigkeit der *Rehabilitationspädagogik* bestehen auch Bedenken gegen die Terminologie der *Behindertenpädagogik*. Wurde dieser Begriff Anfang der 1970er Jahre noch als modern und fortschrittlich angesehen (Bleidick 1972), überwog in den folgenden Jahrzehnten die Kritik an der Leitbezeichnung „Behinderte" in ihrer Generalisierung auf die gesamte Person und damit in ihrer Tendenz zu Stigmatisierungen. Ähnliche Kritik wird an der Disziplin der *Sonderpädagogik* geübt. Diese wird allgemein mit der Institution (Sonder-) Schule verknüpft und hat sich entsprechend mit der Ausweitung der Sonderschulen Ende der 1960er bis Anfang der 1970er Jahre etabliert. Kennzeichnend für das Sonderschulwesen (in Deutschland) ist eine hohe Ausdifferenzierung in neun verschiedene Sonderpädagogiken (Speck 2003, 53). Auch wenn die Sonderpädagogik in jüngster Zeit partiell Umstrukturierungstendenzen in Richtung eines Zusammenführens hin zu übergeordneten Leitlinien erkennen lässt, erscheint sie terminologisch wie fachlich derzeit nicht für einen Leitbegriff der pädagogischen Frühförderung in Frage zu kommen.

Dennoch bleibt es perspektivisch aus Sicht der Frühförderung interessant, verbindende fachliche Ebenen mit der Sonderpädagogik zu suchen. Nicht nur, weil sich laut § 56 SGB IX die vorschulischen Angebote des Schulwesens – die sich möglicherweise im Zuge der neuen Bildungsdiskussion ausweiten werden – unter das Dach der Komplexleistung zu subsumieren haben: Perspektivisch erscheint es auch sinnvoll, den Vorschulbereich und den Schulbereich konzeptionell und didaktisch stärker aufeinander zu beziehen. Einzelne Bildungspläne der Länder versuchen dem bereits Rechnung zu tragen. Dabei könnte ein so etabliertes System wie das der Sonderpädagogik auch den Bereich der Frühförderung aufwerten; umgekehrt könnte ein solch familien- und umfeldorientiertes System wie das der Frühförderung dem eng institutionalisierten Schulwesen neue Impulse geben.

Einen bewussten Gegenpol zur Sonderpädagogik stellt die *Integrationspädagogik* dar, indem sie den „aussondernden Sonderschulsystemen" die gesellschaftliche Notwendigkeit einer Integration aller Kinder in die Regeleinrichtungen entgegen hält und entsprechende pädagogische Ansätze entwickelt. Damit bestreitet sie die Existenzberechtigung der Sonderpädagogik (Eberwein 1988). Diese teilweise ideologisch geführte Auseinandersetzung der beiden Pädagogikbereiche überlagert die Frage nach Konzepten zur Unterstützung der zentralen Parameter Teilhabe, Selbstbestimmung und Lebenszufriedenheit. Integrationspädagogik verliert dann ihre terminologische Bedeutung, wenn Integration als selbstverständlich für alle fachlichen Ansätze vorausgesetzt werden kann. In den gesetzlichen Grundlagen ist ein Primat der Integration weitgehend aufgenommen, in der praktischen Umsetzung sind die Lebensbedingungen von Menschen mit Behinderungen noch weit davon entfernt – auch im Bereich der Schul- und Vorschulpädagogik. Insoweit ist eine integrative Ausrichtung der Pädagogik nach wie vor nicht selbstverständlich. Als theoretische Leitlinie erscheint sie mit ihrem ideologischen, aber inhaltsleeren Anspruch nicht geeignet.

Sowohl Integrations- als auch Sonderpädagogik leiten ihren terminologischen Ansatz aus einem Fokus auf das Kind ab. Das Kind soll in sein gesellschaftliches Umfeld integriert bzw. durch eine angemessene (Sonder-)Schulform ausgebildet werden. Hierauf richtet sich die primäre Ausrichtung des fachlichen Ansatzes.

„Es dürfte kein Zufall sein, dass man in den grundlegenden Publikationen zur Sonderpädagogik vergeblich nach einer Explikation des Elternparts im Erziehungszusammenhang sucht. All zu unkritisch haben wir uns an die Formen gewöhnt, Behindertenerziehung sei die ‚Erziehung der Behinderten', und zwar im Sinne der Erziehung durch entsprechende behindertenpädagogische Spezialisten. Die Eltern sind nicht direkt einbezogen" (Speck 2003, 469).

Ein moderner pädagogischer Ansatz bricht mit einer solchen Orientierung. Er geht davon aus, dass das Kind in seiner Entwicklung maßgeblich geprägt wird vom Gesamtsystem der Familie als primäre Sozialisationsinstanz. Dieses muss von weiteren Sozialisationsfeldern (z.B. Kindertagesstätte oder Schule) ergänzt werden, umso mehr, je gefährdeter ein kindgerechtes Fundament durch das Sozialisationsfeld Familie ist. Ohne ein Verstehen der Gesamtsysteme kann kindliche Entwicklung nicht nachvollzogen werden. Insofern muss die Elternarbeit in Form einer partnerschaftlichen Zusammenarbeit als wesentlicher Bestandteil der Frühförderung gesehen werden. Partnerschaft bedeutet, dass beide Systeme (Experten und Familie) als gleichberechtigte *Parts* (Teile) sich gegenüber stehen, wobei beide klare Rollen inne haben. Eltern müssen Eltern bleiben und können nicht zu Therapeuten werden, Fachpersonen können dem Kind keine Eltern ersetzten.

3.1.6.3 Die Heilpädagogik als zentrale terminologische Grundlage der pädagogischen Frühförderung

Folgt man den Vorgaben des Gesetzgebers, so sind die „heilpädagogischen Leistungen" der zentrale Ansatz der Hilfen im Rahmen der Teilhabeleistungen. Entsprechend nimmt die Heilpädagogik für sich in Anspruch, als „Sammelbegriff und Synonym für andere gebräuchliche Bezeichnungen wie Behindertenpädagogik oder Rehabilitationspädagogik zu fungieren" (Gröschke 2008, Dieckmann 2009). Sie sieht sich als Handlungswissenschaft, die sich mit der speziellen Unterstützung der Lebenspraxis von Menschen mit individuellen körperlichen oder psychischen Einschränkungen beschäftigt, deren Teilhabe am Leben in der Gesellschaft bedroht, behindert oder verhindert wird. Gleichzeitig subsumiert sie die Sonderpädagogik als Teilgebiet für Fragen der schulischen Erziehung unter ihre Zuständigkeit.

Der Heilpädagogik wurde lange Zeit von den übrigen pädagogischen Ansätzen vorgeworfen, sie fungiere lediglich als Erfüllungsgehilfin der Medizin. Kobi (1972) nannte dies eine Ancilla-Funktion (Ancilla = die Magd), die sich insbesondere in ihrem Ansatz der Mediko-Pädagogik zeige. Heilpädagogik als Heilhilfsberuf der Medizin birgt in sich eine hierarchische Abstufung und begründet die Tatsache, dass Heilpädagogen traditionell eine geringere Anerkennung (und Entlohnung) erfahren als andere pädagogische Berufsgruppen. Mit Ausnahme von wenigen deutschen Hochschulstandorten wird sie in der Regel an Fachschulen gelehrt, während bspw. Sozialpädagogen überwiegend an Fachhochschulen ausgebildet werden. Die Sonderpädagogik hat ihr Feld bezüglich einer hierarchischen Abgrenzung von der Medizin bestellt. Das System Schule gilt als pädagogisches (Bildungs-) System, in das sich die Sonderpädagogen mit einem hohen Status integriert haben. Offensichtlich wird dies besonders beim Verwaltungsakt der Schulaufnahme, bei dem von den Ärzten des Gesundheitsamtes den Pädagogen des staatlichen Schulamtes in Amtshilfe beratend zugearbeitet wird. Dort, wo Frühförderung traditionell durch Sonderpädagogen durchgeführt wird (Baden-Württemberg), konnte auch Frühförderung die Privilegien der Sonderpädagogen erhalten. Die Frühförderer der sonderpädagogischen Beratungszentren erhalten originäre Lehrer- (z. T. Beamten-) Gehälter, die mobilen Frühfördereinrichtungen bleiben in den Ferienzeiten geschlossen. Dort, wo von Seiten der Kostenträger großer Wert auf originär heilpädagogische Ausbildung gelegt wird (z. B. Schleswig-Holstein, ostdeutsche Bundesländer), haben diese mehrheitlich lediglich eine Fachschulausbildung (gegebenenfalls mit heilpädagogischer Weiterqualifikation). Entsprechend ist auch die Entlohnung der Fachkräfte deutlich geringer als bspw. in Hessen oder Nordrhein-Westfalen, wo überwiegend sozialpädagogische Fachkräfte in den Frühförderstellen arbeiten.

Bereits die Terminologie des *Heilens* legt die Nähe zur Medizin und deren kurative Ausrichtung nah. Folgen wir hingegen Speck, so definiert sich Heilpädagogik nicht im Sinne von Heilkunde oder Heilmittel, sondern in einem ursprünglichen terminologischen Sinne. „Heil" bedeutet demnach etymologisch „ganz" (grch.: hollos, engl.: whole). Damit dokumentiert sie einen ganzheitlichen Anspruch: Heilpädagogik kann verstanden werden als eine

> „spezialisierte Pädagogik, die von einer Bedrohung durch personale und soziale Desintegration ausgeht, und bei der es im Besonderen um die Herstellung oder Wiederherstellung der Bedingungen für eigene Selbstverwirklichung und Zugehörigkeit, für den Erwerb von Kompetenzen und Lebenssinn, also um ein Ganz-Werden geht, soweit es dazu spezieller Hilfe bedarf. Es dürfte keine semantischen Probleme bereiten, die pädagogische Aufgabe, die sich hier stellt, auch als eine integrative zu verstehen, als personale und soziale Integration. Das Leitinteresse an Heilpädagogik bezieht sich auf das ganzheitliche in diesem Begriff" (Speck 2003, 59).

Das ‚Heilen' im Begriff Heilpädagogik wird demnach nicht medizinisch verstanden. Heilpädagogik hat vielmehr die Aufgabe, pädagogisch relevante Problemsituationen im Kontext von Behinderung und Benachteiligung „auf der Ebene von Erziehung und Bildung zu unterlaufen und Erziehung und Bildung trotz Behinderung und Benachteiligung zu ermöglichen" (Lindmeier 2003, 16).

Mit dieser Interpretation der terminologischen Bedeutung geht auch ein Wandel des Selbstverständnisses der Pädagogik einher. Der individualtheoretische Ansatz, der sich weitgehend am medizinischen Modell orientierte, musste sich erweitern und soziologische und sozialpsychologische Erkenntnisse über die Veränderung von Gesellschaft und deren Auswirkungen aufnehmen. Damit konnte er seine Aufgabenfelder über die ehemals dominierende heilpädagogische Übungsbehandlung (Oy/Sagi 1987, Gröschke 1991) erweitern und eine ökologisch-systemische Sichtweise aufnehmen. Das hat auch Auswirkungen auf die Frühförderung:

> „Wesentliche Aufgabe der Heilpädagogik in diesem Kontext ist es, Lern- und Aneignungsprozesse anzubahnen und zu unterstützen, Ausgrenzungs- und Isolationsprozesse zu verhindern sowie die Teilhabe am gesellschaftlichen Leben zu fördern. Hierbei gilt es insbesondere, Eltern und Kinder zu unterstützen, protektive Faktoren zur Entwicklung von Resilienzen aufzubauen, damit sich die kindliche Entwicklung in einem positiven Sinne entfalten kann" (Hellmann 2009, 16).

Damit rückt das familiäre und soziale Umfeld der Kinder einschließlich der (subjektiven) Erfahrungen aus ihrer vermeintlichen Behinderung als wesentlicher Faktor in das Blickfeld.

Sowohl bei der Förderung des Kindes als auch bei der Begleitung seines sozialen Umfeldes hat die Heilpädagogik neue fachliche Ansätze, wissenschaftliche Erkenntnisse und konkrete methodische Handlungsansätze in ihr Gesamtkonzept aufnehmen müssen. Das bedeutet auch, dass die heilpädagogische Ausbildung neben den spezifischen Kenntnissen über Behinderung und kindliche Entwicklung sich auch mit Familienorientierung und den wechselseitigen Einflüssen und Dynamiken auseinandersetzen muss. Hierzu bedarf es einer wissenschaftlichen Fundierung. Das bedeutet jedoch nicht, dass sich die Heilpädagogik analog ihres dominanten Stellenwertes bspw. in der Schweiz (Burgener Woeffrey/Mehrhof 2000, 158) als Oberbegriff für die Frühförderung definieren kann. Vielmehr muss sie sich als pädagogische Disziplin unter das Dach eines disziplinübergreifenden Gesamtsystems einfügen.

3.2 Wissenschaftstheoretische Ansätze

3.2.1 Traditionelle entwicklungstheoretische Ansätze

Bereits in den traditionellen wissenschaftlichen Ansätzen wird kindliche Entwicklung aus verschiedenen Blickwinkeln betrachtet. Beispiele hierfür sind

- das *biologische Modell* (Gesell), wonach die kindliche Entwicklung als natürlicher Reifungsprozess gesehen wird, der sich in verschiedene Phasen unterteilen lässt. Entsprechend kann überprüft werden, an welchem Punkt seines Reifungsprozesses das Kind sich gerade befindet;
- das *verhaltensorientierte Modell* (Skinner), wonach kindliche Entwicklung sich als Produkt unzähliger Lernprozesse versteht. Das Kind speichert seine persönlichen Erfahrungen und wird in seiner Entwicklung angenehme Erfahrungen verfestigen und wiederholen, hingegen unangenehme vermeiden. Entsprechend lässt sich die Entwicklung durch Erziehung von außen maßgeblich beeinflussen;
- das *konfliktorientierte Modell* (Freud), wonach die Entwicklung des Kindes wesentlich vom Wechselspiel innerer Triebe und äußerer Verbote beeinflusst wird, die – zumeist unbewusst – die persönlichen Verhaltens- und Wahrnehmungsmuster wesentlich prägen;
- das *verständnisorientierte Modell* (Piaget, Vygotsky), wonach sich kindliche Entwicklung insbesondere durch eigene Handlungen vollzieht, in deren Verlauf Kinder ihre Umwelt be-greifen, und insofern in ihre persönlichen Lernmuster integrieren können;
- das *kulturorientierte Modell* (Jahoda), wonach die kindliche Entwicklung wesentlich durch einen sozialen Einfluss, der durch die Umwelt des Kindes durch Normen, Erwartungen und Verhaltensregeln erfolgt, bestimmt wird.

All diese beispielhaft angedeuteten Modelle haben wissenschaftliche Phasen geprägt und das heutige Verständnis von kindlicher Entwicklung nachhaltig mitbestimmt. Eine sozial-ökologische Theorie baut auf diesen Grundlagen auf, entwickelt sie jedoch mit einem neuen Blickwinkel weiter.

3.2.2 Sozialökologische Theorie

Mit dem sozial-ökologischen Konzept wurden Grundlagen einer systemischen Sichtweise für die Frühförderung übersetzt und mit ihrem Verständnis von kindlicher Entwicklung in die Arbeitsfelder der Frühförderung eingesetzt (Jetter 1995). Mit Bezug auf Maturana und Varela (1987, vgl. auch: Kühl 1999) wird das Kind von Geburt an als ein eigenaktives Individuum angesehen, das sich über Interaktion und Kommunikation mit anderen Menschen in Beziehung zur Umwelt setzt. Entsprechend den Interaktionsverläufen er-lebt es seine Umwelt und nimmt Zusammenhänge war, aufgrund derer sich das Kind seine individuelle Wirklichkeit konstruiert. Insofern wird das Kind von Geburt an als autonomes Wesen gesehen, das danach bestrebt ist, ein eigenes Ich zu entwickeln und sich in Bezug zu seiner Umwelt zu stellen.

Im Mittelpunkt des sozial-ökologischen Ansatzes steht die Theorie „autopoietischer Systeme" (Maturana/Varela 1987). Hiernach kann sich das autonome Individuum als Subjekt (autopoietisches System) nur in Auseinandersetzung und Austausch mit anderen personalen und sozialen Systemen entwickeln. Unabhängig von den auch hier Anwendung findenden Erkenntnissen der oben genannten traditionellen Entwicklungsmodelle ist es das Verdienst der systemisch-ökologischen Perspektive, möglichst viele Einflussfaktoren von den gesellschaftlichen Erwartungen (soziale Systeme) und den prägenden Einflüssen interpersonaler Kommunikationen und Beziehungen in all ihrer Vielgestaltigkeit zu integrieren. Das autonome Subjekt wird hierbei als bio-psycho-soziale Einheit definiert (Feuser 1995), seine Entwicklung verläuft jedoch im Spannungsfeld zu den äußeren Einflüssen. Je mehr Freiraum für eine solche Entwicklung gegeben wird, desto mehr eigene Erfahrungen werden dem Individuum ermöglicht. Gleichzeitig können die Erfahrungen jedoch nur produktiv in das autopoietische System integriert werden, wenn eine Offenheit und Neugierde für solche Erfahrungen besteht. Diese Offenheit kann durch verschiedene Faktoren eingeschränkt werden. Beispielsweise

- kann sich das Individuum durch die Vielzahl an Entscheidungsfreiheiten und Ausgestaltungsmöglichkeiten überfordert fühlen,
- es kann durch angedrohte restriktive Konsequenzen des eigenen Handelns bedroht und verängstigt werden,
- können die notwendigen Ressourcen für ein exploratives Verhalten durch elementarere Notwendigkeiten eingeschränkt werden (bspw. durch das Bedürfnis, von Bezugspersonen wahrgenommen zu werden oder emotionale Bindungen zu festigen).

Alle einschränkenden Faktoren verringern die Potentiale des Individuums, mögliche Freiräume für die persönliche Entwicklung zu nutzen.

Diese subjektorientierte Sichtweise kollidiert mit der Tradition des bis heute weit verbreiteten Klientenbildes. Demnach ist fast ausschließlich das Defizit „Anlass für die professionellen Interventionen, ja für die berufliche Existenz der Helfer, nur hier-

durch wird traditionell eine Finanzierung ihrer Hilfen durch die zuständigen Kostenträger begründet. Fachpersonen sind darauf angewiesen, die Mängel, Unfähigkeiten und Beeinträchtigungen ihrer Klienten in den Mittelpunkt zu stellen, um ihren Einsatz zu begründen. Dies geschieht auf allen Ebenen: Von der Funktionsbeeinträchtigung der Klienten über ihre sozialen Bindungen und Netzwerke bis zum beruflichen (Miss-) Erfolg. Und hier wird auch der berufliche Erfolg der professionellen Helfer gemessen. Damit erhalten die Hilfeangebote Fürsorgecharakter: Die in ihrer Alltagsbewältigung geschwächten Klienten erhalten Hilfen, die von den Profis in umfassender Art konzipiert und von etablierten und konzeptionell vor gefassten institutionellen Systemen in modernen Hilfeplankonferenzen beschlossen und als Gesamtpaket angeboten werden. Auch wenn die Hilfen aus Sicht der Experten unverzichtbar oder „gut gemeint" sind: Betroffene fühlen sich aus der Planung häufig ausgegrenzt. Die Formen eines solchen subjektiven Entmündigungsgefühls können je nach Hilfesystem unterschiedlich sein: Patienten in Kliniken mögen sich von den Vorgaben eines ärztlichen Behandlungsplans und von der Unüberschaubarkeit und Hierarchie einer medizinischen Expertokratie überrollt fühlen, Menschen mit Behinderungen sich von vorgegebenen heilpädagogischen oder medizinisch-therapeutischen Übungsbehandlungen zum Objekt degradiert oder durch Wohnheimstrukturen und -tagesabläufe mit ihren Bedürfnissen nicht gewürdigt, oder sich von Auflagen und Vorurteilen einer Behördenwillkür abgewertet. Allen gleich ist: Sie sind Objekte in den Planungen der Helfer, und als solche fühlen sie sich abhängig von Fremdhilfe und davon, ob der Helfer ihre Individualität akzeptiert oder als Symptom der sich bestätigenden Defizite mit dem Ziel ‚Veränderung durch professionelle Interventionsmethoden' auf die Agenda des Hilfeplanes setzt" (Sohns 2009 c, 76 f).

Beim systemisch-ökologischen Orientierungsansatz hingegen (Speck 2003) steht das Subjekt im Mittelpunkt. Das Kind ist insofern ebenfalls eigene Handlungsgröße und nicht mehr Zielobjekt spezifischer Therapien der Fachpersonen. Eingebettet sind die kindlichen Erfahrungen in seine Alltags- und Lebenswelt, die sich primär von den Familienbezügen ausgehend als Mikrosystem (Bronfenbrenner 1981, 38) darstellt. Neben dem Mikrosystem Familie treten weitere eingeständige Mikrosysteme (z. B. der Kindergarten, andere Familien, Freundeskreise etc.). Überall kann das Kind neue Erfahrungen machen, neue Fertigkeiten lernen, neue Bezugspunkte und -personen entdecken. All dies prägt seine Entwicklungsmöglichkeiten und seine Identität. Von besonderer Bedeutung sind die auch Beziehungen der einzelnen Mikrosysteme untereinander (Mesosysteme). Diese können ein einvernehmliches Weltbild für das Kind stärken, sie können aber auch in Konflikt geraten (Familien untereinander, Familie mit Kindergarten etc.) und die Kinder in ihrer Wahrnehmung verunsichern. Besonders sensibel sind auch die ökologischen Übergänge (Transitionen, z. B. Aufnahme in den Kindergarten, Umzug, Erkrankung von Bezugspersonen) bis hin zu einschneidenden Erlebnissen (Herausnahme des Kindes aus der Familie, Tod eines [Groß-] Elternteils etc.). All diese Erfahrungen wirken sich nachhaltig auf die Entwicklungsmöglichkeiten des Kindes aus. Die Konzepte der Frühförderung müssen deswegen von der *subjektiven* Erfahrungswelt des Kindes ausgehen und die verschiedensten Einflussfaktoren in ihren Konzepten berücksichtigen. (Heilpädagogische) Frühförderfachkräfte müssen daher in der Lage sein, die kindlichen Signale zu deuten und die familiären und gesellschaftlichen Einflussfaktoren zu reflektieren und einzuordnen. Dabei haben sich in den letzten beiden Jahrzehnten neue wissenschaftliche Erkenntnisse ergeben, die den Fokus der Aufmerksamkeit auf neue theoretische Grundlagen gestellt haben.

3.2.3 Ressourcenorientierung in der Frühförderung

Um die Subjektorientierung professioneller Hilfen zu gewährleisten, fußen die Aufgaben der Frühförderung entsprechend auf zwei zentralen Standbeinen: Zum einen soll sie das Kind als „Akteur seiner Entwicklung" (Kautter u. a. 1992) dazu anregen, sich aktiv mit diesen Erfahrungsinhalten auseinander zu setzen und sich stetig neue Erfahrungswelten anzueignen. Dabei orientieren sie sich an den Handlungskonzepten einer modernen Heilpädagogik als

> „Konstrukte kategorialer Bildung, die zwischen Subjekt und Objekt in bestimmten gesellschaftlichen Kontexten dialektisch vermitteln. Sie berücksichtigen gleichermaßen die in soziale Kontexten eingebunden Erfahrungs- und Lernvoraussetzungen und die Bedürfnisse des sich entwickelnden Individuums, die darauf abgestimmten Lerninhalte, pädagogischen Interventionen, strukturellen Lernhilfen und Medien sowie eine professionelle Handlungskompetenz (vgl. hierzu Klafki 1991, Gröschke 1997)" (Hellmann 2009, 18).

Zum anderen muss Frühförderung stets kritisch reflektieren, ob bei Kind und Familie als autopoietischen – sich selbst ständig reflektierenden – Systemen genügend Ressourcen für eine Entwicklung vorhanden sind und gegebenenfalls ihr Augenmerk zunächst darauf richten, wie diese Ressourcen gestärkt bzw. Ressourcen hemmende Faktoren (Ängste, psychischen Belastungen, fehlende Informationen etc.) abgebaut werden können.

Dazu bedürfen die Fachkräfte umfangreicher Kenntnisse über fachliche *ressourcenorientierte Ansätze*. Definieren wir Ressourcen mit Herriger als „Potenziale zur Produktion lebenserhaltender oder verbessernder Effekte", so zeigt dies, wie umfangreich und generell sich dieser Begriff gebrauchen lässt. Je nach „subjektiver Zweckbestimmung" können sie zielgerichtet zur Lösung von Problemstellungen eingesetzt werden. In einem solchem Verständnis

> „stellen Ressourcen die Währung dar, die für den Prozess der Bewältigung von Alltagsaufgaben, der Befriedigung individueller Bedürfnisse und der Verwirklichung von langfristigen Lebensplanungen eingesetzt wird – eine Währung, die sich als ‚Kapital' anhäufen und stabilisieren lässt. Ressourcen dienen damit über eine konstruktive und erfüllende Alltagsgestaltung der Sicherung des eigenen Selbstwerts, dem Wohlbefinden und dem physischen und psychischen Stabilisieren der individuellen Lebensgestaltung" (Sohns 2009 c, 85).

Für Fachpersonen der Sozialen Arbeit generell und der Frühförderung im Speziellen erhalten Ressourcen damit zentrale Bedeutung – sowohl im Bereich einer (pädagogischen) Diagnostik (also der aktiven Suche nach Potenzialen bei den Klienten) als auch im Rahmen eines professionellen Stützungskonzeptes mit dem Ziel, Ermächtigungsprozesse bei den Adressaten zu unterstützen (Sohns 2009 c, 79).

Wie vielfältig das Spektrum ist, dem Frühförderer ihre Aufmerksamkeit zu widmen haben, zeigt sich an den vielfältigen Ebenen, auf denen in Anlehnung an Theunissen & Plaute (1995, 13) Ressourcen gefunden, angeregt oder stabilisiert werden können (vgl. Sohns 2009 c, 85 ff):

3.2.3.1 Strukturelle Ressourcen

Hierunter lässt sich ein erwirtschaftetes und in das Alltagsleben übertragenes Kapital verstehen, das den Individuen ein Alltags*fundament* und ein Gefühl der Sicherheit vermittelt. Darüber hinaus bietet es die Grundlage für eine hohe Flexibilität und Gestaltungsmöglichkeiten. Es lässt sich in vier Hauptbereiche differenzieren:

Ökonomisches Kapital als Gewährleistung grundlegender finanzieller Sicherheit. Ein (regelmäßiges) Einkommen oder Vermögen und Besitztümer ermöglichen eine materiell abgesicherte Gestaltungsfreiheit des Alltagslebens und geben (emotionale) Sicherheit bezüglich einer ökonomisch abgesicherten Zukunftsgestaltung.

Mit der Verknüpfung einer materiellen Sicherheit mit Entwicklungschancen eines Kindes droht eine pauschale Stigmatisierung all derer Eltern, die ihrem Kind selbst unter den erschwerten Bedingungen einer Armutssituation ein geborgenes und warmherziges Zuhause bieten. Dennoch ist empirisch gesichert (vgl. Kapitel 3.3.1), dass mit dem zunehmenden Fehlen materieller Ressourcen das Risiko für Entwicklungsstörungen der Kinder ansteigt. Dies mag zum einen bedingt sein durch eine Korrelation zwischen Familiensystemen (mit häufig niedrigem Bildungsstand), denen es nicht gelingt, einen beruflich-materiellen Erfolg zu erzielen und denen, die nicht die Feinfühligkeit und Zuwendung für ihre Kinder aufbringen, um deren spezifische Bedürfnisse und Befindlichkeiten wahrzunehmen und ihnen Rechnung zu tragen. Grundsätzlich kumulieren jedoch spezifische Belastungsfaktoren mit eingeschränkten materiellen Ressourcen und erfordern Eltern in Armut höhere Kompensationsleistungen ab. Hingegen haben Familien mit einem ausreichenden Kapital an materiellen Ressourcen es leichter, ihren Alltag so zu organisieren, dass die Kinder verlässliche Ansprechpartner und ein anregendes Lebensumfeld erhalten. Umgekehrt bleiben Eltern, die (z. B. als allein erziehende Mütter) ihre überwiegende Tageszeit und Kraft dafür einsetzen (müssen), den (Mindest-) Lebensunterhalt für sich und ihre Kinder zu verdienen, weniger Ressourcen, ihren Kindern ein entwicklungsförderndes Umfeld zu bieten.

In engem Zusammenhang mit dem ökonomischen Kapital bildet sich das *ökologische Kapital*. Hierbei handelt es sich um die konkrete Ausgestaltung der

Lebens- und Umweltqualität, insbesondere der Wohnverhältnisse. Dies bezieht sich sowohl auf den familiären Binnenbereich (Ausgestaltung der Wohnung, Rückzugsmöglichkeiten für die Familienmitglieder, ausreichende Spiel- und Bewegungsmöglichkeiten etc.) als auch auf die Wohnumfeldbedingungen (Zugang zu kulturellen Anregungen, Sozialkontakte, Spiel- und Entfaltungsmöglichkeiten).

Gerade beim ökologischen Kapital sind die Entwicklungsbedingungen für Kinder in den letzten Jahrzehnten gravierenden Änderungen unterworfen. Die alltäglichen Lebensbedingungen der heutigen Eltern- bzw. Großelterngeneration waren im Wesentlichen noch davon geprägt, dass ein Großteil des Lebens außerhalb der Häuser und Wohnungen mit umfangreichen sozialen Kontakten stattfand. Kinder spielten auf dem Land zum großen Teil draußen auf den Straßen, auf Feldern oder auch in Wäldern; auch in den Städten fand ein Großteil des Spiels in Jugendgruppen, auf Hinterhöfen oder ebenfalls in den Seitenstraßen statt. Dies ermöglichte den Kindern umfangreiche soziale, kognitive, sprachliche und vor allem motorische Erfahrungen, die sich täglich aufs Neue trainierten. Gleichzeitig relativierten diese Bewegungsfreiheiten für Kinder die Aufsichtspflicht und Erziehungs- und Organisationsverantwortung für die Eltern: Diese verteilte sich nicht nur in der Regel auf mehrere Personen (Großfamilie, Dorfgemeinschaften, Bekannte in überschaubaren Stadtteilen), es war auch gesellschaftlich weitgehend akzeptiert, dass Erwachsene Anteil an den Tätigkeiten von Kindern nahmen und sich notfalls regulierend einmischten. Es fiel auf, wenn Kinder ihr gewohntes Wohnumfeld verließen oder sich nicht an allgemein vorgegebene Regeln hielten.

Diese Kultur hat sich in der heutigen Risikogesellschaft nachhaltig verändert. Erwachsene nehmen weniger Anteil an dem Verhalten von (zunehmend fremden) Kindern, die Erziehungsaufgabe selbst ist auf den kleinen Kreis der unmittelbar verantwortlichen Eltern (oder Familienmitglieder) begrenzt. Gleichzeitig haben sich die Lebensräume für die Kinder gravierend eingeengt: Ein unbeaufsichtigtes Spielen von Kindern auf der Straße gilt heute als Verletzung der Aufsichtspflicht. Entsprechend finden Gruppenaktivitäten von Kindern nur noch eingeschränkt auf der Straße statt, sie müssen über Vereine oder Institutionen aufwändig – meist von den Eltern als Chauffeure – organisiert werden. Entsprechend ist die Bedeutung des ökologischen Kapitals, also des Wohnumfeldes im Binnen- wie im Außenbereich für die Alltagserfahrungen von Kindern auf allen Entwicklungsebenen nachhaltig gestiegen.

In Abgrenzung zum ökonomischen Kapital steht das *kulturelle Kapital*. Hierunter lässt sich zum einen *Bildung* im weitesten Sinne subsumieren, zum anderen aber auch Bildungsabschlüsse und zertifizierte Qualifikationen, die im Sinne von Ausbildung Kenntnisse belegen und damit zum (ökonomischen) Erfolg beispielsweise auf dem Arbeitsmarkt beitragen können.

Für Kinder ist das kulturelle Kapital des Systems Familie insbesondere in Bezug auf alltagsorientierte Bildungs- und Umgangsformen von Bedeutung. Dies hat Auswirkungen beispielsweise auf die Reflexionskultur innerhalb der Familie. Wenn Eltern sich kritisch wahrnehmen bzgl. ihrer Erziehungsmethoden oder ihrem persönlichen

Auftreten und deren Wirkung auf die Familienmitglieder, prägt dies das Alltagsklima. Des Weiteren äußert sich kulturelles Kapital beispielsweise in der Präsenz von anregenden Spielmaterialien oder (Kinder-) Büchern. Für Kinder entsteht im familiären Bereich eine anregende Gesamtkultur, die dazu angetan ist, ihre Neugierde einerseits zu befriedigen und andererseits zu erhöhen. Für die Frühförderung bieten sich hier relativ erfolgversprechende Ansatzpunkte. Es können Anregungen zum Spiel mit den Kindern in die Familie hineingetragen werden, es kann die Reflexion ihrer Signale gemeinsam mit den Eltern erfolgen und damit deren Sensibilität erhöht werden, es können aber auch Anregungen erfolgen für fest etablierte Rituale und Zeremonien, die den Kindern Sicherheit und Geborgenheit verleihen. Beispielsweise kann ein gemeinsames Zubettbringen mit dem Vorlesen eines Buches oder dem Anschauen eines Bilderbuches oder ein Zusammenfassen von Erlebnissen des vergangenen Tages initiiert und mit den Eltern später wiederum reflektiert werden. Mit solch kleinen Ansätzen können in der Familie unter dem Stichwort „kulturelles Kapital" oftmals lang anhaltende Wirkungen und Lernprozesse erzielt werden, die mitunter intensiver und nachhaltiger wirken als therapeutische Interventionen und Trainingsprogramme.

In engem Zusammenhang mit dem kulturellen Kapital wiederum steht das *symbolische Kapital*. Hierunter werden verinnerlichte und gefestigte Überzeugungen und (Wert-) Vorstellungen verstanden, die in ihrer Summe zu einer Einbettung in ein umfassendes individuelles Gesamtgefüge und damit zur Stärkung einer persönlichen Identität führen. Die verinnerlichten Werte tragen dazu bei, als Leitlinie für eine persönliche Lebensgestaltung zu fungieren und damit zu einer Sicherheit und Kontinuität im persönlichen Handeln zu stärken.

Dieses symbolische Kapital ist gerade für die familiäre Erziehungssituation von Kindern von hoher Bedeutung. Ein festes Wertegefüge trägt auch zu einer kontinuierlicheren Erziehungsmentalität und damit zu einer höheren Berechenbarkeit von Erziehungsmethoden bei. Die Tatsache, dass eine Unberechenbarkeit des Erziehungsverhaltens von (überforderten) Eltern wesentlich zur Verunsicherung und emotionalen Destabilisierung von Kindern führen kann, lässt das Augenmerk von Frühförderern besonders auf diesen Punkt richten. Dabei ist es zunächst sekundär, welche Werte innerhalb der Familie transportiert werden. Die Frühförderung als historisch mittelstandsorientiertes Förderangebot muss sich der Gefahr bewusst sein, gerade bei der zunehmenden Zahl von Kindern aus sozial benachteiligten Familien diesen ihr etabliertes eigenes Wertegefüge überstülpen zu wollen. Dies kann nicht nur zu einer Überforderung der Familien führen, es birgt auch das Risiko, dass einem gemeinsamen Arbeitsbündnis bereits hier das Fundament entzogen wird und ein partnerschaftlicher Beziehungsaufbau nicht mehr möglich ist. Unter dem Leitprinzip „Autonomie" hat ein familiäres System ein Recht darauf, dass seine Wertvorstellungen von externen (intervenierenden) Fachpersonen (zunächst) respektiert werden. Das bedeutet jedoch nicht, dass diese Wertgefüge von den externen Fachkräften zu übernehmen wären. Vielmehr können auch unterschiedliche Normen und Wertvorstellungen in der gegenseitigen respektvollen Auseinandersetzung abgewogen werden und insgesamt zu einer Erweiterung des symbolischen Kapitals führen. Abzugrenzen von dem respektvollen Umgang mit den

Wertvorstellungen der Familie ist eine Situation, in der das symbolische Kapital oder sonstige Risikofaktoren zu einer Gefährdung des Kindeswohls führen. Auch Frühförderung hat eine Verpflichtung zur Intervention, wenn beispielsweise dystrophe (unterernährte) Kinder in der Familie angetroffen werden oder die Wertvorstellungen den Einsatz von (physischer oder psychischer) Gewalt in der Familie implizieren. Hier ist eine Thematisierung der wahrgenommenen familiären Umgangsformen notwendig bis hin zu einer Thematisierung von möglichen zwangsweisen Interventionen zum Schutze des Kindes.

3.2.3.2 Soziale Ressourcen

Soziale Ressourcen stehen in engem Zusammenhang mit Inklusion. Die aktive Auseinandersetzung mit sozialen Netzwerken, Freundschafts- und Verwandtschaftsbeziehungen, aber auch anderen Gemeinschaften wie Sportvereine, Freizeitgemeinschaften oder aus Kindersicht: die Kitagruppe oder Schulklasse, aus Erwachsenensicht: die sozialen Kontakte im Arbeitsleben – sie alle tragen dazu bei, dass sich über kommunikative Beziehungen der (kognitive) Horizont des einzelnen Individuums erweitert und durch den kontinuierlichen Austausch die persönlichen Fähigkeiten ausbauen und festigen. Sie sättigen damit zum einen die Bedürftigkeit an sozialer Wärme und Zuwendung. Zum anderen wird durch die Integration in einen Gruppenprozess die Fähigkeit gestärkt, belastende und konfliktreiche Situationen gemeinsam zu bewältigen. Dies festigt das individuelle Selbstwertgefühl. Gleichzeitig üben sich durch die fortlaufende Kommunikation technische Fähigkeiten, wie (insbesondere bei Kindern) die Sprachfähigkeit, die Motorik, aber auch emotionale Kompetenzen wie Frustrationstoleranzen, das Selbstwertgefühl und die soziale Identität. Damit tragen soziale Ressourcen zum Abbau von Abhängigkeits- und Ohnmachtsgefühlen bei und stärken auch die personalen Ressourcen.

Wie sehr der Mensch von sozialen Kontakten und menschlicher Zuwendung abhängig ist, wissen wir spätestens seit der Hospitalismus- und Vernachlässigungsforschung innerhalb familiärer Situationen: Sogenannte Deprivationssyndrome sind inzwischen ausführlich beschrieben und gelten als wesentlicher Destabilisierungsfaktor und -indikator im familiären System.

Übersetzt für die Frühförderung bedeutet dies, dass auch unter diagnostischen Aspekten soziale Ressourcen bedeutsam sind – ohne sie kann eine stabile emotionale Entwicklung nicht stattfinden. Umgekehrt bedeutet dies auch, dass soziale Netzwerke und Kontakte trotz innerfamiliärer Hochrisikosituationen (z. B. Drogenabhängigkeit der Eltern) stabilisierende Funktionen einnehmen können. Daher gehört auch die Analyse von erweiterten sozialen Stützfaktoren in Bezug auf soziale Kontakte zu dem Aufgabenfeld einer pädagogischen Diagnostik. Die Resilienzforschung (Kap. 3.2.4) zeigt Erkenntnisse auf, wonach trotz innerfamiliärer Vernachlässigungssituationen Resilienzen bei Kindern entstehen können, wenn die fehlenden innerfamiliären Ressourcen durch soziale Ressourcen außerhalb der Familie ersetzt werden können. Dies wirft nicht nur ein verstärktes Licht auf die Notwendigkeit von Ganztagseinrichtungen für Kinder insbesondere aus Risikofamilien, hieraus wird sich mittelfristig auch eine erweiterte Definition des pädagogischen Handlungsauftrages an die verschiedenen Systeme mit dem Ziel einer persönlichen Stabilisierung der Kinder ergeben.

3.2.3.3 Personale Ressourcen

Das Kapital einer persönlichen Stabilität geht einher mit individuellen „Handlungs- und (emotionalen) Verarbeitungskompetenzen, die aus einem individuellen Wertesystem und lebensgeschichtlicher Erfahrungen gewachsen sind und ein individuelles Repertoire in der Auseinandersetzung mit belastenden Alltagssituationen, (drohenden) Verletzungen und persönlichen Krisen darstellen" (Sohns 2009c, 85). Diese personalen Ressourcen stehen in engem Zusammenhang mit der Diskussion um *Resilienz*. Für pädagogische Fachkräfte (auch der Frühförderung) ist es von Bedeutung, sowohl im Rahmen der Diagnostik als auch laufender Arbeitskonzepte der Stärkung dieses Kapitals besondere Aufmerksamkeit zu schenken. Dabei gibt es eine Vielzahl von Ansatzpunkten (vgl. ebd., 86), bspw.:

Selbstwertgefühl und Selbstakzeptanz verbunden mit dem Glauben an die eigene Wertigkeit. Personen, die sich ein Recht auf ein erfülltes Lebensgefühl zusprechen, sind grundsätzlich motivierter bezüglich einer aktiven Lebensgestaltung. Dies gilt für Eltern wie für Kinder. Auch ihnen wird bereits sehr früh ein Wertigkeitsgefühl vermittelt, das sie selbst zu neuen Aktivitäten anregt. Oder diese können unterdrückt werden, in dem ihnen (unterschwellig und möglicherweise ungewollt) suggeriert wird, sie seien es nicht *wert*, beachtet zu werden.

Eng verbunden mit der Selbstakzeptanz ist ein *Veränderungsoptimismus*. Dieser wird genährt aus der Erfahrung, dass die Umwelt sich durch ein eigenes Engagement verändern lässt und dass man als Person eine eigene Kompetenz besitzt, daran mitzuwirken. Dieses Gefühl der eigenen Wirksamkeit kann bei Eltern positiv beeinflusst werden, aber auch bei Kindern: Wird auf kindliche Aktivitäten reagiert, verstärkt sich (unabhängig davon, ob dem kindlichen Anliegen nachgegeben wird oder nicht) das Gefühl der individuellen Bedeutung und damit das Selbstwertgefühl. Kinder lernen in einem ersten Schritt, dass ihre Anliegen so wichtig sind, dass sie *wahr*-genommen werden, und in einem zweiten Schritt lernen sie Methoden einzusetzen, um ihre Anliegen nach Möglichkeit durchzusetzen. Diese Methoden lassen sich durch Erziehung beeinflussen: Während das eine Kind lernt, zur Wahrnahme und Durchsetzung seiner Anliegen diese vorzutragen und hierzu zu argumentieren oder zu verhandeln, macht ein anderes Kind die Erfahrung, dass es mit solchen (weichen) Methoden bei (ggf. überforderten) Eltern kein Gehör findet. Hier wird ein Veränderungsoptimismus möglicherweise verknüpft mit der Erfahrung, durch lautes Schreien oder ein Eskalieren der Situation größere Erfolgsaussichten (z.B. bei den Süßigkeiten an der Kasse des Supermarktes) zu haben. Frühförderfachkräfte können hier durch eine Thematisierung kritischer Erziehungssituationen und deren Reflexion dazu beitragen, dass ein Veränderrungsoptimismus bei Kindern steigt, ohne dass eskalierende Methoden auf beiden Seiten eingesetzt werden müssen.

Problemlösungskompetenzen. Positive Erfahrungen bei der Mitgestaltung der Umwelt und einer persönlichen Einflussnahme stehen in engem Zusammenhang zu den Kompetenzen, die zur Lösung anstehender Fragestellungen oder Probleme erlernt und eingesetzt werden. Dabei können auch Kinder mit Behinderungen, deren Kompetenzen objektiv gegenüber anderen Kindern beeinträchtigt sind, die Erfahrung machen, dass sie mit ihren Fähigkeiten einen starken Einfluss auf ihre Umweltgestaltung ausüben und eine selbstbewusste und starke Stellung in der Gemeinschaft haben können.

Pädagogische Hilfen können die Auseinandersetzung mit äußeren Anforderungen dahingehend beeinflussen, dass zielgerichtete Lösungsstrategien gestärkt werden. Dies beinhaltet auch die Kompetenz, eskalierenden Konflikten entgegen zu wirken und abgestufte und situationsangemessene Strategien der eigenen Interessensvertretung zu erlernen.

Derartige Deeskalierungs- und Anti-Aggressionsprogramme haben eine besondere Bedeutung im Zusammenhang mit gewaltbereiten Jugendlichen gewonnen (ganz im Sinne „kurativer Pädagogik"). Effektiver ist es jedoch, solche Ansätze bereits im frühen Kindesalter familienorientiert wirken zu lassen. Entsprechend werden in zahlreichen Kindergärten inzwischen Anti-Aggressions-Trainings angeboten. Es erscheint auch für die Frühförderung im familiären Umfeld von Bedeutung, derartige Ressourcen ins Blickfeld zu nehmen und gegebenenfalls entsprechende Ansätze vor Ort wirken lassen zu können. Entsprechend können solche Ansätze eine hohe präventive Wirksamkeit haben.

Beziehungsfähigkeit. Die Gewissheit verbindlicher Beziehungen zu anderen Menschen stärkt nicht nur das eigene Selbstwertgefühl („Ich bin es wert, dass andere Menschen Beziehungen zu mir pflegen und damit eigene Ressourcen in den Kontakt zu mir investieren"), es vermittelt auch eine Stabilität innerhalb von Lebensumständen, deren Rahmenbedingungen sich in immer stärkeren Maße verändern und innerhalb dieser Schnelllebigkeit das Gefühl einer Inkonsistenz transportieren. Die Beziehungsfähigkeit aus der Sicht von kleinen Kindern misst sich zunächst an der Verlässlichkeit gegenüber den engsten Bezugspersonen, in der Regel den Eltern. Entsprechend sind gelungene Eltern-Kind-Beziehungen ein Grundfundament für den Ressourcenaufbau von Kindern und damit ein wesentliches Feld für die Aufmerksamkeit von Frühförder-Fachpersonen. Die Beziehungsfähigkeit macht sich dabei nicht nur an der Verlässlichkeit von Versorgungsleistungen und der Quantität einer miteinander verbrachten Zeit fest, sie berührt auch die Ebene von emotionalen Bindungen (vgl. Kapitel 3.2.5).

Flexibilität. Der konzeptionelle Ansatz, in die Erziehungsziele zur Stärkung einer Persönlichkeit auch die Kompetenz einer „Flexibilität" zu integrieren, erscheint im wissenschaftlichen Diskurs umstritten. Gemeint ist damit die „Fähigkeit, Veränderungen der Lebensumstände (z. B. Schicksalsschläge) in das eigene Lebenskonzept integrieren zu können" (Sohns 2009 c, 86). Entsprechend können mit dem Lernziel

Flexibilität bereits Kindern im Kindergartenalter Kompetenzen der Verarbeitung von Veränderungen und dem Erleben eines Erschließens von neuen Lebensumfeldern, Bezugspersonen und Horizont erweiternden Lebensumständen als Gewinn flexibler Lebensumstände vermittelt werden, da nur noch in seltenen Fällen davon ausgegangen werden kann, dass sie die gesamte (oder einer überwiegende) Lebensspanne in einem gewohnten Lebensumfeld verbringen können (vgl. Fthenakis/ Textor 1998). Somit ist auch die innere Gewissheit, auch bei einem Wechsel aus gewohnten Lebensumständen in einen anderen Bezugsrahmen erneut Fuß fassen und ein neues soziales Umfeld schaffen zu können, ein wesentliches Fundament für Selbstbewusstsein und ein Feld personaler Ressourcen.

Transparenz. Mit diesem Begriff verbunden ist die Fähigkeit, eigene Emotionen für andere sichtbar werden zu lassen und somit innerhalb der Kommunikation mit anderen authentisch zu wirken. Dahinter steht die Erkenntnis, dass das Verstecken eigener (erregender) Gefühle eines hohen Aufwandes an Kraft (individueller Ressourcen) bedarf. Ein transparenter Umgang mit Gefühlen schont diese Ressourcen und führt zu der Möglichkeit, (insbesondere in Krisensituationen) Hilfesignale an andere Personen auszusenden und „persönliche Unterstützung in angemessener (nicht überforderter) Weise anzuregen und anzunehmen" (Sohns 2009c, 86).

Für Fachpersonen der Frühförderung verknüpft sich ein ressourcenorientierter Blick auf die Transparenz in hohem Maße mit einer empathischen Kompetenz. Wenn die Fähigkeit besteht, bspw. Kränkungen, Trauer, Wut oder unterdrückte Bedürfnisse bei Eltern oder Kindern erspüren zu können, fällt es leichter zu suggerieren, dass es (in diesem geschützten Rahmen) erlaubt sei, solche Gefühle transparent werden zu lassen.

Entsprechend bedarf eine angemessene Transparenz auch einer *emotionalen Intelligenz.* Mit diesem Terminus ist ein Forschungsfeld verbunden, dass die Sozialforschung der letzten Jahre nachhaltig beeinflusst hat. Die wesentlichen Parameter von personalen Ressourcen finden sich hier wieder. Die Wissenschaft geht mit diesem Begriff jedoch vorsichtig um und ist bemüht, ihn von populären Beschreibungen und Instrumentalisierungen abzugrenzen. Salovey & Mayer (1990) definieren ihn als einen Sammelbegriff für Kompetenzen und Persönlichkeitseigenschaften, die den Umgang sowohl mit eigenen Gefühlen als auch mit denen anderer betreffen. Gardner (1991) sieht die Abgrenzung einer emotionalen Intelligenz als Ergänzung der klassischen Intelligenzforschung, die für den bewussten Umgang mit zwischenmenschlicher Kommunikation verantwortlich zeigt. Wie bei der Intelligenzforschung (in Form eines IQ) wurde auch bei der emotionalen Intelligenz ein Instrument entwickelt (Mayer/Salovey/Caruso 2002), das als Testverfahren emotionale Intelligenz messen soll (EQ). Unabhängig von diesen Instrumentalisierungen und einer breiten kritischen Diskussion um das Konzept der emotionalen Intelligenz (vgl. z.B. Degen 2000) überschneidet sich dieses Konzept an zahlreichen Punkten mit der beschrieben Differenzierung von emotionalen Ressourcen: Wenn Goleman (1995) emotionale Intelligenz in fünf Teilkonstrukte differenziert (Selbstbewusstheit, Selbstmotivation, Selbststeuerung, Empathie, soziale Kompetenz), so deckt sich dieses Konzept mit einem Großteil der beschrieben Ressourcenorientierung im emotionalen Bereich. Zentral für den Ansatz einer emotionalen Intelligenz ist die Reflektion als entscheidendes Kriterium für das Ausmaß dieser Intelligenz. Für die Frühförderung der Kinder haben diese wissenschaftlichen Ansätze insofern Bedeutung, dass sich emotionale Kompetenzen wie bspw. Empathie ebenfalls bereits im Kleinkindalter entwickeln können[17]. Ebenso ist im Rahmen einer Kooperation mit den Eltern und weiteren Bezugspersonen des Kindes die Kompetenz, Gefühle und Bedürfnisse anderer wahrzunehmen und ihnen zu entsprechen, von hoher Bedeutung. Für die praktische Umsetzung ist jedoch der Terminus der emotionalen Intelligenz in seiner bislang nur unscharf umrissenen Abgrenzung weniger geeignet als eine Stärkung spezifischer Ressourcen im Bereich der persönlichen und emotionalen Stabilisierung von Kind und Elternhaus.

3.2.4 Die besondere Bedeutung der Resilienz- und Risikoforschung

3.2.4.1 Definition und Inhalt der Resilienzforschung

Die sich verändernden Lebensbedingungen in der Postmoderne verlangen einem heutigen familiären System umfassende Transformationsprozesse ab. Dies führt zu Veränderungen innerhalb der Familiensysteme und zu erhöhten Anforderungen mit einer zunehmenden Komplexität an die einzelnen Familienmitglieder. Die *Resilienzforschung* widmet sich primär der Fragestellung, was die einzelnen Individuen (insbesondere die Kinder) für die Bewältigung dieser Herausforderungen stärkt. Damit verbirgt sich die Hoffnung, neue Erkenntnisse für verbesserte Präventions- und Interventionsmöglichkeiten zu erhalten.

Mit diesem wissenschaftlichen Ansatz wird ein neues Paradigma gestärkt. Er bildet nicht nur das Fundament für einen ressourcenorientierten Ansatz, er löst hiermit gleichzeitig den klassisch-defizitorientierten Ansatz zwischen Fachpersonen und Klientel ab. Resilienzen und Ressourcen widmen sich einem aktiven Potential, das die einzelnen Individuen für ihre Alltagsbewältigung stärkt und somit möglichen Störfaktoren entgegenwirkt. Dieser primär pädagogische Ansatz findet sein medizinisches Äquivalent im Ansatz der Salutogenese (Antonovsky, 1997). Beide Ansätze haben aus ihren spezifischen Blickwinkeln wesentlich dazu beigetragen, der Dominanz einer professionellen Fokussierung der Störungen oder Fehlleistungen der Kinder eine Alternative zur Seite zu stellen.

---

17 Ca. im Alter von neun Monaten (vgl. Oerter/Montada 2002, 578). Mit den ersten spontanen Reaktionen (Weinen mit einem anderen Kind), die sich mit ca. 1,5 Jahren zu emotionalem Assoziationen erweitern. Nach heutigem Erkenntnisstand finden sich empathische Beziehungen zu anderen im Anschluss nach der Entwicklung einer Ich-Identität (z. B. wenn sich Kinder im Spiegel erkennen können).

In der Risikoforschung wurden in zahlreichen prospektiven Längsschnittstudien Kriterien ermittelt, die für die Entwicklung eines Kindes einen erhöhten *Risikostatus* bedingen, bspw.

- der Kauai-Längsschnittstudie (Werner/Smith, 1982, 1992, 2001),
- der Mannheimer Risikokinderstudie (Laucht u. a. 1999, 2000),
- der Bielefelder Invulnerabilitätsstudie (Lösel und Bender, 1994, 1999).

Auch wenn diese Studien in sich unterschiedlich konzipiert sind (vgl. zusammenfassend z. B. Wustmann, 2004), so liefern sie doch Erkenntnisse über besondere Risikofaktoren (z. B. Armut, Vernachlässigung, psychischen Erkrankungen von Bezugspersonen) und gleichzeitig Indizien für eine Stärkung von entwicklungsfördernden Faktoren und Bewältigungskapazitäten bei bestehendem Risikostatus. Ziel dieses wissenschaftlichen Ansatzes ist es, Kriterien für die Stärkung von Kindern in schwierigen Lebenslagen zu entwickeln, damit sie den Anforderungen einer modernen Lebensgestaltung kognitiv und psychisch gewachsen sein können. Das im Zuge der verschiedenen wissenschaftlichen Studien entwickelte *Risikofaktorenkonzept* erlaubt nähere Aufschlüsse über die Bedeutung und Wirkung der einzelnen Faktoren. Vulnerabilitätsfaktoren können zum einen primäre Faktoren sein (vgl. Scheithauer/Petermann/Niebank 2000), z. B. genetische Störungen, Frühgeburt oder eine Behinderung des Kindes. Sekundäre Vulnerabilitätsfaktoren sind hingegen durch die Auseinadersetzung mit der Umwelt erworben (z. B. Schamgefühle durch Mobbing- oder Stigmatisierungserfahrungen, unsicheres Bindungsverhalten durch Vernachlässigung). Risikofaktoren sind immer durch Umwelteinflüsse, bei Kindern im Vorschulalter vor allem familiär, bedingt. Dabei kommt es häufig zu einer Kumulation verschiedener Faktoren, die sich gegenseitig bedingen und auslösen können.[18]

Hans Weiß (1999) warnt denn auch entsprechend die Risikoforschung vor einem Rückfall in ein „individualtheoretisches Paradigma". Resilient oder vulnerabel sind keine festen und zuschreibbaren statischen Faktoren, sondern dynamische Größen, die permanenten Veränderungen unterliegen und damit auch durch Interventionen beeinflussbar sind. Wesentlich ist die aktive Rolle des Individuums. Resilienzen sind insofern kein primärer Puffer, an denen alle Belastungsfaktoren abprallen können, sondern aktive Bewältigungskompetenzen. Dem Risikofaktorenkonzept wird insofern ein *Schutzfaktorenkonzept* zur Seite gestellt, das sich im Wesentlichen auf die Stärkung von personalen und sozialen Ressourcen bezieht. Für Kinder im Vorschulalter stehen hierbei der familiäre Schutz und das innerfamiliäre Klima im Mittelpunkt. Wesentlich für die kindliche Entwicklung ist hierbei neben einer anregenden und stimulierenden Umwelt, bei der Eltern als

---

18 Ergab bspw. die Mannheimer Risikostudie, dass einzelne Risikofaktoren nur selten messbare Nachteile im Lebenskonzept mit sich bringen, zeigte sich gleichzeitig zumeist eine Häufung verschiedener Risikofaktoren, in dem bspw. Armut auch die Reduzierung des Selbstwertsgefühl bis hin zu psychischen Erkrankungen wie Sucht, Depressionen oder aggressives Verhalten etc. indiziert.

positive Modelle für die Kinder wirken und Werte vorleben und vermitteln (symbolische Ressourcen), auch das emotionale Klima (geprägt von Wärme, Schutz und Zuwendung). Insbesondere die Aufmerksamkeit und das aktive Interesse an den Bedürfnissen und den Aktivitäten des Kindes haben wesentliche stabilisierende Funktionen. Personale Ressourcen werden auch durch den Respekt und die Akzeptanz der kindlichen Bedürfnisse geprägt – sowohl im Elternhaus als auch in der weiteren sozialen Umwelt des Kindes (z. B. in der Kindertagesstätte).

3.2.4.2 Wirkungsmechanismen und Relativität von Resilienzen

Das Konzept der Risiko-, Vulnerabilitäts- und Schutzfaktoren wurde inzwischen dahingehend weiterentwickelt, dass die Aufmerksamkeit sich nicht mehr auf die einzelnen Faktoren beschränkt, sondern sich auf die dynamischen Prozesse („Mechanismen") und die Wechselwirkungen zwischen den einzelnen Faktoren richtet. Dabei zeigt sich, dass je nach Umfeld und Ausgangssituation Risiko- oder Vulnerabilitätsfaktoren ganz unterschiedliche Wirkungen haben können. Wurde zum Beispiel zunächst angenommen, dass eine Scheidung der Eltern als wesentlicher innerfamiliärer Risikofaktor für die Entwicklung der Kinder zu werten ist, so zeigt sich, dass sich dies nicht generalisieren lässt: Wesentlich ist vielmehr, in welchem Kontext und unter welchen Bedingungen die Trennung erfolgt. Die Scheidung als solche korreliert hierbei lediglich in der Regel mit einer Vielzahl belastender *Begleitfaktoren* für das Kind: Häufige Streitsituationen, Trauerphasen bei den Elternteilen, eingeschränkte Zuwendung und Aufmerksamkeit, häusliche Gewalt, eingeschränkte finanzielle Ressourcen nach der erfolgten Trennung. Es sind vielmehr diese zusätzlichen Stressoren, die ein kindliches Entwicklungsrisiko verstärken. Im umgekehrten Fall kann gerade der erfolgende Status einer Trennung zu einem Ende solcher Belastungsfaktoren führen und damit den Status eines Resilienzfaktors erhalten.

Mit dem Prozess einer Scheidung können andere Faktoren kumulieren, zum Beispiel eine aufkommende Kinderarmut bei einem Leben mit einer nun alleinerziehenden Mutter. Dies kann wiederum andere Faktoren wie schlechtere Ernährung oder soziale Isolierung nach sich ziehen. Die Wirkung der einzelnen Risikofaktoren kann nur in Abhängigkeit von ihren spezifischen Bedingungen eingeschätzt werden (vgl. Fingerle 1999). Sie muss daher immer im Kontext der konkreten Lebenssituation gesehen werden.

3.2.4.3 Die Bedeutung der Resilienzforschung für die Frühförderung

Die Mannheimer Risikostudie weist u. a. darauf hin, dass insgesamt die biologischen Risiken für die kindliche Entwicklung an Bedeutung verlieren, hingegen psychosoziale Risiken in ihrer Bedeutung zunehmen. Auf die motorische Entwicklung wirken hierbei psychosoziale Risiken nur zu etwa einem Drittel, zu zwei Drittel auf die kognitive Entwicklung, jedoch zu etwa 80 % auf die emotionale Entwicklung der Kinder ein. Dabei gibt es umfangreiche Wechselwirkungen zwischen psychosozialen und biologischen Risiken, z. B. bei einer mangelnden hygienischen Versorgung oder bei einem Drogenmissbrauch der Eltern mit Auswirkungen auf mögliche Embryopathien, oder bei einer fehlenden Rücksichtsnahme von rauchenden Eltern auf mögliche Atemwegserkrankungen der Kinder. Insgesamt werden hierbei die Risiken für eine Entwicklung erhöht, ohne dass den Kindern häufig die Möglichkeit bleibt, Resilienzen zu entwickeln.

Für die Frühförderung ist es demnach von Bedeutung, im Zuge der Alltagsgestaltung der Frühförderfamilien auf die Stärkung von Ressourcen und die Erhöhung von Schutzfaktoren zu achten. Wenn es hierbei darum geht, Problemlösungs-, Stressbewältigungs- oder soziale Kompetenzen zu stärken, so fungieren die Eltern als Mediator für ein entwicklungsförderndes Klima für die Kinder. Gleichzeitig sind sie aber auch (interaktive) Kommunikationspartner und Autoritätspersonen für ihre Kinder. Ziel der Frühförderung muss es auch sein, genau diese Kompetenzen und damit eine Erziehungssicherheit und eine Qualifikation als persönliche Ansprechpartner zu stärken. Dabei können zahllose Modelle aufgezeigt werden, wie spezifische Belastungssituationen konstruktiv verarbeitet werden können. Genauso wie Risikofaktoren für eine kindliche Entwicklung sich gegenseitig bedingen und kumulieren können, gilt dies auch für Schutzfaktoren. Gelingt es, einen Prozess zu stärken, in dem solche Schutzfaktoren systematisch aufgebaut werden, gewinnt auch dieser eine Eigendynamik mit der Zunahme elterlicher Verantwortung und anregender Alltagsgestaltung, in dessen Verlauf Eltern wie Kinder selbst neue Kompetenzen entwickeln und ausbauen.

Damit die kindbezogenen heilpädagogischen und medizinisch-therapeutischen Unterstützungsangebote der Frühförderung für die Kinder sich entfalten können, bedürfen sie eines sozialen und emotionalen Rahmens, der den Kindern die Sicherheit gibt, die Angebote aufzunehmen. Neben der Stärkung der familiären Umwelt des Kindes gelten gleiche Ansprüche auch für mögliche professionelle Bezugspersonen des Kindes, insbesondere für die Erzieherinnen in Kindertagesstätten. Auch zu ihrem Konzept gehört es, Schutz- und Resilienzfaktoren der Kinder zu stärken und möglichen Risikofaktoren frühzeitig entgegen zu wirken. Die Resilienzforschung liefert hierfür Ansatzpunkte, unter welchen Bedingungen Risikofaktoren wirken können. Dabei hat sich herausgestellt, dass eine besondere Relevanz der Risikofaktoren in ihrer Dauer (Chronifizierung) liegt, während kurzfristige Belastungssituationen – sofern sie keine traumatisierende Wirkung haben – keine langfristigen Wirkungen zeigen. Ebenfalls zeigt die Resilienzforschung auf, dass der Entwicklungsstand des Kindes von Bedeutung für mögliche Belastungssituationen ist. So zeigt bspw. eine Trennung von den Eltern in den ersten Lebensmonaten keine negativen Wirkungen, da sich in dieser Zeit noch keine Bindungen zu festen Bezugspersonen ausgeprägt haben. Ebenso sind Kinder ab dem vierten Lebensjahr in der Lage, Trennungssituationen bereits kognitiv und emotional zu verarbeiten und einzuordnen. Hingegen ist das Alter dazwischen für unvermittelte Trennungssituationen besonders sensibel. Hier können sich nachhaltige Vulnerabilitäten ausprägen. Entsprechend kann es auch für eine Beratungstätigkeit der Frühförderung wichtig sein, sensible Entwicklungsphasen zu thematisieren. Hierbei sind spezifische Kenntnisse über die Entwicklung von Bindungen zu den Bezugspersonen notwendig.

3.2.5 Bindungstheoretische Grundlagen

Da emotionale Sicherheit für kleine Kinder eine Grundvoraussetzung für ihr Explorationsverhalten und damit für ihre Entwicklungsmöglichkeiten ist, reicht es für eine systemisch-ökologische Frühförderung nicht aus, Kindern mit Entwicklungsauffälligkeiten Förder- oder Therapienangebote als oberflächliche Nachhilfe zu machen. Vielmehr müssen auch die Prozesse der emotionalen Entwicklung des Kindes für die Frühförderfachkräfte von Interesse sein. „Um die individuellen und kindgerechten Lernbedürfnisse zu erkennen, ist häufig eine heilpädagogische Diagnostik erforderlich, welche die medizinische („harte") Diagnostik ergänzt, um im Sinne einer verstehenden Diagnostik das familiare Umfeld mit einzubeziehen und die nächsten Entwicklungsschritte zu ermöglichen" (Hellmann 2009, 22).

Hiermit betreten die Fachpersonen der Frühförderung hochsensibles Terrain. In dem Moment, in dem Fachpersonen nicht nur den privaten Lebensbereich der Eltern (im Rahmen einer Hausfrühförderung) betreten, sondern auch noch die interaktiven Beziehungen und den Umgang der Eltern mit ihrem Kind (insbesondere mit einer Behinderung oder Entwicklungsauffälligkeit) „bewerten", intervenieren sie in den geschützten intimen Raum der Familie. Hierzu bedarf es einer hohen Sensibilität und Taktgefühls, um den Eltern nicht das Gefühl zu vermitteln, sie werden in ihrer Autonomie und Verantwortung eingeschränkt oder bedroht.

Erfahrungen mit Eltern zeigen, dass diese in der Regel auch unterschwellige Signale ihres Kindes erkennen und darauf in annehmender, verstehender und fördernder Weise reagieren („intuitive Reaktion"). Untersuchungen zeigen aber auch (z. B. Rauh 1996, 2005; Fries u. a. 2005), dass es Eltern gibt, die diese Signale ihrer Kinder nicht intuitiv verstehen oder ihnen in ihrem Bedürfnis, ihre Kinder optimal zu fördern, mit direktiven, fordernden Verhaltensweisen wenig Spielraum zur Exploration lassen. Ausgehend von dieser Erkenntnis widmet sich Frühförderung auch dem Bindungs- und Kommunikationsverhalten zwischen Kindern und ihren Bezugpersonen. Beobachtungsbögen zum elterlichen Bindungs- und Erziehungsverhalten oder spezifische Programme zum Aufbau von Kommunikationsfähigkeiten (z. B. Largo 2002, Aarts 2002: „Marte Meo") können dabei hilfreich sein, Eltern sensibel an die Signale ihrer (kleinen) Kindern und an verstehende responsive Verhaltensweisen heranzuführen.

Darüber hinaus sind gerade zum Umgang mit Kindern mit Behinderungen zahlreiche heilpädagogische Handlungskonzepte entwickelt worden, die zumeist auf der Grundlage basaler Wahrnehmungssysteme den Kontakt zwischen Kind und Bezugspersonen fördern und damit einen Beziehungsaufbau unterstützen. Die bekanntesten sind die Methode der basalen Stimulation (Fröhlich 1991), die

Babymassage (Leboyer 1995) oder die Kängurumethode (Ludington-Hoe/Golant 1994).

> „Diese körperbezogenen Ansätze bergen allerdings die Gefahr, dass sie wegen ihrer vermeintlichen Einfachheit zu einer technologischen Handlungsabfolge verkommen, in welcher die Signale und Bedürfnisse des Gegenübers nicht wahrgenommen bzw. missachtet werden. Folgen können hierbei eine Reizüberflutung und eine einseitige Machtausübung sein, welche einen Beziehungsdialog verhindern" (Hellmann 2009, 23 f.).

Aufgabe der Frühförderung ist es, in Zusammenarbeit mit den Eltern eine ermutigende Begleitung der kommunikativen Prozesse zwischen Eltern und Kind zu gewährleisten. Die Erkenntnisse sowohl der aktuellen Hirnforschung (z. B. Hüther 2006) als auch der Säuglings- und Bindungsforschung (z.B. Papoušek 1996, 2006) zeigen, wie wichtig eine emotionale Sicherheit bei Eltern und Kind gerade in der Kleinkindphase ist. Kinder, bei denen es nach der Geburt in Folge unterschiedlicher physiologischer Probleme zu affektiven *Regulationsstörungen* kommt (z.B. ausgeprägtes Weinen, Schlafstörungen, Ernährungsprobleme), stellen hohe Anforderungen an ihre Bezugspersonen, diese kindlichen Signale anzunehmen und zu verstehen. Häufig führen wechselseitige Missverständnisse zwischen Kind und Bezugspersonen zu Irritationen, die als Störfaktor für eine interaktive Kommunikation und eine sichere Bindung wirken (vgl. Papoušek 1994). Der Aufbau einer sicheren Bindung an die Bezugsperson erfolgt in der Regel innerhalb der ersten acht Monate. Sein Gelingen ist wesentlich abhängig von der Verlässlichkeit und Passgenauigkeit der Reaktion der elterlichen Bezugspersonen auf die Signale des Kindes (Responsivität).

Es war der englische Psychiater John Bowlby, der aus den Beobachtungen von kleinen Kindern bei der Trennung von ihren Müttern auf das Phänomen der „Trennungsangst" hingewiesen und daraus die Grundlagen seiner Bindungstheorie entwickelt hat. Für ihn ist *Bindung (attachment)* ein emotionales Produkt von Interaktionen.

> „Kein Verhalten wird von stärkeren Gefühlen begleitet als das Bindungsverhalten [...] Solange das Kind sich in uneingeschränkter Verfügbarkeit seiner Hauptbezugspersonen oder in geringer Entfernung von diesen befindet, fühlt es sich sicher. Die Gefahr eines Verlustes ruft Angst hervor, der tatsächliche Verlust Trauer und beide pflegen zudem Ärger auszulösen" (Bowlby 1975, 199).

Kindliche Entwicklung ist somit einerseits durch kindliche Neugier bedingt. Andererseits kann diese Neugier sich nur entfalten auf der Grundlage einer sicheren Basis (secure base). Beides erfolgt in den ersten Lebensjahren in einem Wechselspiel mit den elterlichen (Sicherheit und Halt gebenden) Bezugspersonen.

In diesem Wechselspiel ist es von Bedeutung, dass Eltern dem frühkindlichen Sicherheitsbedürfnis dadurch entsprechen, dass sie auf kindliche Bedürfnisse mit fürsorglichem Verhalten reagieren. Diese Sicherheitsbasis können Kinder wiederum für ein kindliches Explorationsverhalten nutzen. Hierauf reagieren die Eltern wiederum in einem Wechselspiel zwischen aufmerksamer Kontrolle (zum Schutz

Wissenschaftstheoretische Ansätze

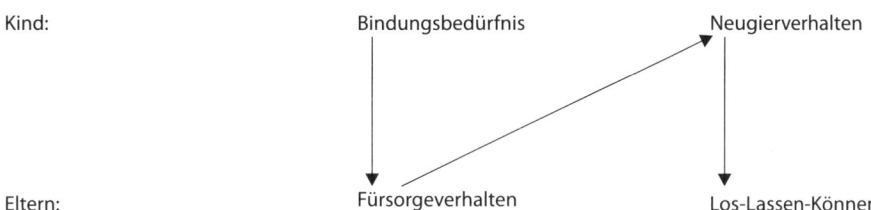

vor potentiellen Gefahren) und gleichzeitigem stetigen Erweitern der kindlichen Eigenverantwortungsbereiche (Vertrauen). Dadurch kann sich das entwickelnde Kind in seinem Vertrauen auf die elterliche Fürsorge und der Abwehr von Gefahren selbst neue Horizonte des Lebens erschließen. Ohne ein sicheres Bindungsverhalten verkümmert diese Motivation zur Erforschung, weil die kindlichen Ressourcen für eine emotionale Stabilisierung eingesetzt werden müssen. Es gilt als empirisch gesichert, dass sicher gebundene Kinder ein intensiveres Spiel- und Explorationsverhalten zeigen als unsicher gebundene Kinder (vgl. z.B. Grossmann u.a. 1997, 74). Weitere Untersuchungen zu Störungen des Bindungsverhaltens und ihren Charakteristika und unterschiedlichen Bindungstypen (Ainsworth u.a. 1978) zeigten, dass das Ausmaß einer Bindungsqualität an eine Bezugsperson dabei wesentlich von der Feinfühligkeit der Bezugsperson bestimmt wird.

Zur Aufgabe der Frühförderung gehört es nun, mit Hilfe einer Reflexion der Kommunikationsstrukturen, der Gestaltung einer Lernumgebung und gegebenenfalls mit konkreten Unterstützungsangeboten die Interaktions- und Kommunikationsbedingungen zwischen dem Kind und seiner Umwelt zu verbessern. Hierin liegt das wesentliche heilpädagogische Pendant zur therapeutischen Förderung von Kindern mit Entwicklungsrisiken. Entsprechend gehört es zu den Grundanlagen einer pädagogischen Frühförderung, dass die Bezugspersonen des Kindes in die Fördersituationen einbezogen werden. Zentraler Ansatz der Frühförderung ist hierbei das *Spiel*. Dabei haben sich auch spezifische Reflexionsmethoden in der Frühförderung bewährt, bspw. die *videogestützte Interaktionsanalyse* (vgl. z.B. Fries/Behringer/Ziegenhein 2005), gerade bei Kindern mit Behinderungen. Bei einer Analyse von Frühförderhilfen und ihrer Wirksamkeit ist auch zu bedenken, wie es sich auf die kindliche Entwicklung auswirkt, wenn Kinder im Rahmen therapeutischer Behandlungen einerseits immer wieder korrigierende Eingriffe in ihre Verhaltens- und Bewegungsmuster erfahren, andererseits ihnen aber gerade in diesen Situationen besondere Aufmerksamkeit und Beachtung geschenkt wird (vgl. Weiß/Neuhäuser/Sohns 2004, 110), sie also einen Zuwendungsgewinn aus ihren vermeintlichen Störungen erfahren. Vorgefasste Therapieprogramme haben immer den Nachteil, dass den Kindern von außen ihre Lernziele sowie ihre Aktivitäten vorgegeben werden. Frühförderung hat hingegen bereits seit ihrem Entstehen versucht, solche Gefahren zu vermeiden: „Angemessen ist eine Förderung dann, wenn das Kind sich als Handelnder erlebt, der etwas bewirken kann, das an sich befriedigt und von der Bezugsperson anerkannt wird" (Grond 1984, 105). In sofern ist es unverzichtbar, dass sich die Konzepte der Frühförderung nicht an starren vorgefassten Therapieprogrammen orientieren, sondern auf flexible Repertoires zurückgreifen können, die auf die jeweiligen Rückmeldungen eines Kindes (oder auch auf Bezugspersonen als Gesprächspartner) unmittelbar reagieren können.

3.2.6 Responsivität

Entsprechend diesem Verständnis musste sich Frühförderung weiterentwickeln von einem heilpädagogisch-therapeutischen Ansatz mit „traditionellen Werkzeugen zur Bearbeitung von Menschen" hin zu einem Ansatz, nach dem „Kinder von Anbeginn ihrer Entwicklung autonome Subjekte sind" (Jetter 1995, 100). In diesem Ansatz sind Parameter wie Kommunikations- und Interaktionserfahrung, der Respekt vor der kindlichen Autonomie und die sukzessive Ausweitung seiner Erfahrungswelten zentrale Parameter. Die Methode der Förderung veränderte sich von einer systematischen Anleitung und Behandlung nach festgelegten – wissenschaftlich fundierten – Interventionskonzepten hin zu flexiblen Konzepten, die die jeweiligen Signale des Kindes aufgreifen und modifizierend in das eigene Handlungskonzept integrieren. „Kind und Therapeut sind in einer Therapiesituation in einer permanenten Zwiesprache" (Viebrock 2004, 76). Dieser Dialog ist nicht durch bestimmte Programme vorbestimmt, in die Aktivitäten des Frühförderers fließen aber alle Kenntnisse zur physischen und emotionalen Entwicklung eines Kindes ein.

Diese *Responsivität* entwickelte sich zum Leitprinzip frühförderischen Handelns, das sich nicht nur auf die interaktive Förderung des Kindes bezieht, sondern auch zur Handlungsmaxime für die Begleitung und Beratung der Eltern geworden ist. Damit wurden die Arbeit der Frühförderung und der Fokus ihrer Fachpersonen auf eine neue Grundlage gestellt.

Fallbeispiel 4: **Responsives Handeln**

> Frau Delling betreut als pädagogische Frühförderin seit etwa zwei Monaten Madeleine, die als Frühgeborenes in der 24. Schwangerschaftswoche zur Welt gekommen ist und anschließend intensivmedizinisch in der pädiatrischen Abteilung einer Großklinik betreut wurde. Der behandelnde Pädiater, Dr. Messmer, bezog bereits nach wenigen Tagen nach Rücksprache mit den Eltern die Frühförderung in die Betreuung ein, nachdem mögliche Komplikationen und Folgewirkungen der extremen Frühgeburt von Madeleine nicht auszuschließen waren. Die Eltern nahmen das Angebot dankbar an, lernten Frau Delling noch auf Station persönlich kennen und konnten bereits vor der Entlassung von Madeleine aus der Kinderklinik einige Elterngespräche führen. Die Entlassung selbst wurde gemeinsam mit der Frühförderstelle vorbereitet.
>
> Frau Delling nutzte das Angebot von Dr. Messmer, vor einer Entlassung von Madeleine nochmal ausführlich über die medizinischen Hintergründe und die weitere

Prognose ihrer Entwicklung aus ärztlicher Sicht informiert zu werden. Anschließend erfolgte eine weitere Betreuung durch die Frühförderstelle im häuslichen Umfeld, parallel hierzu erfolgten regelmäßige Vorstellungen von Madeleine bei Dr. Messmer im Zuge einer ambulanten pädiatrischen Sprechstunde.

Nachdem sich im Rahmen der regelmäßigen Hausbesuche bei den Eltern Madeleines Unklarheiten bezüglich der medizinischen Diagnostik ergaben, bot Frau Delling an, die vorliegenden Arztberichte nochmals ausführlich gemeinsam zu lesen und zu erklären. Gleiches hatte sie bei anderen Familien schon häufig gemacht und sich im Laufe ihrer langjährigen Berufspraxis auch bezüglich der medizinischen Terminologie in Arztberichten einige Erfahrung angeeignet. Entsprechend konnten in dem folgenden Hausbesuch auch die Berichte ausführlich erläutert werden. Die Eltern zeigten sich mit den Erklärungen sehr zufrieden und beruhigter als zuvor, äußerten jedoch einvernehmlich die Auffassung, solche Erklärungen seien Ihnen von Dr. Messmer noch nie gegeben worden.

Frau Delling nimmt dies zum Anlass, einige Tage später telefonisch Kontakt zu Dr. Messmer zu suchen, sich nach der weiteren Entwicklung von Madeleine zu erkundigen und ihm eine Rückmeldung über den Betreuungsverlauf im Rahmen der Hausfrühförderung zu geben. Dabei spricht sie auch die vorliegenden Arztberichte an und deutet an, dass sich die Eltern von ärztlicher Seite nicht ausreichend über deren Inhalte informiert fühlten. Dr. Messmer reagiert hierauf empört: Gerade bei den Eltern von Madeleine habe er sich ausführlich Zeit genommen, um sowohl nach der Frühgeburt als auch vor der Entlassung von Madeleine ausführlich in mehreren Gesprächen die medizinischen Hintergründe, so wie sie im Arztbericht festgehalten wurden, zu erläutern. Er halte es für unverschämt, wenn die Eltern nun das Gegenteil behaupteten und sich pädagogische Fachkräfte anmaßten, seine ärztlichen Tätigkeiten ohne entsprechendes Hintergrundwissen solcher Art zu kritisieren.

Beide Seiten haben Recht. In der Tat hat sich Dr. Messmer für die Familie Zeit genommen und in zwei Gesprächen nach der Geburt und einem weiteren Gespräch vor der Entlassung den Eltern die Folgen der Frühgeburt und die weitere Entwicklung von Madeleine inklusive ihrer Prognose aus medizinischer Sicht erläutert. Damit ist er mit seiner Beratung der Eltern weiter gegangen, als es vielen anderen Ärzten angesichts ihrer knapp bemessenen Zeitbudgets in ähnlichen Situationen möglich ist. Gleiches gilt für die (weitgehend unbezahlten) Zeiten, die er Frau Delling für eine interdisziplinäre Kooperation zur Verfügung stellt. Entsprechend enttäuscht ist er, nun mit einer derartigen (unterschwelligen und subjektiven) Kritik konfrontiert zu werden. Gleichzeitig haben die Eltern zum ersten Mal in dem Gespräch mit Frau Delling das Gefühl, so umfassend über die Entwicklung von Madeleine aus medizinischer Sicht informiert worden zu sein, dass sie gestärkt daraus hervorgehen. Der Rahmen, in dem das Gespräch mit Frau Delling stattfand, ist atmosphärisch auch ein ganz anderer: Im häuslichen Bereich können sich die Eltern anders auf ein solches Gespräch einlassen, gleichzeitig stehen der Frühförderin andere Möglichkeiten und Zeitbudgets zur Verfügung, eventuelle Unklarheiten aufzugreifen und zu erspüren, was die Eltern von den Informationen aufnehmen können und was nicht.

Die – auch für einen Arzt belastende – Situation der Diagnosemitteilung fordert die Kompetenz, im Sinne von „Responsivität" die Signale seiner Patienten oder Klienten aufzunehmen und dahingehend zu interpretieren, was von seinen Mitteilungen vom Gegenüber bereits angenommen werden kann oder wo gegebenenfalls noch ein zeitlicher Abstand notwendig ist, damit dem Betroffenen ausreichend Freiraum für eine Verarbeitung des Gehörten bleibt. Dafür haben die meisten Ärzte jedoch keinerlei Kapazitäten, eine entsprechende responsive Gesprächsführung ist in ihrer Ausbildung nicht enthalten. Wie diese Aufgabe zwar gewissenhaft abgearbeitet werden kann, bei einer fehlenden Responsivität aber nicht nur einen Aufwand unnütz werden lässt, sondern sogar zu einer (nachhaltigen) Entfremdung zwischen Fachpersonen und Klientel führt, hat die Mutter eines Frühförderkindes in einem Brief, den sie als nachträgliche Aufarbeitung des Todes ihres Kindes (1999) verfasst hat, eindrucksvoll veranschaulicht. In dieser Aufarbeitung schildert sie unter anderem das Erlebnis ihrer Diagnosemitteilung, das ich nachfolgend in Auszügen wiedergebe:

Brief einer Mutter

> *„Ich konnte es nicht glauben. Ich sah den Arzt an, sah wie sich sein Mund bewegte. Ich spürte, es war ihm unangenehm zu erzählen. Am liebsten wäre er weggelaufen, so wie er auf seinem Stuhl hin und herrutschte. Aber seine vielen Worte kamen nicht an. Irgendwann hat mich dann das Gefühl gepackt. Mein Kind war behindert! Alles umsonst! All die vielen Wochen im Krankenhaus, das Stillliegen, die vielen Medikamente, das unendliche Alleinsein. Mir schossen die Tränen in die Augen. Der Arzt sah es und redete noch mehr und noch schneller. Warum hört er nicht endlich auf? Mir wurde klar, dass ich nichts von den vielen Informationen wahr nahm. Ich schaute meinen Mann an, sah wie er schluckte und wusste: Der versteht noch viel weniger. Aber die Kraft zu sagen: „Hören Sie auf, ich verstehe sowieso nichts, ich kann Ihnen gar nicht zuhören. Alles in mir schreit, ich will nur noch weinen" – diese unendliche Kraft hatte ich nicht. Also blieb ich sitzen und wartete, bis die Lippen des Arztes endlich aufhörten mit ihren Bewegungen, die für mich wie Keulenschläge waren. Denn mir vorstellen, was es bedeutet, mit einem behinderten Kind zu leben, die ständige Angst, etwas falsch zu machen, die durchwachten Nächte, die vielen erniedrigenden Behördengänge, bei denen ich mir noch nach all den Jahren vorkomme wie eine Bettlerin, die Angst vor den Freunden und Nachbarn, vor ihren unsicheren und oft mitleidigen Blicken, die immer ausdrücken: ‚Ein Glück, dass mir das nicht passiert ist' – all das konnte ich mir noch lange nicht vorstellen. Ich hätte in diesem Moment jemand anderes gebraucht als diesen Arzt"* (Brief einer Mutter, 1999).

Es wird offensichtlich, wie im Rahmen einer Diagnosemitteilung Eltern von der Vielzahl der vermittelten Fakten und der Tragweite ihrer Konsequenzen emotional überfordert sein können. Gleichzeitig wird deutlich, wie schwierig es ist, in der

Alltagsauseinandersetzung mit betroffenen Eltern – gleiches gilt in der Fördersituation für Kinder auch – responsives Verhalten umzusetzen und damit von den ursprünglichen Beratungs- oder Förderkonzepten abzuweichen. Dies erfordert ein hohes Maß an Einfühlungsvermögen, fachlicher Sicherheit und Flexibilität.

Für die kooperierenden Fachpersonen – in diesem Fall der Arzt – wäre es sinnvoll, von den Bezugspersonen in der Familie (oder den Eltern selbst) eine Rückmeldung zu bekommen, was von ihren Informationen ankam und wo noch Unsicherheiten und Klärungsbedarf bei den Eltern bestehen. An diesen Rückmeldungen wächst die eigene Kompetenz. Dazu gehört aber auch die professionelle Kraft, die eigene Arbeitsweise mit KollegInnen offen reflektieren zu können.

3.3 Der Bedarf an Frühförderung

3.3.1 Die Subjektivität eines Bedarfs

Grundsätzlich setzt ein „Bedarf" an besonderen Hilfen ein normatives Bezugssystem voraus. Dieses gibt einen Rahmen vor, der ein Mindestmaß an erstrebenswerter „Normalität" definiert. Dabei sind *Soziale Vergleiche* von hoher Bedeutung – gerade in einer Leistungsgesellschaft mit einer starken Konkurrenzorientierung. Zusätzlich werden von außen spezifische Bedürfnisse geweckt oder verstärkt (z. B. durch Werbung). Bei Nichterreichen der angestrebten (subjektiven) Ziele wird dies als *Mangelsituation* angesehen, die einen Hilfebedarf suggeriert.

Bedarf ist demnach kein objektiver Zustand, er wird unterschiedlich wahrgenommen und zugeschrieben. Welche (fehlenden) Fähigkeiten und Fertigkeiten oder welches Verhalten als „auffällig" (nicht norm- oder bedarfsgerecht) wahrgenommen werden, hängt von der Position des Betrachters ab. Entsprechend wird der Umfang eines Bedarfs von den Personen festgelegt, die eine Definitionsmacht über Normen und Normvarianten ausüben.

Damit dies nicht willkürlich geschieht werden unterschiedliche Kategorien differenziert:

Die allgemein übliche Messgröße für Normalität beruht auf dem Erheben *statistischer Normen*. Sie gelten als am ehesten objektivierbar, da mit Hilfe empirischer Erhebungen ein Durchschnittsbereich ermittelt werden kann, der als zentraler Vergleichspunkt dient. Bezogen auf die Frühförderung kann es sich hierbei zum Beispiel um eine altersgerechte Normalentwicklung handeln, um die herum Normvarianten definiert werden, die noch „tolerierbar" erscheinen.[19]

Weniger objektivierbar sind *soziokulturelle Normen* in Form von Wertvorstellungen und gesellschaftlichen Erwartungen, z. B. bezüglich Umgangsregeln. Bezogen auf die Frühförderung greifen hier z. B. allgemein erwartete Lernschritte wie

---
19 Dieses Modell bedient bspw. die „Münchner Funktionelle Entwicklungsdiagnostik".

Sprachentwicklung oder die Sauberkeit von Kindern innerhalb einer gewissen Altersspanne (z. B. bis zur Kindergartenaufnahme).

In Abhängigkeit zu soziokulturellen Normen entwickeln sich subjektive *individuelle Wertvorstellungen und persönliche Erwartungen*. Diese sind kaum noch objektivierbar. Bezogen auf die Frühförderung gehören hierzu beispielsweise Erwartungen von Erzieherinnen oder Lehrerinnen an die Lern- und Entwicklungsschritte oder die Disziplin von Kindern, aber auch Erwartungen von Eltern. Auch diese sind häufig beeinflusst von sozialen Vergleichen („Das Nachbarkind spricht aber schon viel besser").

Schließlich kann sich ein Bedarf auch orientieren an *subjektiven Maßstäben des Kindes*. Hierzu kann z. B. das Gefühl einer Andersartigkeit, eines Ausgegrenzt-Seins, eines Mangel oder einer Stigmatisierung gehören. Auch hier greifen die Ansprüche auf „Teilhabe", wie sie der Gesetzgeber für die Eingliederungshilfe als zentralen Maßstab definiert hat.

3.3.2 Die Kategorisierung von Bedarf

Ein Bedarf an Frühförderung wird abgeleitet von unserem grundsätzlichen Anspruch an eine soziale Gesellschaft, in der Schwächere und Bedürftige einen Anspruch auf die Solidarität der übrigen Gesellschaft besitzen. In den Anfängen der Frühförderung bezog sich dieser Bedarf auf eine Benachteiligung in Folge einer geistigen oder physischen *Behinderung*. Die Gesellschaft – vertreten durch den Gesetzgeber – bietet hierzu (über zuständige Kostenträger und die von diesen beauftragten Dienste) Hilfen an, um die Benachteiligung und deren Folgen zu lindern. Hierin liegt die gesellschaftliche Grundlage für eine Eingliederungshilfe im Allgemeinen und das Angebot der Frühförderung im Besonderen.

Vor dem Hintergrund einer Bedarfsfestlegung für Frühförderung erfährt der Paradigmenwechsel innerhalb der Heil- und Sonderpädagogik der 1990er Jahre besondere Bedeutung. Erfolgt im medizinischen wie im klassischen sonderpädagogischen Modell der Früherkennung eine Kategorisierung von Diagnosen nach medizinisch feststellbaren Defiziten der Kinder erscheint dies seit dem Paradigmenwechsel in der Heil- und Sonderpädagogik problematisch:

> „Das Klientel der Heilpädagogen lässt sich nicht in Kategorien einordnen. Sie reduzieren Menschen auf bestimmte Merkmale. Kategorien wären Behinderte, Kranke, Verhaltensauffällige. Diese Beispiele aber sind kein Indikator für heilpädagogische Unterstützung, denn viele Menschen mit Behinderungen oder Verhaltensauffälligkeiten kommen in ihrem Leben auch gut ohne Heilpädagogen aus. Und manche lehnen professionelle Helfer per se ab. [...] Diese Sichtweise mahnt Heilpädagogen zur Vorsicht ihre Zielgruppe unbedacht zu definieren" (Lotz 2009, 84).

Folgt man modernen pädagogischen Konzepten richtet sich der Bedarf an Frühförderung nicht nach dem Status einer (drohenden) Behinderung und damit dem Ausmaß festgestellter Defizite bei Kindern (wie es in der Praxis in Folge der

Vorgaben der Rehabilitationsträger noch immer gefordert wird), sondern nach einem *individuellen Hilfebedarf*, der sich je nach subjektiver Befindlichkeit des Kindes und seines Umfeldes unterschiedlich äußert. Dies entspricht den aktuellen gesetzlichen Vorgaben, wie sie in der Frühförderungsverordnung festgelegt sind. Diese Maßstäbe einzulösen ist in der Praxis jedoch weitaus schwerer als ein Messen des kindlichen Entwicklungsstandes.

3.3.3 Umfang des Bedarfs

3.3.3.1 Der theoretisch-gesellschaftliche Hintergrund des Anstiegs an Frühförderbedarf

Insgesamt werden durch die Frühförderstellen ca. 100 000 Kinder jährlich betreut (ISG 2008, 89), durch SPZ ca. 37 600 Kinder pro Quartal. Festzustellen ist eine enorme Steigerung der Nachfrage nach Frühförderung: Wir schätzen, dass sich in den 1990er Jahren die Zahl der Kinder, für die Frühförderung im Rahmen der Eingliederungshilfe beantragt wurde, verdrei- bis vervierfacht hat, bevor etwa ab Ende der 1990er Jahre die Rehabilitationsträger Frühförderung restriktiver genehmigten und ausstatteten. Von 2000 bis 2006 stieg die Inanspruchnahme pädagogischer Frühförderung bundesweit noch um 12 % (vgl. Tab. 4).

Die Steigerung erfolgte allerdings mit großen regionalen Unterschieden, die wesentlich durch die Angebote der Hilfesysteme bedingt sind. Diese Unterschiede liegen weniger darin begründet, dass Kinder in manchen Regionen stärker entwicklungsgefährdet sind als in anderen[20]. Es sind vielmehr administrative Verfahrensunterschiede im Zuge der Antragsverfahren (einschließlich von individuellen Wartezeiten), die eine regionale Ungleichheit bei der Inanspruchnahme bedingen. Grundsätzlich haben die gestiegenen Auffälligkeiten überwiegend gesellschaftliche Hintergründe.

Dahinter verbirgt sich eine zunehmende Verunsicherung und Überforderung von Eltern. Wenn ich in der Risikogesellschaft nicht nur Wahlfreiheit besitze, sondern einem Entscheidungszwang unterliege, bei dem ich mich als Individuum an jeder Ecke zwischen möglichen individuellen Lebenswegen eigenverantwortlich entscheiden muss – dort, wo früher Gesellschaft, Moral und Gemeinschaften feste Wege vorgegeben haben –, dann steigt die Gefahr der Überforderung (gerade bei den Individuen mit niedrigerem Reflexionsvermögen/Bildungsgrad). Die Welt verliert in einer zunehmend enttraditionalisierten Gesellschaft an Eindeutigkeit und Klarheit für Erwachsene – und in der Folge auch für Kinder. Diese „reflexive Modernisierung" führt zu einer

---

20 Diese Tendenz prognostizieren wir allenfalls in Folge von regionalen Wanderungsbewegungen von Bildungsschichten aus ökonomischen Gründen für die Zukunft, signifikant empirisch belegen können wir sie bislang noch nicht.

Tab. 4: Inanspruchnahme der „Heilpädagogischen Leistungen" gemäß § 40 BSHG bzw. § 56 SGB IX i.V. mit § 53 SGB XII

Heilpädagogische Leistungen - Entwicklung von 2000 - 2006							
	2000	Struktur im Jahr 2000	2002	2004	2006***	Struktur im Jahr 2006	Veränderung *06 ggü. 00
am Jahresende							
insgesamt	65.836	100,0%	70.633	73,129	73.920	100,0%	12%
männlich	42.884	65,1%	46.092	47,961	48.790	66,0%	14%
weiblich	22.952	34,9%	24.441	25,168	25.130	34,0%	9%
deutsch	62.170	94,4%	67.062	69,799	70.720	95,7%	14%
nicht-deutsch	3.666	5,5%	3.471	3,330	3.200	4,3%	-13%
ambulant	37.347	56,7%	38.055	35,654	41.120	55,6%	10%
teilstationär	25.845	89,8%	30.359	34,712	30.100	40,7%	16%
vollstationär	2.644	4,0%	2.119	02,763	2.700	3,7%	2%
im Jahresverlauf							
	99.622	100,0%	112.503	120,855	122.162	100,0%	23%
ambulant	61.458	61,7%	68.531	70,125	67.956	55,6%	11%
teilstationär	35.723	35,9%	42.386	49,033	49.744	40,7%	39%
vollstattionär	03.629	3,5%	3.191	4,132	4.462	3,7%	23%
Kinder unter 7 Jahren in der Bevölkerung	5.500,386 1,2	je 100			5.018.713 1,5	je 100	-9% 23%

Quelle: ISG 2008, 15

„Individualisierung und Pluralisierung, die nicht mehr widerspruchs- und ambivalenzfrei gelebt werden können" (Keupp 1996, 132).

Die erhöhten Anforderungen einer erfolgreichen Lebensbewältigung müssen auf verschiedenen Ebenen bewältigt werden (vgl. ebd., 133 ff): Die Alltagserfahrungen fragmentieren sich zunehmend, es wird immer anspruchsvoller, die Fülle von Einzelbildern (Fernsehen, Arbeitsplatz, Freizeit, Zuhause) zu einem stimmigen Gesamtbild zusammen zu fügen – für Kinder, die zwischen den verschiedenen Welten umher gefahren werden, ist es besonders schwer, Realitätsbezüge zu knüpfen. Der Anspruch wird um so höher, je pluraler und unsteter die Lebensformen sind: Wechselnde Eltern- und Geschwisterbeziehungen, ein Wechsel von Besuchen beim leiblichen Vater zum (momentanen) Lebenspartner der Mutter als Bezugsperson, von Sandwich-Geschwistern zu leiblichen – all dies stellt Kinder (wie Erwachsene) vor erhöhte Reflexions- und Verarbeitungsanforderungen. Gleichzeitig ändern sich die Geschlechterrollen, verstärkt durch (neue) Ansprüche von Frauen an die individuelle Selbstverwirklichung und eine häufig fehlende äquivalente Bereitschaft von Männern, diese Lücke in Bezug auf die innerfamiliären Leistungen zu füllen (ebenfalls in Abhängigkeit vom Bildungsstand und den finanziellen Möglichkeiten, also dem kulturellen und ökonomischen Kapital).

All dies geschieht vor dem Hintergrund, dass klassische Erziehungsformen in Frage gestellt werden. Der Satz „So etwas tut man nicht" ist in einer modernen Gesellschaft tabu. Er wird in etwa ersetzt durch den Anspruch: „Ich erkenne die Notwendigkeit und den Halt eines Solidargefüges an und bin bereit, eigene egoistische Ansprüche zu dessen Gunsten zurück zu stellen." Welch ein Anspruch an die persönliche Reife und Reflexionsfähigkeit! „Innere Kontrolle muss fehlende äußere Kontrolle ersetzen" (Fend 1988, 295).

Wenn der einzelne in einer erweiterten Sinnsuche als alleiniger „Konstrukteur seines eigenen Sinnsystems" zu entscheiden hat, was von den traditionellen Sinn- und Erklärungsangeboten übernommen und was über Bord geworfen wird, so geschieht dies nicht ohne Einflüsse von außen: Der gesellschaftliche Erwartungsdruck wird gerade für Kinder und Jugendliche durch den Transport von Extremen und Sensationen über die Medien geprägt. Sie heben den Erwartungshorizont hin zum Besonderen. Es zählt für den einzelnen nicht mehr das Definieren eines (normalen) Platzes in der Gemeinschaft, der Anspruch besteht, aus dem eigenen Leben etwas Besonderes (ein Kunstwerk) zu konstruieren. Zuschauer ist eine gesellschaftliche Bühne, auf der sich inszeniert werden muss („Then I made the show"). Dies impliziert Druck, Stress und Schuld (es liegt an mir, wenn es nicht gelingt). Oft reichen die materiellen, sozialen und psychischen Ressourcen zu deren Bewältigung nicht aus. Der Ausweg liegt häufig in der Konstruktion eigener (virtueller) Traumwelten.

Auch Kinder bekommen einen erhöhten Druck zu spüren – auch schon vor der Einschulung: Sie werden im gesellschaftlichen Wettlauf sozialen Vergleichen mit anderen unterzogen bzgl. Motorik, Kognition und insbesondere Sprachentwicklung. Die Folge ist ein dramatisches Ansteigen der Therapiemaßnahmen – quasi als von den Krankenkassen bezahlte Entwicklungsnachhilfe.

Kinder mit Vorbelastungen (Behinderungen, risikobehaftetes Lebensumfeld, Teilleistungsstörungen) und Säuglinge und Kleinkinder sind in besonderem Maße vulnerabel. Sie „bedürfen in viel größerem Maße sorgsamer Betreuung als normale Kinder, da ihre Vitalität und Kompetenz zur Bewältigung von Stresssituationen nicht ausreicht" (Viebrock 2004, 73), sie in hoher Abhängigkeit stehen und ihre Bedürfnisse noch nicht eindeutig artikulieren können. Gleichzeitig ist ihr Umfeld jedoch selbst einer erhöhten Stressbelastung unterworfen. Unter Bedingungen wie Armut, Arbeitslosigkeit oder eigenen belastenden Kindheitserfahrungen „kann die Geburt eines Kindes eine leidvolle und irritierende Zeit nach sich ziehen. [...] Unter diesen Bedingungen ist das Heranwachsen eines Kindes von Beginn an großen Belastungen ausgesetzt, die sich negativ in dessen weiterer psychosozialer Entwicklung auswirken können" (Kißgen/Süß 2005, 10f).

Obwohl wissenschaftliche Studien und Erkenntnisse eine Vielzahl von Anhaltspunkten für eine Bewertung und Einordnung innerfamiliärer Stress- und Beziehungsdynamiken liefern (im Überblick z. B. Deegener/Körner 2008), lassen sich bei den Kostenträgern für professionelle Hilfeleistungen bislang noch keine Tendenzen erkennen, Frühförderung nach Risikofaktoren und nicht nach kindlicher Schädigung zu bewilligen. Dabei gibt es inzwischen eine Fülle von gezielten Interventionsprogrammen, auf die Frühförderung in ihren Angeboten zurück greifen könnte. Zumeist werden für solche Programme (z. B. Steep, Obstapje, Minnesota Child Parent Projekt) wiederum spezielle Einrichtungen und damit neue Systeme eingeführt.

3.3.3.2 Die besondere Bedeutung der Früherkennung

Die jüngeren Forschungsergebnisse zeigen immer eindringlicher auf, warum es notwendig ist, Risikofamilien *frühzeitig* passgenaue und effektive Hilfen anzubieten (vgl. Künstler/Ziesel/Ziegenhain 2009, 51 f): Von der Bedeutung früher Kindheitserfahrungen für die körperliche und emotionale Entwicklung (Shonkoff/Philipps 2000) mit möglicherweise irreversiblen Auswirkungen und der damit verbundenen Abhängigkeit von festen Bezugspersonen bis hin zur Notwendigkeit äußerer Anregungen für die Entwicklung des menschlichen Gehirns (Hüther 2007) wird die Frage einer Eltern-Kind-Beziehung als zentral für die Gesamtentwicklung des Kindes angesehen. Kaum ein System hätte mit seiner traditionell mobilen Arbeitsweise und seinen interdisziplinären fachlichen Ansprüchen so gute Voraussetzungen für eine frühzeitige Hilfeleistung wie die mobile Frühförderung – gerade in einem sozial benachteiligten Milieu.

Klein (2002, 48) stellt jedoch fest, dass gerade Kinder aus sozial benachteiligten Familien Angebote der Frühförderung kaum in Anspruch nehmen und selbst wenn, dann oft erst ein oder zwei Jahre vor der Einschulung. Diese Tendenz hält bereits lange an: Bereits eine Befragung aller Förderschulen (für Lernbehinderte) in Baden-Württemberg im Jahre 1989 (Klein 1989) hatte Folgendes ergeben: Von den neu aufgenommenen Schülerinnen und Schülern in diesem Schuljahr haben lediglich 15,9 % eine Frühförderung erfahren, die einigermaßen auf ihre Bedürfnisse abgestimmt war. 55,6 % dieses Jahrgangs hatten keinerlei Frühförderung erfahren. Acht Jahre später wurden Zahlen in etwa gleicher Größenordnung bestätigt (Klein 1999).

Früherkennung im üblichen Sinne findet statt, indem einzelne Kinder mit dem Entwicklungsstand der Altersnorm verglichen werden. Je nach Grad der Abweichung von der Norm wird von Normalität, von einem Entwicklungsrisiko, einer Entwicklungsauffälligkeit, einer Entwicklungsverzögerung/-störung oder schließlich einer Behinderung gesprochen. Die Übergänge sind fließend. Eine diagnostizierte Abweichung (Defizit) wird dem Kind als Merkmal zugeschrieben.

In der sozialwissenschaftlichen Diskussion wurde dieser kind- und defizitorientierte Ansatz von einem alltagsorientierten Ansatz verdrängt. „An Stelle der Diagnose einer Behinderung als Orientierungspunkt für das pädagogische Handeln gilt es, die speziellen oder besonderen Bedürfnisse eines Kindes festzustellen. Diese Bedürfnisse sind nicht am Kind selbst zu erkennen wie die Merkmale einer Behinderung, sondern an seiner alltäglichen Lebenswelt, an deren Bedingungen, welche die Entwicklungs-, Lern- und Bildungsprozesse erschweren" (Beck 1996, 36).

Betrachtet man Früherkennung aus der Perspektive der Subjektorientierung, muss das Bestreben dahin gehen zu erfahren, ob und wo das einzelne Kind einen Mangel erlebt oder es sich von seinen Lebensbedingungen her in der Entwicklung eingeschränkt („behindert") sieht. Die Problemdefinition aus dieser Perspektive ist Aufgabe des Kindes, während die Problemdefinition auf Grundlage statistischer Normen eine Aufgabe der Fachleute ist.

Nun besteht allerdings die Schwierigkeit, dass die betroffenen Kinder der Frühförderung noch gar nicht in der Lage sind, sich diesbezüglich zu artikulieren. Ihre subjektive Wahrnehmung kann dementsprechend nur durch Eltern, Erzieher oder eben die mit Früherkennung befassten Fachleute interpretiert werden. Diese Interpretation wird durch persönliche Wertvorstellungen und soziokulturelle Normen beeinflusst. Eine Vermischung der verschiedenen Perspektiven ist nicht vermeidbar. Gerade für professionell Beteiligte ist es allerdings wichtig, um diese Zusammenhänge zu wissen und durch einen reflektierten Umgang die Vermischung der Perspektiven zu reduzieren. Mit der stärkeren Gewichtung einer subjektiven Wahrnehmung der betroffenen Kinder und Familien findet eine neue Größe Eingang in die Feststellung eines Hilfe- und Förderbedarfs.
Verwaltung mag dieses Denken nicht, es ist unordentlich.

3.3.3.3 Die Indikationen für Frühförderung

Die Rehabilitationsträger sehen eine Indikation für Frühförderung erst, wenn eine (drohende) Behinderung feststellbar ist. Gegen diesen „kurativen Ansatz" stellt Klein (1999) einen „präventiven" Ansatz, der eine Indikation bereits bei beeinträchtigenden Lebens- und Erziehungsbedingungen als gegeben ansieht. Genau einen solchen präventiven Auftrag gibt der Gesetzgeber auch den Rehabilitationsträgern vor, sie besitzen hier also einen Handlungsauftrag, zumindest einen Ermessensspielraum.

Eine Möglichkeit der Bedarfsermittlung an Frühförderung ist, die Anzahl der Kinder zu betrachten, für die ein Antrag auf Frühförderung gestellt wurde unabhängig von der Bewilligung (subjektiver Bedarf). Dies unterstellt, dass alle Bedürftigen ihre Ansprüche auch tatsächlich geltend machen. Dies gilt auch für die Möglichkeit, die Anzahl der Kinder zu betrachten, die Frühförderung in Anspruch genommen haben (administrativ anerkannter Bedarf). Wir können aufzeigen, dass dies nur zu einem geringen Teil der Fall ist.

Diese Diskrepanz hat sich bereits mit den ersten Untersuchungen in den 1990er Jahren offenbart – selbst gegenüber den offiziellen Schätzungen eines Bedarfs durch verschiedene Ministerien:

„Als Bedarf für Frühförderung hat sich in den 90er Jahren eine Quote von ca. 6 % der Kinder im Vorschulalter seriöserweise etabliert (Ministerium für Arbeit, Soziales, Gesundheit & Frauen des Landes Brandenburg 1997, 17; Sozialministerium Baden-Württemberg, 1998, 8). Bei den bis dato ausgewerteten Untersuchungen (Sohns 2000, 268 ff) mit Zahlen aus 9 Bundesländern hat lediglich Baden-Württemberg (mit 4,96 % aller Kinder im Vorschulalter) diese Quote annähernd erreicht[21], an letzter Stelle lag

---

21 Interessant ist, dass im Rahmen der Erhebung des ISG, die in Baden-Württemberg nur die interdisziplinären Frühförderstellen und nicht die Sonderpädagogischen Beratungszentren erfasst hat, Baden-Württemberg bundesweit nach Schleswig-Holstein die niedrigste Erfassungsquote aufweist (ISG 2008, 89).

Mecklenburg-Vorpommern mit durchschnittlich 0,77%, in einzelnen Kreisen sogar unter 0,2%" (Sohns 2001, 8).

Tab. 5: Diagnosen aller durch die Frühförderstellen in Mecklenburg-Vorpommern betreuten Kinder (Sohns 2001, 15)

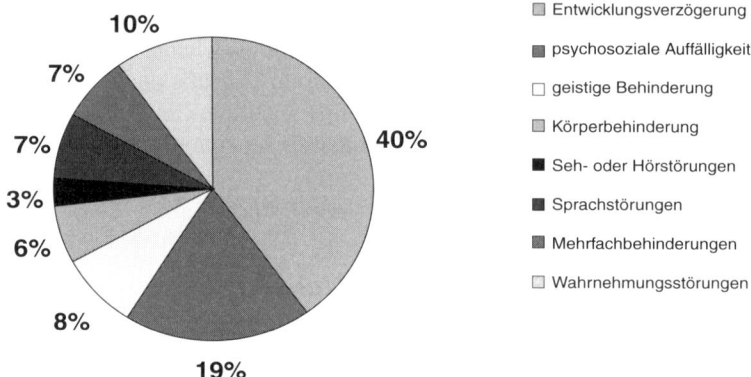

Obwohl die Quote der Kinder und Familien, die durch Frühförderstellen betreut wurden, bis 2001 um 75% anstieg (vgl. ebd. 9), bedeutet dies, dass immer noch 77,5% der Kinder und Familien in Mecklenburg-Vorpommern, für die nach den Schätzungen der Ministerien ein Betreuungsbedarf vermutet werden muss, ohne individuelle Betreuung bleiben.

Dabei konnten wir belegen, wie sehr sich die *Indikationen* der Kinder, die Frühförderung erhalten, in den letzten 20 Jahren verändert hat: Standen in den 1980er Jahren in der Bundesrepublik noch die Kinder mit klassischen körperlichen, geistigen und mehrfachen Behinderungen eindeutig im Vordergrund, hat sich dies in den 1990er Jahren ins Gegenteil verändert. Am Beispiel der einzigen Vollerhebung aller Frühförderstellen eines ganzen Bundeslandes, bei der mit Stichtag 30.4. alle Kinder der Frühförderstellen in Mecklenburg-Vorpommern diagnostiziert wurden, konnten wir aufzeigen, dass diese Behinderungsformen nur noch etwa $1/4$ der Frühförderkinder ausmachen (vgl. Tab. 5).

Im Vordergrund stehen sogenannte „allgemeine Entwicklungsverzögerungen unklarer Genese", Kinder mit einem hohen Entwicklungsrisiko (oftmals aus benachteiligten sozialen Verhältnissen), die ohne Hilfe zumeist keine Regeleinrichtung (Kita oder Schule) besuchen werden, bei denen die Ursache ihrer verzögerten Entwicklung jedoch (noch) nicht klar zu bestimmen ist. Diese Kinder „werden deshalb gelegentlich auch als sogenannte ‚Grauzonenkinder' bezeichnet. Ihre oftmals komplexen und zugleich diffusen Probleme lassen sich, je nach Standpunkt des Beobachters und dessen theoretischen Erklärungsmodellen, als allgemeine Entwicklungsauffälligkeit, allgemeine oder partielle Entwicklungsverzögerung (z. B. im Bereich der Stato-, Grob- und Feinmotorik), Lern- und Leistungsstörungen, Teilleistungsstörungen, Wahrnehmungsauffälligkeiten bzw. -störungen, Probleme im Bereich der Sprache und des Sprechens, Verhaltensbesonderheiten oder etwa als psychische oder psychosoziale Auffälligkeiten bezeichnen" (Weiß/Neuhäuser/Sohns 2004, 58). Dabei haben unterschiedliche Bundesländer auch unterschiedliche Traditionen bezüglich der Kategorisierung und der fachlichen Ansätze der Betreuungseinrichtungen (bspw. sind die Mehrzahl der Frühfördereinrichtungen in Baden-Württemberg an Sonderschulen angesiedelt, daher entsprechen die Diagnosekategorien hier den jeweiligen Sonderschulformen, an denen die Frühförderstelle angebunden ist). Insoweit sind die unterschiedlichen Ergebnisse in Erhebungen der einzelnen Bundesländer auch „sozialadministrativ beeinflusst" (ebd.).

Insgesamt gibt es vielfältige Ursachen für die Zunahme des Bedarfs an Frühförderung bzw. die Veränderung der Diagnosen der Frühförderkinder (ausführlich: Weiß/Neuhäuser/Sohns 2004, 58 ff.).

Die Kiggs-Studie als größte Erhebung zur Gesundheit von Kindern und Jugendlichen in Deutschland zeigt auf, dass auch Gesundheitsprobleme bei Kindern und Jugendlichen verstärkt auftreten, Tendenzen, die *Schlack* von einer „neuen Morbidität im Kindes- und Jugendalter" sprechen lassen:

> „Mit diesem Begriff wird der Wandel des Krankheitsspektrums bezeichnet, der etwa seit dem Ende der 1960er Jahre zu beobachten ist und sich ausdrückt in einer Verschiebung von den akuten zu den chronischen Krankheiten und von den primär körperlich bedingten Krankheiten zu den psychischen und funktionellen Entwicklungsstörungen. Zugleich ist eine Zunahme des ‚sozialen Gradienten' festzustellen, worunter die Erhöhung der Erkrankungswahrscheinlichkeit von Kindern aus der unteren Sozialschicht gegenüber ihren Altersgenossen aus der oberen Sozialschicht zu verstehen ist. Daraus ist zu schließen, dass psychosoziale Faktoren eine entscheidende Rolle in der ‚neuen Morbidität' spielen" (Schlack 2008, 150). Die gleichen Risiken gelten auch für ein erhöhtes Risiko für Kindesvernachlässigung, woraus Schlack folgert: „Die spektakulären Fälle von Kindesvernachlässigung mit Todesfolge sind die Spitze des Eisbergs. Der weitaus größere Teil der vernachlässigten (deprivierten) Kinder wird zwar nicht um das Leben, wohl aber um wesentliche Chancen im Leben gebracht" (ebd., 151).

Die Ergebnisse unterstreichen die Bedeutung einer zielgruppen- und ressourcenorientierten Prävention und Gesundheitsförderung im Kinder- und Jugendalter.

Der Bedarf an Frühförderung wird hingegen nur durch eine Minderheit der bedürftigen Familien wahrgenommen: Laut ISG-Studie (2008, 89) werden nur 1,7 % der Kinder im Vorschulalter durch Frühförderstellen betreut. Dies zeigt deutlich, wie groß das Früherkennungsproblem kindlicher Entwicklungsrisiken noch immer ist.

3.3.3.4 Der Bedarf zum Zeitpunkt der Einschulung

Aufschlussreicher als das Untersuchen der *Inanspruchnahme* von Frühförderung in Frühförderstellen und der Kategorisierung der Indikationen ist es für die Erhebung eines Bedarfs, die Anzahl der Kinder zu ermitteln, bei denen zum Zeitpunkt der ärztlichen Einschulungsuntersuchung *sonderpädagogischer Förderbedarf* festgestellt wurde. Zum Zeitpunkt der Einschulung findet zum ersten Mal eine flächendeckende *Erfassung aller Kinder* statt, die durch die staatlichen Schulämter mit Amtshilfe durch die kommunalen Gesundheitsämter bzgl. ihrer Schulfähigkeit untersucht werden. Diese Art der Bedarfsermittlung richtet sich nach der statistischen Norm einer altersentsprechenden Entwicklung und der soziokulturellen Norm, die festlegt, was ein Kind können muss, um eine „normale" Schule zu besuchen. Hierauf baut der Unterricht der allgemeinen Grundschulen in Deutschland auf.

In den skandinavischen Ländern ist eine Schulform etabliert, die nicht eine Entwicklungsnorm als Zugangsberechtigung voraussetzt, sondern in ihrem pädagogischen Konzept und von den notwendigen personellen Ressourcen her stärker darauf ausgerichtet ist, an dem individuellen Entwicklungsstand jedes einzelnen Kindes anzuknüpfen. In Deutschland hingegen reagiert das staatliche Schulsystem traditionell auf Kinder, die den gängigen Normen nicht entsprechen, mit Selektion. 1994 ist in Folge von Emanzipationsbewegungen von Menschen mit Behinderungen, internationaler Vorgaben (der WHO) und zunehmender Ansprüche von Eltern die Sonderschuleinweisung durch die Feststellung eines „sonderpädagogischen Förderbedarfs" ersetzt worden, der unter bestimmten Bedingungen auch in der Regelschule eingelöst werden kann.

Nimmt man diesen sonderpädagogischen Förderbedarf zum Zeitpunkt der Einschulung zum Maßstab, so zeigen sich deutliche Abweichungen zur realen Inanspruchnahme von Frühförderung. Als Beispiel seien zwei durchgeführte Untersuchungen im Landkreis Nordfriesland (Schleswig-Holstein) aus dem Jahr 2004 und in der Stadt Neubrandenburg (Mecklenburg-Vorpommern) aus dem Jahr 2003 aufgeführt, bei denen die Aktenlage der Gesundheitsämter bzgl. der Einschulungskinder ausgewertet wurden.

> Dabei „wurde im Amt für Jugend, Soziales, Arbeit und Senioren des Kreises Nordfriesland deutlich, dass es in der Frühförderung und bei den Integrationsmaßnahmen steigende Fallzahlen gab und dass auch bei den Schuleingangsuntersuchungen die Zahl der entwicklungsauffälligen Kinder stetig anstieg.
> Von 1700 Schulanfängern bekamen 170 Kinder Frühförderung und/oder I-Maßnahmen (10 %). 660 Kinder bekamen eine Form von medizinischer Therapie, wie Physiotherapie, Ergotherapie oder Logopädie (30 %). 700 Kinder zeigten Auffälligkeiten in den Bereichen Sprache, Koordination, Verhalten und Übergewicht (40 %). Weder eine Förderung noch ein Befund hatten nur 40 % der Kinder" (Stephan 2010, 294).

Diese Zahlen belegen dramatische Steigerungsraten binnen weniger Jahre. Wenn 10 % aller Kinder im Vorschulalter eine ambulante oder teilstationäre Frühförderung erhielten und gar 30 % eine medizinisch-therapeutische Leistung, so muss einerseits eine hohe Erfassung v.a. im Bereich der medizinisch-therapeutischen Maßnahmen festgestellt werden. Und eine Rate von nur 40 % der Kinder „ohne Förderung oder Befund" wirft die Frage auf, wie sehr sich die Entwicklungschancen von Kindern beeinträchtigt haben und ob „Normalität" als Ansatzpunkt noch angemessen ist.

Gleichzeitig konnte in Nordfriesland gezeigt werden, dass bei den Kindern, die durch eine Frühförderstelle betreut wurden, ein Zusammenhang zwischen Förderbedürftigkeit und Bildungsstand (der Mütter) besteht. Bei den Frühförderkindern lag der Anteil der Mütter ohne oder mit Förderschulabschluss um 94 %, beim Hauptschulabschluss um 46 % über dem Anteil der Mütter der anderen Kinder, umgekehrt war er bei Müttern mit Realschulabschluss um 17 % und mit Abitur um 29 % niedriger (ebd.).

In *Neubrandenburg* waren dramatische Steigerungsraten der Aufnahmen in die Förderschulen Anlass dafür, deren nähere Hintergründe zu untersuchen. Der Anteil der Kinder des jeweiligen Einschulungsjahrgangs mit sonderpädagogischem Förderbedarf stieg innerhalb von 12 Jahren um mehr als Achtfache:

Tab. 6: Anteil der Kinder mit Förderschulaufnahmen in der Stadt Neubrandenburg zum Zeitpunkt der Einschulung:

1991	1995	1998	2000	2001	2003
2 %	3,4 %	5,8 %	10,1 %	14 %	17 %

(Quelle: Erhebung des Sozialamtes der Stadt Neubrandenburg, 2003)

Im Rahmen eines darauf erfolgten Projektes der Hochschule Neubrandenburg ergaben Auswertungen von Akten im Gesundheitsamt von Schülerinnen und Schülern mit sonderpädagogischem Förderbedarf für die Stadt Neubrandenburg, dass 24,6 % dieser Kinder keinerlei Förderungen, Therapien oder besondere Hilfen erfahren haben. Hierbei wurde allerdings jede Art von besonderer Hilfe (auch wenn sich diese auf die gesamte Familie bezog) und Therapie (Ergotherapie, Logopädie, Physiotherapie) berücksichtigt.

Auffällig an den Ergebnissen der Untersuchung war, dass besonders in den Diagnose-Förder-Klassen (DFK) und in der Sprachheilschule die Anzahl der Kinder ohne besondere Unterstützung vor Schuleintritt mit 25–36,4 % über dem Durchschnitt lag, während dieser Anteil bei Kindern, die die allgemeine Förderschule (AF) besuchten, nur 14,3 % betrug. Dies legt die Vermutung nahe, dass die letztgenannten Kinder früher und in stärkerem Maße von einer Entwicklungsnorm abwichen, während bei Kindern der DFK und der Sprachheilschule seltener vor Schulbeginn ein Förderbedarf gesehen wurde. Nähere Aufschlüsse über die Quote der Angebote an individuellen Hilfen für das Kind oder die Familie, die nicht in Anspruch genommen oder offen abgelehnt wurde, ließen sich nur bedingt aus der Aktenlage ermitteln.

Besonders auffällig ist, dass 76,8 % der Kinder, bei denen mit der Einschulung „sonderpädagogischer Förderbedarf" diagnostiziert wurde, zuvor *keine* Förderung durch eine Frühförderstelle erhielten (Fitschen 2005, 13). Hier scheinen sich die administrativen Hürden durch Sozial- und Gesundheitsamt nochmals besonders auszuwirken.

Insgesamt sind die Zahlen der Kinder mit sog. Lernbehinderungen an Förderschulen oder im gemeinsamen Unterricht in den 1990er Jahren um fast 30 %

gestiegen (Klein 2002, Kultusministerkonferenz 2003). Dabei ist es empirisch unstrittig, dass ein enger Zusammenhang besteht zwischen Armut, sozialer Benachteiligung und sogenannter Lernbehinderung (Klein 1989/1999/2002, Weiß 2000, Merten 2006). Benkmann resümiert entsprechend: „Die Förderschule ist eine Schule für Heranwachsende in Armutslagen" (Benkmann 2003, 450). Für die Frühförderung bedeutet dies, dass die Arbeit in Armutsfamilien zu einem wesentlichen Bestandteil ihrer Aufgabenfelder mit weiter wachsender Tendenz gehört.

Insgesamt müssen wir demnach feststellen, dass es einerseits eine hohe Inanspruchnahme von Frühförderleistungen (im medizinisch-therapeutischen Bereich) gibt, andererseits aber ein hoher Anteil derjenigen, bei denen mit der Einschulung Integrations- oder Förderschulmaßnahmen notwendig erscheinen, nicht vom System der Frühförderung erfasst wird. Es liegt die Vermutung nahe, dass die hohe Wahrnahme medizinisch-therapeutischer Leistungen für Kinder im Vorschulbereich eher mittelstandsorientiert ist. Entsprechend stellt sich die Frage, ob die Hilfesysteme wirklich auf diejenigen ausgerichtet sind, die dieser Hilfen am meisten bedürfen.

4 Die Umsetzung der Komplexleistung Frühförderung in den einzelnen Bundesländern

Mit der Operationalisierung der Komplexleistung als verbindliches Nebeneinander-Wirken von Therapie und Pädagogik werden gesetzliche Vorgaben so administrativ ausgestaltet, dass deren Sinn entstellt wird. Damit geht ein moderner Frühförderansatz, der die Gesamtbedürfnisse eines Familiensystems und die sie beeinflussenden Faktoren erfasst, in seiner interdisziplinären Fachlichkeit verloren oder wird auf diejenigen Kinder begrenzt, die in das Korsett einer Doppelleistung als Grundlage für eine Komplexleistung gepresst werden.

Dabei sind nach dem SGB IX *alle* Frühförderleistungen als ganzheitliche Leistungen zu konzipieren. „Ganzheitlichkeit bedeutet auch, nicht mehr nur das Kind in den Mittelpunkt zu stellen, sondern statt dessen das Erziehungsmilieu und das Lebensumfeld insgesamt ins Blickfeld zu nehmen, allerdings nach klaren Kriterien und mit klarer Zielsetzung zur Verbesserung der Situation des Kindes" (Sohns 2000 a, 27).

Die Krankenkassen haben mit ihrer Beteiligung an der Komplexleistung der Frühförderung einen starken Impuls in Richtung einer Therapie-Orientierung gegeben. Sie haben damit jene zarte Pflanze vergiftet, die die Frühförderstellen gerade mit den kommunalen Kostenträgern in Richtung einer „ganzheitlichen" Frühförderung angelegt hatten. Sie unterdrücken mit einer engen administrativen Auslegung ihres Blickwinkels und ihrer Zuständigkeit auch eine moderne fachliche Neuorientierung in Richtung eines systemübergreifenden Gesamtansatzes. Dies ist um so bedauerlicher, da sie gleichzeitig ohne umfassende Kontrollen eine flächendeckende Bereitschaft zeigen, einem Großteil der Kinder im Vorschulalter ihre Therapiebedürftigkeit zu finanzieren, obwohl deren Effekt in Teilen der Fachwelt weltweit bezweifelt wird.

4.1 Rahmenbedingungen der Frühfördereinrichtungen

4.1.1 Ergebnisse der ISG-Studie

Im Auftrag der Bundesregierung hat das Institut für Sozialforschung und Gesellschaftspolitik (ISG) die Rahmenbedingungen der deutschen Frühfördereinrichtungen untersucht (ISG 2008).

Dabei wurden 635 Frühförderstellen[22] und 127 SPZ angeschrieben, von denen 42% der Frühförderstellen geantwortet haben[23].

Von den insgesamt 265 Einrichtungen, die an der Umfrage teilgenommen haben, bieten 34 Frühförderstellen Komplexleistung an. Im Jahr 2007 kamen 15 weitere Frühförderstellen dazu. Weitere 41 Frühförderstellen planen die Umsetzung kurzfristig und 135 Einrichtungen planen dies mittelfristig. Einzeln betrachtet, befanden sich die 34 Frühförderstellen, die seit 2006 die Komplexleistung Frühförderung umsetzen, in Bayern (29 Einrichtungen) und in Sachsen (5 Einrichtungen). Im Jahr darauf folgten weitere 5 Einrichtungen in Bayern, 4 in Nordrhein- Westfalen, weitere 4 im Saarland und 2 Frühförderstellen in Sachsen (vgl. ISG 2008, 52).

Trotz einiger Einschränkungen bzgl. der Aussagekraft liefert diese Studie erstmalig umfassende Einblicke und Daten über die deutsche Frühförderstruktur. Während diese bzgl. der SPZ zumeist hohe Parallelen bzgl. der Angebots- und Refinanzierungsstruktur ergeben, zeigt sich bei den Frühförderstellen die erwartete unübersichtliche Vielfalt. Bspw. geben 72% der Frühförderstellen an, interdisziplinär besetzt zu sein, allerdings ein Großteil in „virtueller" Form über Kooperationsverträge mit externen Fachpersonen. Auch rein pädagogische Frühförderstellen kooperieren fast alle mit anderen Berufsgruppen (ISG 2008, 7), jedoch nur selten (15%) auf vertraglicher Basis. „66% der Frühförderstellen gaben zum Befragungszeitpunkt an, dass sich ihre Zusammenarbeit mit Ärzten/Ärztinnen darin erschöpft, sich im Bedarfsfall z. B. telefonisch über einzelne der geförderten Kinder auszutauschen" (ebd.).

Das heißt, mindestens 2/3 der Frühförderstellen haben kein Kooperationsmodell und keine Finanzierungsgrundlage für die Zusammenarbeit mit Ärzten/innen, die bei der interdisziplinären Eingangsdiagnostik und der Erstellung des Förder- und Behandlungsplans zwingend erforderlich sind. Es stellt sich hierbei die Frage, wie willkürlich die Frühförderstelle einen solchen „Bedarfsfall" definieren kann und wie kooperierende Fachpersonen hierfür entlohnt werden. Es muss auch die Gefahr der Verschlechterung von Kooperationsstrukturen mit externen Fachpersonen gesehen werden: Durch interdisziplinäre Frühförderstellen „ändern sich Rahmenbedingungen für niedergelassen Therapeut/innen entscheidend" (ebd., 10).

Nur eine Minderheit der Frühfördereinrichtungen kann eine umfassende *Elternbegleitung* gewährleisten, da allein die Arbeit mit dem Kind als leistungsauslösend gilt. Meist finden Elterngespräche (nur) während dieser Zeit statt, obwohl dies den Vorgaben des Gesetzgebers widerspricht (ebd. 8).

---

22 Nicht einbezogen wurden die derzeit 338 Frühförderstellen in Baden-Württemberg, die an Sonderschulen angesiedelt sind, obwohl sie über lange Zeit und in einigen Landkreisen noch heute das Versorgungsmonopol für Frühförderung inne haben.
23 Es stellt sich an dieser Stelle die Frage, inwieweit die Repräsentativität der Studie hierdurch eingeschränkt ist. Es lässt sich die Möglichkeit nicht ausschließen, dass die 58% der Frühförderstellen, die sich nicht an der Befragung beteiligten, dies z. B. bewusst auf Grund von qualitativen Unterschieden taten.

Hingegen arbeiten 2/3 der Frühförderstellen mobil und 1/3 ambulant (ebd., 9). Auffallend ist jedoch eine Dominanz der ambulanten Arbeitsweise bei den interdisziplinären Frühförderstellen. Diese Tendenz findet sich durchgängig, sodass auch in den Ländern mit insgesamt hoher Interdisziplinarität überwiegend ambulant gearbeitet wird.

Tab. 7: Verteilung mobiler und ambulanter FF (vgl. ISG 2008, 57)

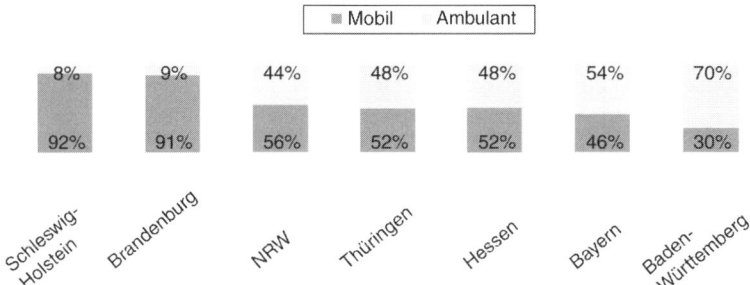

Es muss die Gefahr gesehen werden, dass bei einer weiteren Zunahme interdisziplinärer Arbeitsweisen in Frühförderstellen gleichzeitig die Möglichkeiten und die Motivation, mobil und familienorientiert zu arbeiten, zurückgedrängt werden. Darauf legt die FrühV auch keinen ausdrücklichen Wert: In Rheinland-Pfalz und Berlin entsprechen bereits Strukturen den Erfordernissen der FrühV (ebd., 9), ohne dass hier mobile Frühförderung angeboten wird.

Bzgl. der *Zufriedenheit mit der Situation* gibt es bei den Fachpersonen der Frühförderung große landesweite Unterschiede. So wird die Versorgungssituation von Kindern mit einem Förderbedarf durch Frühförderstellen in Hamburg und Bremen zu 100 % als unzureichend eingeschätzt. In Mecklenburg-Vorpommern beispielsweise schätzen 10 % die Situation als ausreichend ein, 70 % als unzureichend und 20 % machen „keine Angabe". Eine ähnliche Situation stellt sich in Thüringen dar. Hier sind nur 18 % der Frühförderstellen mit der Versorgung ausreichend zufrieden, während die restlichen 82 % die Versorgungssituation aus unzureichend beurteilen. Wohingegen im Saarland 75 % der beteiligten Frühförderstellen die Versorgungssituation von förderbedürftigen Kinder als ausreichend ansehen. Die restlichen 25 % können dies nicht einschätzen. Auch in Sachsen-Anhalt (60 %) und Schleswig-Holstein (63 %) wird die Situation als ausreichend angesehen, die restlichen Stimmen sind allerdings unzureichend zufrieden mit der Versorgung der Kinder. In der Auswertung von ganz Deutschland hält es sich allerdings in etwa die Waage. So sehen 42 % der Frühförderstellen in Deutschland die Versorgung der förderbedürftigen Kinder als ausreichend an, 52 % als unzureichend und 6 % machen keine Angabe (vgl. ISG 2008, 86).

Um die berufliche *Qualifikation der Mitarbeiter* in Frühförderstellen festzustellen hat die Studie des ISG in den 262 antwortenden Frühförderstellen insgesamt 2475 Fachkräfte befragt. Unterschieden wurde zwischen Fachkräften des pädagogischen, psychologischen, therapeutischen und des ärztlichen Bereichs sowie Fachkräften ohne eine konkrete Zuordnung. Dabei zeigte sich folgende Einteilung:

Tab. 8: Berufsgruppen in der Frühförderung (vgl. ISG 2008, 46)

Pädagogischer Bereich		Med.-therapeutischer Bereich		Sonstige Berufsgruppen	
Insgesamt	1691	Insgesamt	585	Insgesamt	199
Heilpädagogen	664	Ergotherapeuten	249	Psychologen	131
Sozialpädagogen	453	Physiotherapeuten	177	Ärzte	17
ErzieherInnen	300	Logopäden	118	Sonstige	51
(Dipl.-) Pädagogen	145	Sprachheilpädagogen	41		
Motopäden	74				
Sonderpädagogen	55				

Von den an Frühförderstellen angemeldeten Kindern sind 14 % der Erstanmeldungen bereits fünf Jahre oder älter, im Vergleich hierzu sind dies nur 4 % der Kinder ab fünf Jahren in einem SPZ. Hier werden 30 % der Kinder bereits als Säugling, 33 % als Kleinkinder und 32 % als junge Kindergartenkinder in SPZ aufgenommen.

Während alle Kinder in SPZ vom Hausarzt vermittelt werden, haben bei den Frühförderstellen Kinderkrippen und Kindergärten für die Früherkennung eine herausragende Bedeutung: 32 % der Kleinkinder und 39 % der jungen Kindergartenkinder werden durch diese an eine Frühförderstelle verwiesen (Engel/Engels/Pfeuffer 2008, 128)

4.1.2 Landesweite Rahmenempfehlungen

Auch wenn das Rehabilitationsgesetz (SGB IX) bereits seit 2001 in Kraft ist und damit Rechtsansprüche auf die Inanspruchnahme von Komplexleistung bestehen, änderte sich zunächst nichts an der bestehenden Angebotsstruktur von Frühförderung. Zuständig für die Umsetzung des Rechtsanspruchs sind die Rehabilitationsträger, im Falle der Frühförderung insbesondere die kommunalen Jugend- und Sozialhilfeträger sowie die Krankenversicherungen. Sie hätten sich bereits ab 2001 vor Ort zeitnah auf eine gemeinsame Ausgestaltung der Leistungserbringung aus einer Hand verständigen können. Allerdings hatte der Bundesgesetzgeber mit dem Verweis auf zu erstellende „BAR-Empfehlungen" weiter auszugestaltende Rahmenbedingungen zwischen den Rehabilitationsträgern auf Bundesebene avisiert. Insoweit konnten die Rehabilitationsträger vor Ort eine Umsetzung der Komplexleistung bis zum Scheitern der BAR-Verhandlungen und der anschließenden Verabschiedung der Frühförderungsverordnung (2003) mit der Begründung verschieben, zunächst auf weitere verbindliche Vorgaben auf Bundesebene zu warten. Dass im Anschluss daran vor Ort noch immer keine Ausgestaltung der Komplexleistung erfolgte, wurde dadurch begünstigt, dass die Krankenkassen landesweit organisiert sind und entsprechend landesweite Rahmenvereinbarungen oder -empfehlungen zwischen den Rehabilitationsträgern abwarten wollten.

Die Hoffnungen der Frühfördereinrichtungen auf eine Realisierung ihrer in den Jahrzehnten zuvor entwickelten fachlichen Ansprüche waren nach wie vor groß. „Unter dem Blickwinkel einer Ressourcenorientierung bringt das System der Frühförderstellen eine Tradition von gewinnbringenden Ansätzen mit in die Phase einer Neukonzipierung. Sie hat sich von dem Ansatz einer defizitorientierten Therapie oder heilpädagogischen Übungsbehandlung weiter entwickelt zu einer Familienorientierung, wobei ihr ihre 30jährige Tradition der mobilen Frühförderung entgegen kam und eine Alltags- und Lebensweltorientierung ermöglichte. Genau diese erscheint jedoch – aller fachlichen und gesellschaftlichen Notwendigkeiten zum Trotz – gefährdet. Wenn wir uns die Ausgestaltung der Komplexleistung in den letzten 7 Jahren betrachten, so hat die gesetzliche Neuregelung das Verdienst, dass sich auf allen Ebenen ein Heer von Referenten – bei Ministerien, Kommunen, Krankenversicherung und Dachverbänden auf Landes- wie auf kommunaler Ebene – mit Frühförderung auseinander setzte. Es wurde jahrelang – zumeist hinter verschlossenen Türen – zwischen den Referenten verhandelt. Betrachten wir uns die Ergebnisse, so sind diese überwiegend ernüchternd bis erschreckend" (Sohns 2009 d, 127).

Landesweite Vereinbarungen sind zwischen 2005 und 2008 in fast allen Bundesländern geschlossen worden, ihre Auswirkungen auf die reale Ausgestaltung vor Ort sind jedoch in jedem Bundesland unterschiedlich. Es ist daher notwendig, zur Untersuchung des Systems Frühförderung in Deutschland die einzelnen Bundesländer getrennt zu betrachten. Dies birgt die Möglichkeit eines Einblicks in unterschiedliche Verhandlungsmentalitäten und Rahmenbedingungen, obwohl trotz landesweiter Rahmenverhandlungen nach wie vor völlig unterschiedliche Arbeitsbedingungen der Frühförderung in den einzelnen Kreisen und kreisfreien Städten bestehen.

Für die Bundesländer bestand das Problem, den neuen gesetzlichen Ansprüchen Rechnung zu tragen und sie gleichzeitig in bestehende traditionelle Strukturen zu integrieren. Hierbei trafen bei den verschiedenen Beteiligten völlig unterschiedliche Interessen aufeinander. Der Gesetzgeber hat den Anspruch erhoben, mit dem SGB IX ein modernes Gesetz vorzugeben, das die Teilhabe und Verantwortung von betroffenen Menschen mit Behinderungen und ihren Angehörigen stärkt[24]. Die Rehabilitationsträger vor Ort sahen sich erheblichen Kostensteigerungen in Folge stark gestiegener Fallzahlen gegenüber (vgl. Kap. 3.3) und befürchteten, durch neue fachliche Ansprüche mit zusätzlichen Mehrkosten konfrontiert zu werden. Gleichzeitig war der gesetzliche Anspruch einer verbindlichen Abstimmung der

---

24 Er wird hierbei durch die im März 2009 in Deutschland in Kraft getretene UN-Behindertenrechtskonvention bestätigt.

unterschiedlichen Rehabilitationsträger zu einem gemeinsamen Konzept mit Unwägbarkeiten verbunden, die zu Verunsicherungen führten. Die Rehabilitationsträger standen den gesetzlichen Neuregelungen insofern von Anfang an überwiegend kritisch gegenüber. Gleiches galt auch für die Leistungserbringer und Fachpersonen der Frühförderung. Verbanden sie einerseits mit den fachlichen Vorgaben Hoffnungen (insbesondere zur Absicherung von interdisziplinären Kooperationen) mit dem Gesetz, befürchteten sie andererseits, dass bei deren Ausgestaltung bewährte Standards kritisch hinterfragt und dabei eingeschränkt würden. Diese Zweifel schränkten die Beteiligten bei der Ausgestaltung von landesweiten Vereinbarungen ein. Die Bedenken der Einrichtungsträger und Fachpersonen vor Ort wurden dadurch gestärkt, dass in den meisten Ländern die Vertreter der Rehabilitationsträger die Fach- und Dachverbände von den Absprachen ausschlossen und im Unklaren ließen. Selbst Vertreter der zuständigen Ministerien nahmen zum großen Teil an den Verhandlungen nicht teil oder wurden allenfalls in moderierender Rolle hinzu gebeten. Entsprechend sind die Vereinbarungen überwiegend von den (unterschiedlichen) administrativ-politischen Sichtweisen der Rehabilitationsträger geprägt. Dies wirkte sich in den einzelnen Ländern unterschiedlich aus. In manchen wurde eine neue Vereinbarung flächendeckend umgesetzt, in manchen punktuell, in einer Vielzahl von Ländern bis heute überhaupt nicht.

Bei der nachfolgenden Untersuchung wird auf einzelne Länder detaillierter eingegangen: Bayern und Saarland sind die einzigen Länder, in denen eine dezentrale Frühförderung nach landesweit einheitlichen Rahmenbedingungen angeboten wird, in Schleswig-Holstein hat sich die Rahmenvereinbarung eng an ein Denken der Krankenversicherung angelehnt und erfährt bis heute keinerlei Umsetzung, und u.a. in Thüringen ist die Vereinbarung von Seiten des Fachverbandes Frühförderung (ViFF) umfangreich diskutiert und mit Gegenvorschlägen versehen worden, so dass die Konzeption der Rehabilitationsträger mit einer alternativen Konzeption aus Sicht eines Fachverbandes verglichen werden kann und eine genauere Betrachtung rechtfertigt.

4.2 Landesrahmenvereinbarungen mit einer landesweit einheitlichen Ausgestaltung

4.2.1 Frühförderung in Bayern

Bayern war mit Baden-Württemberg das erste Land, in dem Anfang der 1970er Jahre Frühfördereinrichtungen entstanden (vgl. Sohns 2000a, 224 ff). Auch mit dem am 01.08.2006 in Kraft getretenen „Rahmenvertrag zur Früherkennung und Frühförderung behinderter und von Behinderung bedrohter Kinder in interdisziplinären Frühförderstellen in Bayern" (BayRahmenV FF) führt Bayern wiederum als erstes Land ein neues Modell in der deutschen Frühförderung ein. Hierin wurden einheitliche Rahmenbedingungen, Verfahrensweisen und Entgelte für alle Bezirke, Kreise und kreisfreien Städte, die diesem Vertrag beitreten, festgelegt. Damit einher geht der Anspruch, die regionalen Unterschiede zwischen den einzelnen Kommunen bezüglich der Ausstattung und Qualität der Frühförderangebote zu überwinden. Da in Bayern weitgehend alle Frühfördereinrichtungen dem Vertrag beigetreten sind, hat er die Infrastruktur maßgeblich verändert.

4.2.1.1 Auswirkungen der LRV

Zum einen hat er zu weiteren *Regionalisierungen* der Frühförderstellen beigetragen: „Einige FF-Stellen v.a. in Flächenkreisen haben in weiteren zentralen Orten ihrer Region Außenstellen eingerichtet, um für die Familien und auch für kooperierende Fachleute leichter erreichbar zu sein" (Höck/Thurmair 2009, 2). Wies die ISG-Studie (2007) noch 129 allgemeine Frühförderstellen (incl. 34 Außenstellen) und 13 spezielle Frühförderstellen aus (ISG 2008, 22), stieg die Zahl bis zum Juli 2008 (nach der Zulassungsliste der AOK) auf insgesamt 191 interdisziplinäre Frühförderstellen (davon ca. ein Drittel Außenstellen) und 15 überregionale Frühförderstellen (Höck/Thurmair 2009, 1). Hinzu kommen 13 Sozialpädiatrische Zentren. Zusätzlich gibt es weitere 18 „Heilpädagogische Fachdienste", die im Auftrag des Staatsministeriums für Arbeit und Soziales, Familie und Frauen zur Beratung von Kindertagesstätten zur Verfügung stehen. Und schließlich finanziert das bayerische Staatsministerium für Unterricht und Kultus eigene Betreuungsdienste für Kinder im Kindergartenalter mit sonderpädagogischem Förderbedarf in Höhe von jährlich etwa 10 Mio. €.

Diese „Mobilen sonderpädagogischen Hilfen" stehen teilweise in Konkurrenz zu den Diensten des Sozialministeriums und wurden deswegen kritisiert (vgl. Sohns 2000a, 227): Nach § 5 Abs. 2 der BayRahmenV FF erhalten „Kinder, die bereits eine schulvorbereitende Einrichtung besuchen, [...] keine weiteren Leistungen zur Rehabilitation und Teilnahme als Komplexleistung durch interdisziplinäre Frühförderstellen". Damit konstruiert die Rahmenvereinbarung in Bayern ein bewusstes Konkurrenzsystem zwischen den schulvorbereitenden Einrichtungen des Kultusministeriums und den Frühförderstellen sowie den Beratungsdiensten für Kindertagesstätten im Auftrag des Sozialministeriums. Inzwischen ist jedoch eine Entspannung dahingehend eingetreten, dass diese Dienste teilweise über allgemeine Frühförderstellen eingesetzt werden (ISG 2008, 22).

4.2.1.2 Nachfrage nach Frühförderung

Über die Inanspruchnahme von Frühförderung oder die Diagnosen der Kinder gibt es kaum aktuelle Erhebungen. Für Bayern schätzt die Arbeitsstelle Frühförderung aufgrund von Informationen aus etwa der Hälfte der Kreise und kreisfreien Städte, dass ca. 3–4% der Kinder zwischen null und sechs Jahren Angebote der

Frühförderstellen in Anspruch nehmen (Höck/Thurmair 2009, 1), davon der größere Teil im Alter von vier bis sechs Jahren. Dies deckt sich mit Erhebungen aus der bayerischen Frühförderung aus den 1990er Jahren (Peterander/Speck 1993, 247), wonach etwa zwei Drittel der Frühförderkinder zwischen vier und sieben Jahre alt sind (Mayr 1997, 145).

4.2.1.3 Zugang zur Frühförderung und Diagnostik

§ 8 BayRahmenV FF differenziert die Komplexleistung in drei Kategorien von Leistungsmodulen: Zu Beginn der Frühförderung besteht die Möglichkeit eines „Offenen Beratungsangebotes". Hiernach stehen allen Eltern unabhängig von einer späteren Betreuung durch Frühförderung zwei „Behandlungseinheiten" à 60 Minuten zur Verfügung, um ohne großen Verwaltungsaufwand eine erste Rückmeldung zu ihrem Kind und einem möglichen Bedarf an weiteren Hilfen durch die Frühförderung zu erhalten. Dieses Offene Beratungsangebot kann sowohl in der Frühförderstelle als auch bei der Familie zu Hause oder in der Kindertagesstätte stattfinden. Es wird durch eine Pauschale von 86 € (zwei Behandlungseinheiten à 43,– €, Anlage 5 BayRahmenV FF) vergütet. Die Frühförderstellen haben die Möglichkeit, diese Ressourcen in einer Mischkalkulation einzusetzen, um besonders bedürftigeren Familien auf Kosten der Zeitbudgets für andere ein längeres Beratungsangebot (ggf. als Hausbesuch) anzubieten.

Innerhalb dieser Pauschale müssen die Leistungen aller Fachkräfte abgegolten werden. Das bedeutet, wenn die Fachpersonen der Frühförderung auf eine interdisziplinäre Kooperation zurückgreifen wollen (z.B. Psychologen, betreuende Ärzte, Therapeuten), dürfen deren Leistungen das vorgesehene Budget nicht überschreiten. Damit kann das Offene Beratungsangebot lediglich die Funktion eines ersten Screenings übernehmen. Es bleibt in seinem Umfang deutlich hinter dem zurück, was in anderen Bundesländern (z.B. Nordrhein-Westfalen oder die ehemals landesfinanzierte Erstberatung im Umfang von vier Fördereinheiten à 70 bzw. 120 Minuten in Thüringen) zur Verfügung gestellt wurde.

Hat die bayerische Landesrahmenvereinbarung damit dem gesetzlichen Anspruch auf eine Offene Anlaufstelle mit niedrigen Zugangsschwellen Rechnung getragen und ein Angebot geschaffen, auf das auch andere Dienste in den regionalen Netzwerken der Kreise und kreisfreien Städte gerne verweisen (Höck/Thurmair 2009, 2), so ist dennoch nicht gewährleistet, dass ein solches Offenes Beratungsangebot zeitnah erfolgt: „Freie Kapazitäten der Fachpersonen, die das ‚Offene Beratungsangebot' durchführen (qualifizierte BeraterInnen wie PsychologInnen, SozialpädagogInnen, oder andere Fachpersonen mit einschlägiger Qualifikation) können nur in sehr begrenztem Umfang vorgehalten werden" (ebd.). Damit kommt es (mit regionalen Unterschieden) dennoch wieder zu möglichen Wartezeiten für Eltern auch im Bereich des Erstkontaktes.

Tab. 10: Zugang zur Komplexleistung FF in Bayern (BayRahmenV FF)

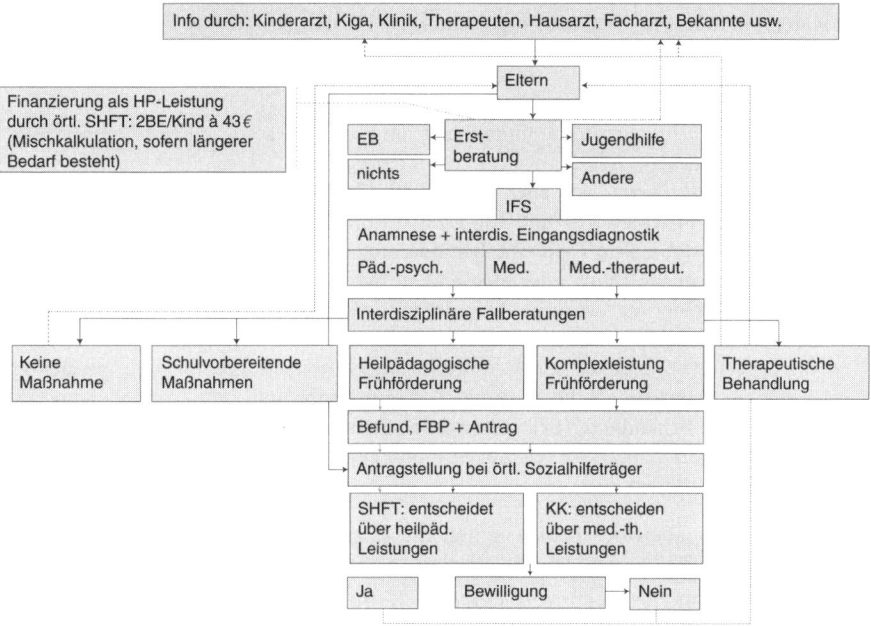

Ergeben sich im Rahmen des ersten Offenen Beratungsangebotes Unsicherheiten bezüglich der Entwicklung des Kindes oder zeichnet sich bereits eine (drohende) Behinderung ab, steht den Frühfördereinrichtungen das zweite Leistungsmodul „Eingangsdiagnostik" zur Verfügung: Hier wird nach § 8 BayRahmenV FF „der konkrete Bedarf für Frühfördermaßnahmen vom behandelnden Arzt im Zusammenwirken mit der Interdisziplinären Frühförderstelle ermittelt und der individuelle Förder- und Behandlungsplan entwickelt". Für eine solche Eingangsdiagnostik steht den Frühfördereinrichtungen ein Umfang von 195 € für IFF-Diagnostik ausgenommen ärztlicher Diagnostik (vgl. Anlage 4 BayRahmenV FF i. V. mit § 13 Abs. 3 BayRahmenV FF) zur Verfügung, um eine Indikation für oder gegen eine weitere Frühförderbetreuung zu stellen oder an andere Einrichtungen weiterzuvermitteln.

Damit kann die Eingangsdiagnostik vorwiegend die Aufgabe erfüllen, ein mögliches Antrags- und Genehmigungsverfahren inhaltlich vorzubereiten. Eine umfassende interdisziplinäre Diagnostik oder die Erhebung einer ausführlichen (pädagogischen) Anamnese ist im Rahmen der eng gesteckten Ressourcen nicht möglich. Primäres Ziel ist damit auch hier, in einer Art Screening-Verfahren einen grundsätzlichen Bedarf zu klären, gegebenenfalls an andere Einrichtungen weiterzuvermitteln und einzelne Parameter für die Erstellung eines Förder- und Behandlungsplanes zu erfassen.

4.2.1.4 Der Förder- und Behandlungsplan

Auch der Förder- und Behandlungsplan (FBP) wird gemäß § 8 BayRahmenV FF im Rahmen des Leistungsmoduls „Eingangsdiagnostik" entwickelt. Er soll primär sechs Parameter enthalten:

- „die voraussichtliche Behandlungsdauer und den voraussichtlichen Behandlungsbeginn anzugeben,
- von Seiten des Arztes wie auch der IFS jeweils eine Diagnose/einen Befund unter Angabe von Schädigungen und Fähigkeitsstörungen zu formulieren,
- anzugeben, ob bei dem Kind eine Behinderung, die zu einer wesentlichen Einschränkung der Teilhabe führt, oder eine andere Behinderung (körperliche Behinderung, geistige Behinderung, seelische Behinderung) droht oder vorliegt,
- ob interdisziplinäre Frühförderung notwendig ist oder nicht,
- die Art (Physiotherapie, Stimm-/Sprech-/Sprachtherapie, Ergotherapie, psychologische oder heilpädagogische Leistungen), Form (ambulant, mobil, Gruppe) und den Umfang der Behandlung (Behandlungseinheiten je Monat) anzugeben, dazu
- eine Begründung, falls die Leistungen mobil erbracht werden sollen" (Höck/Thurmair 2009, S. 3).

Gemäß den Vorgaben der FrühV sollen die Eltern bei der Erstellung einbezogen werden; der Förder- und Behandlungsplan ist jedoch – gemäß der FrühV – lediglich von ärztlicher als auch von einer Fachkraft der Frühförderstelle zu unterschreiben.

Durch die getrennten Diagnosestellungen von Seiten des Arztes wie von Seiten der Frühförderstelle wird dokumentiert, dass in der Konzeption der Rehabilitationsträger keine gemeinsame diagnostische Arbeit erfolgt, sondern beide Systeme unabhängig voneinander getrennt tätig sind. Ein Zusammenführen der jeweiligen Erkenntnisse erfolgt erst nach Abschluss der separaten Diagnostiken im Zuge der Förder- und Behandlungsplanerstellung und der gegebenenfalls erfolgenden Unterschrift. Dies entspricht dem Grundansatz der Zwei-Kreuze-Regelung, die auch in Bayern per Definition Voraussetzung für eine Komplexleistung ist. Gleichfalls offenbart die Fokussierung der „Schädigungen und Funktionsstörungen" bei der Diagnoseerstellung ein einseitiges störungsorientiertes Bild, das die Rehabilitationsträger der Frühförderung unterstellen. Spielräume für präventive Ansätze der Frühförderung – wie sie im § 3 SGB IX gefordert sind – werden somit ausgeschlossen.

Die einseitige kindzentriert-defizitorientierte Sichtweise und die kurzen Zeitbudgets im Rahmen der Eingangsdiagnostik, nach denen sich sowohl die ärztlichen Fachpersonen als auch die MitarbeiterInnen der Frühförderstellen auf eine (drohende) Behinderung festlegen müssen, erweisen sich in vielen Fällen als nicht praktikabel (vgl. Höck/Thurmair 2009, 4), zumal bei dem geringen Alter der Kinder und der beginnenden Entwicklungsprozesse große Unsicherheiten im diagnostischen Bereich bleiben. Gleichzeitig übertragen sich diese Unsicherheiten auf die Eltern, die sich einerseits frühe unbürokratische Hilfen wünschen, andererseits im Zuge von Coping-Prozessen oftmals noch nicht in der Lage sind, sich mit einer möglichen Behinderung ihres Kindes emotional auseinanderzusetzen. Entsprechend konzentriert sich der Förder-

und Behandlungsplan auch weiterhin ausschließlich auf die Fragen, „ob Interdisziplinäre Frühförderung notwendig ist oder nicht" (d.h. ob unabhängig voneinander pädagogische und medizinisch-therapeutische Leistungen notwendig sind) und welchen Kategorien diese Leistungen zuzuordnen sind. Damit manifestieren die Rehabilitationsträger ein starres Verständnis von Frühförderung, wonach bestimmte Störungsbilder bestimmte abgegrenzte Therapien nach sich ziehen. Ein lebensweltorientierter, ganzheitlicher Ansatz ist bei diesen Aufzählungen nicht erkennbar. Dem entspricht, dass das Kernstück der deutschen Frühförderung, das mobile Angebot als Hausfrühförderung, zurückgedrängt wird und nur noch mit einer besonderen Begründung erbracht werden darf. Die als fortschrittlich und modern deklarierte Umsetzung des SGB IX beinhaltet in ihrer praktischen Umsetzung aus fachlicher Sicht einen Rückschritt der Frühförderung von einem familienorientierten Fokus auf statisch-funktionsorientierte Parameter.

In der Praxis kann dies auch in den Einrichtungen eine ungewollte Verstärkung („Schere im Kopf") erfahren: Die Tatsache, dass eine mobile Hausfrühförderung in Bayern in jedem Fall gesondert begründet werden muss, führt nicht nur zu verunsicherten Nachfragen bei den Eltern, sie führt auch dazu, dass die Mitarbeiter in den Frühförderstellen möglicherweise Konflikte und zusätzlichen Verwaltungsaufwand vermeiden wollen und eine Tendenz entwickeln, in einigen Fällen Arbeitszeit, Aufwand und ein schwieriges Arbeitsfeld in unberechenbaren familiären Situationen zu umgehen („Ja, wenn das ohnehin nicht gewollt ist [...]"). Diese Tendenz überschneidet sich möglicherweise mit Einflüssen von einigen Einrichtungsträgern, die ebenfalls Einsparungen an Arbeitszeit und Personal auf Kosten der Hausfrühförderung anstreben. Insoweit kann eine Eigendynamik entstehen, im Rahmen der Förder- und Behandlungsplanerstellung auf eine zuvor selbstverständliche Hausfrühförderung zu verzichten. Entsprechend ist es nicht verwunderlich, wenn in Bayern – im Gegensatz zu anderen Bundesländern – der Anteil der mobilen Hausfrühförderung durch Frühförderstellen auf unter 50 %[25] gesunken ist.

Umgekehrt kann die Definition der Komplexleistung im Sinne der Zwei-Kreuze-Regelung tendenziell „zu einer Mehrung verschiedenartiger Leistungen und Mehrung von Personen, die mit Kind und Familie zu tun haben, führen, oder zu erzwungenem Wechsel von Fachpersonen" (Höck/Thurmair 2009, 5). Einhergehend damit ist auch die Behandlung in den Praxisräumen von Therapeuten im Falle einer Komplexleistung untersagt (ebd.). Mit solchen Regelungen wird in Kauf genommen, dass bürokratische Vorgaben sowohl in die Beziehungen zwischen Kind, Eltern und Fachpersonen eingreifen als auch zu Mehrbelastungen (weitere Fahrtwege für Therapeuten zur Frühförderstelle) führen. Wie schwer sich insbesondere die Krankenkassen damit tun, flexiblere Verwaltungsstrukturen im Interesse ihrer eigenen Klientel zu gewährleisten, zeigt sich auch am Beispiel des Wechsels des zuständigen Kostenträgers durch eine Familie: Während die Sozialhilfeträger (bei einem Umzug) sich laut § 7 Abs. 2 lediglich untereinander informieren und den Förder- und Behandlungsplan an den

---

25 Diese Zahl beruht auf Schätzwerten aus befragten Frühförderstellen und Absprachen mit bayerischen Kollegen.

neuen Rehabilitationsträger weiterreichen müssen, muss bei einem Wechsel der Krankenkasse für die Familie umgehend ein neuer Förder- und Behandlungsplan erstellt werden.

4.2.1.5 Verwaltungsverfahren im Rahmen der Komplexleistung

Mit der Beantragung einer Komplexleistung Frühförderung geht eine Vielzahl bürokratischer Anforderungen einher. Insgesamt sieht die BayRahmenV FF 18 verschiedene Formulare zur Anerkennung der Einrichtung und Beantragung der Leistungen vor, die zum Teil sehr detaillierte Nachweise erfordern. Diese beziehen sich sowohl auf die grundsätzliche Genehmigung einer interdisziplinären Frühförderstelle (IFS) als auch auf die detaillierten Informationen über Kind und Familie, „die von Seiten der Eltern weitreichende Schweigepflichtentbindungen voraussetzen" (Höck/Thurmair 2009, 4). Die umfassenden formalen Anforderungen sind ebenso wenig dazu angetan, bestehenden oder aufkommenden Unsicherheiten bei den Eltern entgegenzuwirken, wie die sehr umfangreichen Bescheide (drei bis vier Seiten) mit einer Vielzahl von formal-rechtlichen Belehrungen „im Verwaltungsdeutsch" (ebd.). Die Arbeitsstelle Frühförderung in Bayern kommt zu dem Ergebnis, dass damit aus Familiensicht „Familiennähe, Niedrigschwelligkeit und Bedarfsgerechtheit zumindest in Frage gestellt" werden müssen (ebd.). Erschwerend kommt hinzu, dass die vom Gesetzgeber geforderte *Leistung aus einer Hand* von den Rehabilitationsträgern in Bayern nicht umgesetzt wird. Zwar betont der bayerische Ministerpräsident, die Zuständigkeit für die Frühförderung sei 2006 auf die Bezirke übertragen worden, „um in der Eingliederungshilfe eine Leistungsgewährung aus einer Hand zu ermöglichen" (Seehofer 2009), in der Praxis haben die Frühförderstellen jedoch einen höheren Verwaltungsaufwand als zuvor: Während die Genehmigung des Teils der Komplexleistung, der pädagogisch-psychologische Leistungen umfasst, durch die örtlichen Sozialhilfeträger erfolgt (vgl. § 10 BayRahmenV FF), werden die medizinisch-therapeutischen Leistungen von der Krankenkasse bewilligt und finanziert. Damit haben Eltern und Frühförderstellen den erhöhten Verwaltungsaufwand durch die Abrechnung mit unterschiedlichen Kostenträgern und unterschiedlichen Systemen selbst zu gewährleisten.

4.2.1.6 Finanzierung

Das dritte Leistungsmodul gemäß § 8 BayRahmenV FF („Förderung und Behandlung") soll „handlungs- und alltagsorientiert" (ebd.) erbracht werden. Unabhängig davon, dass die Teilbereiche der Komplexleistung mit ihrer Aufteilung auf unterschiedliche Kostenträger auch inhaltlich eine abgestimmte Gesamtleistung oder gar ein transdisziplinäres Arbeiten erschweren, wird eine Alltagsorientierung bereits durch die Herausnahme der Hausfrühförderung als Regelleistung in Frage gestellt. Auch die weiteren Leistungsmodule werden nach § 13 den verschiedenen Rehabilitationsträgern zugeordnet: Das Offene Beratungsangebot wird von den Sozialämtern finanziert, die Eingangsdiagnostik von den Krankenkassen. Die laufenden Frühförderleistungen des Leistungsmoduls „Förderung und Behandlung" wird nochmals separat mit zwei verschiedenen Anlagen (4 und 5) auf die unterschiedlichen Rehabilitationsträger verteilt.

Die Finanzierung erfolgt nach landesweit einheitlich vereinbarten Entgelten. Damit betritt Bayern (noch vor dem Saarland) als erstes Bundesland Neuland. Die Höhe der vereinbarten Sätze bleibt hinter den Spitzensätzen, die in manchen anderen Bundesländern für etablierte Frühförderstellen gezahlt werden, zurück. Sie sind auch in vielen Fällen nicht dazu angetan, wesentliche Aufgabenfelder, die durch die Frühförderungsverordnung aufgezeigt werden, innerhalb abgestimmter Netzwerke zu gewährleisten. Gleichwohl liegen sie über den Sätzen, die in zahlreichen Landkreisen anderer Bundesländer (insbesondere der ostdeutschen Bundesländer) derzeit vereinbart sind.

Tab. 11: Entgelte, Abrechnung der Leistungsmodule (§ 13 BayRahmen FF)

Leistungen	Kostenträger und Berechnung	Betrag
Heilpädagogische Leistungen	Örtlicher Sozialhilfeträger	41,- €
Ambulanter Satz	Maßnahmepauschale + 2,95	43,95 €
Mobiler Satz	1,4 fache Maßnahmenpauschale + 1,55 € Verhandlungsaufschlag	58,95 €
Überregionaler Satz	2 fache Maßnahmenpauschale + 2 € Verhandlungsaufschlag	85,- €
Gruppensatz (3 Kinder pro TherapeutIn, inkl. Elterngrupppen)	0,6 fache Maßnahmenpauschale	24,60 €
Teamsitzung (pro Monat und Kind)	0,6 fache Maßnahmenpauschale	24,60 €
Offenes Beratungsangebot	Zwei Behandlungseinheiten á	43 €
Medizinische Leistungen	(zuständige) Krankenkasse	
Eingangsdiagnostik in IFS	4–5 h	195,- €
Eingangsdiagnostik von Hausarzt/ Kinderarzt	(zuständige) Bezirksstelle der Kassenärztlichen Vereinigung	
Therapeutische Leistungen		
Ambulanter Satz (60Min.)		38,48 €
Gruppensatz (6 Kinder pro TherapeutIn)		23,09 €
Teamsatz (pro Monat und Kind)		7,70 €
Mobiler Satz (60 Min.)		61,57 €

Bei der Umsetzung entstand jedoch zunächst eine Schieflage: Da die Höhe der Entgelte in etwa Mittelwerten der zuvor in Bayern in den einzelnen Regionen üblichen Kostensätze entsprach, waren im Rahmen der Freiwilligkeit des Beitrittes der Kommunen zu der Rahmenvereinbarung die Regionen, die traditionell höhere Kostensätze zahlten (v.a. Oberbayern), schneller bereit, sich auf die neuen (niedrigeren) Sätze einzulassen und der Vereinbarung beizutreten. Hingegen bestanden in den nordbayerischen Landkreisen lange Zeit Ressentiments gegen einen Beitritt, da die landesweiten Entgelte dort über den bis dato gezahlten liegen.

Gleichzeitig werden die Hilfemöglichkeiten – unabhängig on einem individuellen Bedarf – auf maximal 72 „Behandlungseinheiten" pro Behandlungsjahr begrenzt. Für die Familien bedeutet dies eine reale Kürzung ihrer Frühförderleistungen.

4.2.1.7 Bewertung

Mit der Subsumierung der Komplexleistung unter die Zwei-Kreuze-Regelung stehen in Bayern drei Modelle der Komplexleistung zur Verfügung:

- Die sogenannte Doppelförderung (Heilpädagogik und medizinisch-therapeutische Leistungen),
- die Komplexleistung in *zeitlich versetzten Blöcken* (z. B. ein Halbjahr nur Heilpädagogik, ein Halbjahr ausschließlich Therapie),
- die Schwerpunkt-Komplexleistung (heilpädagogische Frühförderung mit flankierender Therapie, z. B. einmal pro Monat).

Auch wenn diese starre Zuordnung nicht modernen fachlichen Anforderungen entspricht (z. B. mit Bezug zu transdisziplinärem Arbeiten und interdisziplinärer Kooperation)[26], ergeben sich trotzdem mit der BayRahmenV FF fachliche Ansätze, durch die im Vergleich zu den Bestimmungen anderer Bundesländer mehr Flexibilität in der Leistungserbringung grundsätzlich ermöglicht wird. Dies betrifft zum einen die Handhabung einer Behandlungsdichte. Demnach ist es möglich, beispielsweise in auftretenden Krisensituationen die Betreuungsdichte zu intensivieren oder mobile Einheiten einzuführen, gleichzeitig können auch Betreuungsintensitäten bei sich entspannenden Situationen reduziert werden.[27] Ebenfalls ist es grundsätzlich möglich, dass Familien, deren Kind einen Integrationsplatz in einer Kita einnimmt, gleichzeitig durch eine Frühförderstelle betreut werden (vgl. Protokollnotiz zu § 5 Abs. 2 BayRahmenV FF). Dies soll jedoch als Ausnahme fungieren und bedarf einer gesonderten Begründung, die in zahlreichen Fällen (gerade bei der hier im Vordergrund stehenden notwendigen Elternbegleitung) stigmatisierende Wirkung haben könnte.

Insbesondere ist ein hoher zusätzlicher Verwaltungsaufwand erkennbar. Nach einer ersten Umfrage der Arbeitsstelle Frühförderung schätzten die Einrichtungen, dass etwa ein Drittel ihrer gesamten Arbeitszeit für Verwaltungstätigkeiten investiert werden muss[28]. Auffallend ist auch, dass den Frühförderstellen im Zuge der Umsetzung der Komplexleistung Ressourcen für die Gestaltung von Netzwerken

---

26 Hierzu müsste es z. B. möglich sein, dass eine „flankierende Maßnahme" der primären Komplexleistung in Form einer Beratungstätigkeit der durchführenden Bezugsperson erbracht wird.

27 Jedoch ist einerseits der hierzu notwendige Abstimmungsaufwand mit den Rehabilitationsträgern sehr hoch (vgl. Höck/Thurmair 2009, 5), andererseits sind der Flexibilität der fachlichen Ausgestaltung durch eine administrative Deckelung (Budgetierung) des möglichen Betreuungsumfangs durch höchstens 72 BE/Jahr willkürliche Grenzen gesetzt.

28 Mündliche Mitteilung des Leiters der pädagogischen Arbeitsstelle Frühförderung in Bayern von 2007.

mit anderen Einrichtungen oder zur Förderung von Elterninitiativen verloren gegangen sind, da diese nicht mehr in den Rahmenvereinbarungen aufgeführt sind. „Die IFS müssen sie aus eigenen Kräften sicherstellen. Das gelingt umso weniger, je prekärer die finanzielle Situation der Stellen ist" (Höck/Thurmair 2009, 6). Damit wird eine unabgestimmte Nebeneinander-Betreuung der Kinder und ihrer Familien durch unterschiedliche Dienste mit unterschiedlichen Kostenträgern wieder wahrscheinlicher. Rückmeldungen an die Arbeitsstelle Frühförderung Bayern besagen, dass manche Einrichtungen mit der neuen Finanzierungsform abgesichert sind, andere jedoch inzwischen so hohe Defizite erzielen, dass sie „über die mittlere Frist wohl geschlossen werden" (ebd.). Für die Fachpersonen wird auch offenbar, dass Maßnahmen zur Qualifizierung der MitarbeiterInnen und der Qualitätssicherung eingeschränkt werden, z.B. müssten Fortbildungen von den Fachpersonen zunehmend privat finanziert und in der Freizeit durchgeführt werden[29]. Selbst Supervisionsangebote, die kostengünstig und vor Ort von der Arbeitsstelle Frühförderung angeboten werden, würden kaum noch nachgefragt (ebd.). Nicht mehr ausfüllen können die Frühförderstellen vielfach auch ihre Funktion als Treffpunkt und Ort der Begegnung für Familien mit Kindern mit besonderen Bedürfnissen. So sind die Eltern-Kind-Angebote, Familienwochenenden und gemeinsame Veranstaltungen und Feste „streckenweise verloren gegangen" (ebd.). Diese mit der Umsetzung der bayerischen Rahmenempfehlung einhergehende Entwicklung steht in diametralem Gegensatz zum fachlichen Bedarf eines systemübergreifenden kooperativen Denkens, wie es als Antwort auf gesellschaftliche Veränderungen dringend notwendig und vom Gesetzgeber mit dem SGB IX und der FrühV tendenziell vorgegeben worden ist.

Die bayerische Rahmenvereinbarung enthält Kündigungsklauseln, wonach der Vertrag als vorläufig anzusehen ist und bis zum 31.07.2009 zu kündigen war. Davon haben die Dachverbände der Frühförderträger Gebrauch gemacht, indem sie die Entgeltvereinbarungen gekündigt haben mit dem Ziel, höhere Entgelte für die Frühförderleistungen auszuhandeln.

4.2.2 Frühförderung im Saarland

4.2.2.1 Landesweite Zuständigkeit und Inanspruchnahme

Im Saarland ist neben Bayern als einzigem Land eine Rahmenvereinbarung geschlossen worden, die für das gesamte Land einheitliche Rahmenbedingungen für ein flächendeckendes System an Frühförderstellen einschließlich landesweiter Kostensätze und einheitlicher Berechnungsgrundlagen für Grundleistungs- und Investitionspauschalen vorsieht. Nachdem sich das Saarland nach der Kommunalisierung 1995 in ein „Notstandsland im Blick auf die Finanzierung fachlicher Standards" entwickelt hatte (Sohns 2000a, 235), wurde mit Wirkung vom 01.01.2004 die

---

29 ... und werden damit weitaus seltener durchgeführt.

Zuständigkeit für die Frühförderung wieder vom *Landesamt für Gesundheit, Soziales und Verbraucherschutz* im Ministerium für Justiz, Gesundheit und Soziales als überörtlicher Sozialhilfeträger übernommen. Das Landesamt führte daraufhin zentrale Verhandlungen mit den Krankenkassen mit dem Ergebnis einer einheitlichen landesweiten Kostenaufteilung analog der Vorschläge der BAR-Empfehlung: Für die Frühförderstellen sollten bei einer Komplexleistung 80 % der Gesamtkosten vom Land und 20 % von den Krankenkassen getragen werden, für das Sozialpädiatrische Zentrum der Marienhausklinik in Neunkirchen wurde die umgekehrte Finanzierungsaufteilung vereinbart. Heilpädagogische Frühförderung wird weiterhin zu 100 % vom Land finanziert. Gleichzeitig wurden von 2004 bis 2006 vom Land mit den Trägern der elf Frühförderstellen Landesrahmenempfehlungen vereinbart, die im Folgejahr bis 2007 in einen Landesrahmenvertrag überführt wurden. Dem folgten im Jahre 2007 und 2008 Leistungsvereinbarungen und schließlich Vergütungsvereinbarungen mit allen elf allgemeinen Frühförderstellen und den drei sinnesspezifischen Frühförderstellen.

Die prozentuale Wahrnahme an Frühförderung liegt im Saarland wesentlich höher als in Bayern (vgl. Kap. 4.2.1.2): Bei ca. einer Million Einwohner gibt es etwa 50 000 Kinder im Vorschulalter. Davon werden knapp 2500 Kinder durch die Frühfördereinrichtungen betreut. Das bedeutet, dass etwa 5 % der Kinder im Vorschulalter sich in Betreuung der Frühförderstellen befinden.

4.2.2.2 Die Frühförderleistungen

Grundlage der Ausgestaltung der Frühförderung im Saarland ist die Landesrahmenempfehlung, die am 01. 04. 2006 in Kraft trat. Gemäß der bundesweiten FrühV stehen interdisziplinäre Frühförderstellen (§ 4) und Sozialpädiatrische Zentren (§ 5) im Mittelpunkt. Für die Frühförderstellen (IFS) werden im § 4 die Früherkennung (Abs. 1), verschiedene Diagnostikformen (Abs. 2), heilpädagogische und medizinisch-therapeutische Hilfen für die Kinder und eine alltagsunterstützende Zusammenarbeit Arbeit mit den Familien (Abs. 2) festgeschrieben. Zudem bieten die IFS bereits ein Offenes Beratungsangebot an, wenn ein Entwicklungs*risiko* vermutet wird (Abs. 3). Bei den SPZ stehen gemäß § 5 Diagnostik und Behandlung der Kinder und Jugendlichen (bis zum 18. Lebensjahr) im Mittelpunkt, auch hier jedoch unter ausdrücklicher Einbeziehung einer „Krankheitsfrüherkennung" (Abs. 2) und der Einbeziehung des sozialen Umfeldes (ebd.). Als Personal verbindlich vorgegeben für SPZ sind folgende Berufsgruppen:

- Fachärzte für Kinderheilkunde und Jugendmedizin
- Psychologen
- Physiotherapeuten, Logopäden, Ergotherapeuten
- Heil- und Sonderpädagogen sowie Sozialpädagogen und Sozialarbeiter (Abs. 4).

Weitere Berufsgruppen wie Motologen, Musiktherapeuten oder andere Fachärzte können bei Bedarf hinzugezogen werden (ebd.).

Auffallend ist, dass im Saarland (wie in Hamburg) bei der Definition der Leistungsberechtigten für Frühförderung vom formalen Status einer (drohenden) Behinderung abgewichen und von Entwicklungsrisiken gesprochen wird. Wird in § 4 Abs. 1 deren möglichst frühes Erkennen als ausdrückliches Ziel der Frühförderung benannt, so bleibt jedoch auch hier offen, wie dieses Ziel erreicht werden soll. Sowohl die Landesrahmenempfehlung als auch der später abgeschlossene Rahmenvertrag versäumen es, ein Präventionskonzept zur besseren Früherkennung oder Vermeidung von Entwicklungsrisiken in die Vereinbarungen aufzunehmen. Als Methode wird lediglich eine interdisziplinäre Zusammenarbeit zwischen den pädagogischen und medizinisch-therapeutischen Fachkräften beschrieben, auch eine fortlaufende Kooperation mit den Ärzten bleibt in den Beschreibungen der Landesrahmenempfehlung offen.

Als weitere zentrale Aufgaben sieht die Empfehlung im § 4 Abs. 2 vor:
- die Diagnostik
- heilpädagogische und medizinisch-therapeutische Hilfen
- alltagsunterstützende Zusammenarbeit mit den Familien und Bezugspersonen

Die diagnostischen Leistungen (unterteilt in Eingangs-, Verlaufs- und Abschlussdiagnostik) stehen hierbei ebenso wie die Erstellung des Förder- und Behandlungsplanes „unter ärztlicher Verantwortung". Auch wenn gleichzeitig ein umfangreiches Kooperationsgebot vereinbart wurde, wird damit bis einschließlich der Phase der Förder- und Behandlungsplanerstellung eine hierarchische Struktur zugunsten der Ärzte festgeschrieben.

Aus fachlicher Sicht muss hierbei die Frage gestellt werden, ob die niedergelassenen Ärzte hierzu bzgl. Qualifikation und Arbeitszeitaufwand in der Lage sind. Es bleibt unklar, wer für die Familie als zentrale Bezugsperson und Ansprechpartner in der interdisziplinären Frühförderung fungiert. Auch die saarländische Landesrahmenempfehlung schreibt am Ende der Diagnostik und Förderplanphase formal zwei unabhängige Unterschriften fest. Dieses von der Bundesebene vorgegebene bewusst kooperative Signal der FrühV wird mit der einseitigen Wiedereinführung einer hierarchischen Struktur übergangen.

Nach Aussagen der Frühförderstellen im Saarland wurde dies auf Betreiben der Krankenkassen aufgenommen. In der praktischen Umsetzung stünde jedoch im Gegensatz zu vielen anderen Bundesländern nicht eine ärztliche Begutachtung, sondern die pädagogisch-psychologische Diagnostik im Mittelpunkt, die durch den Zugang über die Offene Beratung an Frühförderstellen durchgeführt wird. Jede Frühförderstelle hat einen medizinischen Kooperationspartner (entweder niedergelassene Kinderärzte oder den Schulärztlichen Dienst des kommunalen Gesundheitsamts), mit dem Kooperationsverträge geschlossen wurden. Der Förderplan werde einvernehmlich aufgestellt, ein medizinisches Monopol sei seitdem nicht mehr feststellbar.

4.2.2.3 Der Offene Zugang

„Die interdisziplinären Frühförderstellen bieten ein offenes Beratungsangebot für Eltern oder andere vertretungsberechtigte Personen, die ein Entwicklungsrisiko des Kindes vermuten; sie können ohne weitere Zugangsvoraussetzungen aufgesucht werden. Die Beratung wird immer ‚vorgeschaltet', sie ist absolut offen. Auch bei ‚Überweisungen' von Ärzten, sozialen Diensten usw. wird diese durchlaufen" (Lang 2009).

Dem Gebot eines Offenen Beratungsangebotes als wesentlichen Meilenstein gerade für die Frühförderung wird im § 4 Abs. 3 Rechnung getragen. Entsprechend mussten hier in der finanziellen Ausgestaltung des Rahmenvertrages eigenständige Ressourcen vereinbart werden. Unklar bleibt jedoch, ob dieser Erstkontakt als mobiles Angebot zu gewährleisten ist. Dafür spricht, dass bei der späteren Definition der Komplexleistung auch die Bereiche „Früherkennung und Diagnostik" und „Erstellung des Förder- und Behandlungsplanes" neben der „Förderung und Behandlung" unter das Dach der Komplexleistung subsumiert werden (§ 7 Abs. 1).

In der Praxis überlässt der Kostenträger die Entscheidung über einen Erstkontakt als Hausbesuch den Frühförderstellen, die dies im Rahmen ihrer Selbstkostenpauschale (s. u.) finanzieren müssen. Ausdrücklich festgeschrieben werden hier fachliche Ansprüche wie „Ganzheitlichkeit, Familien- und Lebensweltorientierung sowie die Beachtung der Ressourcen von Kind und Familie" (§ 7 Abs. 2), verbunden mit dem Auftrag, die Kompetenzen zur Teilnahme am Leben in der Gesellschaft des Kindes wie der Gesamtfamilie „zu erkennen, zu fördern und zu stärken" (ebd.).

Mit der besonderen Betonung eines Ressourcen fördernden Auftrages an die Fachpersonen der Frühförderung heben sich die Ansprüche der Frühförderung im Saarland ausdrücklich von denen in den meisten anderen Bundesländern ab. Inwieweit es den Fachkräften jedoch gelingen soll, diesen Anspruch „durch Informationsabgleich und Kooperationsstrukturen der an der Komplexleistung beteiligten Fachkräfte (zu) gewährleisten" (ebd.), ist aus fachlicher Sicht nicht nachvollziehbar. Mit einem Informationsabgleich alleine kann kein Ressourcen stärkendes Arbeiten in der Familie ermöglicht werden.

Auch im Saarland unterliegt die Definition der Komplexleistung der Zwei-Kreuze-Regelung (§ 7 Abs. 3 und 4), ebenso wird eine Komplexleistung ausgeschlossen, wenn eine Betreuung in integrativen- oder Sonderkindergärten erfolgt (Abs. 4) oder wenn Kinder durch eine Arbeitsstelle für Integrationspädagogik in Regelkindergärten betreut werden.

4.2.2.4 Diagnostik und FBP-Erstellung

Der Zugang zur Komplexleistung Frühförderung erfolgt zunächst über ein Offenes Beratungsangebot mit einer Abgrenzung gegenüber möglichen (heilpädagogischen oder medizinisch-therapeutischen) Einzelleistungen. Nur wenn sich nach dem Erstgespräch die „Notwendigkeit einer Komplexleistung oder einer heilpädagogischen Maßnahme" ergibt, wird eine interdisziplinäre Diagnostik eingeleitet. Mit der Diagnostik beginnt die Phase der Komplexleistung und damit die Verantwortung „eines Vertragsarztes/einer Vertragsärztin der Frühförderstelle" (§ 11 c). Von besonderer Bedeutung ist ein *Fachausschuss*, der gemäß § 11 e unter ärztlicher Verantwortung und Beteiligung der verschiedenen Disziplinen der Frühförderstelle, der Vertreter des überörtlichen Sozialhilfeträgers und auf Wunsch auch des medizinischen Dienstes der Krankenkassen und Trägern der Jugendhilfe gebildet wird. Zu den Sitzungen des Fachausschusses sind die Eltern einzuladen. Diesem Fachausschuss werden die Ergebnisse der interdisziplinären Eingangsdiagnostik mit einem Förder- und Behandlungsplan zur Bewertung vorgelegt (§ 11 f). Der Fachausschuss fasst einen einvernehmlichen Beschluss über Art und Umfang der erforderlichen Maßnahmen (Heilpädagogische Frühförderung oder Komplexleistung), der als Orientierungsgrundlage für den zuständigen Leistungsträger dient.

Der Zugang zur Frühförderung stellt sich demnach im Saarland wie folgt dar: Eltern nehmen aus eigener Initiative oder auf Empfehlung von Ärzten, Kindertagesstätten oder sonstigen Personen Kontakt zur Frühförderstelle auf. Hier wird ihnen nach erfolgter Anmeldung eine offene Erstberatung im Umfang von eineinhalb Stunden bewilligt, die über die Grundleistungspauschale finanziert wird. Nach diesem Erstgespräch müssen die Fachkräfte mit den Eltern entscheiden, ob in ihrem Fall eine weitere Hilfe notwendig ist und wenn ja, ob diese durch andere Einrichtungen (z. B. der Jugendhilfe oder auch medizinischen Einrichtungen) erfolgen kann, oder ob eine Begleitung durch eine Frühförderstelle sinnvoll erscheint. Ist letzteres der Fall, erfolgt eine interdisziplinäre Eingangsdiagnostik einschließlich einer Anamneseerhebung durch pädagogisch-psychologische, gegebenenfalls medizinisch-therapeutische Fachpersonen sowie einer ärztlichen Untersuchung. Hiervon wird das Landesamt in Kenntnis gesetzt. Am Ende der Eingangsdiagnostik wird entschieden, ob weitere Maßnahmen der Frühförderung sinnvoll sind und wenn ja, ob hierzu eine ausschließlich medizinisch-therapeutische Behandlung ausreicht. Ist dies der Fall, wird die Komplexleistung (nach Definition der saarländischen Rehabilitationsträger) beendet und an medizinisch-therapeutische Berufsgruppen in Zuständigkeit der Krankenversicherungen weiter vermittelt. Kommen Eltern und Fachpersonen zu dem Ergebnis, dass eine pädagogische Förderung sinnvoll ist, wird ein vorläufiger Förder- und Behandlungsplan aufgestellt. Bei einem Bedarf von heilpädagogischen *und/oder* medizinisch-therapeutischen Leistungen wird das Kind im Fachausschuss vorgestellt, der einmal monatlich tagt und über einen verbindlichen Förder- und Behandlungsplan abstimmt. Dieser wird dem Landesamt zur Bewilligung vorgelegt. „Der Leistungsträger ist gehalten, sich an den Empfehlungen des Fachausschusses zu orientieren" (Lang 2009).

Dem Fachausschuss nach § 11 e Landesrahmenempfehlung kommt somit die wesentliche Bedeutung für die Ausgestaltung der Komplexleistung zu, in ihm müssen sich die drei entscheidenden Vertreter der Frühförderstelle, der Ärzte und des Kostenträgers

Tab. 12: Zugangsverfahren zur Komplexleistung FF im Saarland (Ziegler 2009)

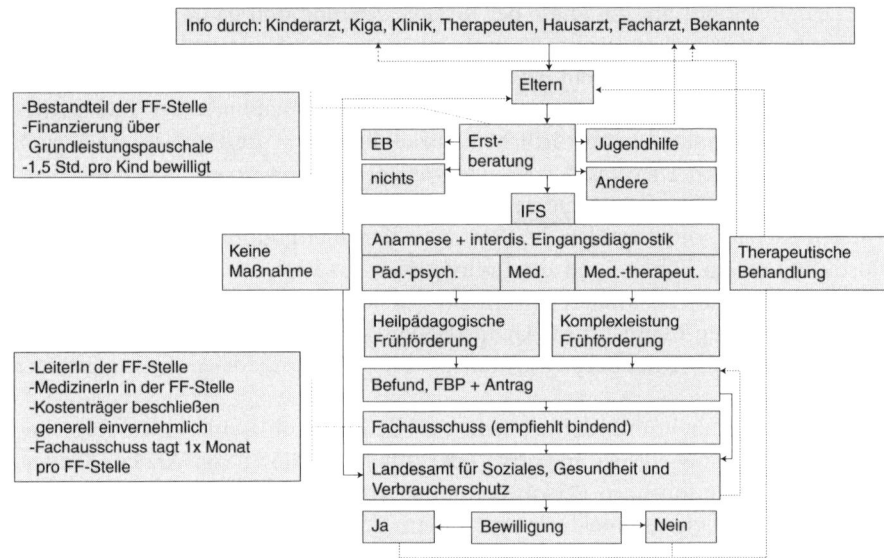

einigen[30]. In ihm ist eine umfassende interdisziplinäre Kooperation zwischen verschiedenen Disziplinen gewährleistet. Die Fachpersonen sollen sich im Rahmen des Ausschusses gemeinsam mit den Eltern abstimmen. In der Regel nehmen an einer Fachausschusssitzung teil: VertreterInnen der Frühförderstelle, 1–2 VertragsärztInnen und in der Regel eine Ärztin für den Kostenträger. Der MdK nimmt an den Sitzungen bislang nicht teil und auch kaum VertreterInnen der Jugendhilfe (was von den Frühförderstellen bedauert wird). Die Teilnahme der Eltern ist freiwillig, Kinder sind in der Regel nicht dabei. Eine mögliche Überforderung von Eltern durch die verschiedenen Fachpersonen wird von diesen nicht gesehen.

4.2.2.5 Finanzierung der Komplexleistung

Im Zuge des Landesrahmenvertrages sind die Leistungstypen und die weitere Leistungsvereinbarung einschließlich einer Vergütungs- und Prüfungsvereinbarung näher ausgestaltet worden. Im Gegensatz zu den Landesrahmenempfehlungen von 2006 sind an dem Landesrahmenvertrag nur noch das Ministerium, die LIGA der freien Wohlfahrtspflege und der Landkreistag im Saarland beteiligt. Auch wenn die Krankenkassen die LRV nicht mehr unterschrieben haben, tragen sie trotzdem ihren 20%-Anteil zur Gesamtfinanzierung bei. Die Finanzierung der Frühförderleistungen unterteilt sich in eine Grundleistung, die „Maßnahmen" und Investitionen für die Frühförderung. Zu den Grundleistungen gehört eine Pau-

---

30 Nach Aussage der Frühförderstellen sind die Erfahrungen bislang sehr positiv und eine Einigung am Ende immer möglich.

schale für die Erstberatung, eine Entschädigung von personellen und sächlichen Aufwendungen, die nicht den Fördermaßnahmen zuzuordnen sind (Korridorleistungen), sowie dem sächlichen Betrieb der Räumlichkeiten und der Finanzierung weiterer Aufgaben (vgl. Tab. 13). Zur Grundleistung gehören auch Entschädigungen für eine Leitungsfreistellung und für Fahrten, die nicht zu den Maßnahmen gehören (§ 5 der Rahmenvereinbarung). Zur räumlichen Ausgestaltung finden sich zwar grundsätzliche Kriterien, jedoch keine Anlehnung an die Zulassungsvoraussetzungen im Rahmen der Heilmittelrichtlinien (§ 124 SGB V). Damit werden den Einrichtungs- wie Rehabilitationsträgern mehr Spielräume ermöglicht.

Die Finanzierung der Frühförderung in den Frühförderstellen erfolgt über drei unterschiedliche Pauschalen:

Die *Grundleistungspauschale* beinhaltet die Kosten für die jeweils eineinhalbstündigen Erstberatungen, die nach einem landesweiten Schlüssel in Abhängigkeit von den Kinderzahlen berechnet werden. Als weiteres beinhalten sie eine Freistellung einer Leitungsperson (Berechnungsgrundlage: E11) sowie Verwaltungstätigkeiten (Berechnungsgrundlage: E6), die sich nach der Größe der Einrichtung (angestellte Fachpersonen) richtet. Alle Personalkosten in der Frühförderung werden nach einer sog. „FiMi-Tabelle" berechnet, die auf der Basis der Landesangestellten aufgestellt wurde. Der dritte Bestandteil der Grundleistungspauschale sind die Sachkosten, die pauschal als 15 % der Personalkosten erstattet werden. Sie wird individuell pro Frühförderstelle berechnet und als Jahrespauschale ausgezahlt.

Die *Maßnahmepauschale* wird nach einem landesweit einheitlichen Kostensatz für eine Betreuungseinheit (BE) festgelegt. Hierzu wird unterstellt, dass eine Vollzeitkraft unter Anerkennung von 4 % Ausfallzeiten, die je zur Hälfte dem Kostenträger und dem Leistungserbringer angelastet werden, mit 1598 Stunden Jahresarbeitszeit 1065 Betreuungseinheiten à 90 Minuten durchführen kann.[31] Die Berechnung der Kosten einer Betreuungseinheit erfolgt durch eine prozentuale Zuordnung der Gehaltsgruppen der einzelnen Fachkräfte. Der überwiegende Anteil der Fachpersonen (81 %) wird der Vergütungsgruppe E9 zugeordnet, die restlichen Fachpersonen verteilen sich auf die Berufsgruppen E10 bis E12. Die gesamten Personalkosten nach der FiMiTabelle zuzüglich der pauschal berechneten Sachkosten der Grundleistungspauschale ergeben – dividiert durch die Zahl der leistbaren Betreuungseinheiten pro Jahr – den Satz für eine neunzigminütige Betreuungseinheit: Derzeit beträgt dieser im Saarland 56,12 €.

Die dritte Pauschale zur Finanzierung der Frühförderstellen bezieht sich als *Investitionspauschale* auf die Kosten für Miete, Abschreibung und Instandhaltung der Räumlichkeiten. Sie ist individuell mit den Kostenträgern je nach Standort auszuhandeln und wird als Jahrespauschale ausgezahlt.

Den Vertretern der Träger der Frühfördereinrichtungen in der Landesarbeitsgemeinschaft Frühförderung ist es gelungen, umfangreiche Parameter für die Frühförderung

---

31 Diese Betreuungseinheiten müssen zu 50 % in Form von Arbeiten „am Klientel" als direkte Leistungen (mit Kind oder mit seinen Eltern) erfolgen.

Tab. 13: Finanzierungspauschalen der Frühförderung im Saarland (Ziegler 2009)

Grundleistungspauschale (individuell auszuhandeln als Jahressatz)	Maßnahmenpauschale (landesweit einheitlicher Kostensatz/ BE)	Investitions- pauschale (individuell aus- zuhandeln als Jahressatz)

Personalkosten – gestaffelt:
Für St.-Anteile Maßnahme:
    Leitung Verwaltg.
    E11   E6
3– 5 0,25   0,50
6– 8 0,50   0,75
9–11 0,75   1,00
12–15 1,00   1,25
Ab 16 1,25   1,50
 	
Erstberatung
(nach Landesschlüssel)
+ **15% Sachkosten**
  (pauschal):
 	
Verwaltungsbedarf 50%
EWS
Andere Fahrtkosten
Nur bedingt Umlage
Geschäftsstelle
Sonstige
	Grundlage:
	39,5 Std./Woche → 1598 Std./Jahr
	1 BE = 90 min (50:50 dir./indir. Leist.)
	→ 1065 BE/J. abz. **20 BE Ausfall**
	
	Personalkostenberechnung
	nach Durchschnittsalter der
	Landesbediensteten
	(sog. „FiMi-Tabelle")
	
	Personalschlüssel:
	      Eingr. Pers.- % Anteile
	              Kosten
	81% E9 48 800,00 39 528,00 €
	7,6% E10 54 400,00 4 134,40 €
	7,6% E11 58 800,00 4 468,80 €
	3,8% E12 64 900,00 2 466,20 €
	                          50 597,40 €
	
	+ 1% Berufsgenoss. 51 110,37 €
	+15% Sachkosten
	   (pauschal) 58 642,69 €
	/leistbare BE **56,12 €/BE**
		Miete;
		Abschreibung,
		Instandhaltung
		
		Therapiematerialien
		Fahrtkosten,
		Fortbildung,
		50% Energie,
		Wasser, Brennst.,
		50% Wirtschafts-
		bedarf

auch im Rahmen der Finanzierungsvereinbarungen zu benennen und umzusetzen. Insgesamt gehört die Landesrahmenempfehlung einschließlich ihrer Weiterführung in einen Landesrahmenvertrag im Saarland aus fachlicher Sicht zu denen, die der Intention des SGB IX und der FrühV am ehesten gerecht werden. Dies betrifft bspw. den Stellenwert des interdisziplinären Fachausschusses mit hoher Kompetenz und Verbindlichkeit. Auffallend ist im Saarland im Unterschied zu anderen Bundesländern die niedrigere Berechnungsgrundlage für die Personalkosten, wonach 81% der Fachkräfte in den Frühförderstellen der Vergütungsgruppe E9 zugeordnet werden. Hier spiegelt sich im Saarland noch stärker als in vielen anderen Bundesländern ein Gesellschaftsbild wider, wonach eine professionelle Arbeit mit Kindern im Vorschulbereich, selbst wenn sie unter dem Anspruch einer Familienorientierung erfolgt, im Vergleich zur schulischen, nicht familienorientiert ausgerichteten, Förderung der Kinder offenbar als minderwertig gilt und auch eines geringeren Qualifikationsniveaus bedarf. Es bleibt abzuwarten, ob im Zuge angekündigter politischer Neuorientierungen bezüglich der frühen Förderung und Bildung von Kindern unter Stär-

kung ihrer Familien auch im Saarland dieses Niveau auf eine internationale Ebene angehoben werden kann.

Anders als beispielsweise in Bayern erfolgt die Aufwandsentschädigung einer interdisziplinären Diagnostik (vgl. Tab. 14): Diese wird nach dem vorliegenden Berechnungsmodell pauschal mit 730,39 € bei einem Kind ab drei Jahren vergütet. Bei einem Kind unter drei Jahren werden hier 599,19 € erstattet.

Tab. 14: Refinanzierung einer interdisziplinären Diagnostik im Saarland (Ziegler 2009):

00;00–02;11 J. Eingangsdiagnostik			ab 03;00 J. Eingangsdiagnostik		
Med.	2,0 h	E14/E15	Med.	2,5 h	50,16 €/h
Psych./Päd.	3,0 h	E10–E12	Psych./Päd.	5,5 h	37,08 €/h
Med.-Ther.	1,0 h	E9	Med.-Ther.	1,0 h	31,14 €/h
	6,0 h			9,0 h	
Eingangsdiagnostik			**Eingangsdiagnostik**		
Med.	0,5 h		Med.	0,5 h	
Psych./Päd.	2,5 h		Psych./Päd.	2,5 h	
Med.-Ther.	1,0 h		Med.-Ther.	1,0 h	
	4,0 h			4,0 h	
Pro FF-Kind pauschal: 1 Eing.-Diagn. + 1 Verl.-Diagn. + 1 Abschl. Diagn.					
Med.	3,0 h		Med.	3,5 h	
Psych./Päd.	8,0 h		Psych./Päd.	10,5 h	
Med.-Ther.	3,0 h		Med.-Ther.	3,0 h	
	14,0 h			17,0 h	
+ 10% Sachkosten (pauschal)		599,19 €	+ 10% Sachkosten (pauschal)		730,39 €

Unabhängig von der Differenzierung, die bei älteren Kindern im anamnestischen, aber offensichtlich vor allem im psychologischen Bereich (mit der Begründung einer ausführlicheren Anamnese und umfangreicheren Testdiagnostik) bei älteren Kindern höhere Ressourcen bereitstellt, ist auffallend, dass diese Diagnostik-Ressourcen deutlich über die in Bayern gewährten Pauschalen hinausgehen. Dies zeigt, dass das Saarland insbesondere diesem Bereich einen hohen Stellenwert einräumt, während in Bayern ein Großteil der diagnostischen Grundlagen (v.a. Anamneseerhebung) entweder gänzlich entfällt (was fachlich unverantwortbar wäre) oder in den laufenden Prozess der allgemeinen Förderung integriert werden muss (und damit Abstriche bei der Förderung verlangte). Angesichts der Tatsache, dass die im Saarland gewährten Diagnostik-Pauschalen sowohl die berufsgruppenspezifischen Einzeldiagnostiken als auch die interdisziplinäre Abstimmung für eine Eingangs-, Verlaufs- und Abschlussdiagnostik beinhaltet, bleiben Erfahrungswerte abzuwarten, inwieweit sich die hier vorgegebenen Zeitpauschalen bewähren oder nach einer Bestandsaufnahme modifiziert werden müssen. Es handelt sich hierbei um einen Kompromiss, den der Kostenträger in den Vorgesprächen mit der LAG ausgehandelt hat. Zeigen sich die saarländischen Frühförderstellen insgesamt mit den Kontakten zu den Kostenträgern und dem allgemeinen Klima sehr zufrieden (vgl. Kap. 4.1.1), wird hier hingegen beklagt, dass der anerkannte zeitliche Aufwand für den Fachausschuss „völlig an der Realität vorbeigeht".

4.2.3 Frühförderung in Rheinland-Pfalz

Die Infrastruktur in Rheinland-Pfalz ist traditionell ganz anders ausgestaltet als in den meisten übrigen Bundesländern (vgl. Sohns 2000a, 238). Auch nach Verabschiedung des SGB IX bleibt die Frühförderung fast ausschließlich an Sozialpädiatrische Zentren angebunden – ein Ansatz, an dem aus Sicht des zuständigen Sozialministeriums fest gehalten werden soll: „Die enge Verzahnung von Sozialpädiatrischen Zentren und Frühförderstellen in Rheinland-Pfalz stellt im Bundesvergleich eine Besonderheit dar und ist einmalig. Diese duale Struktur hat sich unter fachlichen Gesichtspunkten und im Hinblick auf die Finanzierbarkeit der Einrichtungen bewährt" (Fischer 2008, vgl. ISG 2008, 33). Dabei hat sich die Zahl der zentralen SPZ in Rheinland-Pfalz in den vergangenen zehn Jahren nicht verändert (vgl. Sohns 2000a, 238), hingegen ist die Zahl der Außenstellen (ehemalige „Koronarzentren") auf inzwischen 27 (Fischer 2008[32], Beck 2009) bzw. 33 (ISG 2008, 29) angewachsen. Mit diesen über 30 „Zentren für Sozialpädiatrie und Frühförderung" soll „eine wohnortnahe Versorgung der Kinder gewährleistet" sein (ebd.). Hinzu kommen vier weitere an Landesschulen angebundene Frühfördereinrichtungen für hör- oder sehgeschädigte Kinder. „Ferner gibt es vereinzelt kleine, rein heilpädagogische Frühförderangebote freier Träger, die zum Teil über Kooperationsverträge an die Zentren für Frühförderung und Sozialpädiatrie angebunden sind" (ISG 2008, 29). Diese haben jedoch in der Frühförderstruktur von Rheinland-Pfalz keine zentrale Bedeutung und sind auch nicht in die „Vereinbarung über das Zusammenwirken der Rehabilitationsträger und der Sozialpädiatrischen Zentren in Rheinland-Pfalz zur Erbringung der Komplexleistung und zu Früherkennung und Frühförderung behinderter und von Behinderung bedrohter Kinder" eingebunden. Diese Landesvereinbarung wurde im September 2007 abgeschlossen und trat rückwirkend zum ersten Januar 2006 in Kraft[33]. Vereinbarungspartner sind neben den Krankenkassen und den Vertretern der kommunalen Gebietskörperschaften auch sechs der acht Sozialpädiatrischen Zentren.

---

32 Hierbei handelt es sich um eine schriftliche Mitteilung des zuständigen Ministeriums in Rheinland-Pfalz, die im Wesentlichen den Wortlaut einer Broschüre der Ministerin aus dem Jahr 2005 wiedergibt.

33 Der lange Zeitraum der Rückdatierung dokumentiert, wie wenig sich an den strukturellen Abläufen der Frühförderung in Rheinland-Pfalz geändert hat. Im Wesentlichen handelt sich um ein abgestimmteres Finanzierungskonzept mit Bezug zum SGB IX.

Da mit der Rahmenvereinbarung lediglich die traditionellen Ansätze der Frühförderung in Rheinland-Pfalz mit einem weitgehenden Monopol der Versorgung durch die Sozialpädiatrischen Zentren konsequent weiter geführt werden, wird mit der Vereinbarung „nicht die Aufgabe einer flächendeckenden Grundversorgung im Sinne des Sicherstellungsauftrages" verbunden (§ 2 Abs. 1). SPZ sind gemäß § 119 Abs. 2 SGB V nur für diejenigen Kinder zuständig, die „wegen der Art, Schwere oder Dauer ihrer Krankheit oder einer drohenden Krankheit nicht von geeigneten Ärzten oder in geeigneten Frühförderstellen behandelt werden können". Insoweit behalten die SPZ mit ihren Außenstellen auch eine überregionale Bedeutung. Im deutlichen Gegensatz hierzu stehen die fachlichen Ansprüche, wonach SPZ „familien- und wohnortnahe Dienste und Einrichtungen" bieten (§ 1 Abs. 3) und eine „alltagsunterstützende Zusammenarbeit" mit den Eltern (§ 3 Abs. 2) zur Aufgabe haben. Die hier angestrebte Familienorientierung wird jedoch auf die Funktion einer „Stützung der Eltern in ihrer Handlungskompetenz" und der Berücksichtigung von „Wechselwirkungen zwischen Kind, Familie und sozialem Umfeld" begrenzt (§ 1 Abs. 3). Entsprechend lassen sich aus dieser einschränkenden Definition von Familienorientierung auch keine Ansprüche bezüglich einer mobilen Hausfrühförderung des Frühfördersystems in Rheinland-Pfalz ableiten. Auch von der Möglichkeit einer wohnortnahen *Offenen Anlaufstelle* ist in der Vereinbarung keine Rede, da dies nicht zum üblichen Bestandteil von SPZ-Konzeptionen gehört. Vielmehr beginnt die Betreuung von Kind und Familie mit einer interdisziplinären Eingangsdiagnostik „im SPZ" (§ 3 Abs. 4) unter ärztlicher Verantwortung. Diese kann offenbar auch nicht durch die wohnortnäheren Außenstellen durchgeführt werden, sondern lediglich in den acht Hauptzentren, da nur hier „die Fachdisziplinen der Kinderheilkunde, medizinischen Therapie, Psychologie und Heilpädagogik/Sozialpädagogik nach einem interdisziplinären Konzept unter einem Dach zusammen (arbeiten)" (Fischer 2008). Allerdings können weitere externe Fachkräfte über Kooperationsverträge in die interdisziplinären Teams hinzugezogen werden (§ 9 Abs. 4). Die Vereinbarung sieht als Ergebnis einer Diagnostik ein mögliches Diagnosespektrum vor (vgl. § 5), dessen Kriterien „insbesondere" eine weitere Behandlung oder Förderung im SPZ indizieren. Die Diagnostik wird am Ende in die interdisziplinäre Erstellung eines Förder- und Behandlungsplans überführt (§ 3 Abs. 5). Für eine Diagnostik wird von den Krankenkassen eine einmalige Diagnostikpauschale in Höhe von 195 € je Fall bezahlt, die Kommunen können ergänzend hierzu weitere Diagnostikleistungen „in Höhe von bis zu 200 €" finanzieren (ISG 2008, 29).

Auch in Rheinland-Pfalz unterliegt die Definition einer Frühförderleistung der Zwei-Kreuze-Regelung (§ 7 Abs. 1), ausgeschlossen sind auch weitere gleichzeitig erfolgende teilstationäre oder stationäre Behandlungen in medizinischen Einrichtungen (z. B. psychiatrische Leistungen). Dies entspricht ebenso der Systematik, dass Frühförderung in (primär durch Krankenkassen finanzierten) SPZ durchgeführt wird, wie die Tatsache, dass entgegen der Vorgaben der Frühförderungsverordnung der Förder- und Behandlungsplan nur einer (ärztlichen) Unterschrift bedarf (§ 8 Abs. 2). Ergänzend zur interdisziplinären Diagnostik unter ärztlicher

Verantwortung in den SPZ können die Rehabilitationsträger auf Wunsch noch eine anschließende medizinische Überprüfung durch den medizinischen Dienst der Krankenkassen oder die Gesundheitsämter einleiten (§ 8 Abs. 2).

Die Finanzierung der durch den Förder- und Behandlungsplan vorgesehenen Leistungen durch die SPZ erfolgt durch die Krankenkassen in Form von drei unterschiedlichen Pauschalleistungen (Quartalspauschalen für die ärztlichen Leistungen, Pauschalen der allgemeinen Leistungen nach § 43a SGB V, Einzelpauschalen der Krankenkassen für die medizinisch-therapeutischen Leistungen), während die örtlichen Sozial- und Jugendhilfeträger für nicht-medizinische Leistungen einzelne Kostenerstattungen nach Antragsstellung und Bescheid übernehmen (vgl. ISG 2008, 29).

Insgesamt hat sich in Rheinland-Pfalz die seit Jahrzehnten etablierte Frühförderstruktur (vgl. hierzu ausführlicher: Sohns 2000a, 237ff) auch unter der gesetzlichen Grundlage des SGB IX erhalten. Dieses System wird vom überwiegenden Teil der deutschen Frühförderung als nicht familiennah kritisiert, da es fast ausschließlich ambulante Angebote unterbreitet. Die Bundesvereinigung der Lebenshilfe e. V. hat daher auch versucht, in einzelnen Regionen eigene (pädagogische) Angebote zu etablieren. Die Auseinandersetzung zwischen Rheinland-Pfalz und den übrigen Bundesländern in Sachen Frühförderung zieht sich bis in die Bewertung der Terminologie. Während die Lebenshilfe bspw. den Begriff der „Frühen Hilfen" bevorzugt und als Synonym für eine mobile, wohnortnahe und familienorientierte Frühförderung einsetzt, wird dieser Begriff vom rheinland-pfälzischen Ministerpräsidenten als „immer an Defiziten und Fehlentwicklungen ansetzend" (Beck 2009) abgewertet.

Gleichzeitig zeichnet sich das Frühfördersystem in Rheinland-Pfalz innerhalb der SPZ – in deutlichem Unterschied zu weiten Teilen der sonstigen Frühförderung in Deutschland – durch ausgesprochen qualifizierte Fachpersonen auf hohem Aus- und Weiterbildungsstand aus, die in eine umfassende Teamarbeit (einschließlich ärztlicher und psychologischer Fachpersonen) eingebunden sind. An den „krassen Gegensätzen" seit Bestehen der Frühförderung scheint sich auch in den vergangenen zehn Jahren nichts geändert zu haben: einerseits „personell interdisziplinär gut ausgestattete Zentren mit möglichst viel qualifiziertem Personal unter einem Dach und aufgrund der großen Kinderzahl mit viel Erfahrung gerade im Frühdiagnostik-Bereich, [...] andererseits (werden) den betreuten Familien zum Teil sehr weite Anfahrten zugemutet, die zu einer fehlenden Flexibilität beitragen, eine kontinuierliche Betreuung oftmals scheitern und eine Überprüfung der Wirksamkeit der Fördervorschläge im Alltag sowie eventuell notwendig werdende Bestärkungen und Modifizierungen nicht möglich werden lassen" (Sohns 2000a, 238).

4.2.4 Frühförderung in Berlin

Nur ein einziges Bundesland entschied sich dafür, sich an dem Vorbild der Frühförderung in Rheinland-Pfalz zu orientieren: Das Bundesland Berlin.

Hier besteht der Anspruch, schon seit den 1990er Jahren im Vorgriff auf spätere gesetzliche Regelungen eine Komplexleistung Frühförderung anzubieten (Rahmenvereinbarung Berlin, Präambel Abs. 3). Diese Komplexleistung wird wie in Rheinland-Pfalz ausschließlich an Sozialpädiatrischen Zentren angeboten, die sich in zwei fachliche Ausrichtungen untergliedern:

> Es sollen „Einrichtungen an Krankenhäusern im Schwerpunkt die besonders spezialisierte und seltene medizinische Kompetenzen umfassende Behandlung, die wohnort- und familiennah arbeitenden Kinder- und Jugendambulanzen die regelmäßige Komplexversorgung unter Einbeziehung des sozialen Umfelds der Kinder einschließlich der mobilen Heilmittelversorgung in Kindertagesstätten oder in der Familie gemäß § 3 FrühV erbringen" (§ 2 Abs. 1).

Die 19 Sozialpädiatrischen Zentren (fünf klinikgebundene für den ersten Schwerpunkt und 14 Kinder-und Jugendambulanzen für den zweiten Schwerpunkt, vgl. ISG 2008, 23) decken den Gesamtbedarf für Berlin ab. Es wird kein weiterer Ausbaubedarf gesehen[34], allerdings ist eine regelmäßige Überprüfung mit einem Bericht über die Sozialpädiatrische Versorgung vorgeschrieben (§ 3 Abs. 1).

Mit dieser Vereinbarung, die im Dezember 2005 geschlossen wurde und rückwirkend zum ersten Oktober 2005 in Kraft trat, wird ausdrücklich kein Bedarf an (Interdisziplinären) Frühförderstellen gesehen:

> „Auf separate interdisziplinäre Frühförderstellen wird in Berlin bewusst verzichtet, da deren Aufgaben von den o. g. Einrichtungen mit wahrgenommen werden" (Präambel, Abs. 4). Dabei soll das Konzept der Kinder- und Jugendambulanzen einschließlich der mobilen medizinisch-therapeutischen Versorgung in Kindertagesstätten (vgl. Sohns 2000a, 242) „die wohnort- und familiennahe Sozialpädiatrische Versorgung unter Einbeziehung des sozialen Umfeldes" (Rahmenvereinbarung Präambel Abs. 4) gewährleisten.

Die Finanzierung der Kosten erfolgt – wie bei allen SPZ – über Pauschalen. Bei den fünf klinikgebundenen SPZ werden 90 % der Kosten von den Krankenkassen und 10 % vom Land Berlin übernommen, bei den 14 Kinder- und Jugendambulanzen hingegen 70 % vom Land Berlin (als örtlicher Sozial- und Jugendhilfeträger) und 30 % von den Krankenkassen (ISG 2008, 23).

Mit der Differenzierung in inhaltliche Schwerpunkte durch klinikgebundene SPZ und Kinder- und Jugendambulanzen hat das Land Berlin seine Frühförderkonzeption ausdifferenziert, jedoch die Grundkonzeption nach dem Vorbild von Rheinland-Pfalz beibehalten. Entsprechend gibt es auch hier kaum mobile Hausfrühförderung, die Frühförderleistungen werden ambulant innerhalb der Zentren oder in Form von Förderung in Kindertagesstätten (vgl. Sohns 2000a, 243) gewährleistet. Entsprechend gilt auch für Berlin, dass innerhalb der Zentren qualifizierte Teams mit einer hohen interdisziplinären Kooperation tätig sind, die jedoch nicht auf Frühförderhilfen inner-

---

34 Obwohl die Erfassungsquote nach den u. g. Zahlen lediglich bei 2 % der Kinder im Vorschulalter liegt und damit weit hinter der anderer Bundesländer zurück bleibt.

halb der Familien ausgerichtet sind. Laut Angaben der ISG-Studie (2008, 23) wurden im Jahr 2002 von den Kinder- und Jugendambulanzen etwa 3200 Kinder zwischen null und sechs Jahren begleitet. Damit entspricht die Erfassungsrate der Kinder im Bereich der „wohnort- und familiennahen" Versorgung durch die Kinder- und Jugendambulanzen in etwa 1/3 der des Saarlands. Entsprechend bleibt zu vermuten, dass durch die Beschränkung des Angebotes auf ambulante Dienste zahlreiche Familien, die durch eine mobile Frühförderung erfasst werden, den Weg zu den Berliner Zentren nicht finden.

4.3 Bundesländer mit teilweiser Umsetzung einer Rahmenvereinbarung

4.3.1 Nordrhein-Westfalen

Nordrhein-Westfalen war das erste Bundesland, in dem (zum 01. 04. 2005) eine Landesrahmenempfehlung zur Frühförderung in Kraft getreten ist. Im Unterschied zu Bayern strebt diese Empfehlung jedoch bewusst an, lediglich einen Rahmen zu beschreiben für Verhandlungen zu konkreteren Leistungsvereinbarungen, die unverändert in den einzelnen Kommunen zu führen sind. Entsprechend gibt es in NRW auch keine landesweit einheitlichen Sätze, sondern unverändert gravierende Unterschiede auch in der finanziellen Ausgestaltung in den einzelnen Regionen.

Insgesamt gibt es in NRW 33 SPZ (ISG 2008, 28) und etwa 130 Frühförderstellen (Müller 2006, 6), davon 16 spezielle überregionale Frühförderstellen. Durch zahlreiche dieser Einrichtungen wurden ab 2005 regionale Verhandlungen zwischen Leistungsträgern und -erbringern geführt, die jedoch nur in etwa 20 Einrichtungen (Rüttgers 2009) zu einer Vereinbarung für eine interdisziplinäre Komplexleistung führten. In zahlreichen Regionen scheiterten bereits Verhandlungen zwischen den kommunalen Kostenträgern und den Krankenkassen, sodass die Kommunen in ihrer Mehrzahl dem Landesrahmenvertrag gar nicht beitraten. Insgesamt sechs Regionen wurden als sogenannte Pilotregionen bestimmt, die eine Vorreiterfunktion zur Ausgestaltung der Komplexleistung einnehmen sollten. In vier dieser Pilotregionen konnte bis 2006 ein Abschluss erzielt werden (Dortmund, Gütersloh, Aachen und Köln), hinzu kam als fünftes die Stadt Essen (seit Juli 2006).

Bezüglich der personellen Besetzung lehnt sich die Rahmenvereinbarung in NRW insofern an die BAR-Empfehlungen an, dass sie einen „festangestellten Personalstamm" zur Gewährleistung einer interdisziplinären Arbeit innerhalb der Frühförderstelle verbindlich vorschreiben (§ 4). Auch wenn weitere Details vor Ort geklärt werden können und zusätzliche Kooperationsvereinbarungen insbesondere mit niedergelassenen Therapeuten möglich sind (unter der Bedingung, dass sie in die Teamstrukturen eingebettet werden), schreibt § 4 der Landesrahmenempfehlung obligatorisch vor, dass sogenannte „virtuelle Frühförderstellen" ausgeschlossen seien. Die Diagnostik und die Erstellung des Förder- und Behandlungsplans gelten als Bestandteil der Komplexleistung und müssen von einem niedergelassenen Arzt veranlasst werden. Die Landesrahmenempfehlung schreibt für den Förder- und Behandlungsplan verschiedene Inhalte vor, die eine weitere offene und fachgerechte Ausgestaltung zulassen. Auch bezüglich der räumlichen und sächlichen Anforderungen werden offene Formulierungen gewählt (§ 4.2), die nicht auf die Vorgaben des SGB V Bezug nehmen. Hier soll insbesondere regionalen Besonderheiten Rechnung getragen werden. Zur Finanzierung der Frühförderleistungen sieht die Landesrahmenempfehlung in NRW ausdrücklich die Vereinbarung von pauschalen Entgelten vor (§ 6), die im Gegensatz beispielsweise zu Bayern keine verwaltungsaufwendigen Einzelabrechnungen zulassen, sondern als Abrechnungspauschale bei dem zuständigen Rehabilitationsträger (Sozialamt) eingereicht werden. Insoweit ist eine Finanzierung aus einer Hand gewährleistet, die Verwaltungsschritte werden auch dadurch weiter vereinfacht, dass gemäß § 12 der zuständige Rehabilitationsträger alleine über die Gewährleistung der Leistung entscheiden kann und die anderen Rehabilitationsträger (insbesondere Krankenkasse) lediglich über den Bescheid und die entsprechende Prüfung zu informieren hat.

Die Ausgestaltung dieser zwischen den Rehabilitationsträgern getroffenen Vereinbarungen vor Ort gestaltet sich jedoch schwierig. Nur wenige Kommunen sind dieser Vereinbarung inzwischen beigetreten und haben eine Komplexleistung in deren Sinne einvernehmlich umgesetzt. In manchen Regionen haben Leistungserbringer (mögliche Träger von Frühförderstellen) Anträge auf Anerkennung einer interdisziplinären Frühförderstelle gestellt, die von den Kommunen deshalb nicht bearbeitet werden, weil sie der landesweiten Vereinbarung nicht beigetreten sind und es keine gemeinsamen Absprachen mit den Krankenkassen vor Ort gibt (vgl. Kap. 6.4). In anderen Kommunen (z. B. dem Landkreis Gütersloh, der zu den Ersten gehörte, der die Komplexleistung auf interdisziplinärer Basis umgesetzt hat) sind die Kosten für die Komplexleistung innerhalb eines Jahres so gestiegen[35], dass der Landkreis die Vereinbarungen mit den Leistungserbringern im Jahr 2009 gekündigt hat und neue Leistungssätze verhandeln will. Aus anderen Modell- und Pilotregionen sind weitere Kündigungen bislang nicht bekannt.

4.3.2 Frühförderung in Sachsen

In Sachsen existieren sieben Sozialpädiatrische Zentren (Schmidt 2009) und 46 Frühförderstellen (Zobel 2006, 7), davon zwei überregionale spezielle Frühförderstellen (ISG 2008, 30). Im Oktober 2005 ist eine zwischen den Trägern der Sozialhilfe und den Krankenkassen geschlossene Landesrahmenvereinbarung in

---

35 Nach uns vorliegen Informationen haben sich die Kosten für die Interdisziplinären Frühförderstellen von 2006 auf 2007 um ca. 1,5 Mio. € in etwa verdoppelt.

Kraft getreten. Anbieter der Frühförderleistungen waren an den Verhandlungen nicht beteiligt. Alle sächsischen Kommunen sind der Vereinbarung beigetreten (Zobel 2006, 7), ein Großteil der sächsischen Frühförderstellen bietet inzwischen eine Komplexleistung im Sinne dieser Vereinbarung an (ISG 2008, 30). Voraussetzung für die Anerkennung ist ein Vertrag nach § 75 SGB XII.

4.3.2.1 Virtuelle Frühförderstellen

Es besteht zum einen die Möglichkeit, die Interdisziplinarität im Rahmen der Komplexleistung über festangestellte Therapeuten innerhalb der Frühförderstelle zu gewährleisten. Zum anderen lässt § 9 Abs. 3 LRV Sachsen „virtuelle Frühförderstellen" zu, die eine interdisziplinäre Zusammenarbeit über externe Kooperationsverträge gewährleisten.

Damit ist in Sachsen (im Gegensatz zu bspw. NRW) ausdrücklich der konzeptionelle Weg geöffnet, die Komplexleistung durch ein Zusammenwirken von (pädagogischen) Fachpersonen der Frühförderstellen mit externen TherapeutInnen zu erfüllen. Nach unserer Kenntnis gibt es in den sächsischen Frühförderstellen überwiegend virtuelle IFS mit sehr vielen (teilweise über 50) medizinisch-therapeutischen Kooperationspartnern. Ein besonderer Kooperationsvertrag muss hierzu nicht (wie bspw. in Bayern) abgeschlossen werden.

Auch in Sachsen greift die Zwei-Kreuze-Regelung, wonach rein heilpädagogische oder therapeutische Maßnahmen nicht zur Komplexleistung gehören und separat finanziert werden. Die interdisziplinäre Diagnostik und die Förder- und Behandlungsplanerstellung werden grundsätzlich ebenfalls nicht zur Komplexleistung definiert: § 3 Abs. 1 macht diese beiden Phasen der Frühförderung zur *Voraussetzung* für eine Komplexleistung. Entsprechend müssen sie der Komplexleistung zeitlich vorgelagert sein. Hintergrund dürfte die gewollte einseitige Zuordnung der Finanzierung für Diagnostik und Förder- und Behandlungsplanerstellung zum Rehabilitationsträger Krankenkasse sein.

4.3.2.2 Separate Abrechnungswege

Im Rahmen des eigenen Vertrages, den die Frühförderstellen mit den Krankenkassen zur Erbringung und Vergütung von diagnostischen Leistungen abschließen müssen, decken die Frühförderstellen die pädagogisch-psychologischen Leistungen im Rahmen der Diagnostik ab. Die medizinische Diagnostik wird durch niedergelassene Kinderärzte übernommen, die per Überweisungsschein an die Frühförderstellen vermitteln. Beide gemeinsam erstellen einen Förder- und Behandlungsplan[36].

---

36 In Leipzig verweigerten die Ärzte zunächst die notwendige Veranlassung. Anders als in Thüringen jedoch nicht aus Kostengründen, sondern weil sie die Gesamtverantwortung nicht tragen wollten (Schmidt 2009).

Die therapeutischen und ärztlichen Praxen rechnen ihre Leistungen ausschließlich nach den Heilmittelrichtlinien mit den Krankenkassen ab. Für die Kooperation mit den Ärzten (als überweisende Fachpersonen) gibt es keine klare konzeptionelle Regelung. Einzelne Ärzte delegieren die diagnostischen Vorarbeiten an die Frühförderstellen und wollen einen ausgearbeiteten Förder- und Behandlungsplan zur Unterschrift vorgelegt bekommen. Andere erstellen einen Entwurf selbst. Manche suchen sogar die Frühförderstellen persönlich zu einer Absprache auf oder bestellen die FrühförderInnen zur Absprache in ihre Praxis ein.

Den Frühförderstellen stehen als Zeitbudget für eine Diagnostik aller (außer den ärztlichen) Berufsgruppen einschließlich der Absprache Erstellung des Förder- und Behandlungsplans in der Regel 4,5 Stunden zur Verfügung (Schmidt 2009).

Somit gewährleistet die Frühförderung in Sachsen auch keine Finanzierung aus einer Hand. § 11 Abs. 1 legt fest, dass die Frühfördereinrichtungen die jeweiligen Leistungen der Frühförderung mit den jeweils zuständigen Rehabilitationsträgern (getrennt) abrechnen. Bezüglich der Diagnostik werden die Interdisziplinären Frühförderstellen sogar aufgefordert (§ 7 Abs. 3), mit den Krankenkassen separate Vereinbarungen zu treffen. Offenbar haben die kommunalen Rehabilitationsträger Wert darauf gelegt, hierfür keine Verantwortung zu übernehmen. Entsprechend wurden Diagnostikleistungen nicht in die Landesrahmenvereinbarung Sachsen aufgenommen und keine gemeinsamen Vereinbarungen hierzu getroffen.

Erschwerend kommt hinzu, dass landesweite Fördermittel des Freistaates Sachsens in den vergangenen Jahren sukzessive gestrichen wurden. Dadurch ist es nicht mehr möglich, interdisziplinäre Abstimmungen und die sogenannten Korridorleistungen zu finanzieren. Weder die kommunalen Rehabilitationsträger noch die Krankenkassen fühlen sich für diese Aufgabenfelder zuständig und haben eine entsprechende Finanzierungsstruktur vereinbart. Die Einzelleistungen der Komplexleistung müssen sich entsprechend zumeist additiv und unabgestimmt aneinanderreihen.

Die Krankenkassen halten sich zudem eng an die Regelungen des Heilmittelkatalogs und verweigern neben einer Finanzierung interdisziplinärer Absprachen auch eine Finanzierung beispielsweise von Elternberatungen. Dadurch haben die Frühförderstellen, die ihre medizinisch-therapeutischen Fachpersonen festangestellt haben, Finanzierungslücken. „Es gab bereits Tendenzen, Therapeuten wieder zu entlassen und nur auf Kooperationsverträge zu setzen, weil keine Kostendeckung besteht" (Zobel 2006, 8). Eine weitere Finanzierungslücke besteht in dem „Niederschwelligen Beratungsangebot", das im Landesrahmenvertrag aufgenommen ist, für das jedoch keine Finanzierungsstruktur geschaffen wurde. Im Bereich der Eingangsdiagnostik ist daher ein Offenes Beratungsangebot nicht vorgesehen, obwohl durch die Rahmenvereinbarung Sachsen im § 3 Abs. 3 ausdrücklich den Frühförderstellen einen „Niedrigschwelligen Zugang [...] im Rahmen eines Offenen Beratungsangebotes zunächst auch ohne [...] Überweisung" zugestanden wird.

Die Refinanzierung der Frühförderleistungen erfolgt separat: Während die Krankenkassen innerhalb der Frühförderstellen die diagnostischen Leistungen finanzieren, kommen die örtlichen Sozialhilfeträger für die heilpädagogischen

Leistungen innerhalb der Förderung auf. Therapeutische Leistungen werden von den Krankenkassen auch innerhalb der Komplexleistung nur analog der Heilmittelrichtlinien übernommen. Bezüglich der räumlichen Ausstattung von IFS besteht die Auflage (§ 7 Abs. 2), dass zur Abrechnung von medizinisch-therapeutischen Leistungen eine Zulassung gemäß § 124 SGB V notwendig ist. Entsprechend müssen die Frühförderstellen auch die dortigen räumlichen und sächlichen Anforderungen erfüllen.

Damit bleiben die unterschiedlichen Leistungsformen separate Einzelleistungen, für die der Verwaltungsaufwand mit beiden Rehabilitationsträgern den Frühförderstellen obliegt. Nach unserer Kenntnis[37] ist in Sachsen bspw. die Abrechnung z. B. logopädischer Leistungen im Rahmen der Komplexleistung durch die Krankenkasse AOK zusätzlich erschwert, da diese die Positionsnummern für entsprechende Leistungen geändert hat, und nun ein kostenintensives Extra-Modul angeschafft werden muss, um diese Leistungen abrechnen zu können. Durch die Anwendung der Heilmittelrichtlinien müssen IFS zusätzliche (aus ihrer Sicht nicht benötigte) Therapiegeräte anschaffen oder ihre Räumlichkeiten umbauen, weil die angewandten Ausführungsrichtlinien des § 124 SGB V der Krankenkassen dies so vorsehen.

4.3.2.3 Vereinfachtes Genehmigungsverfahren

§ 4 Abs. 3 legt fest, dass der erstellte Förder- und Behandlungsplan gleichzeitig als Antrag auf Komplexleistung Frühförderung (gemäß § 16 SGB I) fungieren kann. Dadurch erübrigen sich die zum Teil umständlichen Verwaltungsverfahren, wie sie in anderen Bundesländern eingeführt wurden. Für die Bearbeitung der entsprechenden Anträge sind bei den Frühförderstellen in der Regel die örtlichen Sozialhilfeträger, bei den Sozialpädiatrischen Zentren die Krankenkassen zuständig (§ 6 Abs. 1). Beide Rehabilitationsträger informieren sich gegenseitig über die laufenden Verfahren.

Die Bewilligung des Sozialhilfeträgers beinhaltet automatisch die Bewilligung der Krankenkassen, die diese Entscheidung anerkennen (bei Sozialpädiatrischen Zentren erfolgt das analoge Anerkennungsverfahren durch die Krankenkassen).

4.3.2.4 Weitere Einschränkungen durch die Komplexleistungen

§ 6 Abs. 3 räumt den kommunalen Rehabilitationsträgern ein, den interdisziplinär erstellten Förder- und Behandlungsplan nochmals zusätzlich mit Hilfe amtsärztlicher Gutachten und damit weiteren Untersuchungen des Kindes zu überprüfen. Die bisherigen Erfahrungen scheinen jedoch zu zeigen, dass dies nur in Ausnahmefällen geschieht.

---

37 Befragung durch das Institut für Interdisziplinäre Frühförderung an der Fachhochschule Gera.

Auffallend ist, dass lediglich bei den Kindern, denen Komplexleistung im Sinne der Zwei-Kreuze-Regelung gewährt wird, auch Leistungen der Verlaufs- und Abschlussdiagnostik ermöglicht werden. Bei den Kindern, bei denen (zunächst) nur eine Leistungsform ausreichend erscheint, werden keine weiteren Mittel für eine mögliche Diagnostik von den Rehabilitationsträgern zur Verfügung gestellt. Ebenso wenig ist eine Kooperation zwischen Frühförderstellen und Sozialpädiatrischen Zentren ermöglicht (vgl. § 3 Abs. 2).

„In Sachsen hat sich über die vergangenen Jahre ein bewährtes System früher Hilfen entwickelt. Dazu gehörte auch eine enge Kooperation mit den Sozialpädiatrischen Zentren. Viele Kinder werden parallel in IFF und SPZ betreut. Das SPZ übernahm dabei vor allem neuropädiatrische Diagnostik und Behandlungsformen bei überregionaler Arbeitsweise, während die IFF pädagogisch-psychologische und auch therapeutische Leistungen sowie aufsuchende Hilfen gewährleistete. Jetzt führt der Landesrahmenvertrag durch die Gleichstellung zu einer scharfen Konkurrenz, die zulasten der Familien ausgetragen wird. Die Krankenkassen bestehen auf dem Entweder-Oder. Diagnostische Leistungen werden demjenigen bezahlt, der zuerst die Rechnung einreicht" (Zobel 2006, 8)[38].

Die Sächsische Staatsregierung hat angekündigt, auch nach Abschluss der „Landesregelung Komplexleistung" auf eine weitere Ausgestaltung durch die Rehabilitationsträger zu drängen: „Allerdings gibt es in Sachsen keine konkrete Vereinbarung zur Finanzierung von Frühförderleistungen in Form von Leistungs- und Vergütungsvereinbarungen unter direkter Einbeziehung der interdisziplinären Frühförderstellen und Sozialpädiatrischen Zentren als drittem Vertragspartner. Das Sächsische Staatsministerium für Soziales hat neben fachlichen Erwägungen auch deshalb eine Weiterentwicklung der Landesrahmenvereinbarung zwischen den Krankenkassen und Sozialhilfeträgern angeregt und moderiert diesen Prozess" (Beermann 2009). Es bleibt abzuwarten, ob sich die Rehabilitationsträger auch in Sachsen darauf einlassen werden, unmittelbar mit den Leistungserbringern über die Ausgestaltung einer Komplexleistung zu verhandeln.

4.3.3 Frühförderung in Mecklenburg-Vorpommern

4.3.3.1 Grundlagen

Wie in NRW wurde in Mecklenburg-Vorpommern zu einem frühen Zeitpunkt eine Landesrahmenempfehlung zur Umsetzung der Frühförderungsverordnung verabschiedet und zum 01.05.2005 in Kraft gesetzt. Lange Zeit blieb dies jedoch ohne Resonanz bei den Einrichtungen, die diese Vereinbarung möglichst lange „boykottierten" (Simon 2006d, 5). Auch von Seiten der Landesregierung wurde – außer einer neutralen moderierenden Rolle – kein Einfluss auf eine zügigere

---

38 Unserer Kenntnis nach haben die SPZ in Sachsen auf diese Trennung mit einer vermehrten Einstellung von Heil- und Sozialpädagogen zur Durchführung pädagogischer „Komplexdiagnostik" innerhalb der SPZ reagiert. Dies verschärft die Konkurrenzsituation.

Umsetzung der Komplexleistung genommen, sie wird mit den Worten zitiert: „Wir können uns keine Qualitätsverbesserung mehr leisten" (ebd.).

Insgesamt erscheint in Mecklenburg-Vorpommern innerhalb der Frühförderung ein restriktives Klima durch die Rehabilitationsträger zu bestehen, auch hier mit regionalen Unterschieden. Dies zeigt sich zum einen an den Rückmeldungen aus den Frühförderstellen, die sowohl von erheblichen Kürzungen der Zeitbudgets zeugen als auch von einer offensiven Praxis der Ablehnung von Frühförderungsanträgen. Im Institut für Frühförderung an der Fachhochschule Gera gingen in jüngster Zeit zahlreiche Nachfragen bzgl. der „Rechtmäßigkeit" solcher Ablehnungen ein.

Da Mecklenburg-Vorpommern das einzige Bundesland ist, in dem in den vergangenen zehn Jahren eine Vollerhebung der Rahmenbedingungen in allen Frühförderstellen mit einem Rücklauf von 100% stattgefunden hat (Sohns 2001), ergeben sich hier gute Vergleichsmöglichkeiten bzgl. der Entwicklung seit Verabschiedung des SGB IX:

Demnach ist die Zahl an Einrichtungen in Mecklenburg-Vorpommern mit 25 (plus drei Außenstellen) gleich geblieben (Sohns 2001, 5; ISG 2008, 27), während die Zahl der betreuten Kinder in Mecklenburg-Vorpommern angestiegen ist: Wurden am 30.04.2000 1145 Kinder betreut (Sohns 2001, 8), berichtet die ISG-Studie von etwa 1800 Kindern im Jahresdurchschnitt 2005 (ISG 2008, 27). Das entspricht nach Bereinigung der saisonalen Ab- und Zugänge etwa einer Steigerung von 10% bis 15% der Kinder in fünf Jahren.

Wurde die Umsetzung der Landesrahmenempfehlung in den ersten Jahren von den Trägern möglichst vermieden, zeigten sich ab 2007 Einrichtungen bereit, einen Antrag auf Zulassung als IFF zu stellen, um damit auch eine interdisziplinäre Teamstruktur gewährleisten zu können. Nach Aussage des PARITÄTISCHEN arbeiten inzwischen vier Einrichtungen (zwei in freier und zwei in privater Trägerschaft) auf der Grundlage der LRE (ISG 2008, 27)[39], der Ministerpräsident von Mecklenburg-Vorpommern spricht von „sechs interdisziplinären Frühförderstellen" (Sellering 2009), wobei unklar bleibt, ob diese zur Erbringung von Komplexleistungen anerkannt sind. Vielmehr muss darauf verwiesen werden, dass „es bislang nicht gelungen (sei), eine einvernehmliche Regelung zu den Kosten von Komplexleistung herbeizuführen". Entsprechend habe die Liga der Freien Wohlfahrtspflege „die begonnenen Beratungen bezüglich einvernehmlicher Leistungsstandards für interdisziplinäre Frühförderstellen" ausgesetzt (ebd.).

4.3.3.2 Fachlicher Ansatz

Im Gegensatz zu anderen Landesrahmenvereinbarungen wird in Mecklenburg-Vorpommern nicht von einer (drohenden) *Behinderung* des Kindes gesprochen:

---

39 Nach unseren Erkenntnissen sind dies Frühförderstellen in Wismar, Rostock und Neubrandenburg. Hinzu kommt eine niedergelassene Arztpraxis in Neubrandenburg, die sich zu einer IFF ausgebaut hat.

„Ob die Komplexleistung durch IFF oder in SPZ durchgeführt wird, richtet sich nach Art, Schwere oder Dauer der Erkrankung oder einer drohenden Krankheit des Kindes" (§ 3 Abs. 2). In einer Stellungnahme kritisiert die Vereinigung für Interdisziplinäre Frühförderung (ViFF-Nord) diese „medizinlastige Sichtweise der LRE" (Kraus de Camargo 2007, 2)[40].

Diese Kritik bezieht sich auch darauf, dass der gesamte Bereich der Eingangsdiagnostik und der Förder- und Behandlungsplanerstellung unter ärztlicher Verantwortung erfolgt (§ 4 Abs. 3) und der eingereichte Förder- und Behandlungsplan im Anschluss nochmals ärztlich überprüft wird (durch Hinzuziehung des MDK bei Anträgen in einem SPZ, durch Hinzuziehung des Kinder- und Jugendärztlichen Dienstes bei Anträgen in einer IFF, § 6 letzter Satz).

Die Einleitung einer Eingangsdiagnostik erfolgt auf der Grundlage einer „Erstberatung mit Eltern/Bezugspersonen des Kindes" (§ 4 Abs. 4), die jedoch an keiner Stelle der Empfehlung näher erläutert wird. Insofern bleibt auch unklar, welche Ressourcen durch welchen Rehabilitationsträger hierfür bereitgestellt werden. Die ViFF kritisiert dieses einmalige Erstgespräch als Entscheidungsgrundlage für „eine frühzeitige Auslese [...] als gefährlich, da die Entscheidung zur Diagnostik hiernach im Regelfall von einer einzigen Person und damit nur einer Profession getroffen wird" (Kraus de Camargo 2007, 2). Dies sei jedoch gerade bei der Diskussion um Vernachlässigung von Kindern, die in der Frühförderung immer größeren Stellenwert einnimmt, nicht zu verantworten.

Es wird nicht vorgegeben, wer eine solche Erstberatung durchführt. Bei gegebenem Bedarf soll ihr jedoch eine Eingangsdiagnostik folgen, die auf ärztliche Veranlassung durchgeführt wird und bereits als Bestandteil der Komplexleistung definiert wird. Diese ärztliche Veranlassung kann sowohl durch Vertragsärzte der Krankenkassen als auch durch Ärzte des öffentlichen Gesundheitsdienstes erfolgen (§ 4 Abs. 4). Die Finanzierungszuständigkeit liegt jedoch ausschließlich bei den Krankenkassen (ebd.).

Mit dieser Vereinbarung in einer Landesrahmenempfehlung haben die Krankenkassen erstmalig einem Modell zugestimmt, wonach die ärztliche Veranlassung – und damit vermutlich auch die ärztliche Verantwortung für die Durchführung der Eingangsdiagnostik – auch von einer ärztlichen Fachperson des öffentlichen Gesundheitsdienstes durchgeführt werden kann. Folgerichtig müssten die Krankenkassen den Kommunen den finanziellen Aufwand für diese Leistungen auch erstatten. Ob dies so erkannt wurde und mit welchem Finanzierungsmodell dies in Mecklenburg-Vorpommern umgesetzt wird, erscheint bislang noch unklar.

Finanziert werden sollen die Leistungen der Frühförderung über einzeln abgerechnete Leistungseinheiten (LE). Diese müssen im Rahmen der Zulassung nach § 75 SGB XII von den IFF ausgehandelt werden. Entsprechend sieht § 8 Abs. 2 für die Finanzierung der Frühförderstellen vor, dass diese „in der Regel auf der Basis von

---

40 Die gleiche Kritik lässt sich auch auf Schleswig-Holstein übertragen, das möglicherweise weiterhin als Vorbild für administrative Ausgestaltungen dient.

Fachleistungsstunden" erfolgen. Die SPZ rechnen ihre Leistungen auf der Basis von quartalsweise eingereichten Behandlungspauschalen ab. Entsprechend sind für die SPZ generell die Krankenversicherungen Adressat für die Abrechnungen, für die Frühförderstellen sind dies die örtlichen Sozial- oder Jugendhilfeträger. Die ViFF kritisiert, dass die Diagnostikleistungen im Rahmen dieser LE erbracht werden, die erfahrungsgemäß keine ausreichenden Zeitbudgets hierfür zur Verfügung stellen. Sie empfiehlt (Kraus de Camargo 2007, 3), „ebenfalls für IFF eine Abrechnung nach Pauschalen anzustreben, um den Verwaltungsaufwand zu mindern. Jedoch sollte der jeweilige durchschnittliche Fahraufwand auch zeitlich berücksichtigt werden".

Ebenso wird kritisiert, dass die Zulassungsgrundlagen sowohl für die sächliche als auch für die räumliche Ausstattung sich nach den Vorgaben des SGB V (§ 124) richten (§ 4 Abs. 5.2 und 5.3 LRE), und angefügt: „Wir weisen darauf hin, dass in einer IFF keine Hilfsmittel gemäß § 32 SGB V erbracht werden, sondern eine Komplexleistung nach § 30 i.V.m. § 56 SGB IX. Insofern können die Zulassungsvoraussetzungen nach § 124 SGB V für Heilmittelleistungserbringer keine Anwendung finden" (Kraus de Camargo 2007, 3). Ferner kritisiert die ViFF die Ungleichbehandlung zwischen IFF und SPZ bezüglich der ärztlichen Unterschrift (vgl. Kap. 4.6.2). Wird im Bereich der IFF die in der Frühförderungsverordnung vorgesehene doppelte Unterschrift durch die veranlassende ärztliche und eine pädagogische Fachkraft notwendig, regelt § 5 Abs. 4, dass in SPZ eine ärztliche Unterschrift ausreicht. Die ViFF führt hierzu aus: „Da § 7 FrühV auch für SPZ gilt, muss auch hier der FöBP zwingend von einer verantwortlichen pädagogischen Fachkraft unterschrieben werden" (ebd.).

Die Kritik mit alternativen Vorschlägen der VIFF hat in Mecklenburg-Vorpommern zu keinem weiteren Dialog geführt. Dies entspricht allgemeinen bundesweiten Praktiken, wonach in der Mehrzahl der Bundesländer kein Dialog der Rehabilitationsträger mit Fach- oder Dachverbänden im Zuge der Erstellung von Landesrahmenvereinbarungen gesucht wurde. Dies wurde in mehreren Ländern von der ViFF ausdrücklich angeboten. Entsprechend kommt die ViFF-Nord auch zu dem Resümee: „Wir bedauern sehr, dass die Vertreter von Landesregierung, Krankenkassen und Sozialverwaltung den Kontakt zu Praktikern der Frühförderung nicht genutzt haben, um sich aktiv mit den Anforderungen an die Komplexleistung Frühförderung auseinanderzusetzen. Daraus resultierende Schwierigkeiten bei der Umsetzung der LRE MV zeigen u. a. die ersten praktischen Erfahrungen aus dem Jahr 2007 auf" (Kraus de Camargo 2007, 1).

4.3.3.3 Personelle Besetzung

Besonders kritisiert wurde die LRE in Mecklenburg-Vorpommern wegen ihrer hohen personellen Anforderungen: § 4 Abs. 5.1 schreibt mindestens sechs Fachpersonen für eine IFF als fest angestellte Fachkräfte vor, wovon drei Fachpersonen aus dem pädagogischen Bereich und drei Fachpersonen aus dem medizinisch-therapeutischen (je eine Logopädin, Physiotherapeutin und Ergotherapeutin), kommen müssen. Es liegt die Befürchtung nahe, dass dies gerade in dem Flächenland Mecklenburg-Vorpommern mit seiner dünnen Besiedlung zu einer Zentralisierung der Frühförderung führt, die einem familienorientierten wohnortnahen Angebot zuwider laufe. Dies wird auch als ein Grund dafür gesehen, dass bislang nur wenige Einrichtungen bereit waren, sich zu Interdisziplinären Frühförderstellen auszubauen bzw. „Anträge mehrerer Frühförderstellen auf Anerkennung als Interdisziplinäre Frühförderstelle von den Leistungsträgern mit der Begründung abgelehnt wurden, dass die personellen Anforderungen (drei festangestellte TherapeutInnen) nicht erfüllt waren" (ISG 2008, 27).

In der Tat erscheint die Anforderung für jede der Frühförderstellen in Mecklenburg-Vorpommern, insbesondere gleich drei TherpeutInnen mit unterschiedlichen Grundausbildungen in der Frühförderstelle anzustellen, für dieses Flächenland nicht praktikabel. Hinzu kommt, dass die Landesrahmenempfehlung ausdrücklich die Möglichkeit der Kooperation mit externen TherapeutInnen vorsieht, und auch – zumindest im Text der Empfehlung – deren Finanzierung im Bereich der Diagnostik wie im Bereich der interdisziplinären Kooperation in Aussicht stellt. Bedingung hierfür ist, dass die externen Fachkräfte „über Kooperationsverträge in das Team eingebunden" sind und „regelmäßig an Team und Fallbesprechungen teil(nehmen)" (§ 4 Abs. 5.1). Hierbei wird ausdrücklich darauf hingewiesen, dass in den Kooperationsverträgen die „Art der interdisziplinären Zusammenarbeit sowie die Vergütung der Leistung zu regeln" sei (ebd.).

Damit lässt sich unterstellen, dass die Rehabilitationsträger sich auch für die Finanzierung der interdisziplinären Kooperationen zuständig fühlen. Entsprechend wäre es ohne größeren Qualitätsverlust der Leistung möglich, Abstriche bei dem restriktiven Gebot der Festanstellung aller therapeutischen Berufsgruppen zu machen. Gleichwohl kann auch darauf hingewiesen werden, dass die Landesrahmenempfehlung für den Umfang der Festanstellung sowohl Vollzeit- als auch Teilzeitstellen zulässt. In welchem Umfang mögliche Teilzeitstellen erforderlich sind, bleibt offen. Wird in diesem Fall unterstellt, das möglicherweise nur eine Therapiestelle auf drei verschiedene Personen unterschiedlicher Berufsgruppen aufgeteilt wird, ergeben sich für die praktische Umsetzung jedoch große Reibungsverluste bezüglich der Koordination der hohen Anzahl von Fachpersonen mit niedrigen Stundenkontingenten. Dies erscheint als Modell für eine Umsetzung im Rahmen der bestehenden Landesrahmenempfehlungen nicht geeignet.

4.3.3.4 Abgrenzung und Misstrauen gegenüber den Rehabilitationsträgern

Die Zweifel bei den Frühförderstellen, durch die Genehmigung als IFF im Rahmen der LRE ihre Angebote verbessern zu können, sind groß. Entsprechend ist es nicht verwunderlich, dass nur wenige Einrichtungen sich bislang auf diese Vereinbarung eingelassen haben. Andere Einrichtungen haben eine Zulassung beantragt und Verhand-

lungen mit den Kostenträgern geführt, diesen Antrag jedoch wieder zurückgezogen, nachdem sie während der Vorabsprachen Verschlechterung z. B. bei den Zeitbudgets befürchten mussten.

Die Reduzierung von Zeitbudgets im Rahmen einer Fördereinheit ist im Zuge der Neukonzipierung von Frühförderung bundesweit nicht unüblich. Aus fachlicher Sicht ermöglicht sie im Vergleich zu den traditionellen Fördereinheiten mit einem Umfang von 2–3 Stunden, dass entsprechend der individuellen Bedürfnisse von Kind und Familie flexiblere Betreuungsformen zusammengestellt werden. Dies erfordert jedoch die Möglichkeit, im Rahmen der Förder- und Behandlungsplanerstellung Fördereinheiten mit niedrigeren Zeitbudgets in flexiblem Umfang einsetzen zu können. Der Vordruck, der für die Dokumentation der Ergebnisses des Förder- und Behandlungsplans in Mecklenburg-Vorpommern obligatorisch ist, sieht – in SPZ wie in IFF – durch seine Sparte „wöchentliche Frequenz" eine solche flexible Ausgestaltung ausdrücklich vor. Entsprechend erscheint es unverständlich, wenn in Mecklenburg-Vorpommern von den örtlichen Sozialhilfeträgern in der Regel von einer LE pro Woche ausgegangen wird. Bislang ist es nicht gelungen, die genehmigenden Rehabilitationsträger von der Notwendigkeit einer Flexibilisierung und Individualisierung der Hilfeformen zu überzeugen.

4.4 Bundesländer ohne Rahmenvereinbarung

4.4.1 Frühförderung in Baden-Württemberg

Obwohl in Baden-Württemberg zu einem sehr frühen Zeitpunkt bereits ein Entwurf für eine Rahmenvereinbarung vorlag, konnte bis heute zwischen den Rehabilitationsträgern keine Einigung erzielt werden. Die Dissense scheinen in der einheitlichen Bewilligung und Finanzierung der Frühförderleistungen (Hillebrand 2009), insbesondere bei der Vergütung der interdisziplinären Eingangsdiagnostik (ISG 2008, 21) zu liegen. Als Ersatz wurde bereits am 09. März 2005 eine Übergangsvereinbarung (ÜVE) zwischen den beteiligten Rehabilitationsträgern und den beteiligten Verbänden der LIGA der freien Wohlfahrtspflege verabschiedet, die rückwirkend zum 01. Juli 2003 in Kraft trat (§ 4 Abs. 1 ÜVE). Diese Vereinbarung regelt jedoch nur einen bis dato bereits bestehenden Rahmen, bezüglich der näheren Ausgestaltung und deren Finanzierung werden keine Angaben gemacht. Es wird daran festgehalten (§ 1 Abs. 5), dass der Zugang zur Frühförderung niedrigschwellig und wie zuvor auch ohne ärztliche Zuweisung erfolgen kann. Entsprechend wird offenbar der Anspruch erhoben, eine Offene Anlaufstelle zu gewährleisten[41]. Die wesentlichen Aufgaben der Frühförderstellen werden in

---

41 Laut Aussage des Landtages Baden-Württemberg dient die „überlebensnotwendige" Landesförderung u. a. zur Finanzierung der „kostenlosen Erstberatung" (Stellungnahme des Ministeriums für Arbeit und Soziales 15. 02. 2007, S. 8).

der Elternberatung, der Förderung und Behandlung des Kindes und in der interdisziplinären Eingangsdiagnostik gesehen, zu der ausdrücklich auch die Erstellung eines Förder- und Behandlungsplans dazugehört (§ 1 Abs. 2).

Das System der Frühförderung in Baden-Württemberg ist historisch zweigeteilt: Es erfolgte zunächst nach den Empfehlungen des deutschen Bildungsrates in den 1970er Jahren ein neues Angebot durch die Sonderschulen in Baden-Württemberg, die mit Hilfe von „sonderpädagogischen Beratungsstellen" ein mobiles Angebot aufbauten und aus originären Landesmitteln des Kultusministeriums finanziert werden. Bis heute gibt es 338 solcher Beratungsstellen „mit behinderungsspezifischem Profil" (Esther 2006, 1), die alle Landkreise in Baden-Württemberg abdecken. Seit Anfang der 1980er Jahre sind in den meisten Landkreisen sukzessive „Interdisziplinäre Frühförderstellen" hinzugekommen, derzeit sind dies 37 Einrichtungen in freier Trägerschaft und sieben Einrichtungen unter Beteiligung der Kommunen. In neun Landkreisen gibt es keine Interdisziplinären Frühförderstellen. Würden entsprechend die sonderpädagogischen Beratungsstellen nicht als Frühförderstellen gerechnet (wie beispielsweise in der ISG-Studie, 2008), wäre damit Baden-Württemberg neben Rheinland-Pfalz das einzige Bundesland, in dem nicht in allen Landkreisen ein eigenes Frühförderangebot besteht, obwohl in § 6 Abs. 1 der Übergangsvereinbarung ausdrücklich „stadt- und landkreisbezogene (Einrichtungen) mit bestimmtem Einzugsgebiet" als Regelfall beschrieben sind.

Entsprechend unterstützt das Land neben der vollständigen Kostenübernahme für die sonderpädagogischen Beratungszentren auch die Interdisziplinären Frühförderstellen seit 1983, zuletzt mit ca. 1,8 Mio. € pro Jahr. Die „Landesförderung hat dazu geführt, dass die Situation im Bereich der Interdisziplinären Frühförderung in Baden-Württemberg im Bundesvergleich vorbildlich ist" (Hillebrand 2009). Finanziert werden von diesen Mitteln bis zu drei vollbeschäftigte Fachkräfte je Frühförderstelle, mit ca. 18 000 € pro Jahr (ISG 2008, 21), sofern die Frühförderstelle einen Einzugsbereich von mehr als 250 000 Menschen abdeckt (Esther 2006). Damit konnten in allen Interdisziplinären Frühförderstellen Teams mit medizinisch-therapeutischen Fachkräften sowie pädagogischen Fachkräften und Sozialarbeitern entstehen, die „für entwicklungsauffällige Kinder und ihre Eltern niederschwellig, familienorientiert, wohnortnah, ambulant und mobil tätig" sind (Hillebrand 2009)[42]. Die Landesregierung Baden-Württemberg legt Wert darauf (ebd.), dass durch diese Einrichtungen die Erbringung einer Komplexleistung durch eine aufeinander abgestimmte Leistungserbringung aus einer Hand gewährleistet ist, auch wenn zwischen den Leistungsträgern kein einheitliches Bewilligungs- und Finanzierungsverfahren vereinbart werden konnte.

---

42 Die Landesregierung Baden-Württemberg sieht das Klientel der Sonderpädagogischen Frühberatungsstellen ausschließlich in „behinderten und von Behinderung bedrohten Kindern", zu denen sie nicht die Kinder zählt, deren „Entwicklungsauffälligkeiten [...] auf gesellschaftlich und sozial bedingten Fehlentwicklungen beruhen." (Ministerium für Arbeit und Soziales, Landtag von Baden-Württemberg 2007, 3).

Die Übergangsvereinbarung legt ausdrücklich fest, dass der Landeszuschuss für die interdisziplinären Frühförderstellen nicht für die allgemeinen Frühförderleistungen angerechnet werden können, sondern als „Härteausgleich für sonst nicht abrechenbare Leistungen" (ÜVE, Präambel) einzusetzen ist. Hierunter sind offenbar insbesondere Abstimmungsleistungen einer interdisziplinären Kooperation – analog zur hessischen Grauzonenfinanzierung (vgl. Kap. 4.5.7) – zu verstehen. In Kooperation mit den Frühförderstellen stehen landesweit 15 Sozialpädiatrische Zentren mit einem überregionalen Auftrag und dem Schwerpunkt der medizinischen Diagnostik. Sie können gemäß der Abgrenzung des SGB IX ebenso zur Förder- und Behandlungsplanerstellung wie zur Behandlung eingesetzt werden (Übergangsvereinbarung § 2 Abs. 2).

Damit hat Baden-Württemberg in den Regionen, in denen Interdisziplinäre Frühförderstellen entstanden sind, in der Tat ein Versorgungssystem aufgebaut, das im bundesweiten Vergleich bezüglich der Förder- und Kooperationsmöglichkeiten sowie der personellen Ausgestaltung eine Führungsposition einnimmt. Dennoch führte die angespannte Haushaltslage bei den Kommunen sowie eine Verwaltungsreform 2005 ebenso zu einer Erschwerung der Arbeit wie die Verunsicherung der kooperierenden Ärzte durch die Heilmittelverordnung (Esther 2006). Hinzu kommt, dass eine Kürzung der Landeszuschüsse im Vorfeld einer einvernehmlichen Landesrahmenvereinbarung von den Frühfördereinrichtungen als „Signal in falsche Richtung" gesehen wurde

4.4.2 Frühförderung in Bremen

Ähnlich wie in den anderen Stadtstaaten hat auch Bremen ein Frühfördersystem, das traditionell den teilstationären Betreuungen in Kindertagesstätten einen hohen Stellenwert einräumt (vgl. ISG 2008, 24). Hier steht die mobil-ambulante Frühförderung (durch vier Frühförderstellen) nur Kindern bis drei Jahren zur Verfügung, danach erfolgt eine teilstationäre Frühförderung für die Kinder, die integrative Kindertagesstätten besuchen müssen. Entsprechend hat in Bremen die mobile Frühförderung nur einen geringen Stellenwert (vgl. Simon 2006c, 3). Ausnahme ist Bremerhaven, wo traditionell eine pädagogisch orientierte mobile Frühförderung durch eine Einrichtung der Lebenshilfe stattfindet. Insoweit ist Bremerhaven konzeptionell stärker an der Struktur in Niedersachsen orientiert als an Bremen.

Obwohl bereits seit 2005 mehrere Entwürfe zur Ausgestaltung der Komplexleistung vorliegen, ist in Bremen bislang keine Vereinbarung geschlossen worden. Entsprechend existierten in Bremen bis heute keine Interdisziplinären Frühförderstellen (Anfrage von Bündnis 90/DIE GRÜNEN an den Bremer Senat vom 20.01.2009). Den Frühförderstellen soll ein Verwaltungsablauf vorgegeben werden, wonach alle Kinder im Rahmen der Frühförderung durch das SPZ begutachtet werden sollen. Das SPZ Bremen hat jedoch – wie die meisten SPZ in Deutschland – lange Wartezeiten (von bis zu neun Monaten). Wenn diese strukturellen Vorgaben nicht verändert werden, wird den Frühförderfamilien ebenfalls eine solche Wartezeit bis zur Bewilligung einer Frühförderleistung zugemutet – ein rechtlich nicht haltbarer Zustand (vgl. Kap. 2.6.2.4).

In Bremen gibt es seit über 15 Jahren für Vorschulkinder mit Behinderungen keine Sondereinrichtungen mehr, sondern alle Kinder werden – unabhängig von Art und Komplexität ihrer Behinderungen – in integrativen Gruppen gefördert. Künftig scheint im Stadtstaat Bremen geplant zu sein, ca. 60 flächendeckend verteilte sogenannte „Kompetenzzentren" als Schwerpunkteinrichtungen der Kita-Betreuung zum Mittelpunkt der Frühförderung zu machen. Diese sollen sich mit externen Frühförderstellen vernetzen, um in gemeinsamer Kooperation eine teilstationäre Betreuung und Frühförderung zu gewährleisten. Darüber hinaus soll über die Frühförderstellen die vom Gesetzgeber vorgesehene mobil-aufsuchende und ambulante Frühförderung angeboten werden.

Damit könnte Bremen ebenso wie Hamburg endgültig aus dem Bereich der Länder heraustreten, in denen die Frühförderung schwerpunktmäßig durch SPZ abgedeckt wird (vgl. Sohns 2000a, 227). Vielmehr könnte die kooperative Verknüpfung des Kitasystems mit dem mobil-ambulanten-teilstationären Frühfördersystem ein Gesamtangebot entstehen lassen, in dem die Kindertagesstätten als niedrigschwellige Anlaufstellen fungieren können, die in überschaubaren Sozialräumen bedürftigen Kindern und Familien weiterführende Frühförderhilfen auch im mobilen Bereich anbieten kann. Dies könnte zu einem erheblichen Absenken von Zugangsschwellen führen (vgl. Kapitel 6.4).

4.5 Länder mit einer Rahmenvereinbarungen ohne eine praktische Umsetzung

Nachdem jahrelang mit der Umsetzung der gesetzlichen Vorgaben des SGB IX – zunächst bis zur FrühV, dann bis zu landesweiten Rahmenvereinbarungen – gewartet wurde, wird dennoch auch nach dem Abschluss solcher Vereinbarungen nicht überall eine Komplexleistung Frühförderung im Sinne des Gesetzes umgesetzt. Vielmehr haben zahlreiche Länder solche Vereinbarungen geschlossen, ohne dass in den Kreisen und kreisfreien Städten vor Ort eine Umsetzung erfolgte. In manchen Ländern sind in einzelnen Landkreisen Abschlüsse absehbar, in anderen scheint dies auch vorläufig noch nicht zu erwarten. Zu groß ist der Widerstand der Einrichtungen gegen administrative Vorgaben, die ihre Arbeitsmöglichkeiten organisatorisch wie fachlich wesentlich verschlechtern.

4.5.1 Frühförderung in Thüringen

4.5.1.1 Die Ausgangssituation der Frühförderung

In Thüringen existieren vier Sozialpädiatrische Zentren und 35 allgemeine und sechs überregionale Frühförderstellen, davon eine in gemeinsamer Trägerschaft mit einer bayrischen Frühförderstelle (Arbeitsstelle Frühförderung Thüringen, Stand: Januar 2009).[43]

Der Aufbau dieser Frühfördereinrichtungen wurde durch Zuschüsse des Landes unterstützt (insgesamt zwischen 1991 und 2004 umgerechnet fast 8 Mio. €, davon etwa ein Drittel für SPZ). Die Unterstützung des Landes ermöglichte nicht nur die Einrichtung einer Arbeitsstelle Frühförderung (in eigener Trägerschaft) zur allgemeinen Beratung der Frühförderstellen, sie trug auch zu einem hohen Fortbildungstand bei. Zudem wurde eine Offene Anlaufstelle dadurch ermöglicht, dass aus Landesmitteln für jedes sich in einer Frühförderstelle anmeldende Kind vier Betreuungseinheiten als Offene Anlaufstelle finanziert wurden, unabhängig davon, ob sich ein späterer Frühförderbedarf bestätigte oder nicht (vgl. Sohns 2000 a, 250). Entsprechend selbstbewusst stellte die damalige Sozialministerin die Frühförderung dar (Ellenberger 1997, vgl. Sohns 2000 a, 250 f.).

4.5.1.2 Qualitätsverluste nach der Streichung der Landesförderung

Diese Landesmittel sind sukzessive reduziert worden, bevor letztmalig 2004 272 382 € (Arbeitsstelle Frühförderung Thüringen, 2009 a) verausgabt wurden. Seit 2005 gibt es keinerlei Landesförderung mehr[44]. Damit wurde nicht nur die Möglichkeit einer Offenen Anlaufstelle aufgehoben[45], es wurde auch die Möglichkeit der interdisziplinären Teams eingeschränkt.

Dies führte zu der paradoxen Situation, dass durch den Gesetzgeber 2001 der Aufbau interdisziplinärer Frühförderstellen vorgegeben wurde, in Thüringen diese Vorgabe jedoch nicht nur nicht umgesetzt, sondern mit der Streichung der Landesmittel sogar ins Gegenteil verkehrt wurde: seitdem reduzierten sich die entstandenen interdiszip-

---

43 Die ISG-Studie (2008, 32) weist fünf spezielle Frühförderstellen sowie 32 allgemeine Frühförderstellen aus, u. E. sind diese Zahlen noch von 2003, entsprechend sind seitdem vier neue Frühförderstellen hinzu gekommen.

44 Noch im August 2003 gab das TMSFG einen wissenschaftlichen Bericht in Auftrag, in welchem u. a. die demografischen Tendenzen und deren Folgen beschrieben werden. Explizit wird hier darauf eingegangen, dass ab 2005 die Zahl junger Menschen mit Behinderung in Thüringen bis 2015 ansteigen und dies Auswirkungen auf „Frühförderung und entsprechende Anforderungen an Ausbildungsstrukturen" haben wird (Sozialwissenschaftliches Forschungszentrum Berlin-Brandenburg 2003, 26). Im darauffolgenden ministeriellen Bericht im März 2004 (Thüringer Ministerium für Soziales, Familie und Gesundheit, 2004) wurden diese Daten nicht mehr veröffentlicht.

45 Die Kreise und kreisfreien Städte waren nicht bereit, dieses Angebot aus eigenen Mitteln fortzuführen, sondern bestehen seitdem auf einer vorherigen amtsärztlichen Kontrolle.

linär besetzten Teams in den Frühförderstellen zunehmend; inzwischen bieten von den verbliebenen 15 Frühförderstellen mit interdisziplinären Leistungen fast alle medizinisch-therapeutische Leistungen nur noch in Kooperation mit integrativen Kindertagesstätten an, die – zumeist in gemeinsamer Trägerschaft – von den Frühförderstellen therapeutisch versorgt werden (Arbeitsstelle Frühförderung Thüringen 2009 b).

An die Stelle der gestrichenen Landesförderung für Frühförderung trat ein neues Hilfesystem, das die Landesregierung initiiert hat: „Die VIFF-Thüringen berichtet im November 2006, dass allen Kreisen und kreisfreien Städten mit Verabschiedung des Thüringer Familienförderungsgesetzes rund 60 000 Euro pro Jahr zur Förderung von Kindern mit erhöhtem Förderbedarf zur Verfügung gestellt werden. Einige kreisfreie Städte würden dieses Geld den Frühförderstellen zur Verfügung stellen, andere völlig neue Dienste schaffen und gleichzeitig die Frühfördermittel kürzen. In einem Kreis seien die Aufgaben gänzlich auf eine Beratungsfunktion von Kindertagesstätten reduziert worden, so dass es hier keine ambulante Förderung mehr gebe" (ISG 2008, 36). Zielgruppe dieser neuen Dienste sind nach Aussage der Landesregierung Kinder unterhalb der Schwelle einer (drohenden) Behinderung, bei denen jedoch bereits ein „erhöhter Förderbedarf" bestünde. Das Anliegen, hiermit ein neues niedrigschwelliges Angebot zu initiieren, wurde von den für die Ausgestaltung zuständigen einzelnen Kreisen und kreisfreien Städten völlig unterschiedlich aufgenommen. Während drei Kommunen die zusätzlichen Gelder ihren Frühförderstellen zur Schaffung eines erweiterten (Offenen) Zugangs zur Verfügung stellten, wurden in den meisten Kreisen neue Dienste mit neuen Trägerschaften eingeführt, die einen Betreuungsbedarf unterhalb der Zugangsschwelle Interdisziplinäre Frühförderung (mit amtsärztlicher Begutachtung) gewährleisten sollen.

Die Auswirkungen für die bestehenden Frühfördereinrichtungen sind gravierend. Die neuen Dienste, für die in der Regel ein bis zwei Stellen geschaffen werden können, haben keine interdisziplinären Koordinierungsansprüche oder Ressourcen für weitere Teameinbettungen. Da mit ihrer Inanspruchnahme jedoch kein (oft stigmatisierendes) Antragsverfahren beim Sozialamt auf Anerkennung einer drohenden Behinderung mit anschließender amtsärztlicher Begutachtung verbunden ist, bevorzugen bedürftige Familien mit ihren Kindern dieses offene Hilfeangebot. Für die meisten Kreise und kreisfreien Städte führt dies zu einer finanziellen Entlastung, da der neue Dienst aus Landesmitteln finanziert wird. Die Kreise sind daher motiviert, möglichst viele Kinder durch diese niedrigschwelligen Dienste (für die es keine Qualitätsvorgaben gibt) und nicht durch interdisziplinäre Frühförderstellen betreuen zu lassen. Insofern hat die neue Einrichtungsform zu einer unmittelbaren verschärften Konkurrenzsituation geführt. Da die Landesmittel jedoch nur freiwillige Mittel sind, bemühen sich die neuen Mitarbeiterinnen in den ambulanten Diensten, trotz ihrer geringen Ressourcen und fachlichen Möglichkeiten den hohen Ansprüchen gerecht zu werden, um ihre Existenzgrundlage zu erhalten. Die Folge ist in zahlreichen Kreisen und kreisfreien Städten ein Einbruch der Wahrnahme an originären interdisziplinären Frühförderbetreuungen. Wie von der ISG-Studie (s.o.) beschrieben, verzichtet ein

Thüringer Landkreis seitdem sogar gänzlich auf laufende Einzelbetreuungen durch seine Frühförderstelle. In anderen Kreisen ist die Zahl der Anmeldungen in Frühförderstellen durch die neu eingeführten landesfinanzierten Dienste so zurück gegangen, dass sie ihre Existenz bedroht sehen.

Es stellt sich die Frage, warum nach der Streichung der Landesmittel für die Frühförderung diese Mittel (ca. 1,38 Mio. € pro Jahr) nicht weiterhin zur Unterstützung eines offenen Angebotes der bestehenden Frühfördersysteme eingesetzt werden können. Bei einer Gesamtbevölkerung von 2 267 763 Einwohnern in Thüringen und 101 188 Kindern unter 6 Jahren (Thüringer Landesamt für Statistik 2008) ergäben sich bei einem tatsächlichen Förderbedarf von ca. 6 % (FOGS 2004, 29) ca. 6071 Kinder in Thüringen mit einem potentiellen Bedarf an Frühförderung. 2004 wurde in Thüringen jedoch von einem Förderbedarf von 3 % ausgegangen und davon nur 52 % tatsächlich auch erreicht (2186 Kinder) (ebd.). Diese Früherkennungsproblematik zeigt, wie notwendig ein ehemals aus Landesmitteln ermöglichter offener Zugang zu Frühfördereinrichtungen ist.

4.5.1.3 Verabschiedung und Kritik an der Landesrahmenvereinbarung

Angesichts der Tatsache, dass die Thüringer Frühförderstellen traditionell bundesweit die kürzesten Betreuungszeiten für eine Familienbetreuung zur Verfügung haben (vgl. Sohns 2000a, 278), setzten die Frühförderstellen dennoch Hoffnungen auf eine Verbesserung ihrer Arbeitsmöglichkeiten und eine Angleichung der Zeitbudgets an bundesweite Standards durch eine Landesvereinbarung und die Umsetzung einer Komplexleistung und auf eine mögliche Beteiligung an den Verhandlungen der Rehabilitationsträger.

Diese Hoffnungen erfüllten sich nicht. Lange Zeit wurde auf Nachfrage lediglich geäußert, dass Verhandlungen zwischen den Rehabilitationsträgern noch nicht abgeschlossen seien, Informationen über diese Verhandlungen (hinter verschlossenen Türen) gab es nur dahingehend, dass das Thüringer Sozialministerium in moderierender Funktion hinzugezogen wurde. Im Januar 2008 wurde schließlich bekanntgegeben, dass rückwirkend zum 01. 01. 2008 eine Landesrahmenvereinbarung in Kraft getreten sei, diese wurde den Dach- und Fachverbänden nachträglich zur Kenntnis gegeben.

Sowohl die Liga der Freien Wohlfahrtspflege kritisierte die vorgestellte Vereinbarung als auch die Vereinigung für interdisziplinäre Frühförderung (VIFF), die in ihrer Stellungnahme zu dem Ergebnis kam, dass der vorliegende Entwurf aus fachlicher Sicht nicht akzeptabel sei, jedoch gleichzeitig den Rehabilitationsträgern inhaltliche Fachgespräche anbot (VIFF-Thüringen 2008).

> „Als erster Rehabilitationsträger luden die Krankenkassen den VIFF-Vorstand Anfang Mai diesen Jahres zu einem gemeinsamen Meinungsaustausch ein. Im Ergebnis dieses Gesprächs wurde die VIFF-Landesvereinigung gebeten, als Fachverband die Kritik an der LRV zu präzisieren und einen eigenen Formulierungsvorschlag für eine LRV zu erarbei-

ten. Dieser Wunsch wurde mit dem Gespräch im TMSFG am 27. 06. 2008 auch durch die Vertreter des Ministeriums und der Kommunalen Spitzenverbände geäußert (s. Protokoll)" (Wurst/Sohns 2008).

Dieses Ansinnen griff die VIFF auf und legte im Oktober Änderungsvorschläge mit Begründungen vor, die an insgesamt 74 Punkten inhaltliche oder stilistische oder Änderungen vorsahen (Sohns 2008). Mit der Vorlage und Begründung dieser Vielzahl von Formulierungsänderungen sollte nicht nur die zuvor geäußerte Kritik der VIFF an der Landesrahmenvereinbarung durch konstruktive Ansätze einschließlich deren fachlicher Begründungen ergänzt werden, mit den Begründungen sollte auch ein Gesamtkonzept der VIFF dargelegt werden, das die Rahmenbedingungen einer abgestimmten, familienorientierten und effektiven Frühförderung anschaulich werden lässt (vgl. Sohns 2008, Sohns 2009 e).

4.5.1.4 Inhalte und Gegenansätze der Landesrahmenvereinbarung

Einzelne Aspekte der Rahmenvereinbarung wurden dabei als offenkundig rechtswidrig kritisiert, beispielsweise der Ausschluss noch nicht eingeschulter Kinder ab dem siebten Lebensjahr (§ 3 Abs. 1)[46].

Zwar wird in der Präambel betont, dass es Ziel der Komplexleistung sei, die Leistungserbringung aus einer Hand zu gewährleisten, die weiteren Ausführungen der Vereinbarung beschreiben jedoch genau das Gegenteil: Vorgesehen ist nach § 12, dass nach der Erstellung eines Förder- und Behandlungsplans und einer möglichen weiteren Prüfung der „Leistungsvoraussetzungen" durch die Rehabilitationsträger der „zuständige Sozialhilfeträger über die Kostenübernahme hinsichtlich der heilpädagogischen Leistung entscheidet". Die medizinisch-therapeutischen Leistungen müssen separat mit den Krankenkassen abgerechnet werden.

Entsprechend der strikten Trennungen der Leistungen genügt den Krankenkassen für die medizinisch-therapeutischen Leistungen „eine Genehmigung der vom Arzt im Förder- und Behandlungsplan verordneten und im Rahmen der Komplexleistung zu erbringenden medizinisch-therapeutischen Leistungen" (§ 10 Abs. 6). § 12 Abs. 1 sieht weiter die Abrechnung dieser Leistungen separat bei den Krankenkassen vor, wobei die Vergütungshöhe sich nach den Krankenkassensätzen richtet. Gleiches gilt für die heilpädagogischen Leistungen mit den Sozialhilfeträgern (§ 12 Abs. 2).

Damit wird der Vorgabe aus der Präambel, die Leistungen aus einer Hand zu erbringen, widersprochen. Vielmehr bleiben die Leistungen auch nach einer Abstimmung in ihre Einzelleistungen aufgespalten bis hin zu der Anforderung, diese Leistungen auch bei den hierfür zuständigen unterschiedlichen Rehabilitationsträgern einzeln abzurechen. Damit wird der gesamte Verwaltungsaufwand, der in anderen Bundesländern von den jeweils federführenden Rehabilitationsträgern im Rahmen

---

46 Hierzu haben die Rehabilitationsträger nachträglich angekündigt, diese Passage streichen zu wollen.

der Leistung aus einer Hand übernommen wird, in Thüringen auf die leistungserbringenden Frühfördereinrichtungen übertragen.

Auch die Verwaltungsverfahren (Förder- und Behandlungsplanerstellung, Antragstellung etc.) bleiben in verschiedene separate Verfahren aufgeteilt. Die VIFF-Thüringen hatte analog der Regelung in Sachsen zum § 10 Abs. 1 vorgeschlagen: „Es dient der Verwaltungsvereinfachung, wenn das Einreichen des FBP und die Antragstellung auf Komplexleistung in einen Schritt zusammen gezogen werden. Der FBP kann alle erforderlichen Daten beinhalten, zusätzliche Formulare mit zusätzlichen Unterschriften dienen nur der Aufblähung von Verwaltung. Zudem dient dieses Verfahren dazu, den Eltern einen stärkeren Bezug zwischen Fachlichkeit und Verwaltungsverfahren aufzuzeigen. Notwendige Verwaltungsschritte werden von Eltern so weniger als zusätzliche Belastung oder gar Schikane empfunden" (Sohns 2008, 18).

Festhalten wollen die Kostenträger an der Zwei-Kreuze-Regelung (§ 2 Abs. 3) und der Möglichkeit einer separaten zusätzlichen Prüfung des interdisziplinär erstellten Förder- und Behandlungsplans durch ihre jeweiligen medizinischen Dienste (§ 10 Abs. 1).

Damit werden auch nach der Abstimmung in einem Förder- und Behandlungsplan als gemeinsame Komplexleistung diese Leistungen konsequent in ihre Einzelleistungen separiert und auf die unterschiedlichen Rehabilitationsträger zur Überprüfung und zur Refinanzierung aufgeteilt. Von Seiten der VIFF wird entsprechend kritisiert: „Es erscheint nicht nachvollziehbar, wenn nach dem aufwendigen Verfahren bis zur interdisziplinären Erstellung eines FBP sich die Kommunen vorbehalten, ihr bisheriges Überprüfungsverfahren anschließend vollständig beizubehalten. Auch wenn hier nicht die Absicht bestehen sollte, nochmals eine amtsärztliche (oder pädagogische) Untersuchung anzuschließen und klassische – für Eltern und Kind belastende – Doppeldiagnostiken durchzuführen, bleibt zu befürchten, dass einzelne Kommunen genau dies tun werden. Hier ist eine Klarstellung notwendig" (Sohns 2008, 18).

Die überregionalen Frühförderstellen für Kinder mit Sinnesbehinderungen werden in § 4 Abs. 6 mit ihrer landesweiten Ausrichtung erwähnt. Es bleibt jedoch unklar, welche Details der Vereinbarung auch auf sie anzuwenden sind. Weitere Regelungen finden sich in der Vereinbarung nicht. Offensichtlich werden hier bisherige Regelungen weitergeführt, ohne dass die Komplexleistung mit ihren differenzierten Bestimmungen und ihrer interdisziplinären Ausrichtung angewandt werden muss.

§ 4 Abs. 5 regelt ein „Offenes Beratungsangebot". Dieses soll es den Eltern ermöglichen, sich „über die Förder- und Behandlungsmöglichkeiten zu informieren". Ebenso konzentriert sich § 7 Abs. 1 als ausschließliche Aufgabe der Frühförderer im Rahmen der Elternarbeit auf „Beratung und Anleitung". Auch § 9 Abs. 1 ermöglicht den Frühförderstellen und den verschiedenen Ärzten lediglich ein „informieren […] über Behandlungs- und Fördermöglichkeiten".

Diese Begriffe suggerieren eine tradierte Experten-Laiensicht, wonach sich die Aufgabe der Experten auf eine „Beratung und Anleitung" der Eltern, die als Laien keine eigenen Kompetenzen einbringen, beschränkt.[47] *Auch beim Erstkontakt darf lediglich eine Information über bestehende Möglichkeiten der Einrichtung erfolgen. Die VIFF kritisiert entsprechend „dieses ‚offene Beratungsangebot' als reines Werbungs- und Aquisegespräch, das den Charakter einer Offenen Anlaufstelle nicht erfüllt" (Sohns 2008, 8). Eine Auseinandersetzung mit dem Kind und eine erste Rückmeldung an die Eltern sind entsprechend nicht vorgesehen.*

Gleichwohl macht § 9 Abs. 1b das weitere Verfahren von den Eindrücken der Fachpersonen eines solchen einmaligen Termins abhängig. „Kommt eine IFF bzw. der Arzt des öffentlichen Gesundheitsdienstes in diesem Gespräch zu der Erkenntnis, dass Komplexleistungen angezeigt sind, werden die Eltern bzw. der Personensorgeberechtigte zunächst an den behandelnden Arzt (Kinderarzt oder einen Arzt, der im Einzelfall Kinderuntersuchungen gemäß § 26 SGB V durchführt) verwiesen" (§ 9 Abs. 1b). Dieser „für die Erstellung des Förder- und Behandlungsplans verantwortliche Arzt führt die Diagnostik durch" § 9 Abs. 1c).

Diese Fokussierung auf den Arzt wird von der VIFF kritisiert. „Dass der Arzt (ausschließlich) die Diagnostik durchführen soll, ist bzgl. der Ausgestaltung einer Komplexleistung anmaßend. Ein Bedarf an ‚heilpädagogischen Leistungen' einschließlich einer Begleitung der Familien in ihren schwierigen Coping-Prozessen oder bei der Erziehung unter sozial benachteiligten Lebensbedingungen kann nicht in die ausschließliche Zuständigkeit der Ärzte fallen. Hier ist zu vermuten, dass einseitige Kostenträgerzuständigkeiten für die Ausgestaltung ausschlaggebend waren, ohne dass sich dies im Sinne eines abgestimmten (diagnostischen) Gesamtkonzeptes begründen lässt. Schon gar nicht lässt sich begründen, auf welcher Grundlage der Arzt den FBP einschließlich ‚Art und Umfang' allein erstellen und den Eltern weiterleiten soll" (Sohns 2008, 16f). „Die VIFF hält es für effektiver, wenn die interdisziplinäre Einrichtung den Familien eine (familienorientierte und mobil arbeitende) Bezugsperson gewährleistet, die federführend den Diagnostikprozess begleitet, gleichzeitig aber obligatorisch den behandelnden Arzt (als veranlassenden Arzt) einbezieht. Hierdurch wird ein unnötiges hin- und her Verweisen der Familie vermieden. Der Arzt allein ist nicht geeignet, den Bedarf einer Komplexleistung zu diagnostizieren und einen abgestimmten diagnostischen Prozess einschließlich einer ausführlichen psychologisch-pädagogischen Diagnostik und Familienanamnese zu gewährleisten" (ebd., 16).

§ 9 Abs. 1d gibt lediglich vor, dass bei der Erstellung des Förder- und Behandlungsplans sich Arzt und pädagogische Fachkraft miteinander abstimmen. Dies wird dahingehend kritisiert, dass „es fachlich nicht nachvollziehbar (sei), warum lediglich Ärzte und Pädagogen in der Erstellung des FBP zu beteiligen sind. Vielmehr ist hier einzelfallorientiert ein umfassender Fokus von der Kindertagesstätte

---

47 Diese Sicht findet sich auch beim zuständigen Ministerium, das in seinem „Bericht zur Situation von Menschen mit Behinderungen im Freistaat Thüringen" im Abschnitt über die Frühförderung als Ziel aufführt: „Die Eltern sollen [...] als Kotherapeuten gewonnen werden" (Thüringer Ministerium für Soziales, Familie und Gesundheit 2004, 10).

über die Jugendhilfe bis zu psychologischen und therapeutischen Fachpersonen zu ermöglichen" (Sohns 2008, 17).

Insoweit hält die Mentalität der Rahmenvereinbarung an einer „eingeschränkten Interdisziplinarität" fest, bei der lediglich die (ärztlichen und pädagogischen) Berufsgruppen in den Förder- und Behandlungsplan eingebunden sein müssen, die durch die Frühförderungsverordnung gesetzlich vorgeschrieben sind. Entsprechend sollen „im Rahmen der interdisziplinären Erstellung des Förder- und Behandlungsplans" lediglich „die persönlichen Leistungsvoraussetzungen der Leistungsberechtigten" (und nicht deren individuelle Leistungsbedarfe) „geprüft und festgelegt" werden (§ 3 Abs. 2). Dies suggeriert, dass – wenn die Leistungsvoraussetzung „Behindert oder von Behinderung bedroht" erfüllt ist – an einer traditionellen Einheitsförderung (zum Beispiel eine FE pro Woche oder zehn Mal Ergotherapie) festgehalten werden soll. Auch wenn im § 4 Abs. 1 die gesetzlich vorgegebene Formulierung „familien- und wohnortnah" als Kriterium für Frühfördereinrichtungen aufgeführt ist, findet der individuelle Leistungsbedarf in der Rahmenvereinbarung kaum Berücksichtigung.

Gleichzeitig wird auch der interdisziplinäre Stellenwert der Frühförderstellen in der Rahmenvereinbarung relativiert: § 4 Abs. 2 gibt vor, dass „aufgrund der konzeptionellen Ausrichtung" in den IFF die heilpädagogische Förderung im Vordergrund zu stehen habe. „Entsprechend der Ausrichtung der IFF steht sie unter pädagogischer Leitung".

Damit übertragen die Rehabilitationsträger ihren kategorisierenden und in hierarchischen Strukturen denkenden Fachansatz auch auf die Frühförderstellen. „Den Rehabilitationsträgern scheint an einer Aufsplittung der Komplexleistung und ihrer Zuordnung zu Einzelzuständigkeiten gelegen. Da die Träger der medizinischen Rehabilitation in streng hierarchischen Strukturen denken und keine Leistung zu finanzieren bereit sind, die nicht unter ärztlicher Leitung steht, wird hier offenbar für die Frühförderstellen und die Zuständigkeit der kommunalen Rehabilitationsträger ein pädagogisches Pendant gesucht. Diese obligatorische pädagogische Leitung ist ebenso starr und fachlich unbegründet wie die gesamten Aufsplittungsversuche der Vereinbarung. Eine unbegründete Hierarchisierung wird nicht dadurch besser, dass dem ärztlichen Primat ein zu separierendes pädagogisches gegenüber gestellt wird. Es ist nicht einsichtig, warum nicht auch Psychologen, Interdisziplinäre Frühförderer (B. A.), Ergotherapeuten oder auch Ärzte grundsätzlich befähigt sein sollen, Frühförderstellen zu leiten" (Sohns 2008, 7)[48].

4.5.1.5 Die Nicht-Umsetzung der Rahmenvereinbarung

Zuständig für die Erstellung der Diagnostik und des Förder- und Behandlungsplans ist der behandelnde Arzt (in Zusammenarbeit mit der IFF) (§ 4 Abs. 3, § 9

---

48 *Diese Kritik der VIFF soll nach Aussage der Rehabilitationsträger aufgegriffen werden. Eine obligatorische pädagogische Leitung soll künftig entfallen.*

Abs. 1). Entsprechend wird dann, wenn der später prüfende örtliche Sozialhilfeträger den Förder- und Behandlungsplan ablehnen sollte, dieser Bescheid lediglich „an den verordnenden Arzt zurückgesendet" (§ 10 Abs. 3).

Damit wird nicht nur das interdisziplinäre fachliche Gremium, das für die Konzipierung der Komplexleistung gesetzlich vorgegeben ist, entwertet (vgl. Sohns 2008, 18), es wird auch den niedergelassenen Ärzten eine tragende Rolle im Rahmen der Komplexleistung zugeschrieben, ohne dass diese bislang bereit sind, diese Rolle unter den gegebenen Bedingungen zu übernehmen. Die VIFF in Thüringen hält dies für

- *„technisch unpraktikabel, da die Ärzte im Rahmen ihrer Belastung in niedergelassener Praxis hierzu weniger Ressourcen haben als interdisziplinäre Frühförderstellen. Es ist*
- *fachlich absurd, da die interdisziplinären Einrichtungen hierzu eher geeignet sind als die isolierte ärztliche Berufsgruppe, und*
- *inhaltlich nicht durchführbar, da es für einen familien- und lebensweltorientierten FBP unerlässlich ist, Kenntnisse aus dem familiären Umfeld zu besitzen. Das trifft auf die Ärzte i.d.R. nicht zu" (Sohns 2008, 8).*

Die Rehabilitationsträger haben im Zuge ihrer Verhandlungen die tragende Rolle im Zuge des Zugangs, der Eingangsdiagnostik und der Förder- und Behandlungsplanerstellung einseitig den niedergelassenen Ärzten zugeschrieben, ohne diese Aufgabenübertragungen mit den Ärzten abzusprechen oder diese auch nur in die Verhandlungsprozesse einzubeziehen. In der Tat stellte der Berufsverband der Kinder- und Jugendärzte in Thüringen (BVKJ) durch seinen Vorsitzenden klar, dass die Komplexleistung in Thüringen unter den gegebenen Bedingungen nicht umgesetzt werden kann:

„1. Grundsätzlich wäre aus unserer Sicht ein Netz von Frühförderstellen im Freistaat sehr zu begrüßen, in erster Linie im Interesse der förderungsbedürftigen Kinder, aber auch als Schritt zur Entlastung der Heilmittelbudgets bei ohnehin in der Regel sozial und nicht gesundheitlich verursachtem Förderbedarf.
2. Die Erstellung der Förderpläne und die Überwachung des Erfolges der Fördermaßnahmen kann u.E. wegen der Arbeitsüberlastung der meisten Kinder- und jugendärztlichen Praxen in Thüringen nicht flächendeckend von diesen erbracht werden oder nur bei unverantwortbarer Einschränkung der Versorgung akut kranker Kinder und Jugendlicher.
3. Nach unserer Auffassung sollte die Erstellung der Förderpläne durch die Kinder- und Jugendärzte des ÖGD erfolgen, die Zusammenarbeit mit diesen Kolleginnen und Kollegen ist traditionell unsererseits sehr gut" (Lämmer 2008).

Angesichts des von den Krankenkassen vorgesehenen Honorars von 27 € für die komplette Erstellung und interdisziplinäre Absprache des Förder- und Behandlungsplans bzw. 11 € für einen Ergänzungsplan, wird verständlich, wenn die Kinderärzte in Thüringen keinerlei Interesse an einer Beteiligung der Umsetzung der Landesrahmenvereinbarung haben.

Die thüringische Landesregierung sieht in diesem Punkt den entscheidenden Faktor dafür, warum auch fast zwei Jahre nach Inkrafttreten der Landesrahmenvereinbarung eine Umsetzung noch in keiner einzigen thüringischen Kommune erfolgt ist. Nach einer Stellungnahme der Thüringer Staatskanzlei vom Juli 2009 konnten bislang noch keine Interdisziplinären Frühförderstellen zugelassen werden, „da die Krankenkassen die Verhandlungen mit der Kassenärztlichen Vereinigung Thüringen und dem Berufsverband der Kinder- und Jugendärzte hinsichtlich der Vergütung der Erstellung des Förder- und Behandlungsplans nicht einvernehmlich abschließen konnten. Strittig im Rahmen dieser Verhandlungen ist, ob die Erstellung des Förder- und Behandlungsplans als kassenärztliche Leistung nach dem fünften Sozialgesetzbuch entsprechend dem einheitlichen Bewertungsmaßstab oder als eine privatärztliche Leistung nach der Gebührenordnung der Ärzte abzurechnen ist. Das in der Rahmenvereinbarung vorgegebene Verfahren zur Erbringung der ‚Komplexleistung Frühförderung' lässt sich erst dann umsetzen, wenn auch die Vergütung für die einzelnen Leistungsbestandteile geklärt ist" (Stehfest 2009).

Damit wird offenbar, dass die Rehabilitationsträger eine Vereinbarung haben in Kraft treten lassen, für deren Umsetzung bis heute wesentliche Grundlagen nicht gegeben sind. Ob das von der Staatskanzlei angeführte fehlende Verhandlungsergebnis das einzige Kriterium ist, muss indes bezweifelt werden: Auch nach fast zwei Jahren sind nicht alle Kommunen in Thüringen der Landesrahmenvereinbarung beigetreten. Offensichtlich bestehen auch hier Bedenken bezüglich der fachlichen oder strukturellen Ausgestaltung einer Komplexleistung.

Nach der Landesrahmenvereinbarung (§ 6 Abs. 3) müssen Interdisziplinäre Frühförderstellen in einem vorgegebenen Verfahren durch die Arbeitsstelle Frühförderung (des Sozialministeriums), den Krankenkassenverbänden und den Kommunen einvernehmlich anerkannt werden. Die Thüringer Staatskanzlei verweist darauf (Stehfest 2009), dass „15 von insgesamt 35 Frühförderstellen einen Antrag auf Zulassung gestellt (haben), die alle die Anforderungen zur Durchführung der betreffenden Leistungen erfüllen".

Von manchen Trägern dieser Frühförderstellen wird betont, dass mit einem solchen Antrag nicht die Anerkennung der einzelnen Verfahrenswege einhergeht. Es sollen jedoch Erfahrungswerte gesammelt werden, wie die Kommunen vor Ort sich die Ausgestaltung einer Komplexleistung vorstellen. Erst von einer entsprechenden finanziellen Ausgestaltung wollen diese Träger von Frühfördereinrichtungen den Abschluss einer Vereinbarung im Rahmen der Landesrahmenempfehlung abhängig machen. Entsprechend stehen auch hier noch Verhandlungen aus, an denen die Umsetzung einer Komplexleistung – analog zu Niedersachsen – auch auf Dauer scheitern kann.

4.5.2 Frühförderung in Niedersachsen

In Niedersachsen gibt es neun Sozialpädiatrische Zentren, vier spezielle Frühförderstellen und 74 allgemeine Frühförderstellen (ISG 2008, 27). Traditionell findet die Frühförderung (gemäß der Terminologie der Bundesvereinigung Lebenshilfe hier häufig „Frühe Hilfen" genannt) überwiegend als heilpädagogisches Angebot in Form von Hausfrühförderung statt.

4.5.2.1 Die Früherkennungsteams

Eine konzeptionelle Besonderheit stellen sogenannte „Interdisziplinäre Beratungs- und Früherkennungsteams" dar, die 1989 aufgrund eines Runderlasses des Sozialministeriums Niedersachsen initiiert und seitdem vom Land finanziell bezuschusst werden. Diese Teams stehen für diagnostische Aufgaben zur Verfügung und werden neben einem Landeszuschuss, der seit etwa 10 Jahren mit 145 DM bzw. 74 € pro Kind pro Jahr unverändert geblieben ist, auch von Sozialhilfeträgern und Krankenkassen finanziert.

Diese Früherkennungsteams sind der einzige Bereich der niedersächsischen Frühförderung, der durch Mittel des Landes unterstützt wird. Ihre Etablierung ist bis heute bei den Vertretern der Frühförderung umstritten, weshalb sich auch nur 17 Standorte dazu bereit erklärt haben, ein solches Früherkennungsteam einzurichten und die Landeszuschüsse in Anspruch zu nehmen (ISG 2008, 27; zur fachlichen Problematik der Früherkennungsteams vgl. Sohns 2000a, 231f). Teilweise sind die Früherkennungsteams inzwischen auch in kommunaler Trägerschaft an Gesundheitsämter angegliedert (vgl. ISG 2008, 27). Dennoch hält die Landesregierung in Niedersachsen an diesem Konzept fest und hat angekündigt, „die 17 Früherkennungsteams [...] auf 40 auszubauen" (ISG 2008, 28), was von Seiten der Freien Wohlfahrtspflege kritisiert wird (ebd.).

4.5.2.2 Die Landesrahmenvereinbarung

Interdisziplinäre Frühförderstellen gibt es in freier Trägerschaft in Niedersachsen bislang keine[49]. Lediglich die *kommunale* Frühförderstelle Göttingen ist als IFF anerkannt (Simon 2006a, 5). Hintergrund sind die schwierigen Verhandlungen zur Umsetzung des SGB IX in Niedersachsen. Wurden diese zunächst nur zwischen den Krankenkassen und kommunalen Gebietskörperschaften geführt, trat das niedersächsische Sozialministerium moderierend hinzu und regte an, zur Herstellung einer Einvernehmlichkeit und einer Akzeptanz der Rahmenvereinbarung bei den Leistungserbringern die Rahmenvereinbarung auch mit den Vertretern der

---

49 Entsprechend spricht das Sozialministerium auch nur von „pädagogischer Frühförderung und interdisziplinär arbeitenden Früherkennungsteams" (vgl. ISG 2008, 28).

Freien Wohlfahrtspflege abzustimmen und von allen vier Beteiligten unterschreiben zu lassen.

Das Besondere an der Landesrahmenempfehlung in Niedersachsen ist, dass – wie in Bayern und im Saarland – nicht nur die fachlichen und strukturellen Rahmenbedingungen der Frühförderung sowie die Arbeitsabläufe geregelt werden, sondern auch „die Grundsätze der Vergütung" (§ 1 Abs. 2). Damit werden landesweit einheitliche Sätze vorgeschlagen, die den Frühfördereinrichtungen auch einheitliche Rahmenbedingungen ermöglichen sollen und gleichzeitig der Notwendigkeit entgegenwirken, dass die landesweit organisierten Krankenkassen in allen einzelnen Kommunen verhandeln müssen. Ausdrücklich wird die Möglichkeit eröffnet, „unter Berücksichtigung der örtlichen Besonderheiten und Strukturen" abweichende Entgelte zu vereinbaren, die jedoch die landesweit gültigen Sätze der Krankenkassen unberührt lassen (§ 16 Abs. 3).

Wie in anderen Bundesländern auch wird der Anspruch erhoben, dass eine Frühförderleistung wohnortnah und lebensweltorientiert angeboten wird. Ausgeschlossen von einer Komplexleistung (die ebenfalls als Zwei-Kreuze-Leistung definiert wird) werden gleichzeitige teilstationäre Angebote, rein pädagogische Angebote oder Leistungen im Rahmen eines losen Zusammenschlusses von Ärzten und Therapeuten (§ 5 Abs. 4). Die Leistung selbst wird in vier zentrale Kategorien unterteilt (§ 4 Abs. 2):

- Ein Offenes Beratungsangebot
- Eine interdisziplinäre Diagnostik (die stets unter kinderärztlicher Verantwortung durchgeführt wird, § 4 Abs. 3)
- Heilpädagogische und medizinisch-therapeutische Leistungen
- Alltagsunterstützende Zusammenarbeit mit den Familien.

Diese vier Kategorien werden durch ein kooperatives Zusammenwirken von sechs unterschiedlichen Leistungsformen ausgefüllt (§ 4 Abs. 3): Ärztliche, medizinisch-therapeutische, heil- und sonderpädagogische, psychologische, psychosoziale und systembezogene Leistungen. Die Komplexleistung, die eine interdisziplinäre Zusammenarbeit indiziert, bezieht sich dabei sowohl auf die Früherkennung als auch auf die Diagnostik, die Förder- und Behandlungsplanerstellung und die Förderung und Behandlung selbst.

Die ärztliche Verantwortung kann ausschließlich von pädiatrischen Fachärzten (Kinderärzte) ausgefüllt werden (§ 4 Abs. 3). Nur wenn diese regional nicht zur Verfügung stehen sollten, müssen andere Vereinbarungen vor Ort getroffen werden (§ 5 Abs. 1). Ebenfalls fallen die Betonung der psychologischen Leistungen als eigene – verbindliche – Leistungsform im Rahmen der Komplexleistung sowie psychosoziale und vor allem „systembezogene Leistungen" auf. Diese beziehen sich auf das Aufgabenfeld der alltagsunterstützenden Zusammenarbeit mit den Familien (§ 4 Abs. 2) und beschreiben ausführlich diesbezügliche Leistungen der Frühförderungsverordnung einschließlich der „Anleitung und Hilfe bei der Gestaltung des Alltags".

Bei der Beschreibung der Berufsgruppen, die zur Durchführung von Frühförderleistungen anerkannt werden, findet bei den medizinisch-therapeutischen Berufsgruppen die zusätzliche Anforderung, dass die Physiotherapeuten eine verbindliche Qualifikation nach Bobath oder Vojta besitzen müssen (Neurophysiologische Zusatzausbildung nach § 124 SGB V). Bei den pädagogischen Berufsgruppen werden ausschließlich Berufsgruppen mit einem Diplom-Hochschulabschluss oder staatlich anerkannte Heilpädagogen oder Sprachbehindertenpädagogen zugelassen. § 6 Abs. 1 sieht analog zur BAR-Empfehlung ein Mindestpersonal von drei Fachkräften vor, allerdings in Niedersachsen lediglich als Soll-Besetzung.

Zur Durchführung der Diagnostik wird ausdrücklich die Weiterentwicklung der bestehenden Früherkennungsteams (BFF-Team) als Diagnostik-Team einer IFF erwähnt (§ 7 Abs. 3). Hiermit sollen diagnostische Doppelleistungen vermieden werden. Im Rahmen der ärztlichen, medizinisch-therapeutischen, psychologischen und heilpädagogischen Diagnostik des Kindes wird explizit auf die Notwendigkeit eines handlungs- und alltagsorientierten Ansatzes hingewiesen (§ 9 Abs. 1), der auf die Teilhabe des Kindes in seiner realen Lebenswelt zielt. Entsprechend sollen auch „psychosoziale Aspekte und die Beurteilung der Entwicklungskräfte des Kindes" aus heilpädagogischer Sicht (§ 9 Abs. 4) sowie „die Erhebung der Anamnese unter Einschluss des familiären und des sozialen Umfeldes" aus psychologischer Sicht (§ 9 Abs. 5) einbezogen werden. Die Möglichkeit mobiler Diagnostik, deren Notwendigkeit sich aus fachlichen Ansätzen „handlungs- und alltagsorientiert", „Einbezug der realen Lebenswelt", „Beurteilung der Entwicklungskräfte" oder „Einschluss des familiären und sozialen Umfeldes" ableiten ließe, wird nicht aufgeführt.

Der Förder- und Behandlungsplan soll neben einer Diagnosestellung nach ICD-10 auch eine „Darstellung und Beurteilung von vorhandenen Funktionen und Ressourcen nach dem Ansatz der ICF" beinhalten (§ 10 Abs. 1). Entsprechend ist zum Aufgabenfeld der heilpädagogischen Leistungen auch die „Vermeidung von speziellen Entwicklungsrisiken in der Lebenswelt des Kindes" als Handlungsmaxime aufgeführt (§ 12 Punkt 3).

Verglichen mit Rahmenvereinbarungen in anderen Bundesländern fällt auf, wie ausführlich einzelne Inhalte, Ziele und Ansprüche beschrieben sind. Es erscheint offensichtlich, dass hier neben den Rehabilitationsträgern (Krankenversicherungen und Kommunen) und dem Ministerium auch die Fachverbände an den Formulierungen der Aufgabenstellungen und ihrer Umsetzungen mitgewirkt und somit eine ausführlichere fachliche Beschreibung bewirkt haben. Dies betrifft nicht nur die Darstellung der Förder- und Behandlungsansätze des Kindes, insbesondere die oben herausgestellten zusätzlichen Ansätze an Eltern-Kind-Interaktionen im Rahmen einer Alltags- und Lebensweltorientierung und vor allem der Anspruch der Vermeidung von Entwicklungsrisiken des Kindes heben sich deutlich von der Beschreibung der Aufgabenfelder in anderen Bundesländern ab. Die Rehabilitationsträger konnten sich im Zuge dieser Rahmenempfehlungen leichter auf solch dezidiert anspruchsvolle Beschreibungen einlassen, weil die Refinanzierung der Frühförderung in Niedersachsen nicht über ein

Aushandeln von Kostensätzen für die jeweiligen Einzelleistungen erfolgt, sondern über eine allgemeine Vergütung von Pauschalen. Innerhalb dieser Pauschalen haben nun die Kostenträger durchaus ein Interesse daran, dass die Leistungserbringer umfangreiche und effektive Hilfen anbieten, die sich nach Möglichkeit nicht nur auf eine isolierte Förderung des Kindes beschränken. Durch die pauschale Abgeltung sind für sie dadurch keine Mehrkosten indiziert.

4.5.2.3 Die Finanzierungsstruktur

Zuständig für die Refinanzierung der Frühförderleistungen ist der örtliche Sozialhilfeträger (§ 14 Abs. 2).[50] Die Vergütung der Komplexleistung erfolgt über zwei unterschiedliche Pauschalen:

Früherkennungs-Pauschalen, mit denen alle Kosten im Bereich der Diagnostik einschließlich der Förder- und Behandlungsplanerstellung abgedeckt werden. Diese beträgt 350 € für jedes Kind. Diese Kosten werden zu 80% von den Krankenkassen und zu 20% von den Kommunen getragen (§ 16 Abs. 2).

Förder-Pauschalen. Diese betragen 1100 € pro Quartal und können damit – bei fortlaufender Betreuung – maximal viermal pro Jahr abgerechnet werden. Mit dieser Pauschale sollen in der Regel zwölf Fördereinheiten à 110 Minuten pro Quartal erbracht werden. Die Refinanzierung dieser Pauschale erfolgt zu 22,5% durch die Krankenkassen und zu 77,5% durch die örtlichen Sozialhilfeträger (§ 16 Abs. 3).

Warum mit dieser Regelung von i. d. R. 12 BE/Quartal, also etwa 1BE/Woche wieder eine starre Zuordnung erfolgt und damit einer flexiblen und passgenauen Frequenz von Fördereinheiten im jeweiligen Einzelfall entgegengewirkt wird, bleibt unklar. Mit der durchschnittlichen Festlegung auf 1 FE/Woche bei gleichzeitiger Reduzierung des FE-Umfangs gehen massive Kürzungen der Zeitbudgets für eine Frühförderung einher, die für die Umsetzung der ausführlich benannten familienorientierten Ziele kaum Spielräume lassen.

4.5.2.4 Das Scheitern der Verhandlungen

In zahlreichen Anlagen werden weitere Details festgelegt. So wird in Anlage 1 (§ 3) bestimmt, dass der Förder- und Behandlungsplan am Ende einer Diagnostik festlegt, ob gemäß der Schwere der Fragestellung eine Frühförderstelle *oder* ein Sozialpädiatrisches Zentrum für die weitere Förderung zuständig ist. Hier muss kritisch hinterfragt werden, ob dadurch Kooperationsstrukturen, die eine abgestimmte För-

---

50 Über Sozialpädiatrische Zentren werden an dieser Stelle keine Aussagen gemacht, woraus zu schließen wäre, dass die örtlichen Sozialhilfeträger auch für diese Einrichtungen zuständig sind. Dies entspricht jedoch nicht der realen Umsetzung in Niedersachsen. Es liegt die Vermutung nahe, dass bei der Abfassung der Vereinbarung eine Fokussierung auf Frühförderstellen zwar vereinbart, aber nicht niedergeschrieben wurde.

derung und Behandlung (ohne Doppelleistungen) erschwert oder ausgeschlossen werden.

Auch die niedersächsische Rahmenempfehlung erhebt räumliche Mindestanforderungen im Rahmen des § 124 SGB V (vgl. Anlage 2.1.2), wonach eine Frühförderstelle mindestens 130 m^2 Fläche aufweisen muss und eine durchgehende Raumhöhe von 2,40 m („lichte Höhe")[51].

Die Vertreter der Freien Wohlfahrtspflege und die Vertreter der Rehabilitationsträger konnten sich in den Verhandlungen nicht auf einvernehmliche Rahmenbedingungen einigen. Die in die Landesrahmenempfehlung aufgenommenen Parameter gehen auf einen Vermittlungsvorschlag des niedersächsischen Sozialministeriums vom 19. Juli 2007 zurück, der eine einvernehmliche Regelung herbeiführen sollte und von der Freien Wohlfahrtspflege im August 2007 heftig kritisiert wurde (vgl. Iwaszkiewicz 2007). Hierbei wird insbesondere darauf hingewiesen, dass

- die in der Landesrahmenempfehlung vorgegebenen Diagnostik-Verfahren umfangreicher und spezialisierter geworden seien, so dass andererseits mit den vorgesehenen Pauschalen den Vorgaben nicht entsprochen werden könne;
- ebenso bei der Förderung der Kinder neue Ansprüche aufgenommen wurden, gleichzeitig jedoch sowohl die Anzahl der Fördereinheiten (auf durchschnittlich weniger als eine pro Woche und um weitere zehn Minuten auf 110 Minuten) reduziert würden. Zusätzlich seien die für eine Hausfrühförderung notwendigen durchschnittlichen 30 Minuten Fahrtzeit gänzlich heraus genommen worden.
- Entsprechend seien auch die Regiekosten (20 % der Personalkosten) „hoffnungslos zu niedrig angesetzt", da sie nun auch die gesamten Fahrtkosten enthalten sollen. Insgesamt orientiere sich der Vorschlag des Ministeriums „an den Sparvorstellungen der kommunalen Spitzenverbände, der sich am billigsten Angebot in Niedersachsen orientiert, wohlwissend, dass sich die Spanne für eine Frühfördereinheit in Niedersachsen zur Zeit zwischen 75 und 120 €" befinde (ebd.). In ihrer Stellungnahme weist die Freie Wohlfahrtspflege auf die Ausführung des Gesetzgebers bei der Verabschiedung des SGB IX hin, „dass zu den jetzigen Aufwendungen der Frühförderung ein Mehraufwand von etwa 50 Millionen DM (gleich etwa 25 Millionen €) erforderlich sein wird", und fügt an: „in Niedersachsen soll die Interdisziplinäre Frühförderstelle als Spardose der Krankenkassen und der Sozialhilfeträger genutzt werden. [...] der ‚Vermittlungsvorschlag' des MS ist einseitig orientiert an den Vorstellungen der Leistungsträger.

---

51 Die Bauordnung in Niedersachsen (wie in fast ausnahmslos allen Bundesländern) schreibt in jeglichen Aufenthaltsräumen (§ 43 Abs. 2 NBauO) eine lichte Raumhöhe von 2,4 m als Mindestmaß vor. Auch wenn aus fachlicher Sicht lediglich sehr hohe Räume ohne Zwischendecke „eine große Diskrepanz zwischen der Raumhöhe und der Kinderperspektive" darstellen, was die „Raumorientierung der Kinder" erschwert (Fthenakis/Textor 1998, 109), muss die Frage nach der Verhältnismäßigkeit der starren Anwendung der erwachsenenorientierten Bauvorgaben gestellt werden. In Schleswig-Holstein haben die Vertreter der Leistungserbringer darauf hingewiesen, dass diese Auflagen für Frühförderstellen zusätzliche Umbaukosten für die Frühförderstellen in Millionenhöhe mit sich bringen.

Würde die Freie Wohlfahrtspflege darauf eingehen, wäre die langjährige positive Arbeit der Hausfrühförderung im Kern zerstört" (ebd.).

Dem ablehnenden Votum der Freien Wohlfahrtspflege schlossen sich nicht alle Verbände an. Während der PARITÄTISCHE und die Lebenshilfe in Niedersachsen an ihrer Ablehnung festhielten, unterschrieben die Verbände der Caritas, Diakonie und Arbeiterwohlfahrt die Landesrahmenempfehlung mit den vorgegebenen Sätzen. Entsprechend konnte der Ministerpräsident des Landes Niedersachsen im Juni 2009 ausführen: „Partner (der Landesrahmenempfehlung) sind die kommunalen Spitzenverbände, die Landesverbände der gesetzlichen Krankenversicherung und zahlreiche niedersächsische Wohlfahrtsverbände unter Moderation des niedersächsischen Ministeriums für Soziales, Frauen, Familie und Gesundheit" (Wulff 2009). Gleichzeitig weist er darauf hin, dass (ein Jahr nach Inkrafttreten der Empfehlung) „bereits sechs Kommunen ihre Bereitschaft zum Aufbau einer Interdisziplinären Frühförderstelle erklärt und dafür vor Ort die entsprechenden Verhandlungen aufgenommen" hätten (ebd.). Daraus wird offensichtlich, dass nicht nur die Leistungserbringer sich einer Umsetzung der Landesrahmenempfehlung bislang verweigern, sondern selbst die Kommunen vor Ort überwiegend bislang keine Initiative erkennen lassen, diese umzusetzen.[52] Dass in bislang sechs niedersächsischen Kreisen und kreisfreien Städten die Kommunen Verhandlungen führen wollen, ist nicht mit einer bevorstehenden Einigung gleichzusetzen. Allerdings scheint derzeit (Oktober 2009) absehbar, dass sich im kommenden Jahr ein Landkreis (Kreis Emsland) einvernehmlich mit einem Anbieter vor Ort einigen wird: Jedoch erfolgt diese Einigung nicht auf der Grundlage der landesweit vereinbarten Sätze. Vielmehr wird von der Regelung des § 16 Abs. 3 der Landesrahmenempfehlung Gebrauch gemacht, wonach zu Lasten der Kommunen die landesweit vereinbarten Pauschalsätze verändert werden können. Es bleibt abzuwarten, inwieweit auch andere Frühfördereinrichtungen mit ihren kommunalen Gebietskörperschaften Vereinbarungen schließen werden, die die Umsetzung der fachlichen Ansprüche der Landesrahmenempfehlung in Niedersachsen realisieren lassen.

4.5.3 Frühförderung in Schleswig-Holstein

4.5.3.1 Institutionelle Rahmenbedingungen

Ähnlich wie in Niedersachsen hat auch die Frühförderung in Schleswig-Holstein eine primär heilpädagogische Tradition, die auf ausschließlich regionalen Vereinbarungen zwischen Leistungserbringern vor Ort mit den kommunalen Kostenträgern beruht. Eine finanzielle oder fachliche landesweite Unterstützung hat es

---

52 Unserer Kenntnis nach beruht die fehlende Initiative der Kommunen auch auf Berechnungen verschiedener Landkreise. So wurden zur regionalen Umsetzung einer Komplexleistung in einzelnen Kreisen bereits die vorherigen Verträge gekündigt, bevor berechnet wurde, dass eine Umsetzung der Komplexleistung IFF mit Mehrkosten seitens der Rehabilitationsträger verbunden sein könnte.

in Schleswig-Holstein nie gegeben (vgl. Sohns 2000a, 236). Damit zeigen sich Parallelen zu Nordrhein-Westfalen und Mecklenburg-Vorpommern, wo durch das Ausbleiben jeglichen Engagements durch die Landesebene auf den Kreis- und Stadtebenen eine fast unüberschaubare Vielfalt an unterschiedlichen Angeboten entstanden ist. Schon die Zahl der in dem kleinen und eigentlich überschaubaren Land Schleswig-Holstein existierenden Frühförderstellen lässt sich nicht genau festlegen, sie schwankt zwischen 35 (ISG 2008, 31) und 60 Frühförderstellen (Angabe der Landesregierung, zit. nach ebd.), zuletzt sollen es 55 sein (Ministerium für Arbeit, Soziales und Gesundheit in Schleswig-Holstein 2009, 39). Diese großen Unterschiede sind offenbar bedingt durch eine Vielzahl „privater gewinnorientierter Anbieter" (ebd.) in den einzelnen Kreisen und kreisfreien Städten, die sich nicht mehr überschauen lässt[53]. Unter den Frühförderstellen in freier Trägerschaft gibt es nur vereinzelt interdisziplinäre Einrichtungen[54], sie sind „in der Regel heilpädagogisch ausgerichtet" (ebd.). Neben den regionalen Frühförderstellen gibt es in Schleswig-Holstein zwei Sozialpädiatrische Zentren und zwei spezielle Frühförderstellen, die an landeseigenen Schulen angebunden sind (ebd.).

4.5.3.2 Der Stellenwert der Landesvereinbarung

Obwohl in Schleswig-Holstein seit April 2007 eine Landesrahmenvereinbarung in Kraft getreten ist, verläuft deren Umsetzung nach Aussage der bis 2009 zuständigen Sozialministerin „noch nicht zufriedenstellend" (Trauernicht 2009). Die Gründe hierfür werden in ungeklärten Fragen zur „Definition der Komplexleistung, zur Abgrenzung von anderen Leistungen, zur Kostenteilung und zum Verhältnis der Interdisziplinären Frühförderstellen zu den heilpädagogisch arbeitenden Frühförderstellen" gesehen (ebd.).

Obwohl die Vereinbarung seit gut zweieinhalb Jahren gültig ist, spielt sie in der Ausgestaltung der Frühförderung bislang kaum eine Rolle. Offenbar hat niemand in Schleswig-Holstein ein Interesse an deren Umsetzung. Sowohl die Rehabilitationsträger scheinen es zu bevorzugen, an den bisherigen getrennten Systemen für heilpädagogische und medizinisch-therapeutischen Leistungen festzuhalten, als auch die Leistungserbringer befürchten durch eine Erweiterung ihrer heilpädagogischen Frühförderstellen neue Einflüsse aus dem medizinisch-therapeutischen Bereich, die ihre bisherigen Rahmenbedingungen gefährden. Und selbst das zuständige Sozialministerium behilft sich mit der Aussage, dass „die Interdisziplinären Frühförderstellen [...] die Arbeit der 55 überwiegend heilpädagogischen Frühförderstellen im Land ergänzen" sollen (Ministerium für Arbeit, Soziales und Gesundheit in Schleswig-Holstein

---

53 Aus diesen Einrichtungen wird auch berichtet, dass in Schleswig-Holstein Frühförderfachpersonen auf der Basis eines 400-€-Jobs eingestellt werden.
54 Auf Anfrage des Instituts für Interdisziplinäre Frühförderung nach der Umsetzung der Komplexleistung wurden vom Sozialministerium als Interdisziplinäre Frühförderstellen die Einrichtungen in Eutin (seit Oktober 2008) und Flensburg (seit April 2009) benannt (Köhler 2009).

2009, 39). Wenn die im SGB IX geforderten „Interdisziplinären Frühförderstellen" schlichtweg als „ergänzendes System" umdefiniert werden, scheint auch hier tatsächlich kein Interesse an einer Umsetzung der Komplexleistung zu bestehen.

Stimmten die Fachvertreter aller Kommunen in Schleswig-Holstein der ausgehandelten Vereinbarung – trotz vereinzelter Kritik – zu, steht dem von Seiten der Leistungserbringer und ihrer Dachverbände bis heute eine konsequente Ablehnung gegenüber. Deren Beteiligung an den Verhandlungen zu den Landesrahmenvereinbarungen wurde von den Krankenkassen und den kommunalen Kostenträgern nicht ermöglicht.

4.5.3.3 Die Finanzierung aus einer Hand

Nach der Präambel wird „familienorientierte und Interdisziplinäre Frühförderung [...] als ganzheitliche Förderung der Gesamtpersönlichkeit des Kindes in seinem sozialen Umfeld begriffen. Sie umfasst sowohl die Arbeit mit dem Kind als auch die Arbeit mit den Eltern oder Personensorgeberechtigten bis zum Schuleintritt des Kindes. Ärzte/innen, Sozialpädiatrische Zentren und Interdisziplinäre Frühförderstellen arbeiten hierzu eng zusammen". Neben diesem gesetzlich vorgegebenen fachlichen Anspruch wird auch der Anspruch einer Leistungserbringung aus einer Hand erhoben. Für die Familien soll nur noch ein zentraler Rehabilitationsträger zuständig sein (§ 2 Abs. 1, § 11 Abs. 3): Die Krankenkassen für Sozialpädiatrische Zentren, die Sozialämter für Interdisziplinäre Frühförderstellen. „Die betroffenen Kinder sollen die Leistungen koordiniert von einem Rehabilitationsträger erhalten, und zwar unabhängig davon, wer letztlich für die erforderlichen Leistungen zuständig ist."

Der Anspruch der Leistungserbringer aus einer Hand wird jedoch nur gegenüber den Familien eingelöst: Auch wenn diese nicht unmittelbar an der Erstellung des Förder- und Behandlungsplanes zu beteiligen sind, so ist doch bei dem „Austausch der an der Diagnostik beteiligten Berufsgruppen" ein „Einvernehmen" mit den Familien herzustellen (§ 9 Abs. 2). In Schleswig-Holstein wird hierzu neben den beiden durch die Frühförderungsverordnung verbindlich vorgeschriebenen ärztlichen und pädagogischen Unterschriften auch die Unterschrift der Eltern unter den Förder- und Behandlungsplan verbindlich (ebd.). Für die Eltern wird ebenso festgelegt, dass der Förder- und Behandlungsplan lediglich an einen zuständigen Rehabilitationsträger abgegeben werden muss (§ 9 Abs. 3).

Für die Einrichtungen gilt keine Finanzierung aus einer Hand: Sie müssen ihre Leistungen separat bei den Sozialhilfeträgern (heilpädagogische Leistungen) und bei den Krankenkassen (medizinisch-therapeutische Leistungen) nach den jeweils von den Rehabilitationsträgern vorgegebenen Verwaltungskriterien einreichen und refinanzieren (§ 16 Abs. 3).

4.5.3.4 Die Dominanz einer traditionellen medizinischen Sichtweise

Die Landesrahmenvereinbarungen schreiben auch eine Alltags- und Lebensweltorientierung fest, die sowohl eine ambulante als auch eine mobile Frühförderung erfordert:

> „Förderung und Therapie sind handlungs- und alltagsorientiert. Sie sind eingebettet in die Lebenswelt des Kindes und finden in Zusammenarbeit mit der Familie und/oder wesentlichen Bezugspersonen statt. Leistungen durch Interdisziplinäre Frühförderstellen werden in der Regel in ambulanter, einschließlich mobiler Form erbracht" (§ 10 Abs. 1).

Entsprechend sollen die Frühfördereinrichtungen auch als Offene Anlaufstellen für die Familien fungieren und „einen niedrigschwelligen Zugang ermöglichen und können daher im Rahmen eines offenen Beratungsangebotes zunächst auch ohne die o. g. Überweisung aufgesucht werden" (§ 4 Abs. 2). Wird hingegen nach der *Umsetzung* des familienorientierten und mobilen Ansatzes der Frühförderung – gerade im sensiblen Bereich der Erstdiagnostik – gefragt, so verwundert es, dass nach § 7 Abs. 4 die interdisziplinäre Eingangsdiagnostik „vorzugsweise in den Räumen der Einrichtungen" stattfinden soll. Damit distanziert sich die Rahmenvereinbarung bereits hier von ihren eigenen Ansprüchen einer familienorientiert-mobilen Arbeitsweise hin zu einem traditionell medizinischen Setting der Arbeit in ambulanten Behandlungsräumen.

Dem entspricht auch, dass die interdisziplinäre Eingangsdiagnostik gemäß § 7 Abs. 2 ausschließlich unter ärztlicher Verantwortung erfolgt. In Abweichung zu den Regelungen in anderen Bundesländern stammen diese verantwortenden Ärzte in SPZ aus der eigenen Einrichtung, in den Interdisziplinären Frühförderstellen hingegen aus dem öffentlichen Gesundheitsdienst. Da gleichzeitig zu einer Überweisung zur Komplexleistung ausschließlich niedergelassene Kinder- und Jugendärzte, Fachärzte für Kinder- und Jugendpsychiatrie oder im Einzelfall Hausärzte befugt sind (§ 4 Abs. 1), schreibt die Landesrahmenvereinbarung insofern grundsätzlich eine ärztliche Doppeldiagnostik vor:

Offensichtlich konnten sich kommunale Kostenträger und Krankenkasse bezüglich der Kontrolle und Zuständigkeit ihrer Ärzte nicht einigen. Entsprechend wurde beschlossen, sowohl von den Krankenkassen zugelassene Ärzte als auch Ärzte der Kommunen (Gesundheitsämter) obligatorisch einzubinden. Dies ist umso erstaunlicher, da § 2 Abs. 2 ausdrücklich vorschreibt: „Bei der Planung und Durchführung der Förderung und Behandlung ist sicherzustellen, dass keine Doppelleistungen erbracht und abgerechnet werden" (§ 2 Abs. 2).

Die Dominanz der medizinischen Sichtweise im Rahmen der Eingangsdiagnostik zeigt sich auch im § 7 Abs. 3, wonach im Rahmen einer Kooperation, ein/e Heilpädagoge/in und gegebenenfalls „die notwendigen nicht-ärztlichen Therapeuten/innen" (lediglich) *hinzugezogen* werden sollen. Welche Funktion diese hinzugezogenen Fachkräfte im Rahmen der interdisziplinären Kooperation (mit Basis- und hinzugezogener Diagnostik) einnehmen sollen, wird nicht näher erläutert. Laut § 7

Abs. 1 ist jedoch immer Ziel einer interdisziplinären Diagnostik die Erstellung eines Förder- und Behandlungsplans.

Dies ist insofern verwunderlich, da mit der vorgegebenen Zielsetzung eines Förder- und Behandlungsplans der Charakter einer Offenen (also: ergebnisoffenen) Anlaufstelle in Frage gestellt wird. Zeigte sich bei den Untersuchungen der Offenen Anlaufstellen in Niedersachsen (Früherkennungsteams)[55] oder in Thüringen (Landesfinanzierung)[56], dass ein Großteil der Eltern, die mit ihren Kindern zu einer Beratung und Erstdiagnostik in die Frühförderstelle kamen, keine Empfehlung für eine spätere Frühförderung erhielten, erscheint diese einseitige Zielsetzung als unangemessene Präjudizierung.

Laut Schreiben der Sozialministerin an die deutsche Kinderkommission (Trauernicht 2009) ergeben sich in der Tat Unklarheiten bezüglich der Definition einer Komplexleistung. Da § 4 Abs. 1 als „Voraussetzung für die zu erbringende Komplexleistung" einen genehmigten Förder- und Behandlungsplan vorsieht, gehören eine – nicht näher ausgeführte – „Offene Anlaufstelle" und die gesamte Eingangsdiagnostik einschließlich der Förder- und Behandlungsplanerstellung in Schleswig-Holstein offensichtlich noch nicht zu einer Komplexleistung, Wie nun die niedergelassenen Ärzte, die als einzige zur Überweisung zur Komplexleistung berechtigt sind (vgl. § 4 Abs. 1), in das Verfahren eingebunden werden, bleibt unklar. Klar ist lediglich, dass es im Sinne einer Zwei-Kreuze-Regelung heilpädagogische und medizinische Leistungen gibt, die nicht miteinander in Verbindung gebracht werden (vgl. § 1 Abs. 2). Ebenso schließt eine integrative Förderung in Kindertagesstätten oder heilpädagogischen Kleingruppen eine Komplexleistung aus (§ 10 Abs. 3). Auch die Definition der Komplexleistung selbst unterscheidet sich erheblich von der aller anderen Bundesländer. Nach § 3 Abs. 1 richtet sich das Angebot der Komplexleistung an Kinder bis zum Schuleintritt mit einer (drohenden) Behinderung „mit einer aus der gesundheitlichen Abweichung folgenden wesentlichen Beeinträchtigung der Teilhabe am Leben in der Gesellschaft".

Mit der Einschränkung des Personenkreises auf Kinder, deren Entwicklungsrisiko ausschließlich aus einer „gesundheitlichen Abweichung" rührt, stellt sich die Rahmenvereinbarung nicht nur gegen die gesetzlichen Bestimmungen und die Ausführungen in allen anderen Bundesländern, sie grenzt auch die überwiegende Mehrheit der Kinder, die inzwischen durch Frühförderstellen begleitet werden, aus. Dieser ausschließlich medizinische Zugang der Rahmenvereinbarung wird in den weiteren Bestimmungen fortgeführt, beispielsweise zur näheren Ausgestaltung der ergotherapeutischen Aufgaben: „Die Maßnahmen der Ergotherapie (Beschäftigungs- und Arbeitstherapie) dienen der Wiederherstellung, Entwicklung, Verbesserung, Erhaltung oder Kompensation der krankheitsbedingt gestörten motorischen, sensorischen, psy-

---

55 Interne Umfrage der Frühförderstelle Bersenbrück in den Niedersächsischen FET 1997/98.
56 Befragung der Arbeitsstelle Frühförderung Thüringen im Landesjugendamt zur Vorbereitung der ersten Fogs-Studie.

chischen und kognitiven Funktionen und Fähigkeiten" (§ 10 Abs. 4). Alle Entwicklungsstörungen und -risiken auf sozio-emotionalem Hintergrund bleiben – getreu einer medizinischen Sichtweise der 1960er Jahre – unerwähnt und damit ausgegrenzt. Dazu passt auch die Berufsbezeichnung „Beschäftigungs- und Arbeitstherapie", die bereits vor über zwei Jahrzehnten abgeschafft wurde. Sie wird lediglich noch im Deutschen Heilmittelkatalog aufgeführt – hieraus stammen offenbar auch die Anregungen zur LRV.

Der einseitig medizinisch-dominierte Ansatz wird auch für die Ziele der Interdisziplinären Frühförderstellen fortgeführt, wenn als einziges Ziel aufgeführt ist „[...] die aus der gesundheitlichen Abweichung folgende wesentliche Beeinträchtigung der Teilhabe am Leben in der Gesellschaft durch gezielte Förder- und Behandlungsmaßnahmen auszugleichen oder zu mildern" (§ 5 Abs. 1). Andere Gründe für eine Teilhabebeeinträchtigung werden offenbar von der Landesrahmenvereinbarung ausgeschlossen.

Dieses Denken findet sich auch bei der Ausgestaltung der medizinischen Leistungen.

„In der Regel wird im medizinisch-therapeutischen Bereich eine Therapieeinheit pro Woche, in Ausnahmefällen zwei Therapieeinheiten, verordnet. Die Therapieeinheit kann Ergo-, Sprach- oder Physiotherapie sein. Ziel der Heilmittelbehandlung ist es, dass das Kind und seine Eltern oder Personensorgeberechtigten durch aktive Mitwirkung an der Behandlungsmaßnahme (u. a. auch Eigenübungen) dazu beitragen, den Förderungsbedarf zu unterstützen" (§ 10 Abs. 2).

Damit wird die Elternarbeit auf die Ko-Therapeutenarbeit konzentriert, von der sich die deutsche Frühförderung nach heftigen Diskussionen Anfang der 1980er Jahre verabschiedet hat. Aus fachlicher Sicht wäre nun zu erwarten, dass in dem heilpädagogischen Pendant zu den medizinischen Leistungen eine andere Form der Elternarbeit als eine Mitwirkung an der Behandlungsmaßnahme in Form von Eigenübungen gewährleistet würde. § 10 Abs. 2 führt hierzu jedoch lediglich aus:

„Für den heilpädagogischen Bereich gilt dies entsprechend". Folgerichtig wird auch eine heilpädagogische Arbeit ebenfalls dem defizitorientierten therapeutischen Denken unterworfen, eine mögliche Begleitung von Eltern durch die Landesrahmenvereinbarung auch nur als nachrangig eingestuft: „Im Vordergrund der heilpädagogischen Frühförderung stehen heilpädagogische Übungsbehandlungen" (§ 10 Abs. 3).

Diese Sichtweise spiegelt ein traditionelles einseitig auf die Behandlung von Funktionsstörungen ausgerichtetes Denken der Krankenkassen wider. Es steht damit im Gegensatz zu den in der Präambel beschriebenen familienorientierten Ansprüchen der Vereinbarung. Auch wenn in der Landesrahmenvereinbarung ausführliche Arbeits- und Aufgabenfelder der Einrichtungen und der dort tätigen Berufsgruppen aufgeführt sind (§ 10), fokussieren sich diese Ansprüche auf die etablierten therapeutischen Behandlungsansätze bzw. auf eine heilpädagogische Förderung. Der ressourcenorientierte Ansatz einer modernen Frühförderung mit dem Ziel, die Potentiale des gesamten Familiensystems inklusive des Kindes zu stärken oder ein Hinweis auf die diesen

Ansatz aufgreifende ICF, wird ausdrücklich ausgeschlossen. „Ressourcen" werden in der ganzen Vereinbarung nur ein Mal erwähnt: Die heilpädagogische Frühförderung beinhaltet nach § 10 Abs. 3 neben einer „heilpädagogischen Arbeit mit dem Kind" oder einer „Förderpflege und basaler Aktivierung" unter anderem auch eine Elternarbeit, „die die Befähigung der Eltern fördert, die Behinderung des Kindes anzunehmen und sie dazu anleitet, das Kind im Rahmen der familiären Ressourcen zu fördern". Offensichtlich unterstellt der fachliche Anspruch der Landesrahmenvereinbarung familiäre Ressourcen als feststehende unveränderbare Größe, die familienorientierte Frühförderhilfen anzunehmen und in die sie ihre Angebote einzubetten haben. Und er suggeriert ein einseitiges Fachverständnis, das den Arbeitsauftrag von Elterngesprächen auf die Nötigung fokussiert, „betroffenen" Eltern die „Annahme" ihres Kindes zu vermitteln. Dieses Annahmepostulat zeugt von einer Arroganz (nicht betroffner) Fach- und Verwaltungskräfte, die im Zuge der Diskussion um ein „Annahmepostulat" (vgl. Kap. 5.5) ausgeräumt zu sein schien. Beides steht im Widerspruch zu allen pädagogischen Ansprüchen, bei denen es gerade zentrales Anliegen ist, die familiären Ressourcen systematisch zu erweitern.

4.5.3.5 Die lebensweltorientierte Frühförderung

Wie ein Fremdkörper findet sich in der gesamten Landesrahmenvereinbarung unter den Aufgabenfeldern für heilpädagogische Tätigkeiten im § 10 Abs. 3 die Formulierung „Vermeidung von speziellen Entwicklungsrisiken in der Lebenswelt des Kindes". Nähere Ausführungen, auf welche Konzepte eine solch weitreichende Aufgabenstellung zurückgreifen kann, welche Ressourcen hierzu benötigt werden und wie heilpädagogische Fachkräfte Entwicklungsrisiken abgrenzen und in ihr Förderkonzept einbetten können, finden sich in der Vereinbarung nicht. Unabhängig davon, dass dieser Anspruch fast der gesamten fachlichen Sichtweise der Landesrahmenvereinbarung zuwider läuft, könnte es für etwaige Verhandlungen der Leistungserbringer mit den Rehabilitationsträgern vor Ort[57] ein interessanter Verhandlungsgegenstand werden. Je nach Sichtweise könnten Rehabilitationsträger davon überzeugt werden, dass eine Frühförderung mit diesem vorgegebenen Anspruch zu einem wesentlichen Bestandteil einer familienorientierten Arbeit innerhalb der Sozialräume werden kann.

Die umfangreichen sonstigen Beschreibungen der Aufgabenfelder der einzelnen Berufsgruppen lassen jedoch an dem Willen zu einem solchen Gesamtkonzept zweifeln. Orientieren sich die Aufgaben der ärztlichen Berufsgruppe (im Bereich der Diagnostik) weitgehend an den traditionellen Heilmittelkatalogen (inklusive „Ganzkörperuntersuchungen"), werden auch die heilpädagogischen Aufgabenfelder und Kompetenzen offensichtlich auf eine kindzentrierte Arbeit fokussiert. Ein umfeldorientiertes Arbeiten erscheint den Rehabilitationsträgern – trotz der in der Präambel aufgeführten Lebensweltorientierung – so außergewöhnlich, dass es

---

57 In der Landesrahmenvereinbarung werden keinerlei detaillierte Ressourcen für die Ausgestaltung der Frühförderung vorgegeben.

besonders beantragt werden muss. § 8 Abs. 1 legt fest, dass „zur Einschätzung der Teilhabebeeinträchtigung des Kindes [...] diese [...] zulasten des Sozialhilfeträgers ergänzt werden (kann)". Diese Diagnostik einer Teilhabebeeinträchtigung wird offensichtlich jedoch keiner der in der Frühförderung tätigen Berufsgruppen zugetraut. Daher muss hierfür auf Kosten und auf besondere Veranlassung der Sozialämter eine eigene Berufsgruppe herangezogen werden: Sozialpädagogen. Nach dem Geist der LRV sind offenbar nur sie in der Lage, familienorientiert zu arbeiten. Dazu bedarf es jedoch einer Ausnahmegenehmigung durch die Sozialämter[58].

Diese – im Vergleich zu den Regelungen in allen anderen Bundesländern befremdliche – Sichtweise wird dann plausibel, wenn die zulässigen Berufsqualifikationen der Fachkräfte für die Erbringung einer Komplexleistung für den heilpädagogischen Bereich betrachtet werden: § 12 Abs. 2 lässt hierfür „(in der Regel") nur Berufsgruppen zu, die keinen Hochschulabschluss haben (HeilpädagogInnen, HeilerzieherInnen, ErzieherInnen).

Damit verengt Schleswig-Holstein als einziges Bundesland die zulässigen – und zu refinanzierenden – Berufsgruppen für die pädagogische Frühförderung auf nicht-akademische Fachpersonen. Es erscheint insofern folgerichtig, wenn die Aufgabenfelder, die mit der Frühförderung verbunden sind, entgegen der proklamierten Ansprüche der Präambel keine familienorientierte Arbeit zulassen. Damit verabschiedet sich die Frühförderung in Schleswig-Holstein in ihrer Rahmenvereinbarung gleichzeitig von fachlichen Ansätzen, die den Aufgabenstellungen einer modernen Frühförderung als Antwort auf neue gesellschaftliche Herausforderungen entsprechen. Es darf nicht verwundern, dass die Leistungserbringer insbesondere der pädagogischen Frühfördereinrichtungen eine Umsetzung dieser Landesrahmenvereinbarung verweigern.

4.5.3.6 Interdisziplinäre Kooperation

Auch die Kooperation zwischen den Fachkräften der Frühförderstelle und externen Fachkräften ist beschränkt oder nur unscharf skizziert (§ 12 Abs. 2c). So soll eine Zusammenarbeit mit dem ärztlichen und psychologischen Bereich erfolgen. Auch können nicht festangestellte Fachkräfte mit unterschiedlichen Modellen eingebunden werden. Eine nähere Ausgestaltung bleibt jedoch unklar.

Für die Frühförderstelle selbst wird vorgegeben, „mindestens drei fachliche Leiter/innen für den medizinisch-therapeutischen Bereich (ganztägig) und ein/e weitere/r Mitarbeiter/in aus dem heilpädagogischen Bereich zu beschäftigen. Die interdisziplinäre Ausrichtung einer IFF muss durch die personelle Ausstattung gewährleistet sein" (§ 12 Abs. 2c). Mit einer halben Pädagogikstelle und drei medizinisch-therapeutischen Vollzeitstellen gibt die Mindestbesetzung der Frühförderstellen ein Verhältnis von 1:6 zugunsten einer medizinisch-therapeutischen

---

58 Dies widerspricht auch der FrühV, in der „sozial- und sonderpädagogischen Leistungen" und „psychologischen Leistungen" ausdrücklich unter den „heilpädagogischen Leistungen" aufgezählt werden. Psychologische und sonderpädagogische Leistungen werden in Schleswig-Holstein überhaupt nicht vorgesehen.

Ausrichtung vor. Ebenfalls wird ausdrücklich in einem eigenen Paragraphen (§ 14 Abs. 1–3) angeregt, dass es auch SPZ mit ihrer ärztlichen Leitung und medizinischen Primärausrichtung möglich sei, einen Antrag auf IFF zu stellen.

Dies entspricht konsequent der inhaltlich-fachlichen Ausrichtung der Landesrahmenvereinbarung. Eine partnerschaftliche Interdisziplinarität zwischen dem medizinisch-therapeutischen Bereich (zu dem die medizinisch-ärztlichen Leistungen noch hinzukommen) und dem pädagogischen Bereich wird damit zur Farce.

Angesichts der Einseitigkeit, mit der die medizinisch-therapeutische Ausrichtung der Landesrahmenvereinbarung und die traditionell heilpädagogische Ausrichtung der Frühförderstellen in Schleswig-Holstein aufeinanderprallen, ist es nicht verwunderlich, dass Schleswig-Holstein von einer Umsetzung einer Komplexleistung Frühförderung weiter entfernt ist als jedes andere Bundesland. Von Seiten des Ministeriums wurde durch die Ministerin angekündigt (Trauernicht 2009, vgl. auch bereits: Ministerium für Arbeit, Soziales und Gesundheit 2009, 40), „eine Untersuchung in Auftrag zu geben, die neben einer Bestandsaufnahme auch offene Fragen klären soll"[59].

Unter den Einrichtungen herrscht die Stimmung vor, dass nach Möglichkeit alles so bleiben solle wie bisher. Der medizinisch-therapeutische Einfluss der Krankenkassen wird als akute Bedrohung der als bewährt angesehenen Fachlichkeit empfunden. Auch von politischer Seite ist offenbar erkannt worden, dass diese Landesrahmenvereinbarung nicht umsetzbar ist. Offenbar wird eine ausreichende Karenzzeit abgewartet, nach der sich die Vereinbarung ohne zu hohem Gesichtsverlust „fortschreiben lässt". Es bleibt zu hoffen, dass bei künftigen Verhandlungen unabhängige Vertreter einer fachlichen Sichtweise verstärkt einbezogen werden.

Die notwendigen Veränderungstendenzen zielen zwischenzeitlich primär auf ein Zusammenwachsen von Eingliederungshilfe und Jugendhilfe. Es gibt Tendenzen dahingehend, dass landesweit ein System von Hilfeplanern eingeführt werden soll, die auch im Rahmen der Frühförderung Hilfeplangespräche durchführen (Simon 2006a, 9). Erste Ansätze hierzu sind bereits in die Praxis umgesetzt (Stephan 2010, vgl. auch Kapitel 6.3). Wird hierdurch einerseits das System der pädagogischen Frühförderung aufgewertet, sind andererseits erneute Konkurrenzen und Abgrenzungsbedürfnisse zu erwarten. Die primäre Konzentration von einigen Kommunen in Schleswig-Holstein auf ein Zusammenwachsen der Frühförderung mit der Jugendhilfe erklärt auch, warum nicht gleichzeitig eine Zuwendung zur weiteren Kooperation mit den Krankenkassen verfolgt wird.

4.5.4 Frühförderung in Hamburg

Wurde Ende der 1990er Jahre das Frühförderangebot in Hamburg noch unter dem Aspekt „Anbindung an Sozialpädiatrische Zentren" gesehen (Sohns 2000a, 237),

---

59 Dies ist inzwischen geschehen.

hat sich die politische Willensbildung zur Ausgestaltung der Frühförderung im Zuge der Frühförderungsverordnung seither deutlich verändert. Am 1. Mai 2005 ist eine Landesrahmenempfehlung (LRE) in Kraft getreten, die sowohl zwischen der Behörde für Soziales und Familie (BSF), den verschiedenen Krankenkassen und fünf freien Trägern als Vertreter der Leistungserbringer abgeschlossen wurde. Gemäß § 9 Abs. 1 ist diese Vereinbarung nur als vorläufig anzusehen, sie soll aufgrund von praktischen Erfahrungen weiter ausgestaltet werden.

Hintergrund der abgeschlossenen Vereinbarungen war zum einem ein hohes Engagement der städtischen Behörde, die dem bisherigen weitgehenden Monopol der beiden großen Sozialpädiatrischen Zentren in Hamburg eine dezentrale Struktur Interdisziplinärer Frühförderstellen mit der Möglichkeit einer mobilen Hausfrühförderung zur Seite stellen wollte. Gleichzeitig bildete sich ein Initiativkreis aus zahlreichen unterschiedlichen Organisationen, die alle die Zulassung als Frühförderstelle anstrebten. Ziel dieses Initiativkreises war es, ein einvernehmliches Auftreten der möglichen Leistungserbringer zu gewährleisten und damit zu verhindern, dass einzelne Anbieter unter Verzicht auf als notwendig angesehene Standards besonders billige Angebote machten. Dieses Ziel konnte nicht durchgängig erreicht werden.

Die Landesrahmenempfehlung definiert als möglichen Personenkreis für eine Komplexleistung Frühförderung Kinder mit einer (drohenden) Behinderung, wobei diese „auch von Entwicklungsstörungen, -gefährdungen und -beeinträchtigungen (einschließlich Verhaltens- und seelische Störungen) ausgehen" können (§ 2 Abs. 1).

Damit haben sich in der Hansestadt Hamburg die kommunalen Rehabilitationsträger und die Krankenversicherungen auf eine Definition für anspruchsberechtigte Kinder geeinigt, die neben einer Störung und Beeinträchtigung (z. B. Entwicklungsverzögerung gemäß SGB IX) auch eine Entwicklungsgefährdung beinhaltet. Mit diesem bewusst niedrigschwelligen Ansatz wird der Personenkreis unabhängig vom unmittelbaren Erscheinungsbild des Kindes auch auf mögliche Entwicklungsrisiken in seinem Umfeld erweitert.

§ 3 Abs. 1 stellt entsprechend die Anforderung an interdisziplinäre Frühförderstellen, ihre Angebote „niedrigschwellig" zu gestalten – mit Bezug auf „Erreichbarkeit, Wartezeit und Zugang zu den Angeboten" (ebd.).

Damit werden drei wesentliche Forderungen der Frühförderung von den Rehabilitationsträgern aufgegriffen. Ein niedrigschwelliger Zugang beinhaltet eine Offene Anlaufstelle, zudem greifen erstmalig in Deutschland Rehabilitationsträger das Problem von Wartezeiten auf und thematisieren sie im Zuge ihrer Landesrahmenempfehlungen. Gleichzeitig werden jedoch künstlich Hürden durch die Behörden aufgebaut, wenn Eltern ihr Kind beim „jugendpsychiatrischen Dienst" des ÖGD, dem Kinderarzt oder einer städtischen Beratungsstelle vorstellen müssen, um Zugang zu Leistungen der IFF zu erhalten (Hansestadt Hamburg 2009).

Hierzu sind mobile und ambulante Angebote vorzuhalten, wobei die Senatsverwaltung auch die Möglichkeit einer mobilen Behandlung seitens therapeutischer Fachkräfte vorsieht (Fachanweisung Punkt 2.4.b.). Ebenso erhalten Frühförderstellen die Auflage, neben regelmäßigen Team- und Fallbesprechungen eine lokale Öffentlichkeitsarbeit und eine „Kooperation mit anderen das Kind betreffenden Einrichtungen" zu gewährleisten (LRE, § 3 Abs. 1). Damit ist der Grundstein dafür gelegt, dass solche Aufgabenfelder auch mit finanziellen Ressourcen ausgestaltet werden.

Bezüglich der interdisziplinären Kooperation lehnt sich die Hamburger Empfehlung an die Vorgaben der BAR-Empfehlung an: Eine IFF bekommt zur Auflage, „mindestens drei fest angestellte Fachkräfte aus dem pädagogischen und medizinisch-therapeutischen Bereich vorzuhalten" (§ 3 Abs. 2 Satz 1). Darüber hinaus sollen jedoch auch umfangreiche Kooperationsmöglichkeiten mit externen Einrichtungen möglich sein, wobei verschiedene Kooperationsformen vorgesehen sind:

- Kooperation mehrerer benachbarter Interdisziplinärer Frühförderstellen
- Kooperation einer oder mehrerer Interdisziplinärer Frühförderstellen mit einem Sozialpädiatrischen Zentrum
- Kooperation mit dem öffentlichen Kinder- und Jugendgesundheitsdienst
- Kooperation mit einzelnen niedergelassenen Fachärzten/Fachärztinnen für Kinder- und Jugendmedizin und Therapeuten.

Für diese Fachkräfte muss gewährleistet sein, dass sie regelmäßig an Team- und/oder Fallbesprechungen teilnehmen (inklusive der Regelung von Präsenzzeiten).

Im Gegensatz zu den meisten anderen Bundesländern wird in der Komplexleistung kein Primat ärztlicher Leistungen für Teilbereiche ausgesprochen. § 6 Abs. 1 spricht durchgängig von „ärztlicher *Mit*verantwortung". Der Zugang zur Komplexleistung erfolgt auf ärztliche Veranlassung, die sowohl durch einen niedergelassenen Arzt als auch durch einen Arzt der Gesundheitsbehörde erfolgen kann. Auch können SPZ und interdisziplinäre Frühförderstellen ihre Arbeit kooperativ miteinander verbinden, solang „keine Doppelleistungen" erfolgen (§ 6 Abs. 1).

Der Erstellung eines Förder- und Behandlungsplans wird eine weitgehend offene Darstellung der diagnostischen Erkenntnisse und des individuellen Bedarfs eingeräumt (§ 8), darzulegen sind sowohl „vorhandene Funktionen" als auch „Ressourcen" (§ 8 Abs. 2). Der Förderplan wird zur Genehmigung an die Sozialbehörde weitergeleitet, eine Entscheidung muss binnen zwei Wochen erfolgen (§ 8 Abs. 3). In der Stadt Hamburg wird nochmals zwischen Förder- und Behandlungsplan und Gesamtplan unterschieden. Der Gesamtplan ist von der genehmigten Behörde zu erstellen und geht auf eine mögliche Untersuchung des Gesundheitsamtes oder einer städtischen Beratungsstelle zurück. Er kann entfallen, wenn die Inhalte des Förder- und Behandlungsplans keinen Zweifel an dem Förderbedarf lassen (Fachanweisung Punkt 2.3).

Die „Fachanweisung" wurde von der Hamburger Behörde am 01. 02. 2009 zur näheren Ausgestaltung der Frühförderungsverordnung erlassen. Auch hier unterscheidet sich Hamburg von den anderen Bundesländern mit ihrer Zwei-Kreuze-Regelung, indem sie die Komplexleistung als „untrennbare Anteile von Medizin, Therapie und Pädagogik" und damit als eine Leistung, die Elemente der Einzelprofessionen zusammen führt, definiert (Punkt 2.2). Während demnach in den meisten Ländern auch innerhalb der Komplexleistung zwischen pädagogischen und medizinisch-therapeutischen Leistungen differenziert werden muss, wird dies in Hamburg ausdrücklich als nicht möglich definiert. Dadurch, dass die Komplexleistung als untrennbare Gesamtleistung gesehen wird, ist auch keine getrennte Finanzierung von kommunalem Rehabilitationsträger und Krankenversicherung möglich.

Die Aufteilung der Kosten für die Komplexleistung zwischen den Rehabilitationsträgern erfolgt über Pauschalen. Dabei übernehmen in Sozialpädiatrischen Zentren die kommunalen Kostenträger 17,5 % der Gesamtkosten, während die übrigen Kosten von den Krankenversicherungen getragen werden. In den Interdisziplinären Frühförderstellen übernehmen die Krankenkassen pauschal 22,5 % der Kosten, der Rest wird von dem kommunalen Rehabilitationsträger übernommen. Dabei haben einige Träger auch für die Abrechnungen Pauschalen vereinbart, andere rechnen zuvor vereinbarte Einzelleistungen ab. Die Übernahme der Kostenverteilung geht auf eine Verwaltungsvereinbarung zwischen der Behörde für Soziales und Gesundheit (BSG) und den Krankenkassen vom Juli 2006 zurück, diese kann fortlaufend modifiziert werden.

Ebenso wird für die Eingangsdiagnostik eine allgemeine Pauschale erstattet. Diese beträgt für SPZ 485 €, in IFF beträgt sie 425 €. Die Aufteilung zwischen den Rehabilitationsträgern ist identisch mit der Komplexleistung (Jarke 2008 Punkt 6). Damit weicht die Stadt Hamburg deutlich von den meisten anderen Bundesländern ab, in denen die Kommunalen Gebietskörperschaften zumeist akribisch darauf achten, dass die Kosten für die Diagnostik ausschließlich oder überwiegend von den Krankenversicherungen übernommen werden.

Die Eingangsdiagnostik kann auf ärztliche Veranlassung derzeit noch in Sozialpädiatrischen Zentren oder Interdisziplinären Frühförderstellen erfolgen. Es ist geplant, künftig eine zentrale übergreifende Diagnostik-Einrichtung zu schaffen, die alle Eltern mit ihrem Kind aufsuchen müssen. Die Eingangsdiagnostik ist die Grundlage für den Förder- und Behandlungsplan, der drei Unterschriften bedarf (ärztliche und pädagogische Fachperson und Eltern).

Bei einem bestehenden Bedarf an Komplexleistung sind fünf Leistungsarten möglich: ärztliche, medizinisch-therapeutische, psychologische und heilpädagogische Hilfen als „kindbezogene Leistungen" sowie familienbezogene Leistungen, die auch eine „Anleitung und Hilfe bei der Gestaltung des Alltags" beinhaltet (2.2.b.e. der Fachanweisungen). Die Leistungen werden gemäß des Förder- und Behandlungsplans als Pauschalen oder Fördereinheiten erbracht. Mindestens einmal jährlich hat eine Verlaufsdiagnostik zu erfolgen.

Auch hier dokumentiert die Stadt Hamburg, dass sie nicht an einem starren Konzept der Zwei-Kreuze-Regelung festhält. Das Benennen von fünf verschiedenen Leistungsformen, die alle Bestandteil der Komplexleistung sein können, weicht von der Kategorisierung „heilpädagogisch – medizinisch-therapeutisch" der anderen Länder ab und macht die Gesamtleistung wesentlich flexibler und bedarfsorientierter. Die vereinbarten Kostensätze betragen für eine BE à 90 Min. bei einer IFF mit trägerspezifischen Abweichungen ca. 76 € (inkl. Wegzeiten), bei einem SPZ 79,90 € (Jarke 2008 Punkt 6).

Die weitere Ausgestaltung der Frühförderung in Hamburg wird von einer Arbeitsgruppe „Umsetzung der FrühV in Hamburg" begleitet, die vom Leiter eines städtischen Beratungszentrums koordiniert wird. Sie soll die noch nicht abgeschlossene Umstrukturierung hin zu einer umfassenden „mobilen heilpädagogischen Frühförderung" (ISG 2008) begleiten. Bislang gibt es in Hamburg vier allgemeine Frühförderstellen (mit zwei weiteren Außenstellen) und vier spezielle Frühförderstellen (ebd.).

Eine Besonderheit in Hamburg stellt die Tatsache dar, dass die Frühförderung durch IFF auf Kinder von 0–3 Jahren fokussiert ist. Eine Initiative der städtischen Vereinigung in Kindertagesstätten, die über ihre Erzieherinnen in den Kitas Frühförderung anstrebte, wurde aufgegriffen: Seit August 2006 werden die Kinder ab drei Jahren in eigens dafür zugelassenen Kindertageseinrichtungen betreut. Hierzu ist ein „Kinder-Gutschein-System" geschaffen worden.

Hat die Hansestadt Hamburg damit einerseits ein – unabhängig von den zu vereinbarenden Entgelten – modernes Frühfördersystem geschaffen, das den Anspruch auf eine ganzheitliche Komplexleistung aufgreift und eine einheitliche Leistung zwischen dem kommunalen Rehabilitationsträger und den Krankenkassen in die Wege geleitet hat, so ist andererseits eine Aufteilung der Frühförderung nach Altersgruppen vorgenommen worden, die weitreichende fachliche Auswirkungen hat. Auch wenn es sich hierbei um eine „Kann-Regelung" handelt (Jarke 2008, Fachanweisung Pkt. 2.1.), „die [...] auf Wunsch der Sorgeberechtigten alternativ [...] gewährt werden" kann (ebd.), ist das Primat der Frühförderung für Kinder ab drei Jahren durch Kindertagesstätten (wie in Bremen, Hannover und Berlin) unverkennbar: Das Hamburger Kinderbetreuungsgesetz (KibeG) spricht denn auch nicht von einer alternativen Regelung (§ 26 Abs. 1 KibeG) oder Kann-Leistung, sondern sieht die obligatorische Frühförder-Betreuung durch Kindertagesstätten vor. Demnach ist eine mobile Hausfrühförderung primär für Kinder bis drei Jahre vorgesehen, anschließend wird der Hilfeanspruch in eine teilstationäre Frühförderung überführt. Mit der Zuständigkeitsübertragung auf Kindertagesstätten werden nicht nur interdisziplinäre Kooperationsmöglichkeiten und qualitative Standards bezüglich der durchführenden Berufsgruppen beschnitten, es droht trotz des ausdrücklichen Hinweises auf eine alltagsorientierte Hilfe im Rahmen der Frühförderung eine Beschneidung der mobilen Fördermöglichkeiten, die von Kindertagesstätten in der Regel nicht angeboten werden.

4.5.5 Frühförderung in Brandenburg

Einschließlich der Neben- und Außenstellen existieren in Brandenburg 45 allgemeine „Frühförder- und Beratungsstellen" und acht spezielle Frühförderstellen für Kinder mit Sinnesbehinderungen (Pötter 2009). Vier dieser Einrichtungen befinden sich in kommunaler Trägerschaft (ISG 2008, 23). Hinzu kommen vier Sozialpädiatrische Zentren.

Eine abgestimmte und unterschriebene Landesrahmenvereinbarung besteht seit dem 30. Juli 2007. Zuvor hatte im September 2005 der Landtag beschlossen, die Landesregierung möge sich moderierend in die laufenden Verhandlungen einschalten.

Begleitet waren die Verhandlungen von befremdlichen Verwaltungsentscheidungen einiger Landkreise in Brandenburg. So kündigte ein Landkreis die Vereinbarungen mit sämtlichen Frühförderstellen und schloss neue Vereinbarungen ab, wonach Kinder nur noch vorwiegend in Gruppen zu betreuen seien. 13 der 18 Kommunen kündigten die Vereinbarung mit den Sozialpädiatrischen Zentren und damit ihre anteilige Finanzierung und verweigern seitdem eine Beteiligung an der Mischfinanzierung (ISG 2008, 24).

Bis heute war kein Träger der Frühfördereinrichtungen in Brandenburg bereit, auf der Grundlage dieser Rahmenvereinbarung und den darauf aufbauenden Verhandlungen mit den kommunalen Gebietskörperschaften und den Krankenkassenverbänden eine Vereinbarung zur Erbringung der Komplexleistung Frühförderung abzuschließen. Hauptgrund dafür sind die unterschiedlichen Vorstellungen zum zeitlichen Rahmen und zur Finanzierung der Bestandteile der Komplexleistung Frühförderung. Erschwerend könnte sich für Vereinbarungsabschlüsse auch auswirken, dass die räumlichen und sächlichen Ausstattungen in Anlehnung an die Anforderungen des § 124 SGB V Rechnung tragen müssen und damit teilweise umfangreiche Umbaumaßnahmen erfordern. Die Staatskanzlei in Brandenburg resümiert: „Der bisherige Verhandlungsverlauf zeigt, dass die Interessenlagen sehr unterschiedlich, bisher nahezu unvereinbar sind" (Appel 2009).

Analog zu Mecklenburg-Vorpommern werden hohe personelle Anforderungen an die Frühförderstellen gestellt, indem gemäß § 3 Abs. 3.1.1. der Rahmenvereinbarung jede mindestens drei festangestellte Fachkräfte aus dem pädagogischen Bereich und zwei aus dem medizinisch-therapeutischen Bereich vorhalten muss. Beide Bereiche werden nochmals in verschiedene Berufsgruppen differenziert (neben den drei therapeutischen Berufsgruppen zehn pädagogische, wovon fünf Diplomstudiengänge und fünf nicht-akademische Ausbildungsgänge sind). Gleichwohl beinhaltet die Rahmenvereinbarung in Brandenburg zahlreiche Parameter, die sich deutlich von den Vorgaben aus anderen Bundesländern unterscheiden, beispielsweise:

- Der Anlass für einen Zugang zur Komplexleistung ist bereits bei einem „vermuteten Entwicklungsrisiko" gegeben (§ 9 Abs. 2.1).

- Sowohl ein hierauf erfolgendes Beratungsgespräch als auch eine bei gegebenem Bedarf erfolgende interdisziplinäre Diagnostik werden bereits als Komplexleistung definiert (§ 3 Abs. 5).
- Veranlasst werden kann eine solche Diagnostik sowohl von einem Vertragsarzt der Krankenversicherung als auch von einem Arzt des öffentlichen Gesundheitsdienstes (ebd.).
- Die Vereinbarung sieht verbindlich regelmäßige Teambesprechungen vor, an denen auch externe Fachpersonen teilnehmen, die über Kooperationsvereinbarungen an die Frühfördereinrichtung gebunden werden (§ 6 Abs. 2). Solche verbindlichen Kooperationsverträge sind insbesondere für den Bereich der Diagnostik und Förderplanerstellung auch mit ÄrztInnen und psychologischen Fachkräften abzuschließen (§ 3 Abs. 3.1.2). Auch wenn keine „Doppelleistungen" von SPZ und IFF zugelassen werden, suggeriert dies dennoch, dass beide Einrichtungsformen ihre jeweiligen Angebote kooperativ aufeinander abstimmen (§ 8 Abs. 1).
- Die verbindliche Abstimmung im Förder- und Behandlungsplan nimmt neben einem Verweis auf die ICD auch ausdrücklich Bezug auf die ICF als Dokumentationsgrundlage. Des Weiteren sieht der Förder- und Behandlungsplan flexible Möglichkeiten zur Ausgestaltung der Leistungen vor. Es wird eine doppelte Unterschrift von ärztlichen und pädagogischen Fachkräften gefordert, die offensichtlich sowohl für IFF als auch für SPZ gilt.
- Wird der Förder- und Behandlungsplan mit dem Antrag auf Komplexleistung an den zuständigen Rehabilitationsträger weitergegeben, so hat dieser das alleinige Entscheidungsrecht, ergänzende Kostenträger werden lediglich informiert. Es findet sich kein Verweis auf weitere Untersuchungen, die dieser zuständige Rehabilitationsträger zur Überprüfung einleiten kann. Als zuständiger Rehabilitationsträger wird „in der Regel" der örtliche Sozial- und Jugendhilfeträger benannt (§ 11).

Gleiches müsste auch für die SPZ gelten. Ob die Vertragspartner der Rahmenvereinbarung dies auch so gewollt haben, erscheint indes fraglich. Als Indiz dafür, dass die Regelungen des § 11 sich lediglich auf die IFF beziehen, könnte auch die einseitige Regelung des § 12 dienen. Dieser regelt die Aufteilung der Kosten zwischen den Rehabilitationsträgern, allerdings lediglich für die Interdisziplinären Frühförderstellen. Demnach werden im Bereich der Diagnostik 85 % von den Krankenkassen und 15 % von den örtlichen Sozial- und Jugendhilfeträgern übernommen. Von den Kosten der Förderung und Behandlung übernimmt der örtliche Sozial- und Jugendhilfeträger 80 %, während 20 % die Krankenkassen tragen. Der Vordruck für den interdisziplinären Förder- und Behandlungsplan (Anlage 3.2.6.1) sieht für die unterschiedlichen Schwerpunkte der Komplexleistung (medizinisch-therapeutisch, heilpädagogisch, sonstiges) einen flexiblen Umfang von eins bis drei Leistungseinheiten pro Woche vor.

Keine Regelung finanzieller Zuständigkeiten findet sich in den Rahmenvereinbarungen bezüglich der sogenannten Korridorleistungen. Auch wenn die Rahmenvereinbarung eine umfangreiche fachliche Notwendigkeit bezüglich interdiszipli-

närer Kooperationen, Teamabsprachen, mobiler Förderung, räumlicher und sächlicher Ausstattungen etc. benennt, steht zu befürchten, dass eben jene Parameter aufgrund fehlender Vorgaben im Zuge der Rahmenvereinbarung nicht finanziert werden. Insgesamt besteht bei den Frühförderstellen die Befürchtung, dass die fachlichen Vorgaben aus der Rahmenvereinbarung an der fehlenden Ausgestaltung im Zuge der Verhandlungen mit den örtlichen Rehabilitationsträgern scheitern. Es bleibt abzuwarten, ob die Ankündigungen des zuständigen Referenten des Landesgesundheitsministeriums am 09.09.2009 während des 11. Symposiums Frühförderung in Brandenburg umgesetzt wird, wonach die Regierung in Brandenburg nicht mehr bereit sei, derartige Blockaden auf Dauer zu tolerieren. Gleichzeitig räumt der Leiter der Brandenburger Staatskanzlei ein: „Allerdings sind die Handlungsmöglichkeiten der Bundesländer begrenzt, Sanktionsmöglichkeiten gibt es keine", fügt aber an. „Derzeit wird geprüft, ob das Land auf Grundlage der Föderalismusreform 2006 nach dem 01.01.2010 rechtliche Möglichkeiten hat, für einen zügigeren Verhandlungsablauf zu sorgen" (Appel 2009).

4.5.6 Frühförderung in Sachsen-Anhalt

In Sachsen-Anhalt existieren 30 allgemeine (Landesregierung Sachsen-Anhalt 2009, 30) und vier überregionale Frühförderstellen sowie zwei SPZ (ISG 2008, 31). Neben dem Saarland ist Sachsen-Anhalt das einzige Flächenland, in dem die Zuständigkeit des Sozialhilfeträgers von den Kreisen und kreisfreien Städten auf den überörtlichen Träger der Sozialhilfe (in Sachsen-Anhalt: Sozialagentur) übertragen wurde. Damit haben alle Frühförderstellen als primären Ansprechpartner für die Ausgestaltung und Abrechnung ihrer Leistungen eine landesweit zentralisierte Institution.

Die Jugendhilfe ist hiervon nicht betroffen. Wenn ein Kind Frühförderung benötigt, das als „seelisch behindert oder von Behinderung bedroht" eingestuft wird, muss mit dem örtlichen Jugendhilfeträger und den Krankenkassen einzeln verhandelt werden, da dieser Leistungsbereich nicht von der LRE erfasst wird. Die hierfür noch immer zuständigen Vertreter der Kommunalen Rehabilitationsträger haben noch nie entsprechende Verhandlungen geführt (Nitsch-Boek 2009).

Mit der Übernahme der Zuständigkeit für heilpädagogische Frühförderung durch die Sozialagentur zum 01. Juli 2004 (Finanzierung ab 01.01.2005) wurden gleichzeitig zentrale Einschnitte in die regionale Infrastruktur mit dem Ziel der Harmonisierung der Angebotsmöglichkeiten vorgenommen. Variierte beispielsweise die Dauer einer Fördereinheit bis dato in den einzelnen Kommunen zwischen 105 und 180 Minuten bei einer Kostenerstattung zwischen 22 bis 51 € (ISG 2008, 31)[60], wurde ab dem 01.01.2005 für alle Frühförderstellen in Sachsen-An-

---

60 Von Seiten des PARITÄTISCHEN in Sachsen-Anhalt wird diese Aussage des ISG bezweifelt und darauf verwiesen, dass die Obergrenze bei mindestens 90 € gelegen habe (Nitsch-Boek 2009).

halt eine einheitliche Fördereinheit von 90 Minuten festgelegt. Der Kostensatz für eine Fördereinheit sollte zunächst 50 € betragen, später wurde er auf 70 € korrigiert (vgl. ISG 2008, 31).

Damit haben alle Frühförderstellen bei unterschiedlichen strukturellen Voraussetzungen das gleiche Refinanzierungsvolumen in der laufenden Förderung. Dies war auch die Grundlage für die Verhandlungen zwischen der Sozialagentur und den Krankenkassen mit dem Ziel, diese Struktur in eine abgestimmte Mischfinanzierung zur Ausgestaltung einer Komplexleistung zu überführen. Konnten sich die beteiligten Rehabilitationsträger in den Grundparametern der Ausgestaltung noch auf Formulierungen zu einer gemeinsamen Landesrahmenempfehlung einigen, die am 15. 07. 2007 in Kraft trat (Kuppe 2009), scheitert die Umsetzung einer Komplexleistung bis heute an einem Einvernehmen bezüglich der Vergütung. Durch die zentrale landesweite Organisation der Frühförderung ist es möglich, dass die Rehabilitationsträger die Ausgestaltung ihrer einvernehmlich verabschiedeten LRE zentral mit den Vertretern der Leistungserbringer verhandeln. Und – im Gegensatz zu den meisten Bundesländern – wurden in Sachsen-Anhalt auch die Vertreter der Liga der Freien Wohlfahrtspflege in die Verhandlungen einbezogen. Während diese nicht bereit sind, Einbußen bei dem seit 2005 gültigen Kostensatz von 70 € für eine 90-Minuten-FE hinzunehmen, bestehen insbesondere die Krankenkassen (Kuppe 2009) auf einer Kürzung dieses Satzes. Die Folge ist, dass die Landesrahmenempfehlung zwar in Kraft, bis heute jedoch in keiner Einrichtung in Sachsen-Anhalt umgesetzt ist.

Die Kosten für Frühförderung haben sich seitens der Sozialagentur als überörtlicher Träger der Sozialhilfe zwischen 2005 (3 222 130 €) und 2008 (5 925 661 €) fast verdoppelt (Sozialagentur 2008, 30; Landesregierung Sachsen-Anhalt 2009). Über die Kostenentwicklung auf Seiten der Krankenkassen liegen hingegen keine Informationen vor.

Insgesamt lehnt sich die Rahmenempfehlung in Sachsen-Anhalt eng an die seinerzeitige BAR-Empfehlung an. So sind – im Ausschluss einer „virtuellen Frühförderstelle" – drei Fachpersonen in Festanstellung (Vollzeit oder Teilzeit) notwendig, die sowohl aus dem pädagogischen als auch aus dem medizinisch-therapeutischen Bereich kommen müssen (LRE 8.1.). Als heilpädagogische Fachkräfte werden sowohl heil-, sozial- oder sonderpädagogische Fachpersonen anerkannt (LRE 6.1.4.).

Der Zugang zur Frühförderung und einem dort durchzuführenden Erstgespräch kann auch hier entweder über niedergelassene Ärzte (Überweisung) oder über den öffentlichen Gesundheitsdienst (Empfehlung) erfolgen (LRE 2.3.). Dabei ist ausdrücklich die Möglichkeit einer Kooperation zwischen SPZ und Frühförderung vorgesehen, um gegebenenfalls lange Fahrtzeiten der Familien zu vermeiden (LRE 1.4.). Das Erstgespräch mündet auch hier in eine interdisziplinäre Diagnostik und die Erstellung eines Förder- und Behandlungsplans. Besonderer Wert wird bei der Ausgestaltung der Förderleistungen auf die mobile Frühförderung gelegt, die jedoch im Unterschied zu den anderen ostdeutschen Bundesländern „nur in begründeten Einzelfällen" in Kindertagesstätten durchgeführt werden sollen. Schwerpunkt der mobilen Förderung soll das Elternhaus darstellen (LRE 9.3.), um das häusliche Umfeld einzubeziehen und dem Anspruch des aktiven Einbringens der Erziehungsberechtigten gerecht zu werden (LRE 6.1.5.). Gleichzeitig wird jedoch vorgeschrieben, dass von den 90 Minuten einer Fördereinheit durchschnittlich 60 Minuten (ausschließlich) der „Förderung des Kindes" dienen sollen (LRE 7.1.).

Zu dem Kostensatz hinzu sollen regionale Pauschalen zur Fahrtkostenerstattung bezahlt werden, die gebietsorientiert ausgehandelt werden soll (differenziert in „städtische und ländliche Region"). In Anlehnung an die BAR-Empfehlung werden die festgelegten Kosten im Rahmen der Gesamtpauschale im Zuge von regional vereinbarten Abrechnungsmodalitäten in den Frühförderstellen zu 80 % von der Sozialagentur und zu 20 % von den Krankenkassen übernommen – bei den SPZ gilt der umgekehrte Schlüssel.

Sind insoweit inhaltliche Grundparameter und die Aufteilung der Kosten einvernehmlich abgesprochen, besteht bezüglich der Höhe der Entgelte noch keine Einigkeit. Bezüglich der Häufigkeit einer FE erweitert die Landesrahmenempfehlung die zuvor gängige Praxis, wonach in der Regel „einmal wöchentlich" Frühförderung möglich war (Landesregierung Sachsen-Anhalt 2009) mit der Möglichkeit, ein bis zwei FE pro Woche durchzuführen (LRE 7.1.). Derzeit ist es im Einzelfall in Absprachen mit der Sozialagentur auch möglich, auch intensivere Betreuungen genehmigt zu bekommen[61].

Ähnlich wie in Niedersachsen scheitert daher die Umsetzung der Komplexleistung bislang an der Einigung von Rehabilitationsträgern und Leistungserbringern, die hier in die landesweiten Verhandlungen einbezogen wurden. Damit bekommen bereits die Verhandlungen auf Landesebene den Charakter von landesweiten Tarifverhandlungen, in denen Inhalte, aber auch Entgelte einvernehmlich festzulegen sind. Angesichts der offensichtlichen Kürzungsabsichten der Rehabilitationsträger ist es nicht verwunderlich, wenn die Vertreter der Leistungserbringer eine Zustimmung zu der finanziellen Ausgestaltung der Landesrahmenempfehlung bislang mit der Begründung verweigern, die fachlich notwenigen Mindeststandards für eine Frühförderung seien dann nicht mehr zu gewährleisten.

4.5.7 Frühförderung in Hessen

In Hessen existieren 40 regionale Frühförderstellen (teilweise mit Außenstellen) und zwölf überregionale für Kinder mit Hör-, Sehschädigungen oder Autismus (Arbeitsstelle Frühförderung Hessen 2009). Hinzu kommen sieben Sozialpädiatrische Zentren (davon fünf im Rhein-Main-Gebiet). Diese Einrichtungen können

---

61 Mündliche Aussagen von Leiterinnen von Frühförderstellen, Oktober 2009.

auf fachliche und finanzielle Unterstützungen zurückgreifen, die in den anderen Bundesländern so nicht ermöglicht wurden (vgl. Sohns 2000 a, 228 ff).

4.5.7.1 Das historische Engagement des Landes

Bereits am 25. März 1987 Jahren haben das Land Hessen und der Landeswohlfahrtsverband als überörtlicher Sozialhilfeträger „vorläufige Richtlinien für die Frühförderung" verabschiedet und mit einem umfangreichen ergänzenden Finanzierungskonzept verknüpft.

Damit hat das Land Hessen zu einem frühen Zeitpunkt eine fachliche Initiative ergriffen, um die Ausgestaltung der Frühförderleistungen in den Kommunen durch notwendige weiterführende Standards zu ergänzen. Die Hilfen zielten ausdrücklich auf Aufgabenfelder der Frühförderung, deren fachliche Ausgestaltung als notwendig erachtet wurde, für deren Finanzierung sich jedoch keiner der zuständigen Kostenträger verantwortlich fühlte. Mit der Finanzierung dieser sogenannten „Grauzonen" wurde es den Frühförderstellen möglich, eine interdisziplinäre Kooperation mit externen Fachkräften anderer Berufsgruppen (Ärzte, medizinische Therapeuten) zu ermöglichen (vgl. Sohns 2000 a, 229) und somit ihren Stellenwert als koordinierende Einrichtung aufzuwerten. Neben der Kooperation der (vorwiegend pädagogischen) Frühförderstellen mit ärztlichen und medizinisch-therapeutischen Fachkräften wurde die Jugendhilfe dadurch berührt, dass den hessischen Frühförderstellen zusätzliches Personal für eine „heilpädagogische Kindergartenfachberatung" zur Verfügung gestellt wurde. Diese Finanzierung wurde in die „Fachlichen Handlungsanweisungen für die Frühförderung behinderter und von Behinderung bedrohter sowie entwicklungsgefährdeter oder entwicklungsverzögerter Kinder" übernommen. Mit diesen Anweisungen, die vom Staatssekretär des Sozialministeriums am 15. 02. 1995 als Erlass in Kraft gesetzt wurden, konnte das Ministerium selbstbewusst den Kommunen Vorgaben für die Ausgestaltung der Frühförderleistung vor Ort machen, die für die Kommunen verbindlich waren, wenn sie in den Genuss der ergänzenden Landesfinanzierung kommen wollten.

Die Landesmittel wurden im Laufe der letzten 20 Jahre aufgestockt und betragen heute etwa 5,5 Mio. € (ISG 2008, 30), die das Land Hessen und der Landeswohlfahrtsverband jeweils etwa zur Hälfte aufbringen. Durch eine einvernehmliche Vereinbarung sind diese Landesmittel seit dem 01. 01. 2006 den Kommunen nach einem vorgegebenem Schlüssel (vgl. Landesrahmenempfehlung Hessen 2006) zur Verfügung gestellt.

Durch diese finanziellen Zuwendungen erhielten die Frühförderstellen in Hessen einen enormen Auftrieb. Waren sie bis dato – analog zu den meisten anderen Bundesländern – als pädagogische Einrichtungen überwiegend auf ihr spezifisches heilpädagogisches Arbeitsfeld begrenzt, so konnten sie nun selbstbewusst an die Kindertagesstätten, kooperierende ÄrztInnen und medizinische TherapeutInnen herantreten und diesen eine gemeinsame interdisziplinäre Kooperation durch Honorare entlohnen.

Dadurch entstand im Laufe der Jahre eine ausgefeilte regionale Kooperationsstruktur, bei denen die Frühförderstellen als Koordinierungsinstanz wirken, während medizinisch-therapeutische Fachkräfte regelmäßig in die einzelnen Fallbetreuungen einbezogen werden können. Etwa die Hälfte der Frühförderstellen nutzte darüber hinaus Möglichkeiten, sich auch durch die Einstellung von medizinisch-therapeutischem Personal als interdisziplinäre Einrichtungen auszubauen, die andere Hälfte blieb eine heilpädagogische Frühförderung, die bewusst nicht durch eigenes therapeutisches Personal in die Konkurrenzstrukturen niedergelassener Fachkräfte eingreifen, sondern diese in offener Kooperation an die Frühförderstellen fallbezogen binden wollte.

4.5.7.2 Das Engagement der Frühförderstellen

Erleichtert wurde eine solche fachliche Aufwertung der Frühförderstellen in Hessen dadurch, dass innerhalb des Ministeriums die Frühförderung traditionell einen hohen Stellenwert einnimmt und die jeweils zuständigen Referenten sich durchgängig intensiv in die fachlichen Grundlagen der Frühförderung eingearbeitet haben und Kontakte pflegen. Auf der anderen Seite haben aber auch die Frühförderstellen sich untereinander mit hohem Engagement organisiert und bereits in den 1980er Jahren eigene „Arbeitskreise der Praktiker" ins Leben gerufen, in denen sich die Fachpersonen der Frühförderstellen regelmäßig austauschten und überregional engagierten. Dies wirkte zum einen Konkurrenzgefühlen entgegen und führte zum anderen zu einer offensiven Transparenz der Frühförderung durch die Fachpersonen selbst. So gelang es beispielsweise, in einem ministeriellen Arbeitskreis zum Thema Frühförderung neben den Vertretern des Ministeriums, der kommunalen Spitzenverbände, der Krankenkassen und der Kassenärztlichen Vereinigung auch Fachvertreter der Vereinigung für interdisziplinäre Frühförderung und der Praktiker der Frühförderung zu etablieren. Der Arbeitskreis der Praktiker wurde schließlich in eine Landesarbeitsgemeinschaft Frühförderung (LAG) überführt, in der die Praktiker gemeinsam mit Trägervertretern die Belange der Frühförderstellen überregional vertreten. 2003 fusionierte diese LAG mit der LAG HIK (heilpädagogische und integrative Kindertageseinrichtungen) zu einer gemeinsamen „LAG Frühe Hilfen".

Welch hohes Ansehen dieser Arbeitskreis der Praktiker und Trägervertreter in Hessen innehat, zeigt sich daran, dass die hessische Landesregierung der LAG die nähere konzeptionelle Ausgestaltung der Rahmenbedingungen der Frühförderung übertragen hat. Der hessische Ministerpräsident weist hierauf ausdrücklich hin: „Die konsequente Fortführung der hessischen Standards für die Frühförderung behinderter und von Behinderung bedrohter Kinder wurde 2003 im Auftrag des hessischen Sozialministeriums von der ‚Landesarbeitsgemeinschaft der Frühförderstellen in Hessen e.V.' als Rahmenkonzeption erarbeitet. Sie dient seither den Trägern und den Fachleuten der Frühförderstellen in Hessen als Grundlage ihrer Arbeit und Orientierung für zukünftige Entwicklungen" *(Koch 2009).*

4.5.7.3 Die Landesrahmenvereinbarung

In diese enge Kooperation zwischen den Einrichtungen und dem Ministerium fiel nun die Notwendigkeit, die gesetzliche Grundlage zur Ausgestaltung einer Komplexleistung Frühförderung auch in Hessen mit Leben zu füllen. Hierzu trafen sich die zuständigen Rehabilitationsträger der kommunalen Spitzenverbände und der Krankenkassen und erstellten eine gemeinsame Vereinbarung zur Umsetzung der Frühförderungsverordnung, die am ersten Januar 2006 in Kraft trat. Eine Abstimmung mit den Leistungserbringern oder dem Fachverband fand diesbezüglich nicht statt. Die Vereinbarung konzentriert sich in knapper Form auf eine Wiedergabe der bestehenden Gesetzestexte und einem Zusammenstellen von Grundparametern, die mit der gewachsenen Struktur der hessischen Frühförderung kollidieren.

Dabei werden die beiden Einrichtungsformen, die Frühförderleistungen anbieten können (SPZ und IFF), ausdrücklich getrennt. Mit der Übernahme des Gesetzestextes aus dem SGB V sind je nach Schwere der Fragestellung entweder SPZ oder IFF zuständig. Dies würde eine Kooperation zwischen den beiden Einrichtungen nicht mehr vorsehen (vgl. LRV, 3). Noch gewichtiger ist die Formulierung (ebd.), wonach eine Betreuung durch SPZ oder IFF „ausdrücklich ausgeschlossen" sei, wenn keine Komplexleistung notwendig sei.

Damit werden sowohl für die SPZ als auch die IFF alle Leistungen unmöglich gemacht, bei denen nicht sowohl heilpädagogische als auch medizinisch-therapeutische Hilfen angeboten werden. Würde dies in die Praxis umgesetzt, müssten die Frühfördereinrichtungen zum einen bemüht sein, auf jeden Fall beide Betreuungsformen notwendig erscheinen zu lassen. Zum anderen würde dies die Bemühungen der Frühförderstellen, transdisziplinär zu arbeiten und entsprechend möglichst wenige Fachkräfte einzusetzen, die sich gegebenenfalls über die Grauzonenfinanzierung in den Teambesprechungen kollegialen Rat einholen, unmöglich gemacht. Mit der administrativen Einengung der Frühfördereinrichtungen auf ausschließliche Komplexleistung im Sinne der Zwei-Kreuze-Regelung würden zumindest die Frühförderstellen in ihrer Existenz bedroht (vgl. ISG 2008, 27).

Die Rehabilitationsträger definieren Interdisziplinäre Frühförderstellen lediglich als Addition der separaten Zulassungen sowohl als medizinisch-therapeutische Einrichtungen (gemäß § 124 SGB V) als auch als pädagogische Frühförderstelle (gemäß § 75 Abs. 3 SGB XII mit einer abgeschlossenen Leistungs-, Entgelt- und Prüfvereinbarung mit den örtlichen Sozialhilfeträgern). Die Landesarbeitsgemeinschaft Frühe Hilfen in Hessen kritisiert in ihrer Stellungnahme vom März 2006, dass hierdurch „interdisziplinär wirkende hessische Frühförderstellen, deren Teams mit pädagogisch-psychologischen Fachkräften besetzt sind und Interdisziplinarität über Kooperationsbeziehungen realisieren, als Leistungsanbieter der Komplexleistung ausgeschlossen (würden)" (ISG 2008, 26).

Wie auch in anderen Bundesländern soll gemäß der Landesvereinbarung der Förder- und Behandlungsplan nur auf der Grundlage einer „vertragsärztlichen Verordnung" möglich sein (S. 4). Damit soll auch in Hessen eine hierarchische Struktur zugunsten der ärztlichen Leistungen eingeführt werden. Dies wird von der ViFF-Hessen entsprechend kritisiert: „Entgegen dem fachlichen Konsens wird eine ärztliche Verordnung zur Grundlage des Förder- und Behandlungsplans gemacht, nicht umgekehrt dieser Plan als ein Rahmen gesehen, innerhalb dessen auch medizinische Leistungen (gleichberechtigt neben denen anderer Professionen) angeboten werden" (Albers 2006 a, 4 f). Damit wird der Ansatz der Krankenversicherungen, Leistungen nur nach ärztlicher Verordnung zu refinanzieren, auch auf die Förder- und Behandlungsplanerstellung übertragen und die in Hessen etablierten Arbeitsabläufe auf den Kopf gestellt.

Die gleiche Systematik wird auch bei der Abrechnung der einzelnen Leistungsformen angewandt. Suggerieren die Rehabilitationsträger mit einem angestrebten „arbeitsteiligen Genehmigungsverfahren mit gegenseitiger Informationspflicht" (S. 4) noch eine Leistungserbringung aus einer Hand (Krankenkassen für SPZ, örtliche Sozialhilfeträger für Interdisziplinäre Frühförderstellen), wird dies durch die weiteren Regelungen wieder aufgehoben. Die örtlichen Sozialhilfeträger sollen nur für heilpädagogische Leistungen zuständig bleiben. Medizinisch-therapeutische Hilfen unterliegen auch in Frühförderstellen den Heilmittelrichtlinien und bedürfen entsprechend einer vertragsärztlichen Verordnung (ebd.). Die Leistungen sollen einzeln gemäß der Richtlinien der Spitzenverbände der Krankenkassen abgerechnet werden, bei den örtlichen Sozialhilfeträgern gemäß einer abgeschlossenen Leistungsvereinbarung. Pauschalen werden in der Vereinbarung ausdrücklich ausgeschlossen. Es wird betont: „Die Heilmittelrichtlinien finden auch im Rahmen der Komplexleistung ‚Frühförderung' Anwendung" (Seite 5).

Damit stellt sich die Rahmenvereinbarung in Hessen ausdrücklich gegen das Konsenspapier (Bundesministerium für Arbeit und Sozialordnung 2008), wonach alle Vertreter der Bundesländer ausdrücklich betonen, dass die Heilmittelrichtlinien auf eine Komplexleistung keine Anwendung zu finden haben. Wenn man gleichzeitig berücksichtigt, dass das Land Hessen bei diesem Konsenspapier eine tragende Rolle innehatte, wird offenbar, wie weit das für die Frühförderung zuständige hessische Fachministerium und die Rehabilitationsträger mit ihrer Vereinbarung in ihren konzeptionellen Vorstellungen auseinander liegen. Es ist nicht zu übersehen, dass bei der Stellungnahme des hessischen Ministerpräsidenten an die Kinderkommission des deutschen Bundestages (Koch 2009) von Hessen als einzigem Bundesland mit keinem Wort auf die Landesrahmenvereinbarung Bezug genommen wird.

Als besonders bedrohlich empfinden die hessischen Frühförderstellen die Regelung der Landesvereinbarung (S. 3), die das Kernstück des hessischen Systems der kooperativen Frühförderung nicht mehr zulässt: „In den Zeiträumen, in denen eine Behandlung in einem IFF oder SPZ stattfindet, ist eine zeitgleiche Behandlung und parallel verlaufende Behandlung (§ 32 SGB V) wegen des gleichen Krankheitsbildes außerhalb der Frühförderung in einer nach § 124 SGB V zugelassenen Einrichtung ausgeschlossen." Die Frühförderstellen werden gezwungen, als interdisziplinäre Frühförderstellen alle Behandlungsformen *innerhalb* ihrer Einrichtung durchzuführen. Damit wäre der Hessische Weg, wie er durch die Grauzonenfinanzierung mit interdisziplinären Kooperationen mit externen Ärzten und medizinischen Therapeuten vorgezeichnet ist, unmöglich gemacht. Von der ViFF Hessen wird denn auch gegenüber der hessischen Sozialministerin kritisiert, dass „das in vielen Bereichen Hessens gut funktionierende [...] Modell interdisziplinär kooperierender (im Unterschied zu interdisziplinär besetzten) Frühförderstellen in der Vereinbarung keine Erwähnung findet und somit keinen Schutz erhält" (Albers 2006 b).

Es fand sich in Hessen ein Kreis von Fachpersonen mit den Professoren Katzenbach (Frankfurt) und Neuhäuser (Gießen) und den Vertretern der ViFF (Albers), LAG (Ertel), Arbeitsstelle Frühförderung (Klein) und dem zuständigen Referenten des Hessischen Sozialministeriums (Kron) zusammen, die 2008 eine „Deklaration zur Umsetzung der Verordnung zur Früherkennung und Frühförderung behinderter und von Behinderung bedrohter Kinder (Frühförderungsverordnung – FrühV) in Hessen" publizierten (Albers u. a. 2009).

Diese würdigt das bisherige wohnortnahe und niedrigschwellige Angebot der Frühförderung, das von einem „Netzwerk von Akteuren und Institutionen [...] getragen wird". Dieses sei „von vorneherein umfangreicher, als dass es von einer interdisziplinären Frühförderstelle alleine abgedeckt werden könne. So hat es sich nicht nur für Hessen ergeben, dass auch Frühförderstellen, die selbst Ergotherapeuten, Logopäden und Physiotherapeuten beschäftigen, darüber hinaus mit niedergelassenen Therapeuten und anderen Leistungsanbietern kooperieren" (ebd.). Als Kriterium für Interdisziplinäre Frühförderstellen in Hessen wird definiert, dass die Prozessbeteiligten verlässlich zusammen arbeiten und sich verbindlich und kontinuierlich abstimmen. „Frühförderung in Hessen hat unterschiedliche Formen und immer das gleiche Qualitätsziel. Dieses wird durch interdisziplinär besetzte Frühförderstellen ebenso erfüllt wie durch Institutionen die durch einen Kooperationsvertrag gebunden sind" (ebd.). Die Autoren bekennen sich ausdrücklich zur vielfältigen hessischen Vielfalt in der Frühförderstruktur und zur Finanzierung aus einer Hand. „Hessische Frühförderung bezieht sich nicht auf einen Zentrumsgedanken, um das herum sich alles bewegt. Frühförderung in Hessen bewegt sich ständig mit und weiter" (ebd.).

Mit dieser gemeinsamen Erklärung ist in Hessen eine Allianz zwischen Wissenschaftlern (unterschiedlicher Fakultäten) und den zentralen Fachorganisationen der Frühförderung mit dem zuständigen Ministerium geschaffen worden, die die zentralen inhaltlichen Parameter anders als die Rehabilitationsträger gewürdigt und definiert hat. Diese einmalige Allianz zwischen Fachvertretern und Ministerium schuf ein starkes Gegengewicht zu den isolierten Verhandlungen der Rehabilitationsträger. Das Ministerium trat in der Folge als Verhandlungspartner auf und vereinbarte mit den Verbänden der Krankenkassen und den Kommunalen Spitzenverbänden mit Gültigkeit ab dem 1. Januar 2008 eine Ergänzung der Rahmenparameter zur hessischen Frühförderung: Einvernehmlich werden als zentrale Instrumente und Verfahren ausgestaltet: ein Kooperationsvertrag, der Förder- und Behandlungsplan und die "Abgabe medizinisch-therapeutischer Leistungen im Rahmen der Frühförderung in externen Einrichtungen, die nicht zur Frühförderstelle gehören".

Der Förder- und Behandlungsplan bildet demnach die Grundlage für die Komplexleistung Frühförderung. In ihm werden Maßnahmen und Ziele für eine Komplexleistung festgelegt oder andere Empfehlungen ausgesprochen. Er ist unter Mitwirkung eines (Kinder-)Arztes, der zuständigen pädagogischen Fachkraft der Frühförderstelle sowie der beteiligten therapeutischen Fachkraft (ggf. Fachkräfte) der Frühförderstelle bzw. der kooperierenden Therapiepraxis gemeinsam zu erstellen.

Damit wird – anders als den anderen Bundesländern – neben der ärztlichen und pädagogischen Berufsgruppe – eine dritte Profession bei der Erstellung verbindlich: die medizinisch-therapeutische. Dies wertet die verbindliche Interdisziplinarität auf.

Den "interdisziplinär besetzten Frühförderstellen" wird eine interdisziplinäre Kooperation mit niedergelassenen TherapeutInnen gleichwertig gegenübergestellt (interdisziplinär kooperierende Frühförderstellen). In diesem Fall sind verbindliche Kooperationsverträge zwischen der interdisziplinären Frühförderstelle und den Praxen abzuschließen. Ausdrücklich wird die therapeutische Versorgung im Rahmen der Komplexleistung (neben der Praxis, der Frühförderstelle und dem Wohnort des Kindes) auch in Kindertagesstätten befürwortet.

Die einseitige Hierarchie einer "ärztlichen Veranlassung" zur Frühförderung wird ausdrücklich aufgehoben: Die Initiative für die Eingangsdiagnostik kann sowohl vom behandelnden Arzt als auch von der interdisziplinären Frühförderstelle als Ergebnis des offenen Beratungsangebotes ausgehen, auch das Setting der Diagnostik kann bedarfsorientiert variiert werden.

Die Verantwortung für die Ausgestaltung liegt entsprechend bei den Fachpersonen vor Ort. Nicht überall erfolgt die Umsetzung der interdisziplinären Kooperation in der gleichen Verbindlichkeit. Mancherorts bestehen nach wie vor Ressentiments zwischen Fachpersonen oder Institutionen. Es ist der hessischen Frühförderung jedoch gelungen, ihren verlässlichen Rahmen für die Kooperationen mit Hilfe der Unterstützung des Landes Hessen zu erhalten.

Eine Abfrage der Arbeitsstelle Frühförderung Hessen im Sommer 2009 (Beteiligung: 77,5 % der Frühförderstellen) zeigte, dass diese die Instrumente nutzen und ihre Kooperationsbeziehungen darauf aufbauen. Offenbar entwickeln sich Ablaufroutinen unter Ausnutzung der vorhandenen Ressourcen. Ein Problem besteht jedoch noch immer in den fehlenden Finanzierungsmöglichkeiten von interdisziplinärem Austausch im Rahmen von Diagnostik und Förderplanung. Hier greift die Landesfinanzierung nicht, und die Krankenkassen und Kommunen sind offenbar nicht bereit, diese Grauzonen zu finanzieren (vgl. Klein 2010).

4.6 Spezifika der Landesrahmenvereinbarungen

4.6.1 Die Verhandlungspartner der Landesrahmenvereinbarungen

Nach Verabschiedung der Frühförderungsverordnung stellte sich die Frage, wer die Umsetzung einer Komplexleistung miteinander aushandelt. Primär zuständig sind die Rehabilitationsträger vor Ort (in den Kreisen und kreisfreien Städten). Entsprechend herrschte bei den Frühfördereinrichtungen die Erwartung, dass hier zügig Gespräche aufgenommen werden. Dass diese Gespräche dann doch zunächst auf den Landesebenen geführt wurden, wurde bei den Leistungserbringern überwiegend begrüßt, da hierdurch mehr „Gerechtigkeit" zwischen den Regionen und eine höhere fachliche Diskussion erwartet wurde. Befremdlich wirkte auf die Leistungserbringer und ihre Dachverbände, dass diese Verhandlungen zumeist ausschließlich zwischen den beiden Rehabilitationsträgern geführt wurden. Damit wurde über den Kopf derer verhandelt, die diese Leistung schließlich vor Ort erbringen sollten. Dort wo die Leistungserbringer ausdrücklich einbezogen wurden (Niedersachsen, Sachsen-Anhalt, Saarland), geschah dies auf Veranlassung der moderierenden Landesministerien. Hier wurden in die Verhandlungen bereits konkrete Parameter zur Ausgestaltung der Komplexleistung einbezogen, die dann auch landesweite Gültigkeit haben sollten. Entsprechend gestalteten sich die Verhandlungen schwieriger. De facto wurde jedoch lediglich eine Verhandlungsebene zentralisiert, die andernorts in den Kreisen durchgeführt werden musste und dort überwiegend zu einer Nichtakzeptanz der jeweiligen Vereinbarung führte.

Durch das isolierte Verhandeln der Rehabilitationsträger hinter verschlossenen Türen stehen oftmals juristische Aufzählungen im Vordergrund und es zeigen sich an zahlreichen Stellen fachliche Versäumnisse, die bei einer frühzeitigen Beteiligung von Fachvertretern hätten vermieden werden können. Hierin liegt ein wesentlicher Grund dafür, dass auch nach der Verabschiedung von Landesrahmenvereinbarungen bis heute eine Verwirklichung der Vorgaben des SGB IX überwiegend unterblieben ist.

4.6.2 Offener Zugang zur Frühförderung

Durch die Frühförderungsverordnung wurde von politischer Seite ein offener Zugang zu den Hilfeleistungen der Frühfördereinrichtungen vorgegeben. War dies für den Rehabilitationsträger der Krankenversicherungen, die seit jeher einen offenen Zugang zu ärztlichen Leistungen gewährleisten, selbstverständlich, tun sich die kommunalen Rehabilitationsträger bis heute damit schwer. Die überwiegende Zahl von ihnen vertritt den administrativ-juristischen Standpunkt, dass die Frühförderung als Leistung der Eingliederungshilfe den Menschen zugute kommt, die im Sinne des Gesetzes behindert oder von Behinderung bedroht sind. Bevor eine solche Leistung greifen kann, hat eine Behörde diese *Zugangsberechtigung* zu kontrollieren. Dies ist Anlass für die kommunalen Rehabilitationsträger, einen offenen Zugang bis heute in den meisten deutschen Kreisen und kreisfreien Städten zu unterbinden.

Die Landesrahmenempfehlungen mussten nun Regelungen zum offenen Zugang treffen. In einigen Ländern wurde die gesetzliche Vorgabe offensiv aufgenommen (Nordrhein-Westfalen, Saarland, Bayern), indem den Frühförderstellen ein Zeitbudget und eine Refinanzierungspauschale für alle Familien zur Verfügung gestellt werden, die sich mit ihrem Kind in der Frühfördereinrichtung anmelden[62]. Mit diesem Zeitbudget können die Fachpersonen die Fragestellung erörtern und den Eltern eine erste Rückmeldung zur Entwicklung ihres Kindes geben, aus der sich dann ein weiterer Förderbedarf entwickeln kann. Andere Bundesländer (z. B. Thüringen) schließen diesen offenen Zugang zu einer ersten Diagnostik des Kindes auch in ihrer Rahmenvereinbarung aus (vgl. Kap. 2.7.5). Hier wird der offene Anlauf nur dazu gestattet, dass die Frühförderstellen den Eltern und dem Kind ihre Einrichtung vorstellen dürfen. Um ein fachliches Urteil zu der Entwicklung des Kindes abgeben zu dürfen, brauchen die Eltern erst eine sogenannte „ärztliche Veranlassung".

Es liegt auf der Hand, dass der Hintergrund für solch restriktivere Zugangsverfahren administrativ-strategische Überlegungen der (kommunalen) Kostenträger waren. Sie möchten mit solchen Regelungen jeden Eindruck vermeiden, sie könnten für die Finanzierung einer inhaltlichen Eingangsdiagnostik zuständig sein (Ausnahme: Hamburg). Deswegen wird zu einem möglichst frühen Zeitpunkt auf die Notwendigkeit einer ärztlichen Veranlassung verwiesen. Damit können die kommunalen Rehabilitationsträger für eine einseitige Kostenträgerzuständigkeit der Krankenkassen plädieren.

Die Zeitbudgets, die den Frühförderstellen in den einzelnen Ländern zur Verfügung gestellt werden, sind unterschiedlich. In Nordrhein-Westfalen sind dies in der Regel bis zu zehn Stunden für die gesamte Eingangsdiagnostik. Verteilt man diese Zeitbudgets auf die Fachpersonen der verschiedenen Berufsgruppen einschließlich der jeweiligen Zeitbudgets für die gemeinsame Förder- und Behandlungsplanerstellung, so erscheint dies noch immer zu wenig. Andere Länder berechnen auch die Zeiten für einen Erstkontakt und die Diagnostik nach BE und liegen noch niedriger. Da in Rheinland-Pfalz und in Berlin Frühförderung nur in Sozialpädiatrischen Zentren angeboten wird, ist hier generell kein offener Anlauf für die Eltern möglich. Hier bedarf es in jedem Fall zuvor eines Besuches des Hausarztes und einer ärztlichen Überweisung.

---

62 Auch wenn die vereinbarten Zeitbudgets von den Einrichtungen in Bayern und im Saarland als nicht ausreichend erscheinen.

Während in den meisten Bundesländern die (drohende) Behinderung als Zugangskriterium zur Frühförderung besteht[63], haben einige Bundesländer (Saarland, Hamburg) ausdrücklich den Terminus des „Entwicklungsrisikos" als Bedarfskriterium für eine Diagnostik aufgeführt. Unabhängig hiervon definieren alle Bundesländer (außer Hamburg) die Komplexleistung auf der Grundlage der Zwei-Kreuze-Regelung, wonach neben der Komplexleistung (als gemeinsamer Bedarf von therapeutischen und pädagogischen Leistungen) auch isolierte therapeutische und heilpädagogische Leistungen durch eine Frühförderstelle angeboten werden können. Ausgeschlossen ist dies lediglich in der Rahmenvereinbarung in Hessen, wonach in Interdisziplinären Frühförderstellen ein solch isoliertes Angebot nicht vorgesehen ist.

Ähnlich wie bei der offenen Anlaufstelle haben auch in der Phase der Diagnostik und Förder- und Behandlungsplanerstellung einzelne Länder (z. B. Sachsen) verfügt, dass diese Phase der Frühförderung noch kein Bestandteil der Komplexleistung sei[64]. In den meisten Bundesländern (z. B. Bayern, Saarland, Nordrhein-Westfalen, Mecklenburg-Vorpommern) werden die Eingangsphasen der Diagnostik und Förder- und Behandlungsplanerstellung hingegen ausdrücklich unter das Dach der Komplexleistung subsumiert. Damit greifen auch hier fachliche interdisziplinäre Ansprüche.

Unabhängig hiervon stellt sich die Frage, *wer* zu einer ärztlichen Überweisung oder Veranlassung berechtigt ist. Auch hier haben die meisten Bundesländer dies den niedergelassenen Ärzten zugewiesen[65]. In einzelnen Bundesländern (z. B. Sachsen-Anhalt) kann dies jedoch auch durch Ärzte des öffentlichen Gesundheitsdienstes geschehen. Ob sich hierdurch eine Konstellation ergeben kann, nach der die Ärzte des ÖGD auch die Eingangsdiagnostik durchführen und diese Kosten von der für die Diagnostikphase zuständigen Krankenkasse erstattet bekommen, erscheint derzeit noch völlig unklar.

4.6.3 Die sogenannte „virtuelle Frühförderung"

In Hessen ist mit Hilfe des Ministeriums eine einvernehmliche Regelung gefunden worden, wie mit dem Modell der *kooperativen Frühförderung* umgegangen wird. In NRW und Sachsen-Anhalt bezeichnen die Rehabilitationsträger diese als „virtuelle Frühförderung" und schließen sie in ihren Landesrahmenvereinbarungen aus (§ 4 der LRE in Nordrhein-Westfalen und § 8 Abs. 1 der LRE in Sachsen-Anhalt). In weiteren Bundesländern wird diese durch (interdisziplinäre) personelle Mindest-

---

63 In Mecklenburg-Vorpommern sogar mit der Formulierung der „Erkrankung oder einer drohenden Krankheit" (§ 3 LRE).
64 Es liegt die Vermutung nahe, dass dies von den Kommunen deshalb durchgesetzt wurde, damit der Anspruch einer Mischfinanzierung an eine Komplexleistung für die Eingangsphasen der Frühförderung noch nicht greifen kann.
65 Damit ist die Zuständigkeit der Krankenkassen offenbar.

besetzungen einer Frühförderstelle oder den Ausschluss des losen Zusammenschlusses verschiedener Fachkräfte unterbunden (Brandenburg § 3 Abs. 1 Satz 1 LRV, Hamburg § 3 Abs. 2 LRE, Mecklenburg-Vorpommern § 5 Abs. 1 LRE, Niedersachsen § 4 Abs. 1 LRE, Schleswig-Holstein § 12 Abs. 2 LRE). All diesen Ländern ist gemein, dass sie lose Zusammenschlüsse von Fachpersonen verschiedener Berufsgruppen aus unterschiedlichen Institutionen nicht als Komplexleistung anerkennen.

Dahinter steckt eine fachliche Grundsatzdiskussion (vgl. Kapitel 2.7.2) um die Frage, ob das interdisziplinäre Team im Mittelpunkt steht (das in einer Teamstruktur an eine Institution gebunden sein muss) oder die interdisziplinäre Leistung (zu der sich auch Fachkräfte unterschiedlicher Professionen institutionsübergreifend abstimmen können). Diese Diskussion ist auch innerhalb des Fachverbandes (ViFF) umstritten. Während auf Bundesebene eher ein obligatorischer Zusammenschluss der verschiedenen Berufsgruppen unter einem Dach bevorzugt wird, möchte die ViFF-Hessen die Möglichkeit einer kooperativen Frühförderung als gleichwertige Alternative erhalten.

4.6.4 Leistungserbringung aus einer Hand

Trotz der gesetzlichen Vorgabe durch Bundestag und Bundesrat im Zuge der Ausgestaltung des § 8 Frühförderungsverordnung und seiner fachlichen Begründung bestehen zahlreiche Bundesländer (z. B. Bayern, Sachsen, Schleswig-Holstein, Thüringen) weiterhin darauf, dass die Frühfördereinrichtungen die Einzelleistungen einer Komplexleistung nach unterschiedlichen Verwaltungskriterien mit den unterschiedlichen Rehabilitationsträgern separat abrechnen. Dies hat zu einem erheblichen Verwaltungsaufwand bei den Frühfördereinrichtungen geführt. Andere Bundesländer haben hingegen darauf hingewirkt, dass sich die Rehabilitationsträger auf eine gemeinsame Leistung geeinigt haben, bei der ein Rehabilitationsträger federführend gegenüber den Frühfördereinrichtungen und den Eltern fungiert, während der andere Rehabilitationsträger dessen Entscheidungen mit trägt und die Leistung anteilig finanziert. Zahlreiche Länder haben den Vorschlag der Frühförderungsverordnung zur Bildung von Pauschalen aufgegriffen und refinanzieren diese entweder gemäß einer individuellen Aushandlung in den einzelnen Kommunen (Nordrhein-Westfalen), andere Länder (Saarland, Sachsen-Anhalt) orientieren sich an dem Vorschlag der 80:20 Aufteilung der BAR-Arbeitsgruppe (vgl. Kapitel 2.7)[66]. In anderen Bundesländern (Rheinland-Pfalz, Berlin) ist landesweit eine andere prozentuale Verteilung zwischen dem Land und den Krankenkassen ausgehandelt worden.

Die meisten Bundesländer bestehen als Grundlage der medizinisch-therapeutischen Leistungen auf einer Anwendung des § 124 SGB V (lediglich im Saarland

---

[66] In Sachsen-Anhalt scheitert die Umsetzung bis heute nicht an der prozentualen Aufteilung der Kosten, sondern an der Höhe des Kostensatzes, zu dem keine Einigung gefunden wird.

und Nordrhein-Westfalen werden diese nicht erwähnt), manche Länder (z. B. Sachsen) verfügen darüber hinaus entgegen der Feststellung des Konsenspapiers aller Bundesländer (Bundesministerium für Arbeit und Sozialordnung 2008), dass für die medizinisch-therapeutischen Maßnahmen ausschließlich die Heilmittelrichtlinien anzuwenden seien.

Bis heute ungelöst scheint das Problem der Refinanzierung des Krankenkassenanteils einer Komplexleistung bei Privatversicherungen. In Einzelfällen mussten Eltern trotz Rechtsanspruchs für die anteiligen Kosten einer Komplexleistung selbst aufkommen. Frühförderstellen berichten, dass sich Privatversicherungen bei einem Abrechnungsversuch häufig uninformiert und auch unwillig zur Kostenübernahme einer Komplexleistung zeigen. Häufig müssen die Frühförderstellen nachträglich noch separat über die Anrechnung des Kostensatzes mit der Privatversicherung verhandeln.

4.6.5 Die mobile Hausfrühförderung

Die meisten Bundesländer haben eine mobile Frühförderung in ihre Rahmenvereinbarung aufgenommen, zumeist mit der Formulierung „ambulant einschließlich mobil". Entsprechend obliegt es dem Förder- und Behandlungsplan, einen Bedarf für Hausfrühförderung festzulegen. In der Praxis wird eine mobile Frühförderung jedoch zumeist auf eine pädagogische Frühförderung beschränkt. Keine Hausfrühförderung ist in den Vereinbarungen in Rheinland-Pfalz und Berlin vorgesehen. In Bayern muss seit der Einführung der Landesrahmenvereinbarung eine Hausfrühförderung gesondert „und getrennt nach Leistungsbereichen" begründet werden (Punkt 4.2 Gemeinsame Vollzugshinweise der Vertragspartner zum Rahmenvertrag FF Bayern, 6).

Eine inhaltliche Diskussion zur mobilen Frühförderung *in den neuen Bundesländern* steht noch aus. Ohne große Thematisierung wurde auch hier eine mobile Frühförderung nach westdeutschem Vorbild eingeführt, allerdings in ihrer Mehrheit nicht als Hausfrühförderung im Wohnumfeld des Kindes, sondern als Förderung in der Kindertagesstätte analog einer medizinisch-therapeutischen Betreuung. Der traditionelle Hintergrund liegt darin, dass in der DDR die Kita als primäres Sozialisationsfeld der Kinder angesehen wurde (vgl. Kap. 1.1). Die Fachpersonen argumentieren häufig damit, dass sie die Eltern zu Hause nicht anträfen. Hierbei scheinen jedoch auch ökonomische Gründe eine Rolle zu spielen, da in der Kita oftmals mehrere Kinder unter einheitlichen Rahmenbedingungen mit nur einer Anfahrt aufgesucht werden können. Dem entgegen wirkt in seiner Rahmenvereinbarung lediglich das Land Sachsen-Anhalt: Hier wird die mobile Frühförderung dahingehend konkretisiert, dass sie „nur in Ausnahmefällen in Kitas" durchzuführen sei. Damit besteht auch in Sachsen-Anhalt ein Primat der familienorientierten Hausfrühförderung.

Eine parallele Betreuung durch eine Frühförderstelle bei gleichzeitig integrativer Betreuung in einer Kita wird in den meisten Ländern als „Doppel-Leistungen" ausgeschlossen. Unabhängig davon, dass diese Position aus fachlicher Sicht nicht haltbar ist[67], räumen einzelne Bundesländer eine parallele bedarfsorientierte Betreuung durch Frühförderstelle (Fokus: Eltern- und Familienorientierung) und Kindertagesstätte (Fokus: kind- und förderorientiert) ein. Die bayerische Landesrahmenvereinbarung macht dies (auf Antrag) ausdrücklich möglich. In Sachsen finden sich hierzu keine Aussagen, auf Antrag wird dies jedoch in einzelnen Kreisen und kreisfreien Städten praktiziert.

4.6.6 Erstellung des Förder- und Behandlungsplans

Die verschiedenen Landesrahmenvereinbarungen orientieren sich in ihren Vorgaben für einen Förder- und Behandlungsplan in der Regel an der Frühförderungsverordnung. Demnach sind dort spezifische Informationen aufzunehmen, in der Regel:

- Diagnosenstellung nach ICD 10
- Relevante anamnestische Daten
- Wesentliche Befunde
- Darstellung und Beurteilung von vorhandenen Kompetenzen und Ressourcen
- Auflistung der nach dem individuellen Bedarf voraussichtlich erforderlichen Förder- und Behandlungsangebote für das Kind unter Einbeziehung seiner Bezugspersonen mit Angabe von
- Art, Leistungsinhalte und Förder- und Behandlungsform
- Erforderliche Hilfen und Hilfsmittel
- Behandlungs- und Förderort
- Festlegung eines individuellen Gesamtzieles sowie individueller fachspezifischer Förder- und Behandlungsziele
- Besonderheiten bei der Umsetzung des FBP.

Die einzelnen Parameter sind von den Fachkräften unterschiedlicher Disziplinen abzusprechen. Die Frühförderungsverordnung sieht vor, dass zur Dokumentation der einheitlichen Absprache und der kollegialen Abstimmung sowohl eine ärztliche als auch eine pädagogische Unterschrift erforderlich ist.

Der Freistaat Sachsen geht darüber hinaus und fordert verbindlich eine dritte Unterschrift durch die Eltern. Damit wird dokumentiert, dass die Eltern in den gesamten Abstimmungsprozess einbezogen sind und diesen mittragen. Gleichzeitig wird in Sachsen das Verwaltungsverfahren dadurch vereinfacht, dass dieser Förder- und Behandlungsplan mit der Unterschrift der Eltern auch als Antrag auf die Gewährleistung der Komplexleistung fungiert. Dadurch werden unnötige Verwaltungsverfahren durch eigene Antragsformblätter vermieden.

---

67 Es handelt sich hierbei weder um eine Doppelleistung noch um eine Überschneidung fachlicher Angebote (vgl. Fallbeispiel 3 „Beate", Kapitel 3.1.4.4).

Abweichend von der gesetzlichen Vorgabe durch die Frühförderungsverordnung scheint die doppelte Unterschrift für die Sozialpädiatrischen Zentren in den Landesrahmenvereinbarungen überwiegend nicht vorgesehen. Rheinland-Pfalz, Berlin und Mecklenburg-Vorpommern beschreiben explizit, dass hier die ärztliche Unterschrift ausreicht. Für die ViFF-Nord hat dies Kraus de Camargo (2007) als ViFF-Vorsitzender und ehemaliger Leiter eines großen SPZ ausdrücklich kritisiert:

„Wurde mit Verabschiedung der Frühförderungsverordnung für die SPZ die doppelte obligatorische Unterschrift unter den FBP als neue Errungenschaft und Zeichen einer partnerschaftlichen Kooperation gewertet, erscheint dies in SPZ bis heute undenkbar. Zu eindeutig ist die ärztliche Hierarchie in klinischen Einrichtungen, zu klar die Fokussierung der Krankenversicherungen als primärer Kostenträger auf eben jene Hierarchie. Die gesetzliche Vorgabe der Frühförderungsverordnung auch für die SPZ rüttelt an diesen traditionellen Hierarchievorstellungen. Entsprechend ist es nicht verwunderlich, dass weder aus den Einrichtungen noch von Seiten der Kostenträger diese Diskrepanz zwischen gesetzlicher Anforderung und praktischer Umsetzung thematisiert wird" (vgl. Kap. 4.3.3.2).

4.6.7 Die Berufsgruppen in der Frühförderung

Die meisten Rahmenvereinbarungen listen spezifische Berufsgruppen auf, die in den ärztlichen, psychologischen, medizinisch-therapeutischen und pädagogischen Bereichen als originäre Ausbildungsgänge für die Durchführung von Frühförderleistungen anerkannt werden. Während dies für den ärztlichen Bereich in der Regel Haus- und Kinderärzte sind (einzelne Rahmenempfehlungen fordern hier ausdrücklich pädiatrische Fachärzte) und für den medizinisch-therapeutischen Bereich die klassischen Berufsgruppen Logopädie, Ergotherapie und Physiotherapie (vereinzelt mit dem Zusatz einer obligatorischen Bobath- oder Vojta-Ausbildung), finden sich bei der pädagogischen Berufsgruppe vielfältige Ausbildungsgänge: Fast durchgängig sind das sowohl klassische Diplomstudiengänge und Fachschulausbildungen wie ErzieherInnen oder HeilerzieherInnen. Einzelne Bundesländer (z. B. Niedersachsen) legen ausdrücklich einen Schwerpunkt auf die akademischen Ausbildungsgänge. Nur ein Bundesland führt überhaupt keine pädagogischen Berufsgruppen mit einem Hochschulstudium auf: Schleswig-Holstein (vgl. Kapitel 4.5.6).

Diese Festlegungen der Landesrahmenvereinbarungen sind in mehrfacher Hinsicht nicht mehr aktuell. Zum einen weisen sie als akademische Ausbildungsgänge durchgängig Diplomstudiengänge aus, die jedoch im Zuge des Bologna-Prozesses ab 2010 nicht mehr ausgebildet werden. Hier bedarf es einer Modifizierung zugunsten von Bachelor- und Masterstudiengängen. Zum anderen geraten deutsche Bildungs- und Sozialpolitiker zunehmend unter Druck dadurch, dass internationale Studien immer wieder aufzeigen, wie gering der Ausbildungsgrad der Fachpersonen, die mit Vorschulkindern arbeiten, im Vergleich zum europäischen Ausland ist. Entsprechend werden in zunehmendem Maße Ausbildungsgänge an deutschen Hochschulen angeboten, die im Bereich der Frühpädagogik Fachkräfte auf akademischer Basis ausbilden oder weiterqualifizieren. Gleichzeitig steigen die fachlichen Anforderungen an diese Fachkräfte durch die veränderten gesellschaftlichen Rahmenbedingungen und wissenschaftlichen Erkenntnisse gravierend. Die Politik und in ihrem Zuge auch die Bildungs- und Rehabilitationsträger werden auf Dauer nicht umhinkommen, das Qualifikationsniveau in diesen Aufgabenfeldern erheblich anzuheben. Entsprechend haben erste deutsche Hochschulen (Gera, Hamburg) einen eigenen Bachelor-Ausbildungsgang speziell für künftige Frühförderfachpersonen konzipiert (Sohns 2010). Andere Hochschulen erstellen hierzu Master-Studiengänge. Die Rehabilitationsträger werden sich künftig in vermehrtem Maße gut ausgebildeten Fachpersonen auf akademischem Niveau gegenübersehen, die einen systemischen und familienorientierten Ansatz der Frühförderung vertreten und in der Praxis anbieten. Insgesamt ist hiermit eine erhebliche Aufwertung des Bereiches der Frühförderung und seiner Vernetzung mit den benachbarten Aufgabenfeldern (Jugendhilfe, Gesundheitswesen, Bildungsinstitutionen) zu erwarten.

4.6.8 Finanzierung der Frühförderung

Insgesamt wurden im Jahr 2000 insgesamt rund 646 Mio. € für heilpädagogische Leistungen an Kindern ausgegeben. Davon wurden knapp 170 Mio € von örtlichen Trägern übernommen und 476,5 Mio. € von überörtlichen Trägern. Im Vergleich dazu waren es im Jahr 2006 fast 878 Mio. €, die sich mit 304,5 Mio. € auf die örtlichen Träger und etwas mehr als 573 Mio. € auf die überörtlichen Träger verteilen.[68] Damit haben sich die Ausgaben der Sozialhilfeträger von 2000 bis 2006 um 35,9% gesteigert. Der starke Anstieg von 79% Mehrausgaben bei den örtlichen Trägern und 20,4% bei den überörtlichen Trägern ist laut ISG zum Teil auf die Verlagerung der Zuständigkeit von den überörtlichen auf die örtlichen Sozialhilfeträger zurückzuführen. (vgl. ISG 2008, S. 17). Die Ausgaben der gesetzlichen Krankenkassen für Leistungen zur Früherkennung und Frühförderung stiegen von 74,4 Mio. € im Jahr 2000 bis auf 141,2 Mio. € im Jahr 2006. Das ist eine Zunahme von 87,2%. (vgl. ebd., 18)

92% der Frühfördereinrichtungen, die an der ISG-Studie teilgenommen haben, rechnen ihre Leistungen mit dem örtlichen Sozialhilfeträger ab. Davon verrechnen 48% der an der Umfrage beteiligten Frühförderstellen ihre Leistungen vollständig und 44% nur anteilig mit dem örtlichen Sozialhilfeträger ab. Dem gegenüber rechnen 41% der befragten Frühförderstellen ihre Leistungen nur anteilig mit den Krankenkassen ab. 10% der Frühförderstellen verrechnen ihre Leistungen anteilig auch mit dem örtlichen Jugendhilfeträger. Mit dem überört-

---

68 Unter dem Begriff der „überörtlichen Träger" sind je nach Landesrecht entweder die Länder oder höhere Kommunalverbände zusammengefasst. „Örtliche Träger" der Sozialhilfe sind die kreisfreien Städte und Kreise.

lichen Sozialhilfeträger rechnen 16% der befragten Frühförderstellen ihre Leistungen ab, im Einzelnen sind das 7% der Frühförderstellen, die ihre Leistungen vollständig abrechnen und 9% anteilig. (vgl. ISG 2008, 66)

Ebenso gibt es deutliche Unterschiede in der Beteiligung der Leistungsträger von Bundesland zu Bundesland. Während im Saarland sämtliche Frühförderleistungen mit dem überörtlichen Sozialhilfeträger abgerechnet werden, werden in Bremen und Rheinland-Pfalz alle Leistungen mit dem örtlichen Sozialhilfeträger verrechnet. In Hamburg, Hessen und Sachsen übernimmt die örtliche Jugendhilfe beispielsweise keine Kosten der entstehenden Leistungen der Frühförderstellen (vgl. ISG 2008, 67)

Insgesamt ist die Ausgestaltung der Komplexleistung nach den Vorgaben der FrühV allenfalls halbherzig erfolgt. Nicht nur die große zeitliche Verzögerung, auch die fehlende Aufnahme fachlicher Ansätze und die z. T. dreiste Nicht-Umsetzung gesetzlicher Vorgaben (z. B. der Finanzierung aus einer Hand) lassen den Eindruck entstehen, dass die Rehabilitationsträger an einer Verbesserung der fachlichen Angebote kein Interesse haben. Müller-Fehling spricht in diesem Fall von einem Vertrauensverlust von Eltern, die gezielt nach Alternativangeboten suchen. Er sieht die Hauptgründe hierfür in der Nichtumsetzung einer alltagsorientierten Frühförderung und wesentlichen fachlicher Grundlagen. Im Einzelfall wird auch eine Engstirnigkeit und Bequemlichkeit der Fachpersonen gesehen, die primäre Ursache liege jedoch darin, dass der konzeptionelle Wandel kein Pendant in Struktur finde:

„Anstatt sich auf eine vernünftige Kostenteilung zu verständigen, achten alle Seiten peinlich darauf, nicht Leistungen anderer Kostenträger übernehmen zu müssen. Die Einbeziehung der Familie muss häufig genug hinter Fördermaßnahmen am Kind versteckt werden, damit das ausführliche Gespräch mit den Eltern zur abrechnungsfähigen Leistung wird. In den Behandlungszeiten vieler Einrichtungen ist weder Zeit für das Gespräch mit den Eltern noch für den Austausch mit anderen Fachdisziplinen vorgesehen. Interdisziplinäre Arbeitsansätze können dort, wo die Lücken nicht durch Landeszuschüsse gefüllt werden, selten realisiert werden" (Müller-Fehling 2004, 24f).

Die primäre Antwort der kommunalen Rehabilitationsträger auf die hohen Steigerungsraten des Bedarfs an pädagogischer Frühförderung und deren Kosten liegt in der Deckelung und Eingrenzung von Ressourcen der einzelnen Betreuungen. Damit einher geht – allen wissenschaftlichen Erkenntnissen zum Trotz – auch die Reduzierung von familienorientierten Arbeitsansätzen, insbesondere in Form der Zeitbudgets für die einzelnen Familien und der *mobilen* Frühförderungen. Insbesondere aus Bayern, aber auch aus anderen Bundesländern, erhalten wir in den letzten zwei Jahren Daten, wonach eine mobile Hausfrühförderung, die seit den Empfehlungen des Deutschen Bildungsrats 1973 Kernbestandteil des Frühförderangebots war, zunehmend erschwert und in Frage gestellt wird.

5 Konzepte der Frühförderung

Die Ausgestaltung der fachlichen Angebote einer Frühförderung wird geprägt von ihren rechtlichen Grundlagen und ihrer administrativen Umsetzung. Diese sollte die fachlichen Anforderungen an ein modernes Hilfeangebot widerspiegeln und die Grundlage dafür legen, dass einem gesellschaftlichen Hilfebedarf durch effektive und kompetente Angebote Rechnung getragen wird. Haben sich nun in der Frühförderung die Indikationen in ihrem Schwerpunkt von ehemals klassischen Behinderungsformen auf zunehmende Folgeerscheinungen kindlicher Entwicklungsrisiken mit einem starken umfeldbedingten Einfluss verlagert, müssen auch die Konzepte der entsprechenden Hilfeangebote dieser Entwicklung Rechnung tragen. Es bietet sich an, die Frühförderung in sechs verschiedene Aufgabenfelder zu differenzieren.

5.1 Früherkennung

Angesichts der dramatischen Steigerung von diagnostizierten kindlichen Entwicklungsauffälligkeiten und -risiken wird sowohl aus wissenschaftlicher als auch aus politischer Sicht ein dringender Handlungsbedarf gesehen. Primär wäre dieser Handlungsbedarf im Bereich der *Prävention* zu verorten. Indem es gelänge, die Ursachen der steigenden kindlichen Entwicklungsauffälligkeiten zu analysieren und ihnen erfolgreich entgegen zu wirken, wäre dies die effektivste Art und Weise, den Bedarf an Frühförderung zu vermeiden oder zu reduzieren (primäre Prävention). Angesichts der vielfältigen Ursachen verbunden mit allgemeinen – ökonomisch ausdrücklich gewollten – Veränderungen in der Gesellschaft ist eine Entwicklung hierzu – trotz der Verankerung eines Präventionsauftrages im SGB IX – bislang nur in Ansätzen absehbar. Demzufolge richtet sich der Blick auf eine Verbesserung des frühen Erkennens von Entwicklungsauffälligkeiten (sekundäre Prävention), um möglichst effektiv durch Hilfemaßnahmen entgegenwirken zu können. Somit rückt die *Früherkennung* als erstes Aufgabenfeld der Frühförderung in den Mittelpunkt.

Im Mittelpunkt der politischen Bemühungen um eine bessere Früherkennung kindlicher Entwicklungsauffälligkeiten steht hierbei das individuelle Früherkennungssystem, das heißt es werden nicht bestimmte Risikogruppen genauer untersucht, sondern die Systeme werden so konzipiert, dass bei jedem einzelnen Kind nach Entwicklungsauffälligkeiten gesucht wird, um entsprechende Hilfen anzubieten.

Während in der DDR die Früherkennungssysteme zielgerichtet versuchten, alle Kinder zu einem möglichst frühen Zeitpunkt auf Entwicklungsstörungen hin zu untersuchen (und dies durch die fast durchgängige frühe Aufnahme in eine Kinderkrippe in der Regel bereits im ersten Lebensjahr möglich wurde), zielt die Bundesrepublik auf eine hohe Eigenverantwortung und Autonomie der Eltern: Es liegt an ihnen, ob sie Systeme einer Früherkennung in Anspruch nehmen oder meiden. Ein fachlicher Ansatz, der nun gezielte als Risikogruppen erkannte Populationen fokussiert, um diese auf kindliche Entwicklungsstörungen zu untersuchen, führt gleichzeitig zu einer stigmatisierenden Selektion: Mit der Fokussierung wird suggeriert, die Eltern dieser Risikogruppe (z. B. Familien, die unterhalb der Armutsgrenze leben) könnten den Erziehungs- und Versorgungsansprüchen einer Gesellschaft nicht mehr in ausreichendem Maße gerecht werden. Entsprechend wären subjektive Gegenstrategien der stigmatisierten Population wie Rückzug und Vermeidungsverhalten zu erwarten.

Fallbeispiel 5: Risikogruppenbezogene Früherkennung

Im Jahr 2001 wurde in der kreisfreien Stadt Neubrandenburg als der drittgrößten Stadt Mecklenburg-Vorpommerns ein Modell (Modellphase bis 2005) eingeführt, bei dem Familien mit kleinen Kindern, die einen Antrag auf Hilfe zum Lebensunterhalt stellten, gezielt eine weitere Begleitung durch einen sozialpädagogischen Dienst angeboten wurde. Das Projekt unter dem Titel „Die frühestmögliche Erfassung und Förderung von Kindern im Alter von 0 bis 7 Jahren, insbesondere aus sozial benachteiligten Familien, mit dem Ziel der Verminderung der Chancenungleichheit zum Zeitpunkt der ärztlichen Schuleingangsuntersuchung" hatte zum Ziel, die Bildungschancen für Kinder, besonders aus Familien mit geringem sozio-ökonomischen Status, zu verbessern.

Hintergrund waren in Neubrandenburg besonders dramatische Steigerungsraten bei den Sonderschulaufnahmen: Laut der Konzeption des städtischen Modells stieg die Rate der Kinder, die zum Zeitpunkt der Einschulung mit sonderpädagogischem Förderbedarf an eine Sonderschule vermittelt wurden, in den 1990er Jahren von 2% im Schuljahr 1990/91 auf das Sechsfache im Schuljahr 2000/01 (vgl. Kap. 3.3.3.4, Tab. 6). Weitere Evaluierungen ergaben (vgl. Sohns 2005), dass diese in die Förderschule eingewiesenen Kinder vorwiegend aus einem sozial benachteiligten Umfeld stammten und zum großen Teil zuvor nicht durch Frühfördereinrichtungen betreut wurden.

Entsprechend suchten Vertreter aus Politik und Verwaltung der Stadt Neubrandenburg – bereits vor der allgemeinen Diskussion um Bildung in Kindertagesstätten infolge der PISA-Studie – nach Konzepten, dem vermuteten Zusammenhang zwischen Armut und geringeren Bildungschancen gezielt entgegen zu wirken und neue Wege einer Verbesserung der Chancengleichheit aufzuzeigen. Hierzu wurde in einem städtischen Modellprojekt ein „Mobiler sozialpädagogischer Dienst" (MSPD) geschaffen, der wohnortnah bedürftigen Familien zur Verfügung stehen sollte.

Die Vermittlung zu diesem MSPD erfolgte primär durch die „Auswegberater", die Sachbearbeiter des Sozialamtes, die die Anträge annehmen und persönlich mit den

Antragstellern sprechen. Diese befragten Antrag stellende Familien mit kleinen Kindern, ob sie einem Besuch durch den MSPD zustimmen.

Ursprünglich war geplant, diesen Familien einen „Schnupperkurs" anzubieten, der ambulant in Räumlichkeiten des Jugendamtes stattfinden sollte. Erste Erfahrungen mit Stadtteiltreffs in sozialen Brennpunkten zeigten jedoch, dass dort sehr wohl Familien vor Ort engagiert an solchen Treffen mitwirkten, dass jedoch genau die Familien, bei deren Kindern besondere Entwicklungsrisiken vermutet wurden und auf die das Projekt ausdrücklich abzielte, allenfalls sporadisch durch solche Initiativen erreicht werden konnten. Entsprechend wurden die geplanten Schnupperkurse durch Hausbesuche des MSPD ersetzt. Spätere Befragungen der aufgesuchten Familien ergaben (Sohns 2005), dass die überwiegende Mehrzahl der Familien (ca. 90%), die einem solchen Besuch zustimmten und eine Schweigepflichtsentbindung unterschrieben, sich dessen später nicht mehr bewusst war. Sie hätten an diesem Tag im Zuge der Antragstellung auf Sozialhilfe so viele Formulare unterschrieben und ihr Geld haben wollen, da hätten sie keinen genauen Überblick gehabt. Ebenso nahmen die Familien nicht wahr, dass der MSPD eine Organisation des Jugendamtes war. Dies wurde ihnen weder von den Auswegberatern noch von den SozialarbeiterInnen des MSPD mitgeteilt. Im Gegenteil betonten die Eltern, bei Problemen mit dem Jugendamt würden die Mitarbeiterinnen des MSPD diesen „ordentlich die Meinung sagen" (Sohns 2005, 11).

Bestanden anfangs bei den Familien noch Ressentiments bezüglich eines externen Dienstes, dessen MitarbeiterInnen sich plötzlich zu einem Hausbesuch ankündigten, so ergaben die späteren Evaluierungen fast durchgängig, dass diese Zurückhaltung aufgegeben wurde. Vielmehr gelang es dem Dienst, sich als willkommener Ansprechpartner für soziale Probleme innerhalb der sozialen Brennpunkte schnell zu etablieren. Neben der Vermittlung durch das Sozialamt stieg die Zahl derer schnell an, die sich aus Eigeninitiative an den Dienst mit der Bitte um Beratung wandten. Entsprechend kam es auch zu deutlichen Veränderungen der Arbeitsweise. Die ursprüngliche Konzeption, die primär darauf zielte, Kinder mit Entwicklungsauffälligkeiten an die regionale Frühförderstelle weiter zu vermitteln, geriet im Laufe des Modellprojektes in den Hintergrund. Unabhängig von weiteren Abweichungen von der ursprünglichen Konzeption (vgl. Sohns 2005) übernahm der Dienst zunehmend die Funktion einer klassischen aufsuchenden Sozialarbeit. Dabei nahm die Zahl der Nachfragen kontinuierlich zu: Die Zahl der Kinder bis zu sieben Jahren, die auf „Hilfe zum Lebensunterhalt" angewiesen waren, stieg im Zeitraum von 1994 bis 2000 um 124% (von 313 auf 702), die der unter 7-Jährigen sogar gegenüber den Gleichaltrigen, die keiner Sozialhilfe bedürfen, um mehr als das Dreifache (von 6,2% auf 21,8%) (vgl. Sohns 2005). In den dreieinhalb Jahren des Modellprojektes haben die (zeitweise zwei, zeitweise eine) Sozialarbeiterinnen über 400 Familien besucht, mit stetig steigender Tendenz.

Eine spätere Aktenauswertung durch die Fachhochschule Neubrandenburg ergab, dass bei 81% der ausgewerteten Akten die Kinder bei alleinerziehenden Müttern lebten, bis auf eine Ausnahme waren alles deutsche Mütter, nur eine der Alleinerziehenden war geschieden, alle anderen waren nie verheiratet. In der Mehrzahl der befragten Familien besuchten die (älteren) Kinder im Schulalter die Sonderschule (vgl. Sohns 2005, 10).

Abweichend von der ursprünglichen Konzeption spielten Fragen zur besseren Förderung der Kinder bei den Wünschen der Familie nur eine untergeordnete Rolle. Im Mittelpunkt der Bedürfnisse der Familien standen soziale Probleme. Auffallend war das große Vertrauensverhältnis zu den (bzw. der) der MitarbeiterInnen. Meist wird ein großes Misstrauen zu Beginn geschildert (vor allem gegenüber Behörden), das jedoch fast durchgängig nach kurzem Kontakt abgebaut wurde.

Dies verdeutlicht, wie groß im Rahmen von Modellen der Früherkennung die Abhängigkeit von der Qualifikation und der subjektiv wahrgenommenen Erscheinung der ausführenden Fachkräfte ist. In dem sensiblen Feld der Arbeit mit Familien in sozialer Benachteiligung ist ein Vertrauensverhältnis von zentraler Bedeutung. Gleichzeitig gibt es eine traditionell große Distanz zu Behörden. Ein soziales Beratungsangebot, das auch innerfamiliäre Prozesse zu seinem Fokus macht, muss sich zumeist über lange Zeiträume erst ein Vertrauensverhältnis in den entsprechenden Sozialräumen erarbeiten.

Aus Sicht der Stadt Neubrandenburg war der MSPD so erfolgreich, dass er auch nach Ende des Modellversuches aus städtischen Mitteln weitergeführt wird. Geändert werden musste jedoch die Überweisungspraxis: Mit der Einführung von Hartz IV am 01.01.2005 wechselte die Zuständigkeit für den größten Teil der Anträge auf Hilfen zum Lebensunterhalt von der örtlichen Sozialämtern zu den Sozialagenturen der ARGE. Von Seiten dieser Einrichtungen war jedoch kein Interesse vorhanden, eine Vermittlung aller Familien mit kleinen Kindern an den mobilen sozialpädagogischen Dienst einzuleiten. Entsprechend beruht die Zuweisung zu dem Dienst heute lediglich auf kooperierenden Institutionen und primär auf einer stadtteilbezogenen Mund-zu-Mund-Propaganda.

Der allgemeine fachliche und administrative Ansatz der Früherkennung in der Bundesrepublik zielt in der Regel nicht auf solche gruppenspezifischen Früherkennungsmodelle. Er stellt ein Erfassungs- und Kontrollsystem in den Mittelpunkt, das jeweils auf die einzelnen Kinder und Familien abzielt.

5.1.1 Ärztliche Vorsorgeuntersuchungen

Das etablierteste System der Früherkennung ist das 1971 eingeführte System der ärztlichen Vorsorgeuntersuchungen (inzwischen U1–U9). Es ist ein freiwilliges Konzept eines Screeningverfahrens (vgl. Kapitel 2.2), das als Kontrollinstrument selektiert in eine unbedenkliche Entwicklung des Kindes oder in einen weiteren Diagnostikbedarf. Sowohl im Bereich der klassischen Früherkennung von Entwicklungsauffälligkeiten als auch als Erfassungsinstruments im Zuge eines sogenannten „Frühwarnsystems" zur Erfassung vor Misshandlung und Vernachlässigung werden die ärztlichen Vorsorgeuntersuchungen von politischer Seite in den

Mittelpunkt gestellt: Durch eine Forcierung der Wahrname der ärztlichen Vorsorgeuntersuchung soll sichergestellt werden, dass mögliche Entwicklungsgefährdungen frühzeitig erkannt werden und damit die Möglichkeit zu Gegenmaßnahmen besteht.

Unabhängig davon, dass selbst die Ärzteverbände sich gegen diese Rolle wehren und proklamieren, dass sie im Zuge der Vorsorgeuntersuchungen hierzu nicht in der Lage sind, erscheint dieser Ansatz politisch wünschenswert: Es muss kein neues System etabliert werden, es entstehen kaum zusätzliche Mehrkosten, und schließlich obliegt die Übernahme der Kosten nicht einmal dem Steuerzahler, sondern dem Versicherungssystem der Krankenkassen. Andererseits erscheint das Instrument der Vorsorgeuntersuchungen den politischen Entscheidungsträgern so bedeutsam, dass sie ein umfangreiches Kontrollsystem zu dessen Wahrname einführen. Alle Bundesländer haben eingeführt oder angekündigt, die Wahrname der Vorsorgeuntersuchungen zu einer Pflichtleistung zu machen, die ordnungspolitisch durchgesetzt werden kann. Kommen Eltern dieser Pflichtleistung nicht nach, werden sie entsprechend registriert und in der Regel mit weiterführenden Kontrollmaßnahmen konfrontiert.

Unabhängig von dem großen *verwaltungstechnischen Aufwand*, der mit der Durchsetzung der gesetzlichen Verpflichtung zur Wahrname der Vorsorgeuntersuchungen einhergeht, muss nicht nur aus ärztlicher (s. o.), sondern auch aus Sicht der Frühförderung unter den gegebenen Bedingungen die Effektivität dieser Vorsorgeuntersuchungen im Verhältnis zu den an sie gestellten Ansprüchen bezweifelt werden. Von Fachpersonen der Frühförderung wird seit Jahrzehnten kritisiert, dass eine Vielzahl der Kinder, die kurz vor der Einschulung (zum Teil erst durch die amtsärztlichen Einschulungsuntersuchungen) an die Frühförderstellen vermittelt werden, bereits seit Jahren deutliche Entwicklungsauffälligkeiten zeigen und keine Hilfeleistungen erhalten haben, obwohl alle Vorsorgeuntersuchungen ordnungsgemäß durchlaufen wurden. Dies ist insofern auch nicht verwunderlich, als den Ärzten für solche Untersuchungen nur ein sehr begrenzter Zeitraum mit engem finanziellen Rahmen zur Verfügung steht, innerhalb dessen eine genaue Diagnostik nicht möglich ist. Gänzlich fehlt den Ärzten die Möglichkeit, den familiären Rahmen des kindlichen Lebensalltages in die Diagnostik mit einzubeziehen. Kooperationsstrukturen mit anderen Diensten sind im Zuge dieser Untersuchungen nicht vorgesehen und werden auch so gut wie nie praktiziert. Insgesamt ist es nicht verwunderlich, dass aus Sicht der Frühförderung die Vorsorgeuntersuchungen kein zentrales Instrument der Früherkennung darstellen. Untersuchungen weisen aus, dass beispielsweise die Vermittlung an Frühförderstellen durch Kindertagesstätten fast so hoch (Sohns 2000a, 265f) oder ungleich höher (Sohns 2001, 13) ist als durch alle ärztlichen Systeme zusammen. Um dem an diese Vorsorgeuntersuchungen gestellten politischen Anspruch gerecht werden, müssten die Möglichkeiten der Ärzte zur Durchführung der Untersuchungen und zur Kooperation mit weiteren (mobilen) Diensten intensiviert werden.

5.1.2 Präventiver Früherkennungsansatz

Ausgehend von der Erkenntnis, dass sich Familienstrukturen und kindliche Lebenswelten in den letzten dreißig Jahren gravierend verändert haben (vgl. Kapitel 3.3.3.1), zeichnen sich aktuelle gesellschaftliche Strukturen durch ein hohes Maß an Individualisierung aus. Es muss nicht verwundern, dass gerade im Zusammenhang mit weiteren gesellschaftlichen Risikofaktoren dies bei zahlreichen Familien zu einer vermehrten Isolierung führt. Beides führt dazu, dass ökologisches, ökonomisches und soziales Kapital (vgl. 3.2.3) verloren gegangen ist. Entsprechend reduziert haben sich bei vielen Kindern die Möglichkeit motorischer und sozialer Erfahrungen, oftmals auch die Möglichkeit einer (begleiteten) Verantwortungsübernahme.

Präventive Ansätze zielen darauf ab, gerade für junge Familien mit kleinen Kindern ein Klima von gemeinsamen Treffpunkten mit Kindern zu stärken. Hierzu bieten sich überschaubare Sozialräume an, in denen bspw. Familienzentren offene Angebote machen, die auch Elemente einer offenen Kinderbetreuung und einer möglichen Beratung von Eltern beinhalten (vgl. Kap. 6.4). Dies kann ein wesentlicher Baustein zur Integration der Kinder und der Familien insgesamt in sich neu bildende soziale Netzwerke darstellen. Gleichzeitig kann es die Familie in ihrer zunehmenden Belastungssituation im Zuge der multivariablen Aufgabestellungen darstellen. Dabei wäre es von Bedeutung, dass solche offenen Anlaufstellen und Treffpunkte offen für alle Familien mit Kinder ab dem ersten Lebenstag sind.

5.1.3 Die Frühförderstelle als offene Anlaufstelle

Der Zugang zu einer Betreuung durch eine mobile Frühförderstelle ist in Deutschland überwiegend dadurch erschwert, dass die Rehabilitationsträger auf obligatorischen Antrags- und Überprüfungsverfahren bestehen, bevor die Familien eine Hilfestellung durch eine Bezugsperson erhalten können. Die damit verbundenen Hemmschwellen der Inanspruchnahme und die damit einhergehenden (subjektiv empfundenen) Stigmatisierungstendenzen für die Familien sind in der Literatur hinlänglich beschrieben (Engelbert 1999, 57ff, Sohns 2000a, 56ff). Sie indizieren einen Bedarf nach einem Erstgespräch als offenes Beratungsangebot unabhängig von administrativen Vorleistungen (Thurmair/Naggl 2007, 40).

Die Politik hat dieses Angebot inzwischen aufgenommen und im Zuge der Ausgestaltung des SGB IX vorgegeben (§ 3 FrühV, vgl. Kapitel 2.7.4). Die Rehabilitationsträger tun sich indes überwiegend schwer, dieses gesetzliche Gebot vor Ort in die Praxis umzusetzen. Der weitaus größte Teil der deutschen Kommunen hält nach wie vor an einem Eingangsverfahren fest, wonach zunächst eine amtsärztliche Überprüfung als Routine erfolgen muss, bevor eine Bewilligung der Frühförderleistung ausgesprochen wird.

Günstig wirkt sich in diesem Fall aus, dass das SGB IX die gemeinsame Abstimmung der kommunalen Rehabilitationsträger mit den Krankenkassen vorgegeben hat. Die Krankenkassen finanzieren im Gegensatz zu den Kommunen traditionell ein offenes Zugangssystem: Um eine ärztliche Behandlung zu erhalten, muss man nicht vorher von einem Kontrollgremium überprüfen lassen, ob man auch wirklich krank ist, bevor der Arzt aufgesucht werden darf. Insofern haben die Krankenkassen ein weitaus geringeres Problem damit, für bedürftige Familien, die sich unsicher sind, ob sich ihr Kind richtig entwickelt, ein offenes Zugangssystem zu gewährleisten. Dort, wo Krankenversicherungen und Kommunen im Zuge der Ausgestaltung des SGB IX neue Konzepte entstehen ließen, sind denn auch zumeist offene Zugangsformen aufgenommen worden.

Die pragmatische Ausgestaltung einer offenen Anlaufstelle ist zumeist bürokratisch geregelt. Den Frühfördereinrichtungen steht ein eng vorgegebenes Zeitkontingent zur Verfügung (z. B. 1,5 Std.), innerhalb dessen die Fachpersonen der Frühförderung sich ein Bild von dem Kind machen, die Eltern ausführlich beraten und danach entscheiden sollen, ob bei diesem Kind eine Indikation zum Einleiten einer Komplexleistung vorliegt (vgl. Kap. 4.6.3).[69]

Mit den bürokratischen Aufnahmeverfahren wird der Möglichkeit einer Früherkennung kindlicher Entwicklungsrisiken in erheblichem Maße entgegen gewirkt. Nur wenn Eltern offen und unverbindlich von kompetenten und einfühlsamen Fachpersonen aufgenommen werden und sich mit ihren Sorgen angenommen fühlen, werden sie ihre subjektiven Hemmschwellen, ihr Kind fremden Fachpersonen zu präsentieren, überwinden. Entsprechend müssen offene Anlaufstellen eine feste Ansprechpartner ohne Wartezeiten bereit halten, andererseits muss ihr fachliches Angebot in ein Gesamtkonzept eingebettet werden, in dem bei Bedarf in Absprache mit den Eltern zeitnah weitere kompetente Fachpersonen hinzugezogen werden können.

Der Weg zu einem solchen abgestimmten kollegialen Gesamtkonzept ist noch weit. Noch immer wird die Ausgestaltung der Frühförderkonzepte bundesweit überwiegend davon gekennzeichnet, dass strukturelle Konkurrenzsysteme weiter zunehmen, Abgrenzungsversuche der einzelnen Einrichtungen dominieren und in ihren Konzepten geprägt sind von administrativem Denken und dem Versuch, für die eigene Einrichtung bei den Rehabilitationsträgern eine Lobby gegen mög-

---

69 In manchen Regionen (z. B. Thüringen) sehen die Vorgaben der Rehabilitationsträger sogar vor, dass im Rahmen eines offenen Erstgespräches die Frühförderstelle lediglich die Möglichkeit hat, die Eltern über die allgemeinen Angebote der Einrichtung zu informieren. Diese Akquisemöglichkeit für die Einrichtung hat jedoch keine Überschneidungen mit einem offenen Zugang zu einem Beratungsangebot. Es liegt die Vermutung nahe, dass die Begrenzung des offenen Zugangs auf die Möglichkeit, lediglich über die Angebote zu informieren und keinerlei diagnostischen Kontakt mit dem Kind aufzunehmen und den Eltern eine Rückmeldung geben zu können, darauf zurückzuführen ist, dass die Rehabilitationsträger sich über die finanzielle Zuständigkeit für einen solchen Erstkontakt nicht einigen konnten und daher mit dieser Begrenzung die fachliche Ausgestaltung des § 3 FrühV umgangen haben.

liche andere Einrichtungen aufzubauen. In diesem Klima, das von den Rehabilitationsträgern zum Teil bewusst gefördert wird, ist es unmöglich, kollegiale systemübergreifende Gesamtstrukturen aufzubauen, die die einzelnen Sozialräume zu abgestimmten Feldern einer guten Früherkennung werden lassen.

5.2   Die Diagnostik

Traditionell wird Diagnostik häufig gleichgesetzt mit „medizinischer Diagnostik". Dies rührt zum einen daher, dass Diagnostik als Terminus aus dem medizinischen Bereich stammt und es innerhalb der pädagogischen Fachdiskussionen bis heute umstritten ist, ob der Begriff auch für andere Disziplinen wie der Pädagogik anwendbar ist.[70] Zum anderen war die Frühförderung lange Zeit fokussiert auf kindliche Funktionsstörungen und Behinderungen, die zunächst einer klaren medizinischen Diagnose bedurften, bevor eine heilpädagogische Behandlung des Kindes indiziert wurde. Für die heutige Frühförderung ist jedoch unstrittig, dass als Grundlage für eine weitere Begleitung von Kind und Familie eine interdisziplinäre Diagnostik notwendig ist. Diese kann sich auch nicht mit einer (einmaligen) Eingangsdiagnostik begnügen, an deren Ende eine Diagnosestellung steht. Viel mehr ist Diagnostik ein permanent verlaufender Prozess, in dem alle Erkenntnisse zur kindlichen Entwicklung und zu den Einflüssen aus seiner Umwelt einfließen und fortlaufend verändert werden. Die Rehabilitationsträger haben dem dadurch Rechnung getragen, dass neben der Eingangsdiagnostik in der Regel auch eine Verlaufs- und Abschlussdiagnostik anerkannt wird. Für eine Ausgestaltung einer interdisziplinären Diagnostik erscheint es entsprechend sinnvoll, verschiede Blickwinkel zu differenzieren, die im Zuge einer Komplexleistung zu einem Gesamtbild zusammengefügt werden.

5.2.1   Medizinische Diagnostik

Auch wenn in der Frühförderung und ihren Diagnosestellungen pädagogische Fragestellungen eine zunehmend höhere Bedeutung einnehmen, bedeutet das nicht, dass die medizinische Diagnostik in den Hintergrund rücken kann. Zu groß ist die Gefahr gerade bei vermeintlich offensichtlichen sozialen und erzieherischen Hintergründen eines kindlichen Entwicklungsrisikos oder einer Auffälligkeit, medizinisch bedingte Ursachen oder Folgewirkungen bei der Erklärung der kindlichen Entwicklungsstörung zu übersehen. Entsprechend ist es auch in der

---

70 Der Autor bekennt sich hingegen als Pädagoge ausdrücklich zu der Übernahme originär medizinischer Termini wie Diagnostik oder Anamnese auch für den Bereich der pädagogischen Frühförderung.

Frühförderung der Zukunft unerlässlich, das medizinische Know-how und medizinische Diagnostiken bedarfsgerecht aber obligatorisch einzubeziehen.

Jenseits der hinlänglich bekannten Untersuchungsmethoden einer medizinischen Diagnostik stellt sich die Frage des Settings einer solchen Diagnostik. Bislang erfolgen Untersuchungen des Kindes in klassischer Form in Kliniken oder den Behandlungs- oder Untersuchungsräumen einer niedergelassenen Praxis. Dies entspricht dem allgemeinen medizinischen Status. Ungeklärt ist die Frage bezüglich einer fachlich modernen Ausgestaltung der *Komplexleistung*, inwieweit sich auch die medizinische Frühförderung in ein lebensweltorientiertes Konzept einbinden lässt. Ansätze gibt es bereits dahingehend, dass in manchen Regionen Ärzte (sowohl aus freier Praxis als auch aus Gesundheitsämtern) die Kinder in der bereits bekannten Frühförderstelle treffen. Wenig diskutiert wurde bislang die Frage, ob sie – wie die anderen Teammitglieder einer interdisziplinären Frühförderstelle – ihre Diagnostikleistungen auch in Form von Hausbesuchen durchführen können. Dies hat bislang keine Tradition und scheint auch bei der bislang erfolgten Ausgestaltung nicht vorgesehen zu sein. Allerdings gibt es durchaus gelungene Kooperationsansätze im Rahmen der Frühförderung, die im Sinne einer familienorientierten Arbeit praktikabel zu sein scheinen (vgl. Kap. 6.2).

Aus der Gesamtsicht der Frühförderung ist die medizinische Diagnostik nicht nur mit dem Ziel einer Diagnosestellung für das Kind von Bedeutung, sondern angesichts der Vielzahl von Frühförderkindern ohne klare Diagnose auch im Sinne einer Ausschlussdiagnostik. Fachkräfte der Frühförderung brauchen eine kompetente (interdisziplinäre) Beratung dahingehend, welche Einschränkungen und Risiken im Alltagsverhalten bei den Kindern aus medizinischer Sicht bedacht werden müssen und wo die Kinder unbedenklich belastbar sind. Entsprechend erscheint es notwendig, die ärztlichen Fachkräfte nicht nur im Bereich der Eingangsdiagnostik, sondern auch der Verlaufsdiagnostik kontinuierlich einbeziehen zu können.

Umgekehrt ist es auch für die ärztliche Diagnosestellung – gerade unter dem eingeschränkten Blickwinkel, wenn sie die Kinder nur in ihren Behandlungsräumen erleben – notwendig, weitere Erkenntnisse aus dem (familiären) Umfeld des Kindes in ihr Gesamtbild einfügen zu können. Entsprechend bedürfen auch die Ärzte einer diagnostischen Zuarbeit durch andere Berufsgruppen.

5.2.2 Medizinisch-therapeutische Diagnostik

Sowohl im Bereich der Eingangs- als auch der Verlaufs- und Abschlussdiagnostik ist es je nach individuellem Bedarf sinnvoll oder notwendig, auch spezifische Kompetenzen besonderer ExpertInnen in die Diagnostik einbeziehen zu können. Aus medizinisch-therapeutischer Sichtweise stehen die klassischen Therapieformen im Vordergrund, die sich primär dem Entwicklungsfeld der Motorik (Physiotherapie), Wahrnehmung (Ergotherapie) und Sprache (Logopädie) widmen. Diese Fachkräfte bringen spezifische Kompetenzen mit, die bei der diagnostischen

Begutachtung eines Kindes von besonderer Bedeutung sein können und damit die Erkenntnisse im Rahmen einer Gesamtsicht der kindlichen Entwicklung bereichern. Es gibt eine Vielzahl von methodischen Ansätzen, die hier je nach individuellem Bedarf zur Geltung kommen können. Ob im Rahmen einer Diagnostik auf diese spezifischen Kenntnisse zurückgegriffen wird, sollte im Einzelfall entschieden werden. Notwendig ist eine offene kollegiale Kooperation, bei der sich die einzelnen Fachkräfte in Absprache mit den Eltern sinnvoll ergänzen können.

5.2.3 Psychologische Diagnostik

Eine Domäne der psychologischen Berufsgruppe in der Frühförderung ist die standarisierte Testdiagnostik, wobei verschiedene Testverfahren mit unterschiedlicher Intensität angewandt werden, die Aufschluss über die kindliche Entwicklung und Entwicklungsmöglichkeiten geben sollen. Im Mittelpunkt der psychologischen Testdiagnostik stehen häufig Verfahren der Intelligenzdiagnostik. Sie sollen die kognitiven Fähigkeiten eines Kindes untersuchen, um es seinen Fähigkeiten entsprechend anregen und vor einer möglichen Überforderung schützen zu können.

Standarisierte Messverfahren insbesondere im Bereich der Intelligenz sind in den letzten Jahrzehnten immer wieder einerseits kritisiert worden, weil sie teilweise zur wesentlichen bzw. alleinigen Grundlage einer Diagnostik gemacht wurden. Hintergrund war die vermeintliche wissenschaftliche Absicherung durch empirische Verfahren, die suggerierte, Intelligenz ließe sich mit unabhängigen Variablen valide testen. Diese im Zuge des Behaviorismus in den 1950er bis 1970er Jahren zum zentralen Ansatz auch weiter Teile der sozialwissenschaftlichen Forschung gewordenen empirischen Messverfahren führten bspw. noch in den 1970er Jahren dazu, dass Kinder im Rahmen des Einschulungsverfahrens nach einer einmaligen Testdiagnostik entsprechend des dort festgestellten Intelligenzquotienten (IQ) auf unterschiedliche Schulformen verteilt wurden. In Folge massiver Kritik sowohl an der Durchführung des Testverfahrens (steril-neutrales Setting der Tester) als auch an deren Bedeutung (Kategorisierung als lern- oder geistig behindert auf Grund eines einmaligen Tests) hat sich die Bedeutung von standarisierten Testsverfahren heute relativiert. Gleichwohl sind sie ein wesentliches und aufschlussreiches Element im Rahmen einer Gesamtdiagnostik, die für die Frühförderung wertvolle und aufschlussreiche Indizien über die (möglichen) Fähigkeiten eines Kindes geben können.

Im Sinne familienorientierter Hilfeangebote der Frühförderung ist es auch notwendig, psychologische Komponenten z. B. bezüglich innerfamiliärer Dynamiken aufzunehmen und beratende und begleitende Angebote zur Aufarbeitung solcher Dynamiken und Spannungsfelder machen zu können. Im Sinne eines transdisziplinären Arbeitens ist es auch sinnvoll, Bezugspersonen der Frühförderfamilien bezüglich innerfamiliärer Konstellationen beraten und anleiten zu können. Insofern ist die psychologische Berufsgruppe ein wesentliches Standbein einer interdisziplinären Frühförderung. Als hochqualifizierte Disziplin mit entsprechenden Einkommensansprüchen fallen Psychologen häufig Sparbemühungen der Rehabilitationsträger zum Opfer, die sich für dieses spezifische Aufgabenfeld (ohne verbindliche Finanzierungsgrundlage) nicht zuständig fühlen. Hinzu kommt bei psychologischen Fachpersonen eine Tradition des ambulanten statt des mobilen Arbeitens. Psychologen nehmen damit auch innerhalb der Frühförderung oftmals eine Sonderrolle ein. Auch in anderen Einrichtungen, in denen sie weitgehend etabliert sind (z. B. Kinder- und Jugendpsychiatrie, Erziehungsberatung), beschränken sie sich fast durchgängig auf eine ambulante Arbeitweise. Damit werden auch institutionsübergreifende Kooperationen, nach denen eine Erziehungsberatungsstelle bspw. dem Team der Frühförderung für Fallbesprechungen psychologische Fachkräfte zur Verfügung stellt, nur selten praktiziert.

Um innerfamiliäre Krisensituationen und Beziehungskonstellationen erkennen und interpretieren zu können, bedarf es jedoch häufig des Einblicks in die familiäre Situation vor Ort. Diese diagnostischen Erkenntnisse sind wesentlich detaillierter und aufschlussreicher als dies in einer ambulanten Gesprächssituation möglich ist. Auch zur Beratung und zur Diagnostik einzelner Kinder in Kindertagesstätten könnten psychologische Fachkräfte in institutionsübergreifenden Konzepten sehr gewinnbringende neue Akzente setzen.

5.2.4 Pädagogische Diagnostik

Schwerpunkt einer pädagogischen Diagnostik ist es, die Entwicklung eines Kindes in seinen Zusammenhängen zu erkennen, insbesondere bezüglich seiner Exploration, Kommunikation und seinem Umgang mit seinem unmittelbaren Lebensumfeld. Dies beginnt bereits in den ersten Lebenstagen (Wahrnahme und Reaktion auf die Umwelt, gegenseitiges kommunikatives Verhalten mit seinen Bezugspersonen etc.) und differenziert sich mit zunehmendem Alter immer stärker aus. Um ein Kind aus diesen verschiedenen Blickwinkeln verstehen zu lernen, bedarf es einer ausführlichen *Anamnese*. Diese beinhaltet auch bei Bedarf die medizinische Biographie und psychologische Erkenntnisse, des Weiteren medizinisch-therapeutische Blickwinkel, die sich eher der Motorik, Wahrnehmung und Sprache widmen. Der pädagogische Blickwinkel konzentriert sich jedoch verstärkt auf den Schwerpunkt des Alltages und das Umfeld des Kindes. Wenn die Ansprüche der FrühV ernst genommen werden, müssen gerade hier für die Fachpersonen besondere Ressourcen entstehen.

Fallbeispiel 6: Lukas, Allgemeine Entwicklungsverzögerung

Frau Winkowski, Sozialpädagogin einer pädagogischen Frühförderstelle, erhält während ihrer Bürozeit einen Anruf von Frau Hellmers. Diese ist Sachbearbeiterin beim örtlichen Sozialamt und Frau Winkowski aus zahlreichen Antragsverfahren im Rahmen der „Hilfen zur Teilhabe" bekannt. Ihr Anliegen ist es, den knapp 5-jährigen Lukas Kosch in der Frühförderstelle anzumelden. Lukas sei sehr auffällig, halte sich an keine Regeln und spreche kaum. Sie habe ihn heute mit seiner Mutter im Sozialamt im Zuge einer Antragstellung kennen gelernt und sei der Auffassung, hier müsse dringend und sofort etwas geschehen. Auf den Einwand von Frau Winkowski, das seine Anmeldung zur Frühförderung nicht durch das Sozialamt, sondern durch die Eltern erfolgen müsse, erwidert Frau Hellmers, dies sei kein Problem. Frau Kosch sei gerade in ihrem Büro und habe einer Anmeldung zugestimmt. Frau Winkowski möchte kurz mit Frau Kosch sprechen. Bei dem kurzen Telefonat bestätigt die Mutter, dass sie dem Vorschlag von Frau Hellmers auf „Frühförderung" zustimme. Frau Winkowski lässt sich die Adresse geben und bietet für die kommende Woche einen Hausbesuchstermin an. Dem stimmt Frau Kosch zu.

Die Wohnung, in der Frau Kosch mit ihren beiden Söhnen Maik (12 Jahre) und Lukas (4 Jahre) als alleinerziehende Mutter wohnt, befindet sich in einer abgelegenen Wohngegend in einem großen Mietshaus, das zum Abbruch vorgesehen ist und in dem nur noch zwei von zweiunddreißig Wohnungen bewohnt sind. In den übrigen Wohnungen sind zum größten Teil die Scheiben eingeworfen, das Umfeld wirkt innerhalb und in unmittelbarer Umgebung des Hauses verlassen und gespenstisch. Zu besagtem Termin erscheint Frau Winkowski pünktlich. Sie wird von Frau Kosch an der Wohnungstür erwartet. Konnte Frau Winkowski mit dem Namen der Mutter und des Kindes keine Verbindung herstellen, so ist ihr Frau Kosch aus dem allgemeinen Stadtbild der Kreisstadt bekannt, da sie oftmals am Marktplatz mit Anderen – zum Teil Obdachlosen – auffällt. Sie scheint dort einen Großteil ihres Tages zu verbringen. Die Wohnung befindet in einem verwahrlosten Zustand. Zum Teil sind aus dem Sofa die Polster herausgerissen, beim Betreten des Teppichs bilden sich kleine Staubwolken. Frau Kosch verweist sofort auf Lukas, der sich im Wohnzimmer hinter einem alten Sessel versteckt hält. Frau Winkowski versucht sich ihm zu nähern, um ihn zu begrüßen. Er geht hierauf nicht näher ein, stammelt einige unverständliche Laute und läuft weg, als Frau Winkowski sich ihm nähern will. Als sie ihn mit einem mitgebrachten Spiel locken will, das sie auf einem Sessel ausbreitet (auf dem Fußboden oder dem Teppich möchte sie die Spielmaterialen nicht ablegen), stürmt er kurz herbei, reißt ihr die Spielmaterialen aus der Hand und wirft sie quer durch das Wohnzimmer. Frau Winkowski beschließt nach kurzer Zeit, dass unter diesen Bedingungen eine Spielsituation nicht herzustellen ist. Sie klärt mit der Mutter einige Formalien bezüglich der Antragstellung zur Frühförderung und fragt hierbei auch, ob Lukas den Kindergarten besuche. Dies verneint Frau Kosch, die auf Frau Winkowski den Eindruck einer Frau mit einer starken Lernbehinderung oder gar geistigen Behinderung macht. Als Frau Winkowski anbietet, sich angesichts der im kommenden Jahr anstehenden Einschulung von Lukas um einen Kindergartenplatz zu kümmern, wird dies von der Mutter befürwortet. Als sie fragt, ob denn auch andere „Maßnahmen" für die Kinder laufen, wird dies ebenfalls verneint. Frau Kosch hat aber offenbar auch keine Probleme damit, dass sich Frau Winkowski an das Jugendamt wenden will, um auch dort gegebenenfalls weitere Hilfen (sozialpädagogische Familienhilfe) in die Wege zu leiten.

In den Folgetagen bemüht sich Frau Winkowski, durch Gespräche in mehreren Kindergärten zu erreichen, dass Lukas kurzfristig in eine Kita aufgenommen wird. In der Kindertagesstätte in der Nachbarstraße des Wohnhauses von Familie Kosch ist Lukas bekannt. „Der streunt hier öfter herum. Wir sehen ihn, wie er nachmittags auf der Straße oder auf dem verlassenen Industriegelände dort drüben spielt. Wir haben ihn auch schon mehrfach im Straßengraben gefunden. Dort legt er sich offenbar schlafen, wenn er tagsüber müde wird." Einen Kita-Platz kann oder will der kommunale Kita-Träger Lukas jedoch nicht anbieten. Schließlich kann Frau Winkowski eine kirchliche Tagesstätte „überreden", Lukas vorrübergehend für die nächsten drei Monate aufzunehmen.

Bei einer Rücksprache mit Frau Hellmers äußert Frau Winkowski das Anliegen, dass für Lukas ein Integrationsplatz zur Verfügung gestellt wird. Den lehnt Frau Hellmers jedoch mit der Begründung ab, erstens sei so schnell kein Integrationsplatz zu schaffen, damit müsse bis nach den Sommerferien gewartet werden. Zweitens sei ein Integrationsplatz nicht sinnvoll, da dann die Frühförderung ja nicht mehr kommen könne. Diese sei jedoch zur Familienbetreuung notwendig. Frau Winkowski möge sich bitte um einen dauerhaften Regelplatz bemühen. Bei dem mit der Mutter abgesprochenen Telefonat mit dem Jugendamt erfährt Frau Winkowski darüber hinaus, dass in der Familie die sozialpädagogische Familienhilfe „schon drin sei". Es erfolgt ein gemeinsames Treffen, bei dem weitere Ziele abgesprochen werden. Die SPFH will sich vorrangig um einen Auszug von Frau Kosch mit ihren beiden Söhnen kümmern. Sie bemühe sich derzeit darum, eine neue Wohnung zu finden. Damit wären dann auch die hygienischen Probleme in der Familie gelöst. Frau Winkowski solle sich weiterhin um die Betreuung in der Kita kümmern.

Lukas wird in den folgenden Tagen in der Kita aufgenommen und dort regelmäßig von Frau Winkowski besucht. Gibt es am Anfang noch große Probleme mit dem Einhalten von Regeln und der fehlenden Sauberkeit von Lukas (er stinkt am Anfang noch heftig und muss erst in der Kita gewaschen werden), stabilisiert sich diese Situation relativ schnell. Lukas fügt sich in zahlreiche Abläufe in der Kindertagesstätte ein, er lernt es (teilweise), Regeln einzuhalten und sich zunehmend mit (verständlichen) Worten zu artikulieren. Frau Winkowski stellt fest, dass die Hauptperson für Lukas' Entwicklung sein zwölfjähriger Bruder Maik ist. Er setzt sich häufig mit ihm zusammen, liest mit ihm Bilderbücher (vorwiegend über Dinosaurier) vor und erzählt ihm „Gruselgeschichten". Lukas hängt sehr an seinem Bruder, der die städtische Hauptschule besucht und dort bislang zurecht kommt.

Es gelingt Frau Winkowski, den kirchlichen Kindergarten dazu zu bewegen, Lukas auch nach den Sommerferien weiter zu betreuen, da im Folgejahr seine Einschulung ansteht. Der SPFH gelingt es, eine neue Wohnung zu finden, in der Frau Kosch mit ihren beiden Kindern einzieht. In der Tat wird die neue Wohnung mit Unterstützung der SPFH sauber gehalten. Frau Kosch verbringt jedoch weiterhin den Großteil des Tages mit ihren Bekannten auf dem Marktplatz der Kreisstadt, die Betreuung und Versorgung von Lukas und seinem älteren Bruder erfolgt nur sporadisch. Trotzdem macht Lukas im folgenden Jahr immer weitere Entwicklungsfortschritte, die Frau Winkowski dazu ermutigen, für ihn eine Regelbeschulung anzustreben. Als sie dies nach der erfolgten Einschulungsuntersuchung mit der Schule besprechen will, wird ihr von dort mitgeteilt, Lukas „sei bei der Untersuchung durchgefallen". Die Schule habe beschlossen, dass er zur Förderschule gehen solle. Frau Winkowski interveniert erfolgreich und spricht mit den Lehrern eine vorübergehende Aufnahme in einer Diagnose-Förder-Klasse ab. Als sie diesen „Erfolg" Frau Kosch mitteilt, erntet sie deren heftigen Widerstand. Frau Kosch besteht auf einer Aufnahme in der Förderschule, da hier der Transport einfacher gewährleistet sei und Lukas dort den ganzen Tag betreut werde. Hierauf möchte sie auf keinen Fall verzichten. Frau Winkowski akzeptiert das Votum der Mutter, mit der Aufnahme von Lukas in der Förderschule endet die Betreuung durch die Frühförderstelle.

Bei vielen Kindern, die bei medizinischen, psychologischen oder Schuleingangsuntersuchungen in ihrer Entwicklung als sehr auffällig diagnostiziert werden, können die Hintergründe dieser „Entwicklungsauffälligkeit" nur eingeordnet werden, wenn den Fachpersonen die alltäglichen Erfahrungen und Rahmenbedingungen bekannt sind. Pädagogische Diagnostik widmet sich genau diesen Hintergründen einer Erziehungssituation, die die Ressourcenbildung bei den Kindern nachhaltig beeinflusst. Dies beinhaltet immer auch eine Verlaufsdiagnostik. Erst nach der Aufnahme von Lukas in einer Kindertagesstätte und einem fortlaufenden Förderprozess konnte erkannt werden, wie groß Lukas' Potential für seine weitere Entwicklung ist. Gleichzeitig wurden die Grenzen der Möglichkeiten offenbar, wie innerhalb der bestehenden Systeme diese Potentiale gefördert werden können. Lässt es sich einerseits aufgrund der Beschreibung seiner Alltagssituation erklären, warum Lukas trotz einer vermutlich normalen Intelligenz so wenige Alltagsfähigkeiten – insbesondere im sprachlichen Bereich – entwickeln konnte, während gleichzeitig sein älterer Bruder Maik im gleichen Alter noch andere Lebensumstände hatte, sich resilienter zeigt oder bei der Einschulungsuntersuchung andere Fachpersonen angetroffen hat.

An Lukas' Beispiel wird auch offenbar, wie stark die weiteren Lebenswege der Kinder durch die bestehenden Rahmenbedingungen geprägt werden. Stünden in Deutschland nicht nur die Sonderschulen als Ganztagsschulen zur Verfügung, wäre die Wahrscheinlichkeit groß gewesen, dass Lukas eine Regelschule hätte besuchen können und mit weitergehender Begleitung (zum Beispiel durch die SPFH) sich in seiner Entwicklung weiter hätte stabilisieren können. Hingegen sind hier mit der Aufnahme in die Förderschule zahlreiche Beteiligte zufriedener. Von der zuständigen Grundschule, der ein weiteres „Problemkind" erspart bleibt, über die Förderschule, deren Existenzberechtigung weiter fundiert wird, bis hin zur Mutter, die ihren gewohnten Lebensrhythmus beibehalten kann, indem sie auf ein verlässliches Betreuungssystem zurückgreift.

5.2.5 Transdisziplinäre Diagnostik

In guten interdisziplinären Teams wachsen Fachpersonen mit ihren spezifischen ausbildungsbedingten Blickwinkeln mit zunehmender Berufserfahrung immer stärker zusammen: Ärzte beginnen, pädagogisch zu denken, Pädagogen erwerben sich Erfahrungen für medizinische Fragestellungen und Hintergründe. Die Fachpersonen entwickeln sich durch die fortlaufenden Kooperationen und Erfahrungen täglich weiter – auch in die Kompetenzen anderer Berufsgruppen hinein. Entsprechend ergibt sich zunehmend die Möglichkeit, dass nicht immer alle involvierten Berufsgruppen in die unmittelbare Diagnostik einbezogen werden müssen und damit Eltern und Kind durch die verschieden Experten „durchgereicht werden".

Bei der Ausgestaltung transdisziplinärer diagnostischer Arbeit stellt sich die Frage, wie die einzelnen Institutionen ihre strukturellen Abläufe anpassen. Hierbei spielen berufs- und standesspezifische Abgrenzungen eine große Rolle. Unabhängig von den jeweiligen Kompetenzen der einzelnen Fachpersonen haben viele Berufsgruppen, die eine starke hierarchische Stellung einnehmen, Abgrenzungsstrategien entwickelt. Das gilt neben der ärztlichen Berufsgruppe auch für Psychologen oder Sonderpädagogen, die „weniger qualifizierte Berufsgruppen" ungern in ihre Arbeitsfelder hineinwachsen lassen. Umgekehrt steht es in vielen stationären Einrichtungen (Kliniken) außer Frage, dass Ärzte oder Therapeuten in ihrer alltäglichen Arbeit pädagogische Fragestellungen aufnehmen und beispielsweise eine Beratung des Klientels in Erziehungsfragen durchführen, während die Sozialarbeiter in Kliniken häufig auf das Aufgabenfeld einer sozialrechtlichen Beratung und die Kontaktpflege in institutionellen Netzwerken (Heimplatzvermittlung etc.) reduziert werden.

Konzeptioneller Kernpunkt der Frühförderung ist ein Bezugspersonensystem, in dem (möglichst) eine zentrale Vertrauensposition die Rolle als AnsprechpartnerIn für alle Sorgen und Zweifel der Familie ist. Diese allgemeine AnsprechpartnerIn wird auch bezüglich diagnostischer Fragestellungen von FachkollegInnen aus anderen Berufsgruppen beraten. Hierzu bedarf es zum einen der Bereitschaft der verschiedenen Berufsgruppen, (jenseits von Standeshierarchien) eigenes Knowhow weiter zu vermitteln, zum anderen bedarf es einer ausreichenden Transparenz der Bezugspersonen, damit die (eigenen oder kollegialen) Kompetenzgrenzen erkannt werden und gegebenenfalls eine Weitervermittlung oder ein direktes Hinzuziehen anderer Fachpersonen erfolgt.

Die Alternative zu einer transdisziplinären Diagnostik ist das Aneinanderreihen von Einzeldiagnostiken, wie sie im medizinischen Bereich noch allgemein verbreitet ist. Hier bestehen die Experten noch überwiegend auf ihren Domänen (z. B. die Orthopäden gegenüber den Pädiatern: „Die Hüfte gehört uns") und erschweren damit ein transdisziplinäres Ineinanderwirken. Die Reibungsverluste durch das Abarbeiten der „zuständigen" Institutionen sind enorm: Evaluierungen im Bereich der Frühförderung ergeben immer wieder Konstellationen, bei denen eine Vielzahl von Fachkräften unkoordiniert nebeneinander arbeiten (vgl. z. B. Herberg/Jantsch/Sammler 1992, 65, Beschreibung „Lars" mit 12 verschiedenen Bezugspersonen für ein Kind).

5.3 Erstellung des Förder- und Behandlungsplans

Wesentliche Parameter eines FBP sind durch die FrühV vorgegeben (vgl. Kap. 2.7.6). Der Förder- und Behandlungsplan (FBP) ergibt sich aus dem diagnostischen Zusammentragen eines umfassenden Bildes von Kind und Familie. Hierzu dienen die Erkenntnisse aus einer Anamnese einschließlich der medizinischen Grundlagen (auch im Sinne von Ausschlussdiagnostiken). Im Förder- und Behandlungsplan werden die familienorientierten Bedarfe einschließlich des Förderbedarfs des Kindes reflektiert und festgehalten.

Während aus fachlicher Sicht im Interesse des Kindes die gesamten Ressourcen seines Lebensumfeldes von Bedeutung sind und Eingang in die im FBP festgeschriebenen Hilfebedarfe finden sollten, wird in der Praxis der individuelle Therapie- und Förderbedarf eines Kindes zum Ausgangspunkt für eine Hilfeleistung gemacht. Dabei wird kaum reflektiert, wann ein „therapiebedürftiges" Kind lediglich Symptomträger ist, da nur durch die Therapie die Leistungen indiziert werden können. Aus fachlicher Sicht wäre es in vielen Fällen effektiver, die Ressourcen von Hilfeleistungen im Umfeld des Kindes wirken zu lassen, da hier nachhaltigere Effekte erzielt werden können. Wenn die moderne hirnorganische Forschung aufzeigt, dass für ein Kleinkind die häufige Wiederholung von Modellen von elementarer Bedeutung ist (bis zu 40 000 Mal, bevor Handlungsmuster als selbstverständlich internalisiert werden), erscheint es unverzichtbar, anregende Modelle im unmittelbaren – sich stetig wiederholenden – Lebensumfeld des Kindes zu fördern. Ein isolierter Therapieansatz von ein bis zwei Terminen pro Woche kann diese Wirkung nicht erzielen. Er wird umso fragwürdiger, wenn eine Therapie beispielsweise bei verhaltensauffälligen Kindern als Symptomträger mit dem Ziel eingesetzt wird, diese (um Hilfe rufenden) Symptome als vermeintliche Verhaltensauffälligkeiten und Störungen weg zu trainieren.

Notwendig im Interesse eines Kindes ist entsprechend ein umfassender systemübergreifender Hilfeplan unter Einbeziehung der Eltern. Der Gesetzgeber sieht eine Vielfalt solcher Pläne vor: Gesamtplan (SGB XII), Hilfeplan (SGB VIII), Förder- und Behandlungsplan (SGB IX). All diese verschiedenen „Pläne", die der Gesetzgeber fordert, verfolgen das gleiche Ziel aus jeweils unterschiedlichen Blickwinkeln. Es erscheint notwendig, diese administrative Vielfalt unter einem Dach zu harmonisieren. Für die Frühförderung kann dies nur das interdisziplinäre Team umsetzen. Hier kommen die Fachpersonen zusammen, die Kind und Familie persönlich kennen. Hier müssen die Kooperations- und Netzwerkstrukturen zusammengeführt werden, die den Fachpersonen die notwendigen Informationen für einen umzusetzenden Hilfebedarf liefern. Entsprechend ist der von dem interdisziplinären Team zusammengestellte FBP die fachliche Grundlage, über die sich eine bewilligende Verwaltung nicht hinwegsetzen kann.

Wenn die unterschiedlichen Rehabilitationsträger jedoch selbst Konkurrenzgefühle und Abgrenzungsbedürfnisse in den Vordergrund stellen und kein fachlich fundiertes abgestimmtes Konzept vereinbaren, ist es nicht verwunderlich, wenn diese Mentalität auch auf die Leistungserbringer übergreift. Hier setzen sich die Konkurrenzstrukturen aus den Verhandlungen zur Umsetzung der Komplexleistung („oberstes Verhandlungsziel ist es, dass der *andere* Rehabilitationsträger für die Finanzierung möglichst vieler Leistungen zuständig wird") auf der Ebene der Leistungserbringer fort: Oberstes Ziel ist es hier, selbst für die Ausführung zuständig zu bleiben und keine andere Institution zu beteiligen.

Die FBP-Erstellung ist aus fachlicher Sicht die zentrale Weichenstellung für eine individuelle Hilfeplanung. Sie entscheidet über das Gesamtkonzept der Hilfe und über die einzusetzenden Ressourcen. Aus wissenschaftlicher Sicht besteht hier die Möglichkeit der Effektivierung und der Ausgestaltung von bedarfsgerechten zusammenhängenden Hilfen aus unterschiedlichen Systemen. Entsprechend ist es notwendig, die Frühfördereinrichtungen in umfassende Netzwerkstrukturen einzubetten. Zentrale Frage darf dabei nicht mehr sein: Welche Institution ist „zuständig", sondern: Welche Fachpersonen können den Anforderungen und Fragestellungen auf welche Art am ehesten gerecht werden? Erst die zweite Frage wäre dann: Wo sitzt diese Fachperson? Dies impliziert einen Wandel von der Dominanz administrativer hin zu fachlichen Entscheidungsgrundlagen.

Notwendig zur verantwortungsvollen Umsetzung einer fachlich fundierten FBP-Erstellung durch ein interdisziplinäres Team sind jedoch gut ausgebildete und weiter geschulte Fachpersonen, die insgesamt eine hohe Wertschätzung erfahren und nicht von einer unmittelbaren Existenzbedrohung betroffen sind. Insofern können an soziale Einrichtungen von Seiten der Kostenträger nicht die gleichen marktwirtschaftlichen, konkurrenzorientierten Maßstäbe angelegt werden wie in der allgemeinen Wirtschaft. Vielmehr erscheint es zur Förderung von Kooperationsstrukturen notwendig, statt einer restriktiven Kontrolle durch die Rehabilitationsträger ein vertrauensbildendes Verhältnis zu den Einrichtungen aufzubauen, die in die Gesamtverantwortung für eine effektive regionale Versorgung in abgegrenzten Sozialräumen eingebunden werden. Hierzu gehört auch das verantwortungsvolle Mitplanen eines möglichst effektiven Einsatzes der finanziellen Ressourcen (vgl. Kap. 6.3).

In der Realität der administrativen Ausgestaltung der Bewilligungsverfahren gibt es sowohl eine hohe Eigenverantwortung, die manche Rehabilitationsträger den Einrichtungen zubilligen, als auch – überwiegend – ein hohes Kontrollbedürfnis (insbesondere bei den kommunalen Kostenträgern), das bis hin zu obligatorischen Doppeldiagnostiken vor allem bei ärztlichen Leistungen im Zuge von Kontrolluntersuchungen durch die kommunalen Gesundheitsämter führt. Mitunter werden solche Konzepte durch Vertreter der Gesundheitsämter forciert: Umfangreiche Kürzungen in den letzten Jahr-

zehnten in den Aufgabenstellungen und Personalbeständen bei den deutschen Gesundheitsämtern haben die verbliebenen Fachpersonen in die Defensive gedrängt. Insofern ist es nicht verwunderlich, wenn sie sich über die konzeptionelle kontrollierende Ausgestaltung des Frühfördersystems Aufgabenbereiche erhalten bzw. erweitern wollen. Umgekehrt gibt es aber auch Berichte aus deutschen Landkreisen, in denen sich die Ärzte des öffentlichen Gesundheitsdienstes darüber beschweren, dass die Mitarbeiter der bewilligenden Sozialämter sich über die Inhalte ihrer Gutachten mit der Begründung hinwegsetzen: Die Ärzte sähen den Hilfebedarf der Familien ohnehin zu großzügig, daher sei es – in Absprache mit den Sozialdezernenten – legitim, wenn pauschal von den Bewilligungen ein Teil der Leistungen gekürzt werde.

In manchen deutschen Landkreisen wird das Spannungsfeld zwischen Frühfördereinrichtungen und Behörden dadurch aufgelöst, dass die Ärzte des ÖGD offensiv in die Erstellung der FBP einbezogen werden. Gerade bei den zunehmenden sozialraumorientierten Konzepten der Kreise und kreisfreien Städte sollten den Ärzten des ÖGD konzeptionell wichtige Funktionen der Früherkennung und Diagnostik zufallen, da die niedergelassenen Ärzte unter den derzeit gegebenen Bedingungen mit dieser Aufgabe völlig überfordert sind. Aus fachlicher Sicht erscheint es für solche Absprachen auch durchaus sinnvoll, dass neben den Personen, die Kind und Familie persönlich kennen lernen, auch andere Fachpersonen (auch aus dem Frühförderteam) mit ihrer fachlichen Sicht als Außenstehende die Entscheidungsfindung bereichern können.

5.4 Behandlung und Förderung des Kindes

Die derzeit bevorzugte Definition der Komplexleistung im Sinne der Zwei-Kreuze-Regelung schreibt zusätzlich zur pädagogischen Förderung des Kindes und Begleitung seiner Familie verbindlich eine notwendige medizinisch-therapeutische Behandlung des Kindes vor. Diese Behandlung kann unter unterschiedlichen Rahmenbedingungen erfolgen:

Physiotherapie, Ergotherapie und Logopädie werden von einem umfassenden System niedergelassener Therapeuten angeboten, die sich in den letzten Jahren sukzessive ausgeweitet haben. Insbesondere die Zahl der ergotherapeutischen Praxen hat sich in den letzten zehn Jahren enorm erhöht. Auf die Behandlung von *Kindern* hat sich nur ein Teil dieser Fachkräfte spezialisiert. Anerkannt werden von den Krankenkassen jedoch grundsätzlich alle Leistungen niedergelassener Therapeuten, die von den Krankenkassen zugelassen sind und ein ärztliches Rezept zur Behandlung von Kindern einlösen.

Zur Behandlung von Kindern haben sich zahlreiche Therapiezentren in Deutschland etabliert, in denen sich eine Vielzahl von TherapeutInnen zusammengefunden hat, um gezielt ärztliche Rezepte zur Therapie von Kindern umzusetzen. Diese TherapeutInnen der drei klassischen Berufsgruppen haben zum Teil Strukturen geschaffen, in denen vereinzelt kooperative Ergänzungen stattfinden. In einer Vielzahl der Fälle werden jedoch die Therapien ohne interdisziplinäre Abstimmung durchgeführt.

Darüber hinaus werden therapeutische Leistungen auch gezielt in Sondereinrichtungen erbracht. Für den Bereich der Frühförderung sind hierbei Kindertagesstätten von besonderer Bedeutung. In Sonder- und Integrationskindertagesstätten werden gezielt TherapeutInnen angeworben, die bei den Integrationskindern als notwendig erachtete Therapien durchführen. Manche Einrichtungen haben hierzu eigene therapeutische Fachkräfte beschäftigt, andere greifen auf externe Therapeuten aus niedergelassenen Praxen oder aus Frühförderstellen zurück.

Die gängige Praxis der Förderung von Kindern mit Behinderungen im Rahmen der teilstationären Frühförderung sieht in der Regel so aus, dass die pädagogischen wie die therapeutischen Fachkräfte die zu behandelnden Kinder aus der Gruppe in separate Therapieräume führen, wo die jeweilige Förderung in der Regel als Einzelförderung durchgeführt wird. Diese Praxis wird von den Kostenträgern vorausgesetzt oder zumindest gestärkt. Indiz dafür ist, dass bei der Zulassung als Integrationskindertagesstätte in der Regel auch auf entsprechende Therapieräumlichkeiten (gemäß § 124 SGB V) geachtet wird. Eine Förderung der Kinder in einem Gruppenprozess ist demnach nicht vorgesehen.

Dies führt in der Praxis häufig zu Spannungen zwischen den externen TherapeutInnen und den Erzieherinnen der Gruppe, denen die Zeitpunkte der Herausnahme der Kinder aus dem Gruppenprozess oft als willkürlich erscheinen und die sich in ihren gruppenorientierten Förder- und Bildungsangeboten für die Kinder nicht ernst genommen fühlen. Auch hier besteht vielerorts die Atmosphäre einer hierarchischen Struktur, wonach das Ableisten der (speziell refinanzierten) Therapie- und Betreuungseinheiten Vorrang hat vor den Gruppenprozessen der Kita. Nur wenige heilpädagogische oder therapeutische Frühförderer lassen sich darauf ein, ihre Förderung des Kindes in den Gruppenprozess zu integrieren oder in kollegialer Partnerschaft diese gemeinsam mit den Erzieherinnen durchzuführen (gegebenenfalls auch in Kleingruppen in den Therapieräumen). Hier besteht für einzelfallbezogene Entscheidungen bezüglich des Settings wenig Spielraum.[71] Mit einem kollegialeren Austausch und der gegenseitigen Information gegebenenfalls auch des Einbeziehens von externen Pädagogen oder Therapeuten einerseits und den Erzieherinnen andererseits könnte solchen Ressentiments erfolgreich entgegengewirkt werden.

---

71 Mitunter mag es auch für die Erzieherinnen in der Gruppe eine positive Erfahrung sein, zu erleben, dass auch die externen Therapeuten oder Pädagogen, wenn sie ihr Spiel in die Gruppe integrieren wollen, mit zahlreichen Kindern unter Gruppenbedingungen an ihre Grenzen geraten. Andererseits könnte dies ein willkommener Anlass für gemeinsame Absprachen und gegenseitige Hilfestellungen der fachlichen Ansätze darstellen.

Fallbeispiel 7: Timo, Förderung in der Kindertagesstätte

Timo Becker, *18.08.2006, hat zwei Geschwister (Carina, 5 Jahre, Marco, 2 Jahre). Timos Eltern wohnen in einer 3-Raum-Wohnung am Stadtrand, Timos Vater Ralf Becker (*1986) arbeitet als Kraftfahrer, seine Mutter Petra (*1988) ist arbeitslos gemeldet. Im August 2009 wird Timo erstmals in einer städtischen Kita aufgenommen, als seine Mutter vorübergehend eine Anstellung als Verkäuferin bekommt.

Der gerade 3-jährige Timo hat von Beginn an keinerlei Berührungs- oder Trennungsängste. Er ist zu diesem Zeitpunkt motorisch sehr aktiv und lebendig, geht ohne Scheu auf alle Kinder zu, möchte mit ihnen spielen. Er plappert auf sie ein, ist jedoch verbal kaum zu verstehen, er zeigt eine ausgeprägte Dyslalie und stammelt, auch die Erzieherinnen können zu Beginn nur wenige Worte verstehen, obwohl er unbekümmert und viel plappert. Dafür scheint er motorisch geschickt zu sein, er klettert viel, bewegt sich sehr schnell, geht auf dem Spielgelände oft und scheinbar unkontrolliert in schwindelnde Höhen, sodass die Erzieherinnen Angst vor einem Sturz bekommen und versuchen, ihn vom Klettern zurück zu halten und stärker zu kontrollieren. Er fällt auch häufiger hin, hat sich hierbei jedoch noch nie ernsthaft verletzt.

Gehen die Kinder zu Beginn noch häufiger auf ihn zu und versuchen, ihn in ihr Spiel zu integrieren, ändert sich dies bald. Seine hektisch wirkende unkontrollierte Art zerstört häufig ihr Spiel oder steckt andere zu einem wilden Toben an, was sehr schnell zu einem Eskalieren der Gruppensituation beiträgt und die Erzieherinnen vor hohe Anforderungen stellt. Es fällt ihnen schwer, Timo zur Ruhe zu bringen. Es erscheint fast unmöglich, ihn in ein konstruktives Spiel zu integrieren, bei gemeinsamen Stuhlkreisen setzt er sich anfangs motiviert hin, beginnt jedoch nach kurzer Zeit, planlos hin und herzulaufen und dazwischen zu plappern, so dass er nach kurzer Zeit aus den Stuhlkreisen ausgeschlossen wird. Auch die anderen Kinder ziehen sich zunehmend zurück und wollen nicht mehr mit ihm spielen.

Seine Annäherungsversuche in der Gruppe enden zunehmend häufig in einem großen Streit, er beginnt ständig neue Spiele, reißt unkontrolliert Spielsachen aus den Regalen, hört aber nach höchstens zwei Minuten wieder auf und will etwas Neues beginnen. Die Anordnungen der Erzieherinnen, erst die alten Spielsachen wegzuräumen, ignoriert er, läuft statt dessen zu anderen Kindern und reißt deren Spielsachen weg oder wirft sie um. Bei Streitigkeiten, die immer häufiger werden, reagiert er zunehmend aggressiver. Zweimal kam es zu einem Zwischenfall, bei denen er andere Mädchen mit einer Kochpfanne und einem Spielkran gegen den Kopf schlug, worauf die Mädchen ärztlich behandelt werden mussten. Das Elternpaar eines der Mädchen wandte sich daraufhin an die Kindertagesstätte mit der Forderung, Timo müsse die Gruppe umgehend verlassen, andernfalls würden sie sich an die Stadtverwaltung wenden mit einer Dienstaufsichtsbeschwerde, weil die Erzieherinnen ihre Kinder nicht nur nicht sinnvoll anregen, sondern sogar einer unkontrollierten Gefährdung preisgeben würden.

Zu einem mit den Eltern initiierten Gespräch erscheint nur Frau Becker in der Kita. Nachdem die Erzieherinnen Timos Verhalten schildern, reagiert sie aggressiv, wirft den Erzieherinnen vor, sie seien doch dazu da, Timo so zu erziehen, dass er ein solches

Verhalten unterlasse. Offenbar hätten sie ihren Beruf verfehlt. Gleichzeitig räumt sie aber ein, dass Timo sich zu Hause ähnlich verhalte, nur vor dem Fernseher bleibe er auch einmal etwas längere Zeit halbwegs ruhig. Die Eltern kauften daher stets neue Video-Kassetten, damit er sich vor dem Fernseher nicht langweile und wieder aggressive Ausbrüche bekäme. Die Erzieherinnen schildern Sorgen um die weitere Entwicklung von Timo und schlagen vor, eine Frühförderstelle, die ohnehin andere Kinder in der Kita betreue, zu Rate zu ziehen. Damit ist die Mutter einverstanden.

Eine Sozialpädagogin der Frühförderstelle besucht daraufhin Timo in der Kita. Sie findet die Schilderungen der Erzieherinnen bestätigt; auch sie hat trotz intensiver Zuwendung Probleme, Timo auch nur eine Minute auf ein kontinuierliches Spiel zu konzentrieren, und ist nach 20 Minuten ziemlich erschöpft. In dem anschließend anberaumten Elterngespräch in der Kita (zu dem wiederum nur Frau Becker erscheint) schlägt die Sozialpädagogin eine dauerhafte Betreuung vor sowie einen Kinderarztbesuch, um abzuklären, ob es nicht eine organische Ursache für seine Umtriebigkeit gäbe. Zur Überraschung der Erzieherinnen stimmt Frau Becker, die inzwischen auch selbst Sorgen um Timo äußert, dem zu und entbindet die Frühförderstelle von der Schweigepflicht. Die Sozialpädagogin nutzt dies, um nach dem erfolgten Besuch telefonisch Kontakt zu dem aufgesuchten Kinderarzt aufzunehmen. Dieser stellt bei Timo die Diagnose „Aufmerksamkeits-Defizit-Syndrom". Er habe eine medikamentöse Behandlung eingeleitet und erwarte in Kürze ein Abklingen der Symptome. Die Sozialpädagogin will sich mit dieser Auskunft nicht zufrieden geben. Sie initiiert eine Absprache eines gezielten Förder- und Behandlungsplans in der Frühförderstelle.

Für die an dem Teamgespräch beteiligten ErzieherInnen ist es angenehm, zum einen konkrete Ansprechpartner bezüglich der Alltagsgestaltung gefunden zu haben, zum anderen bestätigt zu bekommen, welch anspruchsvoller Aufgabe unter schwierigen Rahmenbedingungen sie innerhalb einer Gruppe mit 23 verschiedenen Kindern gerecht werden sollen. Für sie war es auch im Kita-Team in der Vergangenheit nicht einfach, ihre fachlichen Ansprüche durchzuhalten, Timo nicht als ungeeignet für eine Regelkindertagesstätte seinen Platz zu entziehen und an eine Integrationskindertagesstätte zu verweisen. Zu groß war der Druck von Seiten der anderen Eltern, des Arbeitgebers und schließlich auch noch von Timos Mutter. Sie erleben die Hilfestellung der Sozialpädagogin als Entlastung. Hingegen kann die Sozialpädagogin die Hilfestellung des Hausarztes, wonach Timo lediglich ein organisch bedingtes ADH-Syndrom aufweise, das nach einer medikamentösen Behandlung schnell abklingen werde, nicht als Entlastung empfinden. Sie bezweifelt diese Diagnosestellung und möchte mit langsamen Interventionen dazu beitragen, dass Timos offensichtliche Überforderung durch die äußeren Eindrücke und die dadurch bedingte Überforderung des Elternhauses sukzessive abgebaut wird. Sie bemüht sich in dem Teamgespräch darum, über eine Integrationsmaßnahme in Timos Regelkindertagesstätte dort bessere (personelle) Rahmenbedingungen und eine geringere Gruppengröße zu erreichen. Gleichzeitig hält sie eine dringende Betreuung im Elternhaus für notwendig, da hier eine Eskalation der innerfamiliären Situation von ihrer Seite nicht ausgeschlossen wird.

In Absprache mit Frau Becker wird daher ein Förder- und Behandlungsplan erstellt, der für Timo drei zentrale Förderansätze enthält:

- Die integrative Betreuung in der Regelkindertagesstätte,
- eine ergotherapeutische Förderung in der Kindertagesstätte zur gezielten Förderung seiner Wahrnehmungs- und Verarbeitungsfähigkeit. Diese soll zunächst in einer Einzelfördeurng erfolgen, sukzessive sollen dann einzelne Kinder aus der Gruppe in die therapeutische Förderung mit hinzugezogen werden,
- die zeitgleiche Förderung von Timo im häuslichen Umfeld. Die Sozialpädagogin spricht hierzu mit Frau Becker ab, dass die hierdurch ermöglichten Zeitbudgets insbesondere einer Elternberatung zugute kommen, um mögliche Konfliktsituationen zu besprechen und Deeskalationsstrategien einleiten zu können.

Bezüglich der Kostenträger wird die Hausfrühförderung mit dem Schwerpunkt der Elternberatung als Förderung des Kindes deklariert, um eine Komplexleistung auslösen zu können. Frau Becker macht sich jedoch wenig Hoffnung dahingehend, dass von Seiten der Rehabilitationsträger sowohl die Komplexleistung (mit ihrer pädagogischen Hilfe zu Hause) als auch die Integrationsmaßnahme (mit zunehmender pädagogischer Hilfe zur Bewältigung der Gruppensituation) realistisch ist.

In der Praxis mag es für die Fachpersonen zunächst einfacher sein, mit den Frühförderkindern eine isolierte Therapie oder eine heilpädagogische Übungsbehandlung in speziell dafür vorgesehenen Therapieräumen durchzuführen. Auf den zweiten Blick ist es jedoch auch unter diagnostischem Blickwinkel wichtig, die Kinder in der Gruppensituation kennen zu lernen. Oftmals verhalten sie sich hier – unter dem Eindruck einer Vielzahl intensiver und vielfältiger Reize – völlig anders als in einer isolierten reizarmen Therapiesituation. Entsprechend ist es für die Fachkräfte von Bedeutung, die Kinder auch in den unterschiedlichen Settings kennen zu lernen. Durch eine Integration der externen Fachpersonen in den Gruppenprozess sind auch hier Anregungen und Lerneffekte möglich, an denen die Erzieherinnen partizipieren können. Umgekehrt ist es auch für die Erzieherinnen häufig von Interesse, die Kinder gemeinsam mit den TherapeutInnen – in Hospitationen – in einer isolierten Therapiesituation kennen zu lernen, da sich auch hier die Kinder häufig völlig anders darstellen.

Gleiches gilt für die Förder- und Therapiesituationen in den Frühfördereinrichtungen. Einer Vielzahl dieser Einrichtungen ist es gelungen, zur individuellen Förderung der Kinder sehr differenzierte und kompetente Angebote aufzubauen – von Psychomotorikgruppen über Therapien im Wasser bis hin zu tiergestützen Therapien mit Hunden oder Pferden, die den Kindern häufig hervorragende Lernangebote ermöglichen. Der Nachteil, den die primär auf die Kinder und Einrichtungen fixierten Therapie- und Förderangebote mit sich bringen, ist häufig eine fehlende Elternbeteiligung, sowohl in Frühförderstellen als auch in Kindertagesstätten. Im Rahmen der Hausfrühförderung ist es oft möglich, dass die Kinder im Wohnzimmer oder dem Kinderzimmer von den Fachpersonen „gefördert" werden, während die Eltern in dieser Zeit anderen Beschäftigungen nachgehen.

Fallbeispiel 8: **Kevin, Hausfrühförderung**

Kevin Schmidt ist auf Empfehlung des Kindergartens an die Frühförderung vermittelt worden. In einem ersten Hausbesuch hat die Frühförderin, Frau Messel, eine Familiensituation vorgefunden, in der die 19 jährige Frau Schmidt mit Kevin als alleinerziehende Mutter in einer städtischen Zweizimmerwohnung wohnt. In der Wohnung gibt es für Kevin keine eigenen Spielsachen, die Mutter hat keinen Schulabschluss und ist arbeitslos. Sie hat einen kleinen Kreis fester Freundinnen, von denen manche abends auf Kevin aufpassen, während sie mal abends ausgeht. Frau Messel sorgt dafür, dass auch tagsüber immer jemand aus dem Freundeskreis auf Kevin aufpasst. Kevin selbst hat kaum gleichaltrige Freunde. Er ist vier Jahre alt, und bei einer weiterführenden Diagnostik in der Frühförderstelle wird sein Entwicklungsalter nach der Münchner Funktionellen Entwicklungsdiagnostik auf durchschnittlich zwei Jahre diagnostiziert. Es wird dringend weitere Hausfrühförderung empfohlen, die Prognose für eine Einschulung, die im übernächsten Jahr bevorsteht, lässt einen sonderpädagogischen Förderbedarf erwarten.

Bei ihren wöchentlichen Hausbesuchen erlebt Frau Messel Kevin als einen aufgeweckten kleinen Jungen, der all ihre Spiel- und Förderangebote gierig aufnimmt, großen Gefallen an der wöchentlichen Frühförderung findet und mit unerwarteten Lernschritten die Spielsituationen verinnerlicht und reproduziert. Die Entwicklungsschritte von Kevin sind in den nächsten Monaten so gravierend, dass auch Frau Messel von der Förderung begeistert ist, sich ständig neue Anregungen und Angebote für Kevin ausdenkt und schließlich ihrem Team voller Begeisterung die Rückmeldung gibt, dass bei einer Fortführung der Förderung auch im kommenden Jahr eventuell eine Einschulung in den Regelbereich realistisch erscheint.

Während der Förderung wird Frau Messel und Kevin einer der beiden Wohnräume zum Spielen zur Verfügung gestellt; Frau Schmidt befindet sich dann in dem anderen Raum oder nutzt die Zeit, um Einkäufe zu erledigen. Kevin fragt bereits häufig nach einer halben Woche die Mutter, wann denn Frau Messel wiederkomme, er erzählt von den Spielen, die er gerne durchführt, und auf welche Spielangebote er sich besonders freut. Sowohl kognitiv als auch sprachlich halten seine Entwicklungsfortschritte an. Frau Messel ist von der Art, wie er sie mit intelligenten Fragen und eigenen neuen Ideen „aussaugt", sehr angetan. Beiden macht die Frühförderung großen Spaß.

Nach etwa einem halben Jahr – Kevin ist gerade fünf geworden – werden die vereinbarten wöchentlichen Termine von Frau Schmidt häufiger abgesagt. Mal steht ein Geburtstag bei der Oma an, mal plant sie mit einer Freundin einen gemeinsamen Ausflug, manchmal wird die Tür auch gar nicht geöffnet („Hab ich ganz vergessen"). Als Frau Messel nach einem solchen ausgefallenen Termin Frau Schmidt telefonisch auf die Gründe anspricht und durchblicken lässt, dass sie über die Nicht-Absage der Mutter verärgert sei, erwidert Frau Schmidt, sie habe sich ohnehin überlegt, dass Kevin sich in den letzten Monaten so toll entwickelt habe, dass sie eine weitere Frühförderung für nicht mehr notwendig erachte. Frau Messel solle in Zukunft nicht mehr kommen.

Die Frühförderin ist von diesem Abbruch schockiert, sie berichtet aufgebracht in ihrem nächsten Team davon und möchte mit dem Team nach Wegen suchen, wie dieser Abbruch rückgängig gemacht werden kann. Sie ist nicht bereit, die positive Entwicklung und damit auch die positive Schulprognose von Kevin durch die fehlende weitere Förderung zu gefährden. Notfalls möchte sie an das Jugendamt heran treten, um Frau Schmidt zur Wiederaufnahme der Förderung „zu zwingen".

Das Anliegen von Frau Messel ist verständlich. Sie identifiziert sich sehr stark mit der Entwicklung von Kevin, sie ist selbst angetan von der unerwartet positiven Entwicklung und hat eine große Sympathie für den kleinen Jungen entwickelt, der intelligent zu sein scheint und dem offensichtlich angesichts einer wenig einfühlsamen Erziehung und einem anregungsarmen Umfeld durch die junge Mutter Entwicklungschancen vorenthalten werden. Bei der Teamabsprache fasste Frau Messel die Prognose von Kevin mit den Worten zusammen: „Wenn das so weitergeht, bringe ich Kevin im nächsten Jahr noch auf die Regelschule".

Was Frau Messel bei ihrer erfolgreichen Förderung von Kevin wenig bedacht hat ist, wie es einer jungen Mutter geht, die für ihr Kind auf Initiative des Kindergartens, der ihr eine Anmeldung in der Frühförderstelle dringend nahe gelegt hatte, einen Antrag auf Förderung beim Sozialamt mit der Begründung gestellt hat, ihr Kind sei „behindert oder von Behinderung bedroht". Wenn diese Mutter dann erlebt, dass eine fremde Person in ihr Haus kommt, ihr Kind mit neuen Spielen anregt und offensichtlich Lernerfolge für Kevin herbeiführt, wird der Mutter bei jedem neuen Besuch indirekt und unausgesprochen vor Augen gehalten, wer hier eigentlich die „bessere Mutter" sei. In ihrer Begeisterung für die Entwicklung von Kevin hat Frau Messel wenig Antennen dafür, wie der Kloß im Hals von Frau Schmidt jedes Mal gewachsen ist, wenn Frau Messel dienstags an der Tür klingelte oder wenn Frau Schmidt auch nur an Frau Messel dachte. Gleichzeitig muss sich Frau Schmidt angesichts der offensichtlichen Lernerfolge von Kevin für die Hilfe dankbar zeigen. Es liegt auf der Hand, dass Frau Schmidt die erste Gelegenheit und den ersten Konflikt dazu nutzt, diese für sie kränkende Situation zu beenden.

Wie einfach wäre es möglicherweise für Frau Messel gewesen, die Frühförderung im häuslichen Bereich nicht alleine mit Kevin durchzuführen, sondern Frau Schmidt in die wöchentliche Förderung einzubeziehen, auch ihr Anregungen für mögliche Spiele mit Kevin zu geben, sie auf bestimmte Vorlieben und Verhaltensweisen ihres Sohnes aufmerksam zu machen und für seine Signale zu sensibilisieren. Es gehört ebenso zu den Aufgaben der Frühförderin, auch seine Mutter jede Woche in ihrer Kompetenz für die Wahrnahme und Anregung ihres Kindes wachsen zu lassen. Eine Frühförderung mit den fachlichen Ansprüchen an Ressourcenstärkung, an eine Respektierung der Autonomie der Familie und an Empowerment wird scheitern, wenn es nicht gelingt, die Eltern als Partner der Fachpersonen in die Entwicklung einzubeziehen. Am Ende sollte die Entwicklung von Kevin nicht nur der Erfolg von Frau Messel, sondern der gemeinsame Erfolg der Frühförderin mit der Mutter sein.

5.5 Elternbegleitung

Aus den Formulierungen der verschiedenen Landesrahmenvereinbarungen zwischen den Rehabilitationsträgern in den Bundesländern lässt sich ablesen, dass neben der ehemals im Vordergrund stehenden Förderung der Kinder auch die Arbeit mit den Eltern als eigenständige Aufgabe für Frühfördereinrichtungen aufgenommen wurde. Die Formulierungen suggerieren jedoch als Aufgabenfeld eine „Beratung und Anleitung". Dies entspricht wiederum dem traditionellen Bild der Experten, die den Eltern als Laien gegenüberstehen und diese zu einem „richtigen Verhalten" anleiten.

Dieses Bild eines hierarchischen Experten-Laien-Verhältnisses ist nicht mehr zeitgemäß. Ist einerseits „Frühförderung mit den Eltern" zu einer der wesentlichen Aufgaben geworden, so steht andererseits dieses Aufgabenfeld unter der Zielsetzung der Stärkung der Eigenverantwortlichkeit der Eltern. FrühförderInnen und Eltern pflegen hierzu einen Erfahrungs- und Kompetenzaustausch: Eltern können von der Erfahrung der professionellen Fachpersonen profitieren, in dem sie Rückmeldungen erhalten, die ihnen weitere Sicherheit geben, oder Anregungen, die ihr Erfahrungsspektrum erweitern. FrühförderInnen benötigen die Erfahrungen der Eltern mit ihrem Kind, um dieses besser und schneller kennen lernen zu können und seine Entwicklung in den Kontext der jeweiligen Familienmentalität einbetten zu können. Gleichzeitig stellen die Frühförderfachkräfte sensible Ansprechpartner dar, denen die Eltern Sorgen, Ängste und Empfindlichkeiten beschreiben können (zur besonderen Situation von Eltern mit einem Frühförderkind vgl. ausführlich Sohns 2000a, 83ff). Insofern sind die FrühförderInnen auch Gesprächspartner, die durch ihre Gespräche dazu beitragen können, dass im Elternhaus auch mit einem Kind mit Behinderung oder Entwicklungsstörungen neue Lebensperspektiven wachsen können. Ziel dieses Prozesses ist auch, die Sichtweisen und Standpunkte der jeweiligen Familienmitglieder zu reflektieren und ein angemessenes Verhältnis zwischen Verantwortung, Zuwendung und emotionaler Bindung zu stärken. Es kann nicht Ziel der Frühförderer sein, einen Druck dahingehend auszuüben, dass Eltern „alles für ihr Kind tun". Vielmehr muss auch die eigene personale Identität gewahrt bzw. weiter entwickelt werden. Eltern haben ein Recht auf ein Leben neben dem Kind. Mitunter kann es ein Ziel für FrühförderInnen sein, wenn Eltern lernen, (zeitweise) „loslassen" zu dürfen. In einzelnen Fällen kann dies im Rahmen der Frühförderung auch bedeuten, dass eine Indikation ausschließlich für Elterngespräche ohne eine eigenständige Förderung des Kindes gegeben ist. Hier sind mitunter die Effekte von Frühförderhilfen höher, als wenn die Ressourcen der professionellen Fachpersonen sich primär auf das Kind konzentrieren.

Fallbeispiel 9: Tom's Essprobleme

Herr Waldmann betreut als Frühförderer den 2-jährigen Tom. Tom war ein Frühgeborenes der dreiunddreißigsten Schwangerschaftswoche. Als sich nach der Entlassung aus der Klinik noch „pathologische Bewegungsmuster" zeigten, wurde eine weitere physiotherapeutische Behandlung eingeleitet. Im Alter von einem Jahr wurde durch die neuropädiatrische Abteilung der Kinderklinik parallel hierzu eine Betreuung durch die Frühförderstelle vorgeschlagen. Nach einer längeren Wartezeit konnte Herr Waldmann mit der Frühförderung beginnen. Bei der Anamnese ergab sich, dass insbesondere die Mutter sich große Sorgen darum macht, ob Tom sich normal entwickele. Neben seinen noch immer auffälligen Bewegungsmustern leidet sie insbesondere unter seinem Strabismus (Schielen), auch wenn die Ärzte sie beruhigen und prognostizieren, dass dies nicht so bleiben werde. Toms Mutter, Frau Eskemur, hatte es vorgezogen, zur regelmäßigen Förderung Toms in die Frühförderstelle zu kommen. Am Ende einer jeden Spielsequenz nimmt sich Herr Waldmann Zeit, um mit der Mutter (der Vater ist noch nie mit zur Frühförderstelle gekommen) über Tom, die gegebenen Anregungen und sein Alltagsverhalten zu besprechen. Dabei äußert Frau Eskemur, dass es für sie ein großes Problem darstelle, dass Tom nicht gut esse und sich von ihr auch nur widerwillig füttern lasse. Herr Waldmann greift dies auf und bietet der Mutter einen Hausbesuch an, zu dem er um die Mittagszeit kommt und an dem gemeinsamen Essen teilnimmt. Er möchte gemeinsam mit Frau Eskemur ausprobieren, ob Tom bei ihm die gleichen Schwierigkeiten hat und gegebenenfalls überlegen, woran es liegen könnte. Die Mutter nimmt dieses Angebot an.

Zu dem besagten Termin sitzen Frau Eskemur, Tom und seine fünf Jahre ältere Schwester Nicole gemeinsam mit ihm um den Tisch (Herr Eskemur ist tagsüber berufstätig). Als Frau Eskemur beginnt, Tom mit einem Teelöffel ihren gekochten Brei zu füttern, wehrt sich dieser in der Tat, nimmt nur ungern das Essen auf und schüttelt häufig den Kopf. Der Brei wird hierbei weit über den Tisch hinaus verspritzt, worüber sich Nicole beschwert. Als Tom der Mutter einmal den Löffel aus der Hand schlägt (Kommentar von Nicole: „Volltreffer"), ist Frau Eskemur den Tränen nah.

Herr Waldmann wechselt den Platz mit Frau Eskemur, spricht Tom langsam an, sucht Blickkontakt, nimmt dann etwas Brei auf den Löffel, den er vorsichtig zu Mund führt. Auch bei ihm wehrt sich Tom, als der Löffel den Mund berührt. Es gelingt Herrn Waldmann, einige Löffel zu füttern. Mit hoher Konzentration und schnellem Reaktionsvermögen lässt es sich auch weitgehend verhindern, dass Tom den Brei weiter umherspritzt. Herr Waldmann teilt der Mutter seinen Eindruck mit, dass Tom offenbar im Mundbereich äußert sensibel sei und ein Eindringen des Löffels offenbar als bedrohliche Störung wahrgenommen wird. Die Mutter schildert, dass ein Füttern mit der Flasche unproblematischer sei, aber Tom müsse doch jetzt langsam lernen, auch vom Löffel zu essen. Herr Waldmann schlägt vor, eine Logopädin, die sich auf mundmotorische Förderung spezialisiert habe, zu Rate zu ziehen und gegebenenfalls Tom dort vorzustellen. Die Mutter begrüßt auch dieses Angebot sehr.

In einem anschließenden Gespräch bedankt sich die Mutter sichtlich bewegt für den Hausbesuch. Unter Tränen offenbart sie, wie sehr sie sich als Mutter gekränkt fühle, wenn ihr Sohn die von ihr liebevoll gekochte Nahrung verweigere und offenbar nichts von ihr annehmen wolle. Die Tatsache, dass er dies bei Herrn Waldmann auch gemacht habe, zeige ihr, dass es nicht an ihr als Mutter liege. Gemeinsam reflektieren Herr Waldmann und Frau Eskemur die einzelnen Schritte des Fütterns und die Reaktionen, die Tom gezeigt hat. Es wird offenbar, dass er seine Mutter keineswegs ablehne. Vielmehr beginne sein Widerstand erst mit dem Einführen des Löffels an den Mund. Frau Eskemur beginnt, sich selbst zu beobachten und schüttelt schließlich erleichtert den Kopf darüber, wie verrückt sie sich mit dem Gedanken gemacht habe, dass ihr Sohn sie ablehne.

Durch das gemeinsame Nachdenken über die Beziehung von Frau Eskemur und Tom entwickelt sich mit Herrn Waldmann eine emotionale Beziehung, die eine neue Ebene des Gespräches erlaubt. Es lassen sich die Kränkung der Mutter durch die Nicht-Annahme der Nahrung, ihre Erwartungen an ihr Kind, die Interpretation seiner Signale und ihre weitergehenden Gefühle thematisieren. Frau Eskemur empfindet dies als große Erleichterung, die ihren künftigen Alltag mit Tom verändern wird.

Beeinflusst werden Elterngespräche zur Verarbeitung der Behinderung oder einer Entwicklungsstörung des Kindes (Coping-Prozesse) und des Entstehens einer neuen Lebensperspektive durch einen gesellschaftlichen Druck im Rahmen eines *Annahmepostulats* (vgl. hierzu ausführlich: Weiß/Neuhäuser/Sohns 2004, 137ff). Dahinter verbirgt sich der (mitunter unterschwellige) Arbeitsauftrag an die Frühförderer, bei Eltern eines Kindes mit einer Behinderung oder Entwicklungsstörung durch ihre „Elternarbeit" dazu beizutragen, dass die Eltern die Behinderung ihres Kindes akzeptieren und verarbeiten lernen. Mit diesem Ziel einer Elternarbeit werden gesellschaftliche Erwartungen über die Fachpersonen an die Eltern weitergegeben, nachdem eine Familie – insbesondere die Mutter – „natürlicherweise" ihr Kind zu lieben habe. Diese (selbstverständliche) „Liebespflicht" belastet häufig als ideologische Unterstellung ein offenes Gespräch über die emotionalen Prozesse der Eltern, indem die vordergründigen moralischen Vorgaben den notwendigen emotionalen Freiraum für offene Eltergespräche beengen. Für Fachpersonen der Frühförderung ist es wichtig, diesem vermeintlichen Arbeitsauftrag zu widerstehen, um die notwendige Atmosphäre für ein offenes Gespräch über die Gefühle der Eltern herstellen zu können. Gerade in der Phase der ersten Auseinandersetzung mit einer veränderten Lebensperspektive nach einer Diagnosemitteilung („Ihr Kind ist behindert") muss es für Eltern möglich sein, ihre Gefühle offen auszusprechen. Dabei ist es nicht außergewöhnlich, dass (in einer ersten Schock-Phase) das Gefühl vorherrscht, dass so das weitere Leben nicht gewollt war und das Kind (mit seiner Behinderung) als unerwünscht empfunden wird. Wenn Eltern im Krankenhaus mitgeteilt wird, dass ihr Kind dank moderner Intensivmedizin überleben wird, jedoch sein Leben lang schwerste Behinderungen mit sich trägt, kann ein unterschwelliger Wunsch entstehen, dieses Kind möge sterben. Im Rahmen des Annahmepostulats ist ein solcher Wunsch jedoch tabuisiert.

Diese Tabuisierung steht in krassem Gegensatz zu einer gesellschaftlichen Tendenz, wonach – wenn im Zuge der pränatalen diagnostischen Möglichkeiten eine Behinderung bereits während der Schwangerschaft festgestellt werden kann – häufig suggeriert wird, dass das Kind nicht entstehen möge (vgl. Sohns 2009d). Dieser Widerspruch ist bis heute unter ethischen Gesichtspunkten nicht ausdiskutiert, betrifft jedoch die Grundlagen einer Elternarbeit für Frühförderfachkräfte elementar. Unabhängig davon, dass die ersten – legitimen – emotionalen Reaktionen von Eltern ein akzeptierendes Gegenüber finden müssen, das mit einer Akzeptanz der Autonomie als Gesprächspartner fungiert, können sie aus ihrer Erfahrung heraus andeuten, dass sich solche Prozesse einer Ablehnung bei Eltern häufig relativieren oder gar ins Gegenteil verkehren. Eine fachlich fundierte Elternbegleitung kann jedoch nicht zum zentralen Inhalt haben, vermeintliche moralische Vorstellungen der Gesellschaft einer betroffenen Familie überzustülpen.

Die strukturellen Rahmenbedingungen einer Elternbegleitung sollten ein großes Spektrum verschiedener Settings beinhalten. Wie bei der Förderung der Kinder ist es auch im Rahmen der Elternbegleitung für Frühfördereinrichtungen sinnvoll, Gruppenangebote unterbreiten zu können. Hier kommen – moderiert und zusammengestellt durch die Frühfördereinrichtung – unterschiedliche Eltern (Paare) zusammen, um über ihre Erfahrungen, Gefühle und Perspektiven mit einem Frühförderkind sprechen zu können.

Häufig kommen Frühförderer im Rahmen von Elterngesprächen und Empfehlungen an eine Grenze, an der sie für Eltern – vor allem in akuten Trauerphasen und Coping-Prozessen – keine Glaubwürdigkeit besitzen. So wird bspw. der Vorschlag, über eine Kindertagesstättenaufnahme bei einem Kind mit Behinderung nachzudenken, Schmerzen und Zweifel dahingehend auslösen, ob fremde Fachkräfte den spezifischen Bedürfnissen ihres (so verletzlichen) Kindes gerecht werden können. Wenn Frühförderer insistieren und ihre Meinung kund tun, wonach dies gelingen werde, könnten sich Eltern nicht ernst genommen fühlen und mit unterschwelligen oder offenen Ressentiments reagieren („Was wollen Sie mir schon erzählen? Sie haben selbst drei gesunde Kinder. Machen sie erst einmal das durch was wir durchmachen"). Diese Konstellation ändert sich schlagartig, wenn die Eltern in Gruppen mit gleich betroffenen Eltern zusammen sind. Wenn hier Eltern (von älteren Kindern) erzählen, welche Zweifel sie vor einer Aufnahme ihres Kindes in die Kindertagesstätte hatten und wie sehr sie überrascht waren, dass sich ihr Kind dort so wohl gefühlt habe und sich bei ihnen daraufhin völlig neue Lebensperspektiven (bezüglich ihrer Alltagsbewältigung, aber auch bezüglich der Eltern untereinander) ergeben hätten, löst dies ganz andere Reflektionsprozesse bei den zuhörenden Eltern aus. Die Glaubwürdigkeit der Erzählenden ist wesentlich höher als bei den FrühförderInnen, die nicht selbst mit einem Kind mit Behinderung leben. Häufig ist dies der Anlass für neue Prozesse im Umgang mit dem Kind.

Für die Frühfördereinrichtungen muss dies jedoch bedeuten, dass Elterngruppen ebenso abgerechnet werden können wie Gruppenförderungen des Kindes. Gegenüber manchen Rehabilitationsträgern erscheint dies unproblematisch, die meisten kommunalen Rehabilitationsträger haben sich jedoch bis heute nicht offen für die Finanzierung einer solchen Elternarbeit gezeigt. Für die Frühfördereinrichtungen sollte auch die Frage diskutiert werden, ob eine solche offene Elterarbeit auch in Kooperation mit anderen Institutionen umgesetzt werden kann. Hierzu bedarf es jedoch abgestimmter institutionenübergreifender Netzwerke.

5.6 Netzwerkorientierung und Öffentlichkeitsarbeit

Unabhängig von strukturellen Details einer institutionellen Ausgestaltung von sozialen Hilfeangeboten erscheint es aus fachlicher Sicht dringend notwendig, institutionenübergreifende Konzepte zu etablieren oder zu forcieren. In zahlreichen Regionen haben sich (zum Teil bereits seit Jahrzehnten) allgemeine (psychosoziale) Arbeitskreise verschiedener Anbieter gebildet, in denen sich die Fachpersonen untereinander kennen und schätzen lernen. Dies ist die Grundlage für eine gelingende Zusammenarbeit über die Grenzen der eigenen Institution hinaus und eine gemeinsame niedrigschwellige Arbeitsorganisation.

Einem solchen netzwerkorientierten Arbeitsansatz entspricht das Konzept der Sozialraumorientierung, das sich inzwischen in weiten Teilen der deutschen Kreise und kreisfreien Städte etabliert hat. In überschaubaren Einsatzgebieten lernen sich nicht nur die Fachkräfte untereinander besser kennen und wertschätzen, auch für die Bevölkerung werden die Fachpersonen sozialer Dienste zunehmend entanonymisiert. Es spricht sich herum, an welche Personen man sich mit welchen Fragestellungen vertrauensvoll wenden kann. Dabei können die deutschen Träger von sozialen Diensten ebenso wie die Kostenträger auf internationale Modelle zurückgreifen.

Vorbild könnten hierbei Konzepte sein, die in den letzten zwanzig Jahren in Großbritannien unter dem Stichwort „Early Excellence Centres" (EEC) entstanden sind. Blicken vor nicht einmal zehn Jahren britische Fachkräfte noch neidvoll auf das deutsche System der mobilen Frühförderung, so hat sich dies inzwischen ins Gegenteil verkehrt: Mit Hilfe einer enormen staatlichen Förderung (8 Mrd. £ in fünf Jahren) wurden u. a. (inzwischen als „family centres") gezielt Hilfesysteme für Familien insbesondere in sozial benachteiligten Milieus geschaffen, die messbare Effekte nach sich ziehen. In Deutschland wurden wenige Modellprojekte erprobt (vgl. Ahnert 2006), flächendeckende Konzepte werden lediglich im Rahmen von „Familienzentren" in Modellprojekten in Nordrhein-Westfalen erfolgreich ausgebaut. Mit der flächendeckenden Einführung dieser Familienzentren sind – ausgehend von Kindertagesstätten – offene, niedrigschwellige Anlaufstellen entstanden, die weiterführende Dienste integrieren. Damit werden erstmals Erfahrungen gesammelt, fachliche Angebote aus unterschiedlichen Trägerschaften unter ein gemeinsames Konzept und eine gemeinsame Dachinstitution zu integrieren. Dieses Modell bietet sich ausdrücklich auch für Frühförderstellen an (vgl. Kap. 6.4). Hiermit kann gezielt eine größere Öffentlichkeit erreicht werden. Ob dies auf Dauer auch für das gesamte System einer interdisziplinären Frühförderung inklusive des medizinischen und medizinisch-therapeutischen Zweigs eine geeignete Organisationsform darstellt, wird in Modellversuchen zu erproben sein. Es erscheint jedoch offensichtlich, dass hiermit Zugangsschwellen zu sozialen Hilfen verringert werden können. Und damit schließt sich der Kreis der Aufgabefelder von der Öffentlichkeitsarbeit wieder hin zur Früherkennung.

6 Beispiele für innovative Ansätze der Frühförderung („Best Practice")

Wurden in der Analyse der gegenwärtigen Praxis der deutschen Frühförderung einerseits hohe fachliche Ansprüche formuliert und bei der Suche nach deren Umsetzung fundamentale Widersprüche und Versäumnisse aufzeigt, sollen nachfolgend einige Beispiele für gelungene Ansätze einer Umsetzung oder Konzipierung aufgezeigt werden. Dabei ist es nicht einfach, solche „Best Practice"-Beispiele auszuwählen. Die Struktur der deutschen Frühfördereinrichtungen ist sowohl bei den SPZ als auch bei den Frühförderstellen sehr vielfältig. Dabei gibt es bei den Frühförderstellen eine Vielzahl von Ein-Personen-Einrichtungen, bei denen ein fachlicher Austausch oder eine Teamstruktur per se unmöglich erscheinen. Gleichzeitig gibt es aber auch eine Vielzahl großer Frühförderzentren, in denen eine Vielzahl von Fachpersonen (mitunter weit über 20) umfassende Teamstrukturen bilden und in der regionalen Infrastruktur ganz andere fachliche Akzente setzen können. Anliegen dieses Kapitels ist es nicht, die großen Zentren in besonderem Maße hervorzuheben. Vielmehr sollen aus den analysierten Problemfeldern der Umsetzung von Frühförderung Teilbereiche untersucht und Beispiele dargestellt werden, wie diese Problemfelder regional gelöst wurden. Dies erscheint insbesondere im Hinblick darauf sinnvoll, dass in Verhandlungen vor Ort von Seiten der Rehabilitationsträger konzeptionelle Vorschläge der Leistungserbringer mit der Begründung abgewürgt werden, so etwas gäbe es nicht und so etwas ginge auch gar nicht. Entsprechend dienen nachfolgende Beispiele auch als mögliche Modelle für künftige fachliche Umstrukturierungen.

6.1 Offener Zugang und flexible Angebotsstruktur durch eine Pauschalfinanzierung

Als im hessischen Landkreis Marburg-Biedenkopf im Jahre 1987 zum ersten Mal ein freier Träger mit der Durchführung von Frühförderung beauftragt wurde, stellte sich die Frage nach einer personellen Besetzung und der verwaltungstechnischen Abwicklung der Frühförderleistungen. Für den örtlichen Sozialhilfeträger vertrat der damalige Sozialdezernent die Auffassung, dass eine administrative Kontrolle durch das Sozialamt eine hohe Hemmschwelle für die Inanspruchnahme von Frühförderhilfen bedeute, die dem Interesse einer guten Früherkennung von Entwicklungsgefährdungen zuwider laufe. Ähnlich wie in anderen hessischen Landkreisen (z. B. Fulda) wurde von den entscheidenden Gremien der Kreisbehörde die Auffassung vertreten, dass der verwaltungstechnische Aufwand einer Einzelüberprüfung frühförderbedürftiger Kinder innerhalb seiner Behörden (Sozialamt und Gesundheitsamt) unnötig sei. Vielmehr kamen Sozialhilfeträger und Träger der Frühförderstelle überein, pauschal die finanziellen Mittel die psychologisch-pädagogischen Fachpersonen zuzüglich der notwendigen Sachkosten zur Verfügung zu stellen. Der Träger erklärte sich bereit, bei ihm angestellte Fachärzte stundenweise für interdisziplinäre Teamabsprachen freizustellen. Zusätzlich wurden medizinisch-therapeutische Fachpersonen an die Frühförderstelle gebunden, die ihre Leistungen über ärztliches Rezept abrechneten. Es herrschte weiterhin Übereinstimmung dahingehend, dass über einen ausführlichen statistischen und inhaltlichen Jahresbericht die Arbeit der Frühförderstelle transparent gemacht wurde und mit einem steigenden Bedarf eine sukzessive Aufstockung des pädagogischen Personals erfolgen könne. Messlatte für einen solchen Bedarf war für den Sozialhilfeträger der Vergleich mit anderen Landkreisen und deren Aufwand für eine pädagogische Frühförderung.

Damit konnten die Fachpersonen der Frühförderstelle den hilfebedürftigen Familien eine offene Anlaufstelle bieten, ohne dass ein belastendes Antragsverfahren mit ärztlichen Kontrolluntersuchungen bei den Behörden notwendig wurde. Den Behörden musste insofern kein Name eines geförderten Kindes oder seiner Familie übermittelt werden. Für die Fachpersonen der Frühförderung war es gleichzeitig konzeptionell unverzichtbar, parallel zur pädagogisch-psychologischen und medizinisch-therapeutischen Diagnostik innerhalb der Einrichtung ärztliche Diagnostiken aufzunehmen, sei es in Form von vorangegangenen Untersuchungen bei Fachärzten oder Kliniken, sei es durch Weitervermittlungen im Zuge der Eingangsdiagnostik. Durch die regelmäßig im Team anwesenden Fachärzte der Pädiatrischen und Kinder- und Jugendpsychiatrischen Universitätsklinik war für die Fachpersonen der Frühförderstelle gleichzeitig ein interdisziplinärer Austausch gewährleistet, der im Zuge der weiteren Entwicklung durch die hessische Grauzonenfinanzierung (vgl. Kap. 4.5.7.1) finanziert werden konnte.

Das interdisziplinäre Team wurde zum einen das entscheidende Gremium für die individuelle Förderplanerstellung. Darüber hinaus konnten innerhalb des Teams jedoch auch weitere fachliche Schwerpunkte besprochen werden, die sich nicht nur auf die Förderung des Kindes bezogen: Bei einem bestehenden familienorientierten Hilfebedarf bestand auch die Möglichkeit, den Schwerpunkt der Hilfeleistung auf die Begleitung der Familie zu verlagern. Entscheidend hierfür waren der artikulierte Bedarf der Familie sowie die fachliche Einschätzung der betreuenden Bezugspersonen und des sie begleitenden interdisziplinären Teams. Dadurch gelang es der Frühfördereinrichtung, eine Vielzahl unterschiedlicher Angebote aufzubauen: Von der kindbezogenen Einzelförderung über Gruppenangebote in der Einrichtung, in Außenstellen oder in Kindertagesstätten bis hin zur elternzentrierten Hilfeangeboten. Hierzu gehörte auch die Möglichkeit, ausgewählten Eltern durch die Fachkräfte moderierte Elterngruppen anzubieten.

Die Mitarbeiter können hierbei im Rahmen ihrer zeitlichen Ressourcen Schwerpunkte bezüglich des Umfangs der Einzelbetreuung je nach Bedarf variieren. Damit kann bei manchen Familien – gerade bei weiteren parallel angebotenen therapeutischen Behandlungen oder Hilfemaßnahmen durch Jugendhilfedienste – eine begleitende Beratung auf größere Abstände verteilt werden, während anderen Kindern oder Familien mit intensiverem Förder- oder Beratungsbedarf häufigere Termine angeboten werden. Es ermöglicht den Fachpersonen der Frühförderstelle auch, regelmäßigen Kontakt zu den behandelnden Ärzten, den betreuenden Kindertagesstätten und insbesondere zu parallel zur Frühförderung behandelnden niedergelassenen Therapeuten zu pflegen und bei Bedarf auch gemeinsame Förderungen und Behandlungen durchzuführen und die jeweiligen Förderkonzepte vor Ort miteinander abzustimmen. Hierdurch ergibt sich für die Eltern zumeist das Bild einer kooperierenden, ineinandergreifenden Hilfeleistung. Kriterium für Art und Umfang der jeweiligen Hilfeleistung ist ausschließlich der individuelle familiäre Hilfebedarf.

Ermöglicht eine Pauschalfinanzierung insofern eine wesentlich flexiblere und abgestimmtere individuelle Hilfeleistung auf der Grundlage breit gefächerter struktureller und fachlicher Ansätze, so liegt der Nachteil dieser Struktur in der fehlenden Flexibilität bei sich verändernden Rahmenbedingungen.

> „Sie macht das Gesamtangebot einer Frühförderstelle in hohem Maße abhängig von langfristig getroffenen Kostenvereinbarungen und erfordert die Zusage des Kostenträgers z.B. zu jeder Stellenaufstockung in Folge des gestiegenen Bedarfs" (Sohns, 2000a, 252).

Hingegen besteht bei einer fördereinheit-orientierten Abrechnungsform die Möglichkeit, bei einem gestiegenen Bedarf an Frühförderung mehr Fördereinheiten abzurechnen und die Mehreinnahmen zeitnah in eine Aufstockung des Personals zu investieren. Damit kann – gerade bei kontinuierlich steigender Nachfrage – auch eine Ausweitung des Personals und damit eine schnellere Hilfeleistung erfolgen, ohne langwierige Verhandlungen mit dem Rehabilitationsträger und einer möglichen Verschiebung ins nächste Haushaltsjahr in Kauf nehmen zu müssen.

6.2 Flexibel gestaltete Zugangs- und Diagnostikverfahren im Rahmen einer interdisziplinären Kooperation

Mit der finanziellen Ausgestaltung sogenannter „Früherkennungsteams" im Zuge einer Mischfinanzierung ist im Land Niedersachen eine Struktur etabliert worden, die von dem größten Teil der Leistungserbringer in Niedersachsen kritisiert und nicht angenommen wird (vgl. Kapitel 4.5.5.1). Hintergrund der Kritik ist ein strukturelles Auseinanderreißen der verschiedenen Frühförderprozesse in Aufnahme, Diagnostik (durch verschiedene Fachpersonen unterschiedlicher Berufsgruppen) und der eigentlichen Förderung. Dies impliziert strukturelle Brüche in der Betreuung durch eine Bezugsperson. Ebenso bestehen Ressentiments innerhalb der (pädagogischen) Frühförderstelle, sich von dem Votum eines als Fremdkörper empfundenen neuen Gremiums abhängig zu machen.

Im Nordkreis des Landes Osnabrück wurden Mitte der 1990er Jahre die strukturellen Abläufe innerhalb eines Früherkennungsteams völlig umgestaltet. Die finanziellen Ressourcen für ein interdisziplinäres Eingangsverfahren im Zuge einer Mischfinanzierung (Krankenkasse, örtlicher Sozialhilfeträger, Landesfinanzierung) wurden so eingesetzt, dass der pädagogische Teil dem allgemeinen Diagnostikprozess vorangestellt wurde. Dadurch war eine offene Anlaufstelle möglich, die nach einer telefonischen Anmeldung der Familie einen Ersttermin – wahlweise in der Frühförderstelle, in der Kindertagesstätte oder als Hausbesuch – anbieten konnte. Im Zuge dieses Ersttermins wurde die pädagogische Anamnese, einschließlich einer Familienanamnese und einem erstem Kennenlernen des Kindes durchgeführt. Bei gegebenem Anlass konnte dieser Ersttermin auch durch eine psychologische Fachperson der Frühförderstelle durchgeführt werden. Je nach spezifischer Fragestellung im Zuge dieses Erstkontaktes wurde dann ein weiterer Termin (in der Regel in der Frühförderstelle) vereinbart, an dem dann neben der ärztlichen Fachperson auch eine medizinisch-therapeutische und/oder eine psychologische Fachperson teilnahmen. Dabei wurde stets darauf geachtet, dass dem Kind nie mehr als maximal zwei Fachpersonen gegenüberstanden. Im Zuge der anschließenden Fallbesprechung konnten sich dann nach Bedarf alle Berufsgruppen abstimmen und gemeinsam mit den Eltern einen Förderplan besprechen, der bei Bedarf als Frühförderleistung beim Rehabilitationsträger beantragt wurde. Dabei konnten die Eltern zum einen konkrete Informationen über ein weiteres Förderangebot und die durchführenden Personen erhalten, gleichzeitig konnten sie selbst ihre Interessen geltend machen und hierauf Einfluss nehmen.

Dadurch dass im Früherkennungsteam der fachärztliche Teil durch Ärzte des Gesundheitsamtes durchgeführt wurde, war mit der Zustimmung der Ärztin gleichzeitig die Zustimmung des örtlichen Sozialhilfeträgers verbunden. Zudem stand an den Früherkennungsterminen in der Frühförderstelle auch den übrigen Teammitgliedern eine beratende ärztliche Kompetenz zur Verfügung.

Waren zu Beginn der Umsetzung dieses Konzeptes die erfahrenen MitarbeiterInnen der Frühförderstelle überwiegend skeptisch gegenüber dem Gremium des Früherkennungsteams und insbesondere der ärztlichen Beteiligung und lehnten eine eigene Teilnahme an diesem Team noch ab, änderte sich dies mit zunehmender Ausgestaltung: Zum einen war eine Überschneidung durch die pädagogischen und psychologischen Teammitglieder (inklusive Leitung) zwischen Früherkennungs- und Frühförderteam gegeben, zum anderen lernten die interdisziplinären Teammitglieder auch die ärztliche Beteiligung an Team- und Fallgesprächen zunehmend schätzen. Mitunter wurden auch gesonderte Fallabsprachen zu eigenen laufenden Frühförderbetreuungen initiiert.

Durch die enge Zusammenarbeit zwischen den Frühfördereinrichtungen und dem örtlichen Sozialhilfeträger wurde auch akzeptiert, dass die Frühförderstelle für die Fördertätigkeit und Elternbegleitungen nicht nur pädagogisches und psychologisches Personal einstellte, sondern auch Fachpersonen mit medizinisch-therapeutischen Ausbildungen, die jedoch wie alle anderen als *Frühförderer* eingearbeitet und in das Konzept der Einrichtung integriert wurden. Somit wurde ein interdisziplinäres Team möglich, das auch mit den Kompetenzen der einzelnen Frühförderfachpersonen den individuellen Belangen von Kind und Familie mit möglichst vielfältigen Kenntnissen Rechnung tragen konnte. Tendenziell fielen den medizinisch-therapeutisch ausgebildeten Fachpersonen stärker die Förderungen der Kinder – auch z. B. als (psychomotorische) Gruppenförderung – zu. Andererseits konzentrierten sich die psychologischen und Teile der pädagogischen Mitarbeiter stärker auf besondere Bedürfnisse der Elternberatung. Ein Austausch zwischen den Schwerpunkten erfolgte in den wöchentlichen Dienst- und Teambesprechungen.

Es zeigte sich mit zunehmender Berufserfahrung der verschiedenen Fachpersonen, dass die originäre Ausbildung immer stärker in den Hintergrund trat. Die Mitarbeiter definierten sich zunehmend als Frühförderer, die sich in unterschiedlichen Schwerpunkten fort- und weiterbildeten und sich untereinander in Fallbesprechungen berieten und stützten. Die Umsetzung eines solchen Konzeptes war nur dadurch möglich, dass die Kreisbehörde als zuständiger Rehabilitationsträger nicht starr ausschließlich an heilpädagogischem Personal festhielt, sondern einer Ausweitung der von ihnen zu refinanzierenden Fachpersonen zu einer breiten Vielfalt an unterschiedlichen Kompetenzen tolerierte.

Die Kooperation mit kommunalen Gebietskörperschaften konnten mit dieser Bündelung der finanziellen Ressourcen auch dahingehend vertieft werden, dass die Mitarbeiter der Frühförderstellen im Nordkreis Osnabrück sich auch mitverantwortlich für die gesamte Ausgestaltung der sozialen Infrastruktur fühlten. Bspw. organisierten sie eine umfangreiche Kindertagesstättenberatung mit zahlreichen Elternabenden, beteiligten sich beratend an der kommunalen Kindertagesstättenbedarfsplanung einschließlich der Konzipierung von Integrationsmaßnahmen und trugen somit auch zu einer Entlastung der kooperierenden Jugendhilfe bei.

Je enger und abgegrenzter die Kostenträger diese umfangreichen Aufgabenfelder definieren, desto eingeschränkter werden die Ressourcen mit der Konsequenz, dass sich jede Einrichtung nur noch auf ihre originären Aufgabenfelder (z. B. Förderung des Kindes und gegebenenfalls Anleitung und Beratung von Eltern) konzentrieren muss. Dass dies, wie in den meisten Kommunen Deutschlands, zu einem Separieren der Frühfördereinrichtungen und in der Folge zu einem weitgehend unkordinierten Nebeneinander der verschiedenen Therapie-, Eingliederungs- und Jugendhilfediensten führt, hat sich auch im Nordkreis Osnabrück im Folge von dramatischen Einsparungen bei den Zeitbudgets für die Betreuungen gezeigt.

6.3 Das Zusammenführen von Eingliederungs- und Jugendhilfe im Rahmen von Sozialraumbudgets

6.3.1 Der Handlungsbedarf

Im Landkreis Nordfriesland (Schleswig-Holstein) wird seit 2008 ein Modell erprobt, bei dem die Eingliederungshilfe für unter 18-Jährige einschließlich der Frühförderung in den Zuständigkeitsbereich der Jugendhilfe integriert wurde. Beide Bereiche sind konzeptionell aufeinander abgestellt, seit 2008 gestalten HilfeplanerInnen und Frühförderstelle Diagnostikprozesse und Förder- und Behandlungspläne gemeinsam. Das Projekt wird durch das Institut für interdisziplinäre Frühförderung in Gera begleitet.

Vorausgegangen waren der Umsetzung jahrelange Vorarbeiten. Ausgangspunkt war im Jahr 2004 die alarmierende Erkenntnis, dass von den damals aufgenommenen Schulanfängern

- 10% zuvor Frühförderung oder Integrationsmaßnahmen erhielten,
- 30% eine medizinische Therapie (Physiotherapie, Ergotherapie, Logopädie),
- 40% Auffälligkeiten im Bereich Sprache, Koordination, Verhalten und Übergewicht zeigten,
- nur 40% der Kinder keinen Förderbedarf oder einen auffälligen Befund aufwiesen (Gesundheitsamt des Kreises Nordfriesland, 2004, vgl. Kap. 3.3.3.4).

6.3.2 Fachliche Diskussionen

Ausgehend von diesem Handlungsbedarf wurde von Vertreterinnen der Jugendhilfe eine Arbeitsgruppe gemeinsam mit Fachpersonen der Frühförderung, des jugendärztlichen Dienstes, der Kindergärten und Hebammen gebildet, der 2006 einen umfassenden Workshop veranstaltete, an dem ca. 220 Fachpersonen, die im Landkreis Nordfriesland mit Kindern unter sechs Jahren arbeiteten, teilnahmen. Aus diesem Workshop ergaben sich sechs zentrale Ziele, die von einer sich hiernach bildenden „Konzept AG" festgehalten wurden:

- Es muss eine bessere Vernetzung der Fachleute geben.
- Die Zusammenarbeit der Fachleute untereinander muss koordinierter ablaufen.
- Es muss eine bessere Elternarbeit geben – Eltern müssen besser darüber informiert sein, welche Rahmenbedingungen für Kinder förderlich sind und welche die Kinder in ihrer Entwicklung auch behindern.
- Es muss eine bessere Qualifizierung der Fachleute geben, insbesondere was die kindliche Entwicklung in den ersten 3 Lebensjahren angeht. Hier gibt es Defizite in allen (sozial-)pädagogischen Professionen.

- Ein anderes Finanzierungssystem in der Eingliederungshilfe für Kinder könnte präventive und ressourcenorientierte Arbeit deutlich mehr befördern als das bisherige Finanzierungssystem.
- Beim öffentlichen Träger muss es eine qualifizierte Fallbearbeitung geben. Bis dato gab es keine pädagogischen Fachkräfte in der Eingliederungshilfe für Kinder, sondern nur Verwaltungskräfte, die Bewilligungen etc. gefertigt haben" (Arbeitsgruppe frühkindliche Entwicklung und gesundes Aufwachsen, 2006, vgl. Stephan 2010, 295).

Es wurde das Projekt „Frühe Hilfen und frühe Förderung in Nordfriesland" ins Leben gerufen, dem es gelungen ist, Fachpersonen der unterschiedlichen Bereiche, die professionell mit Kindern im Vorschulalter arbeiten, zu Fachgesprächen zusammenzuführen und zu einer gemeinsamen Veränderung an der Gesamtkonzeption zu motivieren. Dies betrifft sowohl niedergelassene Ärzte und Therapeuten und die Fachpersonen der Frühförderstellen im Kreis Nordfriesland als auch die MitarbeiterInnen der freien Träger der Jugendhilfe (inklusive der Kindertagesstätten) und des öffentlichen Trägers der Jugendhilfe.

6.3.3 Strukturelle Veränderungen

Aus diesen Gesprächskreisen entstand (2008) das „Netzwerk Gesund Aufwachsen", dem bisher etwa 80 Personen und Institutionen angehören (Stephan 2010, 295). Mit Fachpersonen aller Arbeitsfelder hat sich darüber hinaus ein *Netzwerkbeirat* mit über 20 Personen gebildet.

Der gesamte Bereich der Eingliederungshilfe für Kinder und Jugendliche wurde in den „Fachbereich Jugend und Familie" der Jugendhilfe integriert. Hier wurde eine neue Stelle für das Projektmanagement geschaffen mit der primären Aufgabe, die unterschiedlichen strukturellen Ansätze unter ein Gesamtkonzept zusammenzuführen und fachlich aufeinander abzustimmen.

Weiterhin wurden fünf Stellen für HilfeplanerInnen geschaffen und 2008 besetzt, die in die laufende Arbeit der Frühförderung integriert wurden und gemeinsam mit den Frühförderinnen an der Diagnostik und Hilfeplanung beteiligt sind.

> „Der Kreis Nordfriesland hat für all diese Prozesse die Steuerung übernommen und dafür gesorgt, dass aus Ideen realistische Projekte werden und diese dann auch tatsächlich umgesetzt werden." (Stephan 2010, 296).

6.3.4 Die Realisierung einzelner Projekte

Ausgehend von den bereichsübergreifenden Arbeitsgruppen wurden für eine Vielzahl von Fachkräften weiterführende Fortbildungen organisiert, beispielsweise

- eine Fortbildung ‚vernetztes Arbeiten' für Ärzte

- Elternschulkurse für werdende Eltern, u.a. der Kurs „Mein Baby verstehen" für werdende und ganz junge Eltern, für den durch die Elternschule Nordfriesland 15 neue Multiplikatorinnen ausgebildet wurden
- Die Entwicklung eines gemeinsamen Qualifizierungskonzeptes mit den Mitarbeiterinnen der Kindertagesstätten zur Qualifizierung für die Kita-Betreuung für Kinder unter drei Jahren" (ebd., 296)

In einem Sozialraum (Südtondern) wurde mit dem Projekt „Eltern – Staat – Hilfe" ein Angebot entwickelt, das Eltern mit Babys und Kleinkindern eine aufsuchende bindungsorientierte und videogestützte Beratung anbietet. Durch das bereichsübergreifende Angebot dieses Projektes wird neben der Einzelfallarbeit mit den Eltern auch die Netzwerkarbeit und das Zusammenwachsen der unterschiedlichen Berufsgruppen gefördert. Inzwischen gibt es ein ähnliches Projekt auch im südlichen Kreisgebiet.

Zusätzlich hat der Landkreis Nordfriesland fünf Familienhebammen ausgebildet, die in der Jugendhilfe eingesetzt werden können. Die Bezahlung dieser Hebammen erfolgt aus Jugendhilfemitteln im Rahmen der Hilfen zur Erziehung.

6.3.5 Der Rahmen der Neukonzipierung: Das Sozialraumprojekt

Das gesamte Konzept der „frühen Hilfen und frühen Förderung im Landkreis Nordfriesland" bettet sich ein in das „Sozialraumprojekt für die frühe Förderung". Dieses Konzept, das in Nordfriesland in der Jugendhilfe bereits seit 2002 umgesetzt wird, wurde auf die Eingliederungshilfe für Kinder und Jugendliche übertragen. Im Mittelpunkt steht hierbei eine „ressourcenorientierte systemische und präventive Arbeit mit Sozialraumbudgets statt Einzellfallfinanzierung" (Stephan 2010, 297). Von den fünf Sozialräumen des Kreises verfügt jeder über ein eigenes Eingliederungshilfebudget für Kinder und Jugendliche unter 18 Jahren. Diese Budgets (zwischen 450 000 und 2 000 000 € pro Jahr) werden an einen jeweiligen Schwerpunktträger ausgezahlt, der damit für die fachgerechte Erbringung der Hilfeleistungen – auch unter Hinzuziehung anderer Träger – verantwortlich ist. Hierzu gibt es in jedem Sozialraum ein Regionalteam, in dem die MitarbeiterInnen der freien Träger gemeinsam mit den MitarbeiterInnen der öffentlichen Träger die Bedarfe der einzelnen Familien besprechen und die Hilfen planen.

Das Budget richtet sich nach den Ausgaben des öffentlichen Trägers im Vorjahr und wird in einzelnen Monatsraten ausgezahlt. Vor der Auszahlung des Budgets an die freien Träger werden die Ausgaben des öffentlichen Trägers (rechtliche oder verwaltungstechnisch notwendige Leistungen des Kreises) als Vorwegabzug entnommen. Die freien Träger erhalten die restliche Summe ausgezahlt.

Der Landkreis Nordfriesland hat sich bewusst dafür entschieden, sowohl die Leistungen der öffentlichen Hand als auch der freien Träger in ein gemeinsames Budget zu integrieren und nicht formal zu trennen. Das bedeutet für die Praxis, dass die not-

wendigen Leistungen des Vorwegabzugs den freien Trägern ausgewiesen und begründet werden. Damit erhalten die Gesamtausgaben gegenüber der Verwaltung, der Politik aber auch den freien Trägern eine hohe Transparenz. Dies soll dem Eindruck entgegenwirken, dass die politischen Entscheidungsträger und ihre Verwaltung primär ihre eigenen Interessen vertreten auf Kosten der Angebote für Kind und Familie. Es führt auch dazu, dass alle nicht benötigten Mittel für die öffentliche Hand im Budget erhalten und für die unmittelbaren Leistungen für Kinder und Jugendliche aufgewendet werden können.

6.3.6 Haushaltstransparenz der Sozialraumbudgets

Dadurch, dass die jeweiligen Regionalteams von der Kreisverwaltung eine monatliche Rückmeldung über den hochgerechneten Budgetbestand erhalten, führt dieses sogenannte „Hausfrauenmodell" dazu, dass eine hohe laufende Transparenz darüber besteht, wie viel Geld des laufenden Budgets noch vorhanden ist. Entsprechend liegt die Finanzhoheit im Regionalteam, in dem sowohl darauf geachtet werden muss, dass das Budget ausreicht als auch die fachlichen Absprachen und Entscheidungen über die jeweiligen Hilfen und präventiven Maßnahmen erfolgen.

> „Natürlich haben Geschäftsführer der freien Träger und auch Finanzverantwortliche des öffentlichen Trägers eine begleitende Aufgabe für das Regionalteam, aber die wirkliche Steuerung (Controlling) ist nur im Zuge der Fallbearbeitung möglich, also an der Basis, wo mit den Menschen gearbeitet wird. Das Regionalteam steuert die Einzelfälle und Projekte nach fachlichen Gesichtspunkten und geht außerdem verantwortlich mit den begrenzten Mitteln um" (Stephan 2010, 298).

Sind am Jahresende noch Reste des Budgets vorhanden, werden 20 % dieser Mittel dem freien Träger zur Verfügung gestellt.

6.3.7 Philosophie der Sozialraumbudgets

„Im herkömmlichen Finanzierungssystem wird am Problem Geld verdient und nicht an der Lösung des Problems" (Stephan 2010, 297). Genau dies versucht der Landkreis Nordfriesland zu ändern, indem er die Trennung der Fachlichkeit und der Finanzverantwortung aufhebt. Dadurch soll eine systemische Sichtweise mit der Abkehr von der bisherigen Einzelfallfinanzierung nach SGB XII und eine ressourcenorientierte Arbeit mit dem Ziel gestärkt werden, Hilfebedarf bereits in seiner Entstehung zu verringern. Anders als bei der geringen Flexibilität der Einzelfallfinanzierung wird mit den Budgets die Hoffnung verbunden, dass „die Hilfen besser auf die individuelle Bedarfslage des Familiensystems ausgerichtet werden. In der Jugendhilfe sprechen wir von Maßanzügen statt Konfektionsware. Darüber hinaus wird durch die Budgets auch präventives Handeln finanzierbar, da die Träger nicht mehr Einzelfälle brauchen, um Geld zu bekommen" (ebd.).

Damit entspricht die sozialraumorientierte Neukonzeption für die Frühförderung auch den Anforderungen der FrühV, die mit der Erstellung des Förder- und Behandlungsplans die Grundlage dafür vorgeben will, dass familienorientierte „Maßanzüge" entstehen. Anders als der (noch) überwiegende Teil der deutschen Kreis- und Stadtverwaltungen, die es vorziehen, mit allgemeinen Kontrollen einer (drohenden) Behinderung und der entsprechenden Genehmigung von vereinheitlichten Zeitbudgets (in der Regel eine FE pro Woche) ihre Konfektionswahre zu erhalten, sollen mit den Sozialraumbudgets spezifische Hilfeangebote für die jeweilige Familie ermöglicht werden. Gleichzeitig erweitert sich der Blickwinkel über den ausschließlichen Hilfebedarf des Kindes hin zu einem ressourcenorientierten Gesamtbedarf des Systems Familie.

Dabei sind mögliche Therapien und Förderungen des Kindes einbezogen, sie werden jedoch in den familiären Kontext integriert. Es sind auch ausschließliche Hilfebedarfe nur für das Umfeld des Kindes möglich und im Rahmen der Frühförderung leistbar. Die Entscheidung hierüber wird im Rahmen der gemeinsamen Hilfeplanung im Regionalteam gefällt. Dadurch, dass es in jedem Sozialraum ein eigenes Regionalteam gibt, bleiben die Strukturen der Netzwerke überschaubar. Gleichzeitig gibt es „aus Effektivitätsgründen" auch spezifische Jugendhilfe- und Eingliederungshilfe-Unterteams, die zuständig sind, falls keine gemeinsame Hilfe zur Erziehungs- und Eingliederungshilfe notwendig ist. Beide Teams stimmen sich mindestens einmal im Monat in einer gemeinsamen Sitzung (auch zur gemeinsamen Verantwortung für die Betreuung des Sozialraums) ab.

Es liegt auf der Hand, dass ein konzeptionelles Zusammenwachsen von Frühförderung und Jugendhilfe mit ihren jeweiligen Traditionen nicht ohne Ängste und Reibungsverluste möglich ist. Die Integration neuer HilfeplanerInnen in das Team wird nicht nur (wie aus Sicht der Jugendhilfe) als fachliche Bereicherung und Angebot zur Aufwertung der Frühförderung angesehen, es kann auch als Eingriffs- und Kontrollversuch bewertet werden. Gleichzeitig ergeben sich in der praktischen Arbeit aufgrund der unterschiedlichen Vorerfahrungen – gerade bei langjähriger Berufserfahrung mit fest etablierten Arbeitsweisen – Spannungen bezüglich der jeweiligen fachlichen Blickwinkel. Es ist jedoch die große Chance dieses Systems, dass mit einem zunehmenden Zusammenwachsen dieser Blickwinkel eine neue Fachlichkeit entsteht, die den Horizont der zuvor eng umgrenzten Hilfeleistungen erweitert. Um diese Prozesse zu beschleunigen, versucht in Nordfriesland eine Prozess-AG mit Vertretern der öffentlichen Jugend- und Eingliederungshilfe, der regionalen Schwerpunktträger der Sozialräume, der Sozialraumträger der Jugendhilfe und des Jugendärztlichen Dienstes die theoretischen Ansprüche und die praktische Umsetzung und ihre Probleme aufzunehmen und auszuräumen.

6.3.8 Der Einfluss der Landesebene

Die Umstrukturierung in Nordfriesland wird dadurch erschwert, dass die Rahmenbedingungen des Landes auf solche modernen Konzepte nicht eingestellt sind.

Trotz politischer Unterstützung für die Sozialraumorientierung durch das Sozialministerium läuft der gesamte Tenor der Landesrahmenvereinbarung Frühförderung der systemischen und ressourcenorientierten Denkweise in Nordfriesland diametral entgegen (vgl. Kapitel 4.5.3): Zum einen halten die Krankenversicherungen an einem hierarchischen Konzept der Patientenbehandlung fest und fühlen sich für die Folgen gesellschaftlicher Veränderungen nicht zuständig.

Entsprechend war es auch im Landkreis Nordfriesland – wie in allen anderen Landkreisen Schleswig-Holsteins – nicht möglich, eine Vereinbarung mit den Krankenkassen zur Umsetzung einer Komplexleistung Frühförderung zu schließen. Die Krankenkassen scheinen nicht bereit, sich auf ressourcenorientierte Konzepte, die über die Einzelbetreuung von Kindern hinausgehen, einzulassen. Entsprechend zahlt der Landkreis Nordfriesland aus eigenen Haushaltsmitteln die Gespräche zwischen niedergelassenen Therapeuten und Frühförderstelle, die notwendig sind, um im Sinne einer Komplexleistung Hilfen aufeinander abzustimmen. Entsprechend muss auch die Einbettung der Ärzte in das Gesamtkonzept ohne Hilfen der Krankenkassen organisiert werden. Hier scheinen auch ein Umdenken und ein Einmünden in eine gemeinsame Konzeption auf absehbare Zeit nicht absehbar. Der Kreis Nordfriesland hat deshalb – wie auch andere Landkreise in Deutschland – beschlossen, eine system- und familienorientierte Frühförderung ausschließlich mit eigenen Haushaltsmitteln ohne Kooperation mit den Krankenkassen umzusetzen.

Zum anderen ist eine angestrebte Kommunalisierung der Sozialhilfe in Schleswig-Holstein nicht umgesetzt: Nach wie vor werden die Kosten für teilstationäre und stationäre Maßnahmen den kommunalen Trägern zu 100 % vom Land erstattet. Solange die Landkreise jedoch für diese Kosten nicht selbst aufkommen müssen, sind sie verständlicher Weise motiviert, die Bedarfe der Kinder so zu diagnostizieren, dass teilstationäre oder stationäre Betreuungen im Vordergrund stehen. Einer Umstrukturierung auf Kreisebene hin zu ambulanten Hilfen oder gar zu präventiven Maßnahmen wird dadurch entgegengewirkt. Hinzu kommt, dass das SGB XII noch immer nur einzelfallbezogene Hilfen vorsieht. Damit gibt es kein Leistungsgesetz, aus dem sich ein finanzieller Anspruch für eine fallunspezifische Arbeit und damit für moderne präventive Konzepte ableiten lässt.

Entsprechend sind die Kreise und kreisfreien Städte bislang wenig an konzeptionellen Umstrukturierungen interessiert. Im Landkreis Nordfriesland waren die beschriebenen dramatischen Steigerungsraten von kindlichen Hilfebedarfen eine wesentliche Motivation für die Neukonzipierung. Dabei war die Jugendhilfe seit dem Jahr 2001 Vorreiterin. Der Landkreis hat die Hoffnung, dass mit der Übertragung solcher Konzepte auf die Frühförderung eine fachliche Aufwertung der Hilfeangebote insgesamt einhergeht, ohne dass dies gleichzeitig zu Mehrausgaben führt. Die bisherigen Erfahrungen aus dem Bereich der Jugendhilfe bestätigen diese Hoffnung: „In der Jugendhilfe hatten wir keine Ausgabensteigerung seit 2000/2001. Wir haben aber für das gleiche Geld mehr Leistungen erbracht" (Stephan 2009, 300).

6.4 Frühförderung als Bestandteil von wohnortnahen Familienzentren in überschaubaren Sozialräumen

Die Chance, veränderte Konzeptionen eines abgestimmten Gesamtkonzeptes sozialer Hilfen erfolgreich umzusetzen, ist immer dann besonders groß, wenn in der regionalen Infrastruktur ohnehin ein allgemein akzeptierter Veränderungsbedarf besteht. In diesem Fall sind zum einen die Rehabilitationsträger bereit, eingefahrene Strukturen zu verändern und neue Angebote zu finanzieren, zum anderen sind die Leistungserbringer motiviert, sich auf neue Konzepte einzulassen, um auch künftig eine tragende Rolle im Rahmen der neuen Strukturen einnehmen zu können.

6.4.1 Ausgangslage

In der Universitätsstadt Münster/Westfalen wurde bisher Frühförderung lediglich von einer kommunalen Frühförderstelle angeboten, die in das städtische Gesundheitsamt integriert ist. Hier arbeitet ein gut ausgebildetes und erfahrenes Team interdisziplinärer Fachkräfte, das im Laufe der Jahre ein Angebot auf hohem fachlichem Niveau aufgebaut hat. Durch die Einbettung in das städtische Gesundheitsamt erfolgt eine Pauschalfinanzierung (vgl. Kapitel 6.1), entsprechend müssen Familien mit einem Hilfebedarf keine zusätzlichen behördlichen Kontrolluntersuchungen wahrnehmen. Der ärztliche Teil der Frühförderung ist in das allgemeine familienorientierte Angebot integriert, wodurch auch das Frühförderteam regelmäßige ärztliche Austausch- und Kooperationsmöglichkeiten besitzt.

Wie bei anderen pauschalfinanzierten Frühförderstellen wird auch in Münster der Personal*umfang* mit den politischen Gremien verhandelt bzw. von diesen vorgegeben. Dies führte dazu, dass im Gegensatz zu anderen Regionen das Personal im Laufe der Jahre nicht aufgestockt wurde und nur eine geringe Anzahl von Kindern und Familien betreuen kann. Ingesamt bestehen Wartezeiten, obwohl in Münster nur 0,8 % der Kinder im Vorschulalter durch die Frühförderstellen betreut werden. Verglichen mit dem zuvor beschrieben Landkreis Nordfriesland (vgl. Kapitel 6.3), in dem über 10 % aller Kinder ambulant oder teilstationär betreut werden, ist kaum anzunehmen, dass die Kinder dort um ein Vielfaches häufiger Entwicklungsauffälligkeiten zeigen. In Münster besteht bei Politik und Verwaltung der Wille, die Frühförderung in Ausgestaltung der gesetzlichen Vorgaben des SGB IX neu zu konzipieren und dabei sukzessive aufzustocken.

6.4.2 Ansatz der Neukonzeption

Einhergehend mit dem Bedarf an zusätzlichem Fachpersonal für die Frühförderung haben zwei freie Träger bei der Stadtverwaltung einen Antrag auf Zulassung als interdisziplinäre Frühförderstelle eingereicht. Für die Vertreter der Stadt Münster besteht nun die Notwendigkeit, diesen Ansprüchen einerseits im Zuge des Subsidiaritätsprinzips Rechnung zu tragen, andererseits Akzente dahingehend zu setzen, dass die künftigen drei Frühfördereinrichtungen sich nicht im Zuge von Konkurrenzsituationen voneinander abgrenzen, sondern die unterschiedlichen fachlichen Kompetenzen in ihrer Einrichtung Gewinn bringend in ein abgestimmtes Gesamtkonzept einbringen können. Entsprechend wurde das Gesundheitsamt beauftragt, strukturelle und konzeptionelle Vorschläge für eine solche Neukonzeption zu erarbeiten.

Hierzu wird derzeit ein Entwurf für ein gesamtstädtisches Präventionsprogramm unter dem Titel „gesundheitliche Hilfen für Kinder und ihre Familien" erarbeitet. Kernstück dieses Konzeptes ist es, ein Gesamtsystem „früher Hilfen" aufzubauen und zu koordinieren, das in hohem Maße präventive Wirkung entfalten soll. Das bedeutet, dass neben gezielten Förderangeboten für die Kinder die innerfamiliären Ressourcen zur Erziehung und Förderung der Kinder systematisch gestärkt werden sollen. Ziel ist es, unter Federführung des Gesundheitsamtes die verschiedenen Angebote mit Bezug zur Frühförderung sowohl im Bereich der Eingliederungshilfe (Sozialamt) als auch der Jugendhilfe miteinander abzustimmen.

Der strukturelle Ansatz, in den sich diese Neukonzeption einbettet, ist eine bereits bestehende Sozialraumorientierung. Im Zuge einer verbesserten Netzwerkgestaltung und einer Weiterentwicklung stadtteil- und sozialraumorientierter Angebote sollen neben der Jugendhilfe auch die Schulen in eine verbesserte Kooperation eingebunden werden.

Ansetzen kann ein solches sozialraumorientiertes Konzept an dem Konzept der Familienzentren:

> „Lokale gemeinwesenorientierte Familienzentren sollen die Erziehungskompetenz der Eltern stärken sowie die Vereinbarkeit von Familie und Beruf verbessern. Als Zentrum eines Netzwerks verschiedener familien- und kinderunterstützender Angebote bieten Familienzentren den Eltern und ihren Kindern frühe Beratung, Information und Hilfe in allen Lebensphasen."

Diese Familienzentren werden nach zahlreichen Modellprojekten in ganz Nordrhein-Westfalen im Rahmen eines Landesprogramms flächendeckend ausgebaut und sollen von etwa 1000 (2008) auf 3000 (2012) anwachsen (Ministerium für Generationen, Familien, Frauen und Integration des Landes Nordrhein-Westfalen 2009). Dabei werden Kindertageseinrichtungen systematisch zu Familienzentren ausgebaut, die durch „die Bündelung von Angeboten verschiedener lokaler Träger die mancher Orts getrennten Bereiche der vorschulischen Erziehung für Bildung mit bereits bestehenden Angeboten der Familienunterstützung" zusammenführen sollen (vgl. ebd., 5).

Für die Stadt Münster bietet es sich an, von diesem Konzept zu profitieren und es gleichzeitig auch für die Neukonzipierung im Zuge des gesamtstädtischen Präventionsprogramms zu nutzen. Wenn bestehende Kindertagesstätten innerhalb der einzelnen Sozialräume gezielt zu Familienzentren ausgebaut werden, liegt es auch für die Angebote der Frühförderung auf der Hand, sich in ein solches dezentrales Konzept der einzelnen Stadtteile einzubetten. Dies relativiert zum einen die Gefahr möglicher entstehender Konkurrenzsituationen zwischen den Frühfördereinrichtungen, zum anderen eröffnet es Möglichkeiten, spezifische Kompetenzen der einzelnen Fachpersonen aus den jeweiligen Frühfördereinrichtungen je nach Bedarf in die Familienzentren vor Ort zu integrieren.

Für die Frühförderstellen bedeutet dies, dass sie ihre jeweiligen Einrichtungen als zentrale Anlaufstellen für ambulante Betreuungen, Teamarbeit und Verwaltungstätigkeiten behalten oder aufbauen. Darüber hinaus vernetzen sie sich zu einem individuell abgestimmten Bedarfskonzept mit den Familienzentren, die den Fachkräften der Frühförderung (zu bestimmten Zeiten) Räumlichkeiten innerhalb der stadtteil- und sozialraumorientierten Kindertagesstätten als offene Anlaufstelle anbieten. Dies senkt nicht nur die Hemmschwellen von hilfebedürftigen Familien – gerade aus einem sozial benachteiligten Milieu –, es fördert auch die Netzwerke der Institutionen und eine abgestimmte institutionenübergreifende Arbeitsweise: Im Mittelpunkt steht nicht das Angebot der einzelnen Einrichtungen, deren Marktstellung und Refinanzierungsmöglichkeiten, sondern der individuelle Bedarf von Kindern und Familien in ihrer spezifischen Lebenssituation. Die verschiedenen in die Sozialräume und Familienzentren integrierten Hilfesysteme können insofern die Bedarfe (auch im häuslichen Bereich) früher und gezielter erkennen und in enger Abstimmung bedarfsorientierte Hilfen anbieten. Hierbei bilden die Frühförderstellen einen Baustein im Rahmen eines Gesamtsystems.

Das Präventionsprogramm der Stadt Münster proklamiert insofern eine Abkehr von den bisherigen wartenden Angeboten zu Gunsten einer aktiveren Rolle, durch die gezielte „dezentrale Hilfen" die Familien besser erreichen können. Damit kommt das Konzept einer Realisierung dessen näher, was Klein (1984, 52 f.) bereits vor Jahrzehnten als „aufspürende Früherkennung" gefordert hat (vgl. Sohns 2000 a, 63 f).

6.4.3 Perspektive der konzeptionellen Ausrichtung

Es wird interessant sein, ob es den Ämtern der Stadt Münster gelingen wird, die verschiedenen Anbieter der jeweiligen Leistungen konzeptionell in ihrer laufenden Arbeit so zu koordinieren, dass ein kooperatives Klima entsteht, oder ob – wie in den meisten Regionen Deutschlands – einzelne Frühförderstellen in offener Konkurrenz unkoordiniert nebeneinander oder gegeneinander arbeiten[72].

---

72 Die Argumentation des seinerzeitigen Gesetzgebers, eine Änderung des BSHG § 93 mit der Einführung eines Konkurrenzprinzips zwischen verschiedenen Anbietern fördere die Qualität

Für die Stadt Münster zeigt sich jetzt die Möglichkeit, im Zuge von Neuzulassungen freier Träger für die Frühförderung verbindliche Absprachen bezüglich einer Einbettung in sozialraumorientierte Konzepte, einer Kooperation mit anderen Einrichtungen und Hilfesystemen und einem Fokus auf eine ganzheitliche, familienorientierte Frühförderung zu treffen. Nur so können die Ansprüche des Gesetzgebers, wonach Frühförderung „wohnortnah und familienorientiert" anzubieten sei, realisiert werden. Dadurch dass fachkompetente Bezugspersonen in überschaubaren Wohngebieten bekannt sind, erleichtert sich der Zugang zu den Hilfenangeboten insbesondere für Familien aus sozial benachteiligten Milieus. Genau hier besteht jedoch seit dem letzten Jahrzehnt der größte Bedarf an mobilen Frühförderhilfen, genau hier bestehen gleichzeitig die größten Hemmschwellen für ihre Inanspruchnahme. Da die Diskrepanz zwischen Bedarf und Inanspruchnahme dieser Familien oftmals erst mit der Einschulungsuntersuchung offenbar wird, muss hierauf im Zuge eines Präventionsprogramms besonderes Augenmerk gelegt werden. Mit der Formulierung einer solch anspruchsvollen Konzeption betritt die Stadt Münster Neuland. Ein Gelingen von institutionsübergreifend abgestimmten Arbeitsweisen wird im hohen Maße davon abhängen, ob eine Gesamtmentalität entsteht, in der Kollegialität, Fachkompetenz und die unmittelbaren Bedürfnisse der Kinder und Familien im Mittelpunkt stehen. Eine solche Mentalität kann nicht reifen, wenn die Einrichtungen vor Ort unter unmittelbarer Existenzbedrohung arbeiten müssen. Eine zentrale Rolle hierfür wird den koordinierenden Fachpersonen zufallen. Insofern bedarf es einer neutralen Koordinierungsinstanz, die nur von qualifizierten Fachpersonen im Zuge der Ausführung einer kommunalen Sozialplanung gewährleistet werden kann.

---

der sozialen Angebote, konnte bis heute nicht belegt werden. Vielmehr wird immer offensichtlicher, dass ein marktwirtschaftliches Denken, wonach Eltern sich aus einer Vielzahl von Anbietern die qualitativ beste Einrichtung aussuchen und somit die Qualitätsverbesserungen der Einrichtungen forcieren, nicht auf den Sozialbereich übertragbar ist. Insbesondere aus dem Altenhilfebereich, in dem unter der gleichen Mentalität eine Vielzahl von konkurrierenden Anbietern eine unüberschaubare Struktur mit zahlreichen Qualitätsdefiziten bilden, ist ersichtlich, dass umfangreiche Ressourcen der Einrichtungen unter einem Konkurrenzprinzip in hohem Maße in dem Bereich einer werbewirksamen Öffentlichkeitsarbeit investiert werden müssen und der unmittelbaren Betreuungsqualität und einer einrichtungsübergreifenden Koordinierung der unterschiedlichen Kompetenzen verloren gehen.

7 Perspektive: Ein Gesamtsystem Frühförderung

In den 1980er Jahren hat die deutsche Frühförderung den Wandel ihrer fachlichen Ausrichtung von einem defizitorientierten zu einem ganzheitlich-fördernden Ansatz und von einem Laienmodell zu einem kooperativen Verhältnis zu den Eltern als „Paradigmenwechsel" breit diskutiert. Es gelang der Frühförderung jedoch nur punktuell, die kontrollierenden Geldgeber auf diesen Weg mitzunehmen. Es ist offensichtlich geworden, dass bei den Rehabilitationsträgern noch immer ein tradiertes defizitorientiertes Bild überwiegt. Es ist auch offensichtlich geworden, dass es mit unseren Fördersystemen und deren administrativer Kontrolle nur unzureichend gelingt, gerade die Familien zu erreichen, die eine familienorientierte Hilfe besonders nötig haben. Hier spielen Stigmatisierungserfahrungen und subjektive Ängste vor einem Kontakt mit offiziellen Hilfesystemen eine wesentliche Rolle. Wenn wir abschließend nach vorne schauen, so wird sich perspektivisch für die Zukunft zunehmend die Frage stellen: Was ist überhaupt *Normalität* in Abgrenzung zu einer (drohenden) Behinderung? Normalentwicklung von Kindern verändert sich ebenso wie die Abgrenzung zu einer „nicht-normalen" Entwicklung sich verändert. Wir sind wissenschaftlich nicht in der Lage, abzugrenzen, wo „Normalität" aufhört und „Behinderung" beginnt. Damit bleibt der Übergang zwischen Normalität und Förderbedürftigkeit willkürlich.

Spätestens hier stellt sich die Frage: Wozu brauchen wir eine starre Abgrenzung? Und: Gibt es unterstützende Angebote jenseits der Stigmatisierung einer besonderen Hilfebedürftigkeit? Kostenträger und Verwaltung haben ein Bedürfnis nach klaren Zuordnungen und Kategorien. Dieses Schubladendenken führt in der praktischen Arbeit zu enormen Reibungsverlusten in der Beziehung zu Hilfebedürftigen. In Skandinavien, wo sich seit über 50 Jahren ein *Normalisierungsprinzip* als politische Maxime stärker in der Gesellschaft verankert hat, hat dies auch Auswirkungen auf die Übergänge von *normal* zu *behindert*: Hier steht bei Kindern (auch in der Schule) eine individuelle – und damit differenzierte – Förderung im Vordergrund und damit eine pädagogisch auf die jeweiligen Interessen und Fähigkeiten gerichtete individuelle Sichtweise, die im Gegensatz steht zu den traditionell starren deutschen Lehrplänen, die die Fachpersonen zu einer einheitlichen Förderung führen.

> „Wenn ich aber individuell für jedes einzelne Kind – in Schule wie in Kindertagesstätten und in ambulanten Förderprozessen – einen Förderplan konzipiere und damit die Stärken und Motivationsansätze für jedes Kind im Auge habe, dann bedarf es keiner stigmatisierenden Grenze behindert-normal: Manche Kinder erhalten mehr spezifische Förderung und Anregungen – insbesondere übrigens auch sogenannte hochbegabte Kinder – andere benötigen weniger individuelle Hilfen. Für administrative Schubladen ist hier kein Bedarf mehr" (Sohns 2009d, 129).

Von einer Umsetzung eines solchen Paradigmas für die Hilfen zur Teilhabe sind wir in Deutschland noch weit entfernt – weiter als in den meisten Nachbarländern. In Deutschland liegt der Fokus auf der (regionalen) verwaltungstechnischen Abwicklung und formalen Zuständigkeitsbegrenzung statt auf systemübergreifenden Denkweisen und einer verwaltungstechnischen Umsetzung von effektiven Gesamtangeboten. Der wesentliche Einfluss scheint bei der ausführenden Verwaltung zu liegen und nicht bei fachlich fundierten Politikern und engagierten Verwaltungsspitzen, denen übergreifende Zusammenhänge wichtiger sind als der eigene Zuständigkeitsbereich. Eben jene Verwaltung hat in den vergangenen zehn Jahren gezeigt, wie willkürlich sie systemfremde Neuregelungen aussitzen und sich über gesetzliche Vorgaben hinweg setzen kann – wohl wissend, dass ihr keine Rechtssprechung Vorgaben macht, die ihrer Willkür Grenzen setzt. Solange in Deutschland bei Rehabilitationsträgern die Leitlinien von fachfremden Verwaltungsfunktionären und ausführenden Sachbearbeitern vorgeben werden, die ein primäres Interesse an dem Erhalt ihrer eingefahrenen Strukturen und Zuständigkeiten zeigen, solange werden wir es weiterhin bevorzugen, viel Geld auszugeben für unabgestimmte Einzelsysteme, die eine bedürftige Klientel zu durchlaufen hat, vor denen sie jeweils erneut intime Details aufzublättern hat und dabei den Eindruck eines unüberschaubaren Dschungels von Anforderungen, Aufforderungen und Vorgaben erhält.

Es bleibt die Aufgabe der Sozial- und Gesundheitswissenschaften, stets aufs Neue zu überzeugen – mit dem Ziel effektiver Strukturen und hohen fachlichen Ansprüchen und einer Mentalität, bei der Fachlichkeit und überinstitutionelle Kooperationen die bestehenden Konkurrenzstrukturen der Hilfeleistenden und eine Kontroll- und Verwaltungsdominanz ablösen. Dabei haben sich die Herausforderungen an eine Arbeit im Frühfördersystem gewandelt. Der Anteil „klassischer Behinderungen" sinkt. Dagegen steigt der Bedarf an disziplinübergreifenden Kompetenzen. Es liegt auf der Hand, dass die fachlichen Anforderungen an die Fachpersonen, die eine solche differenzierte Förderung gewährleisten sollen, ungleich höher sind. Entsprechend können nur gut ausgebildete Fachpersonen, denen darüber hinaus gezielte fachübergreifende Aus- und Weiterbildungsmöglichkeiten ermöglicht und abgefordert werden, diesen Ansprüchen Rechnung tragen. Dies hat im Vorschulbereich wenig Tradition und ist auch in der deutschen Frühförderung nur in Teilen Deutschlands gewährleistet.

Wir haben im Bereich Frühförderung Konsequenzen gezogen und – erstmals in Deutschland, an der Fachhochschule Gera, weitere werden sicherlich folgen – eine grundständige Ausbildung in einem eigenen Studiengang „Interdisziplinäre Frühförderung" konzipiert und angeboten. Die Nachfrage nach diesen Studienplätzen ist groß. Es bleibt zu hoffen, dass das fachliche Niveau von Frühförderung bundesweit die Anerkennung erhalten wird, die ihr auf Grund des gesellschaftlichen Bedarfs zusteht.

Die veränderten Anforderungen lenken den Blick verstärkt auf eine pädagogische Umfeldarbeit im Bereich „Erziehung". Dies ist keine Domäne der Sozialpädagogik, vielmehr ist auch ein Zusammenwachsen verschiedener pädagogischer

Grundkompetenzen notwendig. Es wurde aufgezeigt, dass die Heilpädagogik auch künftig ihre Existenzberechtigung behält und sich vermutlich noch weiter ausbauen wird. Aber sie wird ihr Profil ändern müssen: So wie Ausbildungsstätten und insbesondere Hochschulen ihre sonderpädagogische einseitige Ausdifferenzierung in diverse Spezialisierungsbereiche als überholt erkennen müssen, so werden auch die Fachpersonen der Frühförderung den Fokus ihrer pädagogischen Arbeit neu definieren müssen: Im Mittelpunkt stehen nach wie vor Menschen mit sogenanntem „besonderen Förderbedarf", die im Sinne des Gesetzes „behindert oder von Behinderung bedroht" sind und einen Anspruch auf Hilfe haben. Aber die kritische Überprüfung der Wirksamkeit der Hilfen lehrt uns, dass therapeutische Interventionen (zur Stärkung der Funktionstüchtigkeit) in einer zunehmenden Zahl von Betreuungs-Fällen zu kurz greifen. Es macht keinen Sinn, mit ausgefeilten Methoden ihre Symptome zu bearbeiten, wenn die Hintergründe und Ursachen der Symptome gleichzeitig kumulieren. Wenn es der Heilpädagogik gelingt, sich diesen neuen Anforderungen zu stellen, wird sie gute Aussichten haben, auch künftig als moderne Disziplin bei den fachlichen Antworten auf aktuelle Anforderungen eine tragende Rolle einzunehmen.

Die zentralen gesellschaftlichen Ziele, bei deren Umsetzung sich Frühförderung im Rahmen ihrer Möglichkeiten einzubringen hat, legen eine Abkehr von einem einseitigen kurativen Blickwinkel (wie es der Begriff der „Rehabilitation" leider noch suggeriert) nahe. Im Sinne eines präventiven Versorgungsauftrags haben die sozialen Systeme einschließlich der Frühförderung daran mitzuwirken, dass

- Lebensbedingungen für Kinder gefördert werden, die ihren motorischen und kognitiven Bedürfnissen gerecht werden,
- eine allgemeine Vermittlung von Erziehungskompetenzen und -sicherheiten in den verschiedenen Lebenslagen erfolgt,
- individuelle Förderkonzepte für *alle* Kinder entsprechend ihrer Neigungen und Fähigkeiten erstellt werden,
- eine fachübergreifende Sprache bei den Fachpersonen und eine selbstverständliche Kooperationsstruktur entsteht, die nicht von Konkurrenz und Ressentiments geprägt ist,
- eine begleitende Wissenschaft der Frühförderung sich zusammen findet, die in Kooperation mit Rehabilitationsträgern neue (administerable) Konzepte erstellt und an der Etablierung in die Praxis mitwirken kann,
- gut ausgebildete Fachpersonen beschäftigt werden, die die Institutionen auf breiter Basis mit fachlich modernen Konzepten bereichern.

Es bleibt zu hoffen, dass Kostenträger wie Institutionen es lernen, an der Verwirklichung dieser großen Ziele mitzuwirken. Bereits vor über zehn Jahren wurde die Forderung nach einer verbesserten Koordinierung und Vernetzung innerhalb der Frühförderung erhoben:

„Und ebenso wie es zwischen den Kostenträgern zumeist einer koordinierenden Institution bedarf, die statt egoistischer Einflußsphären und Kostenersparnis das Allgemeinwohl im Auge behält, bedarf es auch bei den Betreuungseinrichtungen der Frühförderung vor Ort einer neutralen Instanz zur erforderlichen Koordination, um – anstelle des dafür untauglichen Marktes – das Ziel einer Vernetzung der verschiedenen Angebote nach inhaltlichen Kriterien – im Sinne einer Gesamtplanerstellung – zu gewährleisten" (Sohns 2000a, 320).

Die Konsequenz war die Forderung nach „Gemeindenahen Verbundsystemen" und der vermehrten Einbeziehung der Jugendhilfe (ebd., 321ff, vgl. auch Speck 2009). Die gesetzlichen Vorgaben wurden seitdem in diese Richtung aktualisiert. Es müsste im Interesse auch der Rehabilitationsträger liegen, wenn kompetente Netzwerke vor Ort entstünden, die kooperativ – und nicht wie bisher in offener Konkurrenz – ihre spezifischen Kompetenzen abstimmen und bedarfsgerecht einsetzen. In der Praxis der Frühförderung ist in 10 Jahren gesetzlicher Komplexleistung vieles versäumt worden. Stattdessen prägt die Diskussion ein Lamentieren über die Ergebnisse der OECD-Studien, die uns genau die Folgen einer erstarrten Bildungsmentalität vor Augen führen. Und de facto kam es in zahlreichen Regionen zu dramatischen Beschneidungen der fachlichen Möglichkeiten von familienorientierten helfenden Einrichtung im Vorschulbereich.

Ende der 1990er Jahre konnten der deutschen Frühförderung noch gute Voraussetzungen für die neuen gesellschaftlichen Herausforderungen attestiert werden (Sohns 2000a, 338). Diese Voraussetzungen haben sich relativiert. Hoffnung zieht die Frühförderung heute eher aus dem seitdem dramatisch gestiegenen Bedarf und der immer offensichtlicher werdenden fachlichen Grenzen der isolierten Dienste. Rehabilitationsträger werden auf Dauer nicht anders können, als sich statt administrativ-sektiererischer Vorgaben auf moderne zuständigkeitsübergreifende Konzepte mit einer kompetenten Koordinierung einzulassen. Hoffentlich dauert das nicht mehr so lange.

Literatur

Aarts, Maria (2002): Marte Meo. Ein Handbuch. Aarts Production (Harderwijk)

Ahnert, Lieselotte (2006): Entwicklungs- und Sozialisationsrisiken bei jungen Kindern. In: Fried, Lilian/Roux, Susanna (Hg.): Pädagogik der frühen Kindheit. Beltz (Weinheim/Basel) 2006. 75–85

Ainsworth, Mary D/Blehar, Mary C/Waters, Everett/Wall, Sally (1978): Patterns of attachment. A psychological study of the strange situation. Lawrence Erlbaum Associates (Hillsdale, New Jersey)

Albers, Stan (2006 a): Stellungnahme zu Hessen vom Juli 2006. In: ViFF – Vereinigung für interdisziplinäre Frühförderung e.V.:Umsetzung der Frühförderungsverordnung (FRühV) in den Bundesländern. München 12/2006, 5–6

Albers, Stan (2006 b): Stellungnahme der ViFF Hessen zum Stand der Komplexleistung Frühförderung in Hessen, Juni 2006

Albers, Stan/Neuhäuser, Gerhard (2006): Interdisziplinäre Frühförderung und das Gesundheits- und Sozialsystem: Versuch einer Deutung der gegenwärtigen Lage. In: Frühförderung interdisziplinär 25(2) 2006. Ernst Reinhardt Verlag (München/Basel). 65–70

Albers, Stan/Ertel, Martina/Klein, Eva/Katzenbach, Dieter/Kron, Winfried/Neuhäuser, Gerhard (2009): Deklaration zur „Umsetzung der Verordnung zur Früherkennung und Frühförderng behinderter und von Behinderung bedrohter Kinder (Frühförderungsverordnung – FrühV) in Hessen". In: Frühförderung interdisziplinär 1/2009, 42–43, Ernst Reinhardt-Verlag München

Antonovsky, Aaron (1997): Salutogenese. Zur Entmystifizierung der Gesundheit. Dgvt-Verlag (Tübingen)

Appel, Clemens (2009): Schreiben der Staatskanzlei des Landes Brandenburg an die Vorsitzende der Kommission zur Wahrnehmung der Belange der Kinder im Deutschen Bundestag vom 30. Juni 2009

Arbeitsstelle Frühförderung Hessen (2009): Frühförderstellen in Hessen. Homepage: http://www.asffh.de/docs/FFAdressenflyer2009.pdf

Arbeitsstelle Frühförderung Thüringen (2009a): Antwort auf eine kleine Anfrage an den Thüringer Landtag: „Hilfeangebote im Rahmen von Frühförderung und Schule" vom 14. 04. 2009, Anlage 2

Arbeitsstelle Frühförderung Thüringen (2009b): Liste der Frühfördereinrichtungen mit interdisziplinärer Besetzung. Thüringer Ministerium für Soziales, Familie und Gesundheit. Erfurt 2009

Baumgarten, Katja (2005): Interviews mit Annegret Braun. In: Deutsche Hebammen-Zeitschrift Heft 1–4/2005. Elwin Staude Verlag (Hannover)

Beck, Iris (1996): Norm, Identität, Interaktion: Zur theoretischen Rekonstruktion und Begründung eines pädagogischen und sozialen Reformprozesses. In: Beck, Iris/Düe, Willi/Wieland, Heinz (Hg.) (1996): Normalisierung: Behindertenpädagogische und sozialpolitische Perspektiven eines Reformkonzeptes. Winter, Programm Ed. Schindele (Heidelberg) 1996. 19–43

Beck, Kurt (2009): Schreiben des Ministerpräsidenten von Rheinland-Pfalz an die Vorsitzende der Kommission zur Wahrnehmung der Belange der Kinder im Deutschen Bundestag vom 16. Juli 2009

Benkmann, Rainer (2003): Bedingungen und Prozesse bei Beeinträchtigungen des Lernens – Die Perspektive des sozialen Konstruktivismus, in: Leonhardt, Annette/Wamber, Franz B. (Hg.): Grundfragen der Sonderpädagogik, Weinheim, Beermann, Johannes: Schreiben der sächsischen Staatskanzlei an die Vorsitzende der Kommission zur Wahrnehmung der Belange der Kinder im Deutschen Bundestag vom 08. Oktober 2009

Bleidick, Ulrich (1972): Pädagogik der Behinderten. Grundzüge einer Theorie der Erziehung behinderter Kinder und Jugendlicher. Marhold (Berlin) 1972. 1. Auflage (5. Auflage 1984)
BMAS (2008): Bundesministerium für Arbeit & Sozialordnung: Protokoll der Treffen zwischen BMAS und den für Frühförderung zuständigen Länderreferenten am 28. August und 29. September 2008 im BMAS. Berlin 2008 (Konsenspapier)
BMAS (Bundesministerium für Arbeit & Sozialordnung) (2009): Brief des Staatssekretärs Franz-Josef Lersch-Mense an den Geschäftsführer der Bundesarbeitsgemeinschaft der Freien Wohlfahrtspflege e. V. vom 09. 02. 2009
Breitkopf, Helmut/Sommer, Ralf (2004): Komplexleistung Frühförderung – Was wurde bisher erreicht, was ist noch zu tun?. In: NDV (Nachrichtendienst des Deutschen Vereins) Frankfurt 10/2005. 365–369
Bowlby, John (1975): Bindung. Kidler Verlag (München)
Bronfenbrenner, Urie (1981): Die Ökologie der menschlichen Entwicklung. Klett (Stuttgart) 1981 (1989)
Bundesministerium für Arbeit & Sozialordnung/Bundesministerium für Gesundheit (2009): Stellungnahme der Bundesministerien (Staatssekretäre Lersch-Mense und Schröder) zur Umsetzung der Komplexleistung Frühförderung an den GKV-Spitzenverband, den Deutschen Städtetag und den Deutschen Landkreistag vom 24. Juni 2009
Bundesministerium für Gesundheit und Soziale Sicherung (2005): Frühförderung – Einrichtungen und Stellen der Frühförderung in der Bundesrepublik Deutschland. Bonn 2005
Burgener Woeffrey, Andrea/Jenny-Fuchs, Elisabeth (1999): Das Nein in der Frühförderung: Mut zur Lücke, damit etwas neues entstehen kann. In: Vierteljahreszeitschrift für Heilpädagogik und ihre Nachbargebiete, Jahrgang 68. Ernst Reinhardt Verlag (München). 13–22
Burgener Woeffrey, Andrea/Mehrhof, Waldtraut (2000): Bewegungen im Großen mit Auswirkungen im Kleinen. Standortbestimmung und Zukunftsperspektiven für die heilpädagogische Früherziehung in der deutschsprachigen Schweiz nach 30 Jahren Erprobung in der Praxis. Frühförderung interdisziplinär, Jahrgang 19. Ernst Reinhardt Verlag (München/Basel). 158–170
Degen, Rolf (2000): Lexikon der Psycho-Irrtümer. Eichborn-Verlag (Frankfurt/Main)
Deegener, Günther/Körner, Wilhelm (2008): Risikoerfassung bei Kindesmisshandlung und Vernachlässigung. Theorie, Praxis, Materialien, Pabst Science Publisher (Lengerich), 2. Auflage
Deutscher Bildungsrat (Hg.): Empfehlungen der Bildungskommission: Zur pädagogischen Förderung behinderter und von Behinderung bedrohter Kinder und Jugendlicher, Bonn 1973
Deutscher Bundesrat (2003): Empfehlungen der Ausschüsse zur „Verordnung zur Früherkennung und Frühförderung behinderter und von Behinderung bedrohter Kinder (Frühförderungsverordnung FrühV)". Sitzung des deutschen Bundesrates am 20. Juni 2003, Drucksache 205/1/03 vom 10. Juni 2003. 789
Deutscher Bundestag (2008): Bericht über die Lebenssituation junger Menschen und die Leistungen der Kinder- und Jugendhilfe in Deutschland. 13. Kinder- und Jugendbericht – Bundestagsdrucksache 16/12 860
Dieckmann, Friedrich (2009): Heilpädagogische Unterstützung von Erwachsenen Menschen mit Behinderung. In: Greving, Heinrich/Ondracek, Petr (Hg.): Spezielle Heilpädagogik. Kohlhammer (Stuttgart) 2009. 34–82
Eberwein, Hans/Knauer, Sabine (Hg.) (1988): Handbuch Integrationspädagogik: Kinder mit und ohne Beeinträchtigung lernen gemeinsam. Beltz Verlag (Weinheim/Basel). 1. Auflage 1988 (7. Auflage: 2009)
Ellenberger, Irene (1997): Vorwort. In: Thüringer Ministerium für Soziales und Gesundheit: Frühförderung in Thüringen, o. D.
Engelbert, Angelika (1999): Familien im Hilfenetz: Bedingungen und Folgen der Nutzung von Hilfen für behinderte Kinder. Juventa Verlag (Weinheim/München)

Esther, Cornelia (2006): Stellungnahme zu Baden-Württemberg vom Juli 2006. In: ViFF – Vereinigung für interdisziplinäre Frühförderung e. V.:Umsetzung der Frühförderungsverordnung (FRühV) in den Bundesländern. München 12/2006, 1

Hansestadt Hamburg (2009): Fachanweisung zu § 54 SGB XII i. V. m. § 26 Abs. 2 Satz 2 SBG IX i. V. m. § 30 SGB IX und der Frühförderungsverordnung (FrühV) vom 24. 06. 2003. Früherkennung und Frühförderung vom 01. 02. 2009 (Gz. SI 4104/112.42-4-12-6)

Fegert, Jörg M. (2008): Kinderschutz als Chefsache. In: Frühförderung interdisziplinär 27. Jg. (1/2008). Ernst Reinhardt Verlag (München/Basel). 49–51

Fend, Helmut (1988): Sozialgeschichte des Aufwachsens. Bedingungen des Aufwachsens und Jugendgestaltens im zwanzigsten Jahrhundert. Suhrkamp (Frankfurt/M.)

Feuser, Georg (1995): Behinderte Kinder und Jugendliche zwischen Integration und Aussonderung. Wissenschaftliche Buchgesellschaft (Darmstadt) 1995

Fingerle, Michael (1999): Resilienz/Vorsorge und Förderung. In: Opp, Günther/Fingerle, Michael/Freytag, Andreas (Hg.): Was Kinder stärkt: Erziehung zwischen Risiko und Resilienz. Ernst Reinhardt Verlag (München/Basel).

Fischer, Christina (2008): Antwortschreiben des Sozialministeriums Rheinland-Pfalz auf eine Anfrage von Studierenden am Institut für Interdisziplinäre Frühförderung der Fachhochschule Gera vom 17. Juni 2008

Fitschen, Solveig (2005): Bedingungen und mögliche Ursachen für die Nicht-Inanspruchnahme von Früherkennung und Frühförderung. Warum verzichten Eltern auf kostenlose Angebote für ihre Kinder? Diplomarbeit an der Fachhochschule Neubrandenburg

Flaspöhler, Svenja (2009): Leben mit einem behinderten Kind?. In: Psychologie heute Jahrgang 36 Heft 9/2009. Beltz-Verlag (Weinheim)

Fogs (Gesellschaft für Forschung und Beratung im Gesundheits- und Sozialbereich) (2004): Frühförderung in Thüringen. Köln, Dezember 2004

Fries, Maury/Behringer, Luise/Ziegenhain, Ute (2005): Beziehungs- und bindungsorientierte Intervention in der Frühförderung am Beispiel der entwicklungspsychologischen Beratung. In: Frühförderung interdisziplinär Jahrgang 24 (3). Ernst Reinhardt Verlag (München/Basel).115–123

Fröhlich, Andreas (1991): Basale Stimulation. Verlag Selbstbestimmtes Leben (Düsseldorf)

Fthenakis, Wassilios E/Textor, Martin R (1998): „Qualität von Kinderbetreuung: Konzepte, Forschungsergebnisse, internationaler Vergleich", gekürzte Internetfassung

Gardner, Howard (1991): Abschied vom IQ. Die Rahmentheorie der vielfachen Intelligenz. Klett-Cotta (Stuttgart)

Gernert, Wolfgang (1995): Mitwirkung der Jugendbehörden in der Frühförderung. In: Vereinigung für interdisziplinäre Frühförderung: Seminar-Vortragstext beim 8. Symposion Frühförderung. Berlin

Goleman, Daniel (1995): Emotional Intelligence. Why it can matter more than IQ. Bentam Books (New York) 1995

Gröschke, Dieter (1991): Das Spiel in der Heilpädagogischen Übungsbehandlung. In: Lernen konkret 10 (1991) 4. Bildungsverlag Eins (Troisdorf). 22–23

Gröschke, Dieter (1997): Praxiskonzepte der Heilpädagogik: Anthropologische, ethische und pragmatische Dimensionen. Ernst Reinhardt Verlag (München/Basel). 2. Auflage 1997

Gröschke, Dieter (2008): Heilpädagogisches Handeln. Eine Pragmatik der Heilpädagogik. Klinkhardt (Bad Heilbrunn)

Grond, Jörg (1984): Der Stellenwert der Früherziehung in der Vorbeugung von Verhaltensauffälligkeiten. Frühförderung interdisziplinär Jahrgang 3. Ernst Reinhardt Verlag (München/Basel). 97–109

Grossmann, Klaus E/Becker-Stoll, Fabienne/Großmann, Karin/Kindler, Heinz/Schieche, Michael/Spangler, Gottfried/Wensauer, Mirjam/Zimmermann, Peter (1997): Die Bindungstheorie. In:

Keller, Heidi (Hg.): Handbuch der Kleinkindforschung. Huber Verlag (Bern/Göttingen/Toronto/Seattle)
Hansestadt Hamburg (2009): Früherkennung und Frühförderung. Informationen für Eltern behinderter oder von Behinderung bedrohter Kinder zur interdisziplinären Frühförderung, Faltblatt der Senatsverwaltung
Herberg, Klaus/Jantsch, Hedi/Sammler, Carla (1992): Frühförderung im Team. Ernst Reinhardt Verlag
Hellmann, Marianne(2009): Heilpädagogische Unterstützung von Kindern und Jugendlichen mit Behinderung. In: Greving, Heinrich/Ondracek, Petr (Hg.): Spezielle Heilpädagogik. Eine Einführung in die handlungsfeldorientierte Heilpädagogik. Kohlhammer (Stuttgart). 16–33
Herriger, Norbert (1984): Frühförderung behinderter und von Behinderung bedrohter Kinder – Grundsätze und offene Probleme. In: Frühförderung behinderter und von Behinderung bedrohter Kinder in Niedersachsen – Situation – Erfahrungen – Probleme. Institut für Entwicklungsplanung und Strukturforschung Hannover (Hannover). 82–94
Herriger, Norbert (2005): Sozialräumliche Arbeit und Empowerment. Plädoyer für eine Ressourcenperspektive. In: Deinet, Ulrich/Gilles, Christoph/Knopp, Reinhold (Hg.): Neue Perspektiven der Sozialraumorientierung. Planung – Aneignung – Gestaltung. Frank & Timme (Berlin)
Hillebrand, Dieter (2009): Schreiben des Beauftragten der Landesregierung Baden-Württemberg für die Belange behinderter Menschen an die Fachhochschule Gera zur „Umsetzung der Komplexleistung Frühförderung" vom 28.09.2009
Höck, Sabine/Thurmair, Martin (2009): Einschätzung der Arbeitsstelle Frühförderung Bayern zur Lage der interdisziplinären Frühförderung in Bayern. Kurzbericht Arbeitsstelle Frühförderung Bayern. München Juni 2009
Höfer, Renate/Behringer Luise (2004): „Komplexleistung Früherkennung und Frühförderung – Verwirklichung von Interdisziplinarität in der Kooperation,,. In: Kühl, Jürgen (Hg.): Frühförderung und SGB IX. Rechtsgrundlagen und praktische Umsetzung. Ernst Reinhardt Verlag (München/Basel) 2004. 79–90
Hüther, Gerald (2006): Neurobiologische Grundlagen des frühen Lernens. In: Opp, Günther/Hellbrügge, Theodor/Stevens, Luc (Hg.): Kindern gerecht werden. Kontroverse Perspektiven auf Lernen in der Kindheit. Klinkhardt Verlag (Bad Heilbrunn). 79–91
Hüther, Gerald (2007): Bedienungsanleitung für das menschliche Gehirn. Vandenhoeck & Ruprecht (Göttingen)
ISG (Institut für Sozialforschung und Gesellschaftspolitik) (2008): Datenerhebung zu den Leistungs- und Vergütungsstrukturen in der Frühförderung behinderter und von Behinderung bedrohter Kinder. Forschungsprojekt im Auftrag des Bundesministeriums für Arbeit und Soziales. Abschlussbericht. Köln 2008
Ivaskewicz, Jörg (2007): Bewertung des MS-"Vermittlungsvorschlages" zur interdisziplinären Frühförderung vom 19.07.2007, Rundschreiben der Lebenshilfe Nienburg, vom 23.08.2007
Jarke, Jens (2008): Stichworte zur Frühförderung in Hamburg 2008. Behörde für Soziales, Familie, Gesundheit und Verbraucherschutz – Abteilung Gesundheit
Jetter, Karlheinz (1995): Vision ‚Frühförderung'! – Wie schafft man aus der Vielfalt der Konzepte die Ganzheit der Praxis?. In: Frühförderung interdisziplinär 3/1995. Ernst Reinhardt Verlag (München/Basel). 97–107
Jetter, Karlheinz (2004): Komplexleistung Früherkennung und Frühförderung: Ein neuer Sachstand? In: Kühl, Jürgen (Hg.): Frühförderung und SGB IX. Rechtsgrundlagen und praktische Umsetzung. Ernst Reinhardt Verlag (München/Basel)
Kautter, Hansjörg/Klein, Gerhardt/Laupheimer, Werner/ Wiegand, Hans S (1992): Das Kind als Akteur seiner Entwicklung: Idee und Praxis der Selbstgestaltung in der Frühförderung entwicklungsverzögerter und entwicklungsgefährdeter Kinder. Universitätsverlag Winter (Heidelberg). (4. Auflage 1998)

Keupp, Heiner (1996): Aufwachsen in der Postmoderne: Riskanter werdende Chancen für Kinder und Jugendliche. In: Opp, Günther/Peterander, Franz (Hg.): Focus Heilpädagogik. Projekt Zukunft. Ernst-Reinhardt-Verlag (München/Basel). 130–139

Kißgen, Rüdiger/Süß, Gerhard J.: Bindung in Hoch-Risiko-Familien. Ergebnisse aus dem Minnesota Parent Child-Projekt. In: Frühförderung interdisziplinär 1/2005. Ernst Reinhardt Verlag (München/Basel). 10–18

Klafki, Wolfgang (1991): Neue Studien zur Bildungstheorie und Didaktik. Beltz Verlag (Weinheim/Basel). (2. Auflage 1991)

Klein, Eva: Zur Umsetzung der Komplexleistung Frühförderung in Hessen. Stellungnahme der Arbeitsstelle Frühförderung in Hessen vom 25. März 2010

Klein, Gerhard (1984): Frühförderung von Kindern, die möglicherweise später die Schule für Lernbehinderte besuchen werden. In: Baier, Herwig/Klein, Gerhard (Hg.): Spektrum der Lernbehindertenpädagogik. Ludwig Auer Verlag (Donauwörth). 36–64

Klein, Gerhard (1989): Inwieweit benachteiligen die Organisationsformen der Frühförderung Kinder aus randständigen Familien? In: Frühförderung interdisziplinär Jg. 8 (4) Ernst Reinhardt Verlag (München/Basel). 190–197

Klein, Gerhard (1999): Soziale Benachteiligung – Eine Herausforderung an die Sozialpädagogik in der Frühförderung. In: Vierteljahreszeitschrift für Heilpädagogik und ihre Nachbargebiete Jahrgang 68. Ernst Reinhardt Verlag (München). 1–12

Klein, Gerhard (2002): Frühförderung für Kinder mit psychosozialen Risiken. Kohlhammer (Stuttgart)

Kobi, Emil E. (1975): Die Rehabilitation der Lernbehinderten. Ernst-Reinhardt-Verlag (München/Basel)

Koch, Roland (2009): Schreiben des hessischen Ministerpräsidenten an die Vorsitzende der Kommission zur Wahrnehmung der Belange der Kinder im Deutschen Bundestag vom 09. Juni 2009

Köhler, Nina (2009): Schriftliche Stellungnahme des Sozialministeriums Schleswig-Holstein zur Umsetzung der Komplexleistung Frühförderung an die Fachhochschule Gera vom 28.07.2009

Konferenz der Gesundheitsminister (1977): Konferenz der Gesundheitsminister der Bundesländer: Entschließung zur Sicherung konsequenter Frühbehandlung behinderter Kinder durch nachgehende Gesundheitsfürsorge vom 1/2. Juni 1977. Bonn 1977

Kraus de Camargo, Olaf (2007): Stellungnahme der ViFF-Nord e.V. zur Landesrahmenempfehlung in Mecklenburg-Vorpommern. Pelzerhaken 2007

Kühl, Jürgen (1999): Junge Kinder in der Frühförderung – Entwicklung zwischen Beeinträchtigung und Autonomie. In: Kühl, Jürgen (Hg.): Autonomie und Dialog – Kleine Kinder in der Frühförderung. Beiträge zur Frühförderung interdisziplinär Band 5. Ernst Reinhardt Verlag (München/Basel) 1999. 11–19

Kühl, Jürgen (2002): Was bewirkt Frühförderung? Über die Schwierigkeit, Wirkungszusammenhänge zu objektivieren. In: Frühförderung interdisziplinär Jahrgang 21, 1/2002. Ernst Reinhardt Verlag (München). 1–10

Kühl, Jürgen (2004a): Vorwort. In: Kühl, Jürgen (Hg.): Frühförderung und SGB IX. Rechtsgrundlagen und praktische Umsetzung. Ernst Reinhardt Verlag (München/Basel) 2004. 7

Kühl, Jürgen (2004b): Einführung. In: Kühl, Jürgen (Hg.): Frühförderung und SGB IX. Rechtsgrundlagen und praktische Umsetzung. Ernst Reinhardt Verlag (München/Basel) 2004. 8–13

Künster, Anne Katrin/Ziesel, Birgit/Ziegenhain, Ute (2009): Je früher um so besser? Wann Kinderschutz beginnen sollte. In: Frühförderung interdisziplinär Jahrgang 28 (2), Ernst Reinhardt Verlag (München). 51–60

Kultusministerkonferenz (2003): Sonderpädagogische Förderung in Schulen. Statistischer Überblick über die sonderpädagogische Förderung an Schulen in Deutschland von 1993 bis 2002. Bonn 2003

Kuppe, Gerlinde (2009): Schreiben der Sozialministerin Sachsen-Anhalts an die Vorsitzende der Kommission zur Wahrnehmung der Belange der Kinder im Deutschen Bundestag vom 07. Juli 2009

Lachwitz, Klaus (2004): Komplexleistung Früherkennung und Frühförderung – Bedingungen der Interdisziplinarität aus rechtlicher Sicht. In: Kühl, Jürgen (Hg.): Frühförderung und SGB IX. Rechtsgrundlagen und praktische Umsetzung. Ernst Reinhardt Verlag (München/Basel) 2004. 34–44

Lämmer, Andreas (2008): Frühförderung von Kindern in Thüringen – Schreiben des Berufsverbandes der Kinder- und Jugendärzte – Landesverband Thüringen – an die Kassenärztliche Vereinigung Thüringen vom 07. 02. 2008

Landesregierung Sachsen-Anhalt (2009): Antwort vom 14. 04. 2009 auf die Große Anfrage der Fraktion DIE LINKE „Teilhabe behinderter Menschen ermöglichen – Paradigmenwechsel real umsetzen". Drucksache 5/1906, S. 30vgl. auch Anlage III.5 S. 92 ff)

Lang, Christoph (2009): Schreiben des Ministeriums für Justiz, Arbeit, Gesundheit und Soziales an die Vorsitzende der Kommission zur Wahrnehmung der Belange der Kinder im Deutschen Bundestag vom 24. Juni 2009

Largo, Remo H. (2002): Die Frühförderung aus Sicht des Zürcher Fit-Konzeptes. In: Frühförderung interdisziplinär. Jahrgang 21 (2). Ernst Reinhardt Verlag (München/Basel). 65–73

Laucht, Manfred/Esser Günter/Schmidt Martin H (1999): Was wird aus Risikokindern? Ergebnisse der Mannheimer Längsschnittstudie im Überblick. In: Opp, Günther/Fingerle, Michael/Freytag, Andreas (Hg.): Was Kinder stärkt: Erziehung zwischen Risiko und Resilienz. Ernst Reinhardt Verlag (München/Basel). 71–93

Laucht, Manfred/Schmidt Martin H/Esser Günter(2000): Risiko- und Schutzfaktoren in der Entwicklung von Kindern und Jugendlichen. In: Frühförderung interdisziplinär, 19 (3). Ernst Reinhardt Verlag (München/Basel). 97–108

Leboyer, Frédérick (1995): Sanfte Hände: Die traditionelle Kunst der indischen Baby-Massage (14. Auflage). Kösel-Verlag (München).

Lempp, Reinhart (1994): Seelische Behinderung als Aufgabe der Jugendhilfe. In: Praxis der Jugendhilfe. Richard Boorberg Verlag (Stuttgart) (2. Auflage 1994) [5. Auflage 2006]

Lenhard, Wolfgang. (2003). Der Einfluss pränataler Diagnostik und selektiven Fetozids auf die Inzidenz von Menschen mit angeborener Behinderung. Heilpädagogische Forschung 29(4). H. Goetze (Schönwalde). 165–176

Liebig, Olaf (2003): Rede als für die Frühförderung zuständiger Referent des Bundessozialministeriums vor dem Forum Frühförderung der Bundesvereinigung Lebenshilfe vom 29. 04. 2003. Marburg 2003

Lindmeier, Christian (2003): Rehabilitation und Bildung – Möglichkeiten und Grenzen der neuen WHO-Klassifikation der Funktionsfähigkeit, Behinderung und Gesundheit (ICF) (Teil II). Sonderpädagogische Förderung 48 (2003) 3–23

Lindmeier, Christian (2004): Status, Funktion und Leistungsfähigkeit einer allgemeinen Theorie der Heilpädagogik in Studium und Wissenschaft – eine Profilierung aus aktuellem Anlass, in: Zeitschrift für Heilpädagogik 12, 2004, 510–524

Lotz, Dieter (2009): Heilpädagogische Unterstützung von Familien und Kindern bei Erziehungsproblemen. In: In: Greving, Heinrich/Ondracek, Petr (Hg.): Spezielle Heilpädagogik. Eine Einführung in die handlungsfeldorientierte Heilpädagogik. Kohlhammer (Stuttgart). 83–106

Lösel, Friedrich/Bender, Döris (1994): Lebenstüchtig trotz schwieriger Kindheit: Psychische Widerstandskraft im Kindes- und Jugendalter. Psychoscope 15 (7). 14–17

Lösel, Friedrich/Bender, Döris (1999): Von generellen Schutzfaktoren zu differenziellen protektiven Prozessen: Ergebnisse und Probleme der Resilienzforschung. In: Opp, Günther/Fingerle Michael/Freytag, Andreas (Hg.): Was Kinder stärkt: Erziehung zwischen Risiko und Resilienz. Ernst Reinhardt Verlag (München/Basel). 37–59

Ludington-Hoe, Susan M/Golant, Susan K (1994): Liebe geht durch die Haut: Eltern helfen ihrem frühgeborenen Baby durch die Känguruh-Methode. Kösel-Verlag (München) 1994

Mayer John D/Salovey, Peter/Caruso, David R (2002): Emotional intelligence test (MSCEIT) resource report. University of Toronto/Ontario 2002

Mayr, Toni (1997): Problemkinder im Kindergarten – ein neues Aufgabenfeld für die Frühförderung. Epidemiologische Grundlagen. In: Frühförderung Interdiszipinär 4/1997. Ernst Reinhardt Verlag (München/Basel). 145–159

Maturana, Humberto R/Varela, Francisco J (1987): Der Baum der Erkenntnis. Scherz Verlag (Bern). (3. Auflage 1987)

Merten, Roland (2006): Kindheit und Jugend in Armut, Vortrag beim Deutschen Kinderschutzbund Sachsen-Anhalt. http://www.fes.de/Magdeburg/pdf/21_2_6_3.pdf

Ministerium für Arbeit, Soziales, Gesundheit & Frauen des Landes Brandenburg (Hg.) (1997): Aktionsprogramm des Landes Brandenburg. Gesundheit von Kindern und Jugendlichen. Potsdam 1997

Ministerium für Arbeit und Soziales in Baden-Württemberg (2007): „Situation der Interdisziplinären Frühförderstellen und der Sozialpädiatrischen Zentren". Stellungnahme vor dem Landtag von Baden-Württemberg vom 15.02.2007, Drucksache 14/931, S. 3)

Ministerium für Arbeit, Soziales und Gesundheit in Schleswig-Holstein (2009): Antwort der Landesregierung auf die Große Anfrage „Teilhabe behinderter Menschen ermöglichen – Paradigmenwechsel real umsetzen", Plenarprotokoll 5/59 vom 7.5.2009. Tagesordnungspunkt 1, Drs. 5/1662

Ministerium für Generationen, Familien, Frauen und Integration des Landes Nordrhein-Westfalen (2009): Homepage zu Familienzentren: http://www.familienzentrum.nrw.de/ (fortlaufende Aktualisierung, letzter Zugriff: Oktober 2009)

Mittelstraß, Jürgen (2005): Method(olog)ische Fragen der Inter- und Transdisziplinarität – Wege zu einer praxisstützenden Interdisziplinaritätsforschung. In: Technologiefolgenabschätzung, Theorie und Praxis Nr. 2, 14. Jahrgang, Juni 2005. ETH Zürich. 18–23

Müntefering, Franz (2006): „Frühförderung behinderter Kinder ist Auftrag an alle." Rede von Franz Müntefering, Bundesminister für Arbeit und Soziales, zur Eröffnung des IV. Kölner Frühförderkongresses, 21.09.2006 (Presseamt des Bundesministeriums für Arbeit & Sozialordnung)

Müller, Ingrid (2006): Stellungnahme zu Nordrhein-Westfalen. In: ViFF – Vereinigung für interdisziplinäre Frühförderung e.V.: „Umsetzung der Frühförderungsverordnung (FrühV) in den Bundesländern". München 12/2006. 6

Müller-Fehling, Norbert (2002): Stellungnahme des Bundesverbandes für Körper- und Mehrfachbehinderte e.V. zu den Gemeinsamen Empfehlung Früherkennung/Frühförderung nach § 30 SGB IX. Düsseldorf 18.06.2002

Müller-Fehling, Norbert (2004): Komplexleistung Früherkennung und Frühförderung – Der sozialpolitische Hintergrund und dessen Bedeutung für Eltern und Elternverbände. In: Kühl, Jürgen (Hg.): Frühförderung und SGB IX. Rechtsgrundlagen und praktische Umsetzung. Ernst Reinhardt Verlag (München/Basel)

Naggl, Monika/Thurmair, Martin (2008): Frühförderung und Kindeswohl – Frühe Hilfen für entwicklungsgefährdete Kinder. In: Frühförderung interdisziplinär 27. Jg. (1/2008). Ernst Reinhardt Verlag (München/Basel). 52–66

Nentwig-Gesemann, Iris (2007): „Professionalisierung von FrühpädagogInnen", Redebeitrag im Rahmen der Fachtagung „Bildung im Elementarbereich – Neue Anforderungen an die Aus- und Weiterbildung von Erzieherinnen und Erziehern" am 30./31. August 2007. Berlin

Nitsch-Boek, Evelyn (2009): Schriftliche Stellungnahme zur Ausführung des Komplexleistung in Sachsen-Anhalt. Magdeburg, 29.11.2009

Oerter, Rolf/Montada, Leo (2002): Entwicklungspsychologie. Urban & Schwarzenberg (München/Wien/Baltimore). 5. Auflage 2002
Oy, Clara Maria von/Sagi, Alexander (1987): Lehrbuch der heilpädagogischen Übungsbehandlung. Schindele (Heidelberg). 6. Auflage 1987
Papoušek, Mechthild (1994): Vom ersten Schrei zum ersten Wort. Anfänge einer vorsprachlichen Kommunikation. Huber (Bern)
Papoušek, Mechthild (1996): Die intuitive elterliche Kompetenz von der vorsprachlichen Kommunikation als Ansatz zu Diagnostik von präverbalen Kommunikations- und Bindungsstörungen. In: Kindheit und Entwicklung Jahrgang 5. Hogrefe Verlag (Göttingen). 140–146
Papoušek, Mechthild (2006): Adaptive Funktionen der vorsprachlichen Kommunikations- und Beziehungserfahrungen. In: Frühförderung interdisziplinär Jahrgang 25 (1). Ernst Reinhardt Verlag (München/Basel). 14–25
Pasternack, Peer (2007): Elementarpädagogik als Zukunftsfeld der Fachhochschulen. In: Fröhlich-Gildhoff, Klaus/Nentwig-Gesemann, Iris/Schnadt, Pia (Hg.):
Neue Wege gehen – Entwicklungsfelder der Frühpädagogik.
Ernst Reinhardt Verlag (München)
Pechstein, Johannes (1979): Sozialpädiatrische Zentren für Behinderte und entwicklungsgefährdete Kinder. In: Sonderpädagogik 6, Bd. 53 der Gutachten und Studien der Bildungskommision Stuttgart. 1975
Pechstein, Johannes (1981): Sozialpädiatrische Aufgaben der Frühbetreuung bei behinderten und von Behinderung bedrohten Kindern und deren Familien. In: Siepmann, Karl/Blum, Friedrich (Hg.): Behinderte zwischen Anspruch und Wirklichkeit. Burg Verlag (Stuttgart/Bonn) 1981
Peterander, Franz (2002): Qualität und Wirksamkeit der Frühförderung. In: Frühförderung interdisziplinär, 21. Jg. S. 96–106, Ernst Reinhardt Verlag, München Basel
Peterander, Franz/Speck, Otto (1993): Abschlußbericht zum Forschungsprojekt „Strukturelle und inhaltliche Bedingungen der Frühförderung". Ludwig-Maximilians-Universität (München) 1993
Pötter, Gitta (2009): Schriftliche Stellungnahme der Arbeitsstelle Frühförderung in Brandenburg vom 02. Dezember 2009
Rauh, Hellgard (1996): Anregungen aus der Entwicklungspsychologie für ein Verständnis der Entwicklung behinderter Kinder. In: Opp, Günther/Peterander, Franz (Hg.): Fokus Heilpädagogik. Projekt Zukunft. Ernst Reinhardt Verlag (München/Basel). 243–259
Rauh, Hellgard (2005): Besonderheiten der Bindungsentwicklung bei Kindern mit Down-Syndrom. In: Frühförderung interdisziplinär Jahrgang 24 (2). Ernst Reinhardt Verlag (München/Basel). 65–73
Rüttgers, Jürgen: (2009): Schreiben des Ministerpräsidenten von Nordrhein-Westfalen an die Vorsitzende der Kommission zur Wahrnehmung der Belange der Kinder im Deutschen Bundestag vom 01. Juli 2009
Salovey, Peter/Mayer, John D (1990): Emotional Intelligence. Imagination, Cognition and Personality, 9 (3). Baywood Publishing Company (Amityville, NY, US). 185–211.
Scheithauer, Herbert/Petermann, Franz/Niebank, Kay (2000): Frühkindliche Entwicklung und Entwicklungsrisiken. In: Petermann, Franz/Niebank, Kay/Scheithauer, Herbert (Hg.): Risiken in der frühkindlichen Entwicklung: Entwicklungspsychopathologie der ersten Lebensjahre. Hogrefe (Göttingen). 15–38
Schellhorn, Walter (1997): Das Bundessozialhilfegesetz: Ein Kommentar für Ausbildung, Praxis und Wissenschaft. 15. überarbeitete Auflage. Luchterhand Verlag (Neuwied) 1997
Schlack, Hans G. (1994): Interventionen bei Entwicklungsstörungen – Bewertende Übersicht. In: Monatsschrift Kinderheilkunde (1994) 142: 180–184
Schlack, Hans G. (2000): Handeln statt Behandeln. In: Leyendecker, Christoph/Horstmann, Tordis: Große Pläne für kleine Leute, Ernst Reinhardt Verlag (München/Basel) 2000

Schlack, Hans G. (2008): Wie (un)gesund sind Kinder in Deutschlnd? Fakten, Einschätzungen, Handlungsbedarf. In: Frühförderung Interdisziplinär. 27. Jg. (4/2008). Ernst Reinhardt Verlag (München/Basel). 147–154

Schmidt, Sebastian (2009): Anmerkungen zur Frühförderung in Sachsen, E-Mail an das „Institut für Interdisziplinäre Frühförderung der FH Gera" vom 02.12.2009

Schmude, Jürgen: (1980): Brief des Bundesbildungsministers an den Bundesverband zur Förderung Lernbehinderter. In: Informationsdienst des Bundesverbandes zur Förderung Lernbehinderter e.V. 6/80 (Dezember 1980)

Schulenburg, Klaus (2006): Mail vom Freitag, den 10. November 2006 (12:55h) an den Vorsitzenden der ViFF e.V., Stefan Engeln, im Namen des Bayerischen Städtetags

Schumann, Brigitte (2009): „Inklusion: eine Verpflichtung zum Systemwechsel – deutsche Schulverhältnisse auf dem Prüfstand des Völkerrechts". In: Zeitschrift für Inklusion, Nr. 1 (2009)

Schuntermann, Michael (1999): Behinderung und Rehabilitation: Die Konzepte der WHO und des deutschen Sozialrechts. In: Die neue Sonderschule. Zeitschrift für Theorie und Praxis der pädagogischen Rehabilitation, 44 (1999) 5. Beltz-Verlag (Weinheim). 342–363

Schuntermann, Michael F (2007): Einführung in die ICF (2. Auflage). Ecomed (Landsberg/Lech) 2007

Seehofer, Horst (2009): Schreiben des bayerischen Ministerpräsidenten an die Vorsitzende der Kommission zur Wahrnehmung der Belange der Kinder im Deutschen Bundestag vom 03. Juli 2009

Sellering, Erwin: (2009): Schreiben des Ministerpräsidenten von Mecklenburg-Vorpommern an die Vorsitzende der Kommission zur Wahrnehmung der Belange der Kinder im Deutschen Bundestag vom 15. Juli 2009

Shonkoff, Jack P./Philipps, Deborah (2000): From neurons to neighbourhoods': The science of Early Childhood Development. National Academy Press (Washington D.C.)

Simon, Liane (2006a): Stellungnahme zu Niedersachsen, in: ViFF – Vereinigung für interdisziplinäre Frühförderung e.V.: „Umsetzung der Frühförderungsverordnung (FrühV) in den Bundesländern", München 12/2006, 5

Simon, Liane (2006b): Stellungnahme zu Schleswig-Holstein, in: ViFF – Vereinigung für interdisziplinäre Frühförderung e.V.: „Umsetzung der Frühförderungsverordnung (FrühV) in den Bundesländern", München 12/2006, 9

Simon, Liane (2006c): Stellungnahme zu Bremen, in: ViFF – Vereinigung für interdisziplinäre Frühförderung e.V.: „Umsetzung der Frühförderungsverordnung (FrühV) in den Bundesländern", München 12/2006, 3

Simon, Liane (2006d): Stellungnahme zu Mecklenburg-Vorpommern. In: ViFF – Vereinigung für interdisziplinäre Frühförderung e.V.: „Umsetzung der Frühförderungsverordnung (FRühV) in den Bundesländern". München 12/2006, 5

Sohns, Armin (2000a): Frühförderung entwicklungsauffälliger Kinder in Deutschland – Handbuch der fachlichen und organisatorischen Grundlagen, Beltz-Verlag (Weinheim/Basel) 2000

Sohns, Armin (2000b): Rechtliche Grundlagen der Frühförderung. In: Frühförderung Interdisziplinär. 19.Jg. (2/2000). Ernst Reinhardt Verlag (München/Basel). 63–79

Sohns, Armin (2001): Rahmenbedingungen und Qualitätsstandards der Frühförder- und Beratungsstellen in Mecklenburg-Vorpommern – eine Bestandsaufnahme. Wissenschaftliche Evaluationsstudie der „Vereinigung für interdisziplinäre Frühförderung – Ländervereinigung Nord e.V." in Kooperation mit der Fachhochschule Neubrandenburg im Auftrag der Software-AG-Stiftung Darmstadt. Neubrandenburg 2001

Sohns, Armin (2002): Die Komplexleistung Frühförderung im Rehabilitationsgesetz. In: Frühförderung interdisziplinär. 21.Jg. (1/2002), 50–60. Ernst Reinhardt Verlag (München/Basel) (http://www.reinhardt-verlag.de/pdf/probeart-sohns.pdf)

Sohns, Armin (2005): Abschlussbericht zum Modellprojekt der Stadt Neubrandenburg: „Die frühestmögliche Erfassung und Förderung von Kindern im Alter von 0 bis 7 Jahren, insbesondere aus sozial benachteiligten Familien, mit dem Ziel der Verminderung der Chancenungleichheit zum Zeitpunkt der ärztlichen Schuleingangsuntersuchung". Fachhochschule Neubrandenburg. Februar 2005

Sohns, Armin (2007): Frühförderung. In: Greving, Heinrich (Hg.): Kompendium der Heilpädagogik, Band 1. Bildungsverlag EINS (Troisdorf) 2007. 272–277

Sohns, Armin (2008): Änderungsvorschläge und fachliche Begründung der ViFF-Thüringen zu den Rahmenvereinbarung für den Freistaat Thüringen zur Umsetzung der Verordnung zur Früherkennung und Frühförderung behinderter und von Behinderung bedrohter Kinder (Frühförderungsverordnung- FrühV) vom 24. 06. 2003 (Inkraft getreten am 01. 01. 2008). In: http://www.fruehfoerderung-viff.de/media/pdf/09–02-AendmBegr-LRV_III_rahmen.pdf, Stand: 01. 10. 2008

Sohns, Armin (2009 a): Pädagogische Konzepte in Kindertagesstätten. In: Stein, Roland/Orthmann, Dagmar (Hg.): Basiswissen Sonderpädagogik. Schneider-Verlag (Baltmannsweiler) 2009, 94–124

Sohns, Armin (2009 b): Bioethische Aspekte in der Frühförderung und Sozialpädiatrie. In: Dungs, Susanne/Gerber, Uwe/Mührel, Eric (Hg.): Biotechnologien in sozialen und medizinischen Disziplinen und Professionen. Neue gesellschaftliche Leitbilder und soziale Praxen. Fritz-Lang-Verlag (Frankfurt/Main). 125–142

Sohns, Armin (2009 c): Empowerment als Leitlinie Sozialer Arbeit. In: Michel-Schwartze, Brigitta (Hg.): Methodenbuch Soziale Arbeit. 2. Auflage. VS Verlag für Sozialwissenschaften (Wiesbaden), 75–102

Sohns, Armin (2009 d): Komplexleistung Frühförderung – Die Umstrukturierung des Systems Frühförderung und ihre Auswirkung auf die fachliche Förderung von Kindern mit Sehschädigungen. In: VBS – Verband der Blinden- und Sehbehindertenpädagogen und – pädagoginnen e. V.(Hg.): Teilhabe gestalten – Kongressbericht des XXXIV. Verbandskongresses vom 14.–18. Juli 2008. Edition Bentheim (Würzburg) 2009. 117–130

Sohns, Armin (2009 e): Landesrahmenvereinbarung Frühförderung in Thüringen – ViFF legt Änderungsvorschläge vor. In: Frühförderung interdisziplinär, 28. Jahrgang (3/2009). Ernst-Reinhardt-Verlag (München/Basel), 141–142

Sohns, Armin (2010): „Interdisziplinäre Frühförderung" – ein grundständiger Studiengang im Spannungsfeld verschiedener Fachdisziplinen. In: Frühförderung interdisziplinär. 29. Jg. (3/2010). Ernst Reinhardt Verlag (München/Basel)

Sozialministerium Baden-Württemberg (Hg.) (1998): Frühförderung behinderter und von Behinderung bedrohter Kinder in Baden-Württemberg – Rahmenkonzeption 1998, Stuttgart. Juli 1998

Sozialwissenschaftliches Forschungszentrum Berlin-Brandenburg (2003): Wissenschaftlicher Bericht – Materialband zur Situation von Menschen mit Behinderungen im Freistaat Thüringen

Speck, Otto (1979): Offener Brief an den Bundesminister für Bildung und Wissenschaft. In: Rundbrief Frühförderung, 20, September 1979. 3–9

Speck, Otto (1989): „Entwicklungen im System der Frühförderung". In: Speck, Otto / Thurmair, Martin (Hg.): „Fortschritte der Frühförderung entwicklungsgefährdeter Kinder". Ernst Reinhardt Verlag (München/Basel). 11–27

Speck, Otto (1993): Interview vom 03. 06. 1993. In: Postmann, Tanja.: Heilpädagogische Frühförderung entwicklungsauffälliger Kinder: Eine Bestandsaufnahme mit besonderem Augenmerk auf die Aus- und Weiterbildung von Pädagogen im deutschsprachigen Raum. Haag und Herchen Verlag (Frankfurt/Main) 1993. 127–144

Speck, Otto (1996): Frühförderung entwicklungsauffälliger Kinder unter ökologisch-integrativem Aspekt. In: Peterander, Franz/Speck, Otto (Hg.): Frühförderung in Europa. Ernst Reinhardt Verlag (München/Basel) 1996. 15–23

Speck, Otto (2001): Der Sinn der Frühförderung. Entstehung, Entwicklung und Perspektiven eines komplexen Systems. In: Hessisches Sozialministerium & Bundesvereinigung Lebenshilfe für Menschen mit geistiger Behinderung e. V. (Hg.): An-Sichten über Frühförderung. Ergebnisse aus Wissenschaft und Praxis. Lebenshilfe-Verlag (Marburg) 2001. 269–287

Speck, Otto (2003): System Heilpädagogik (7. Auflage). Ernst Reinhardt Verlag (München/Basel) 2003 (1. Auflage: 1988)

Speck, Otto (2005): Turbo-Frühförderung? In: Frühförderung interdisziplinär 24. Jahrgang, 1/2005. Ernst Reinhardt Verlag (München/Basel). 1–2

Speck, Otto (2008): System Heilpädagogik (6. Auflage). Ernst Reinhardt Verlag (München/Basel)

Speck, Otto (2009): Interdisziplinarität durch Verbundsysteme. In: Frühförderung interdisziplinär 28. Jahrgang, 1/2009. Ernst Reinhardt Verlag (München/Basel). 1–2

Stehfest, Reinhard (2009): Schreiben der Staatskanzlei Thüringen an die Vorsitzende der Kommission zur Wahrnehmung der Belange der Kinder des Deutschen Bundestages vom 22. Juli 2009

Stephan, Birgit (2010): Frühe Hilfen und frühe Förderung: Verwaltungshandeln als Reaktion auf gesellschaftliche Entwicklungen. In: Leyendecker, Christoph (Hrsg.): Gefährdete Kindheit. Risiken früh erkennen, Ressourcen früh fördern. Tagungsdokumentation des Symposiums Frühförderung 2009. Kohlhammer Verlag (Stuttgart) 2010, S. 294–301

Strassmeier, Walter (1992): Frühförderung konkret, Ernst-Reinhardt-Verlag (München/Basel) (1. Auflage)

Theunissen, Wolfgang/Plaute, Georg (2002): Handbuch Empowerment und Heilpädagogik. Lambertus Verlag (Freiburg) 2002. (1. Auflage 1995)

Thüringer Ministerium für Soziales, Familie und Gesundheit (2004): Bericht zur Situation von Menschen mit Behinderung im Freistaat Thüringen, Erfurt

Thurmair, Martin/Naggl, Monika (2003): Praxis der Frühförderung. Einführung in ein interdisziplinäres Arbeitsfeld (2. Auflage). Ernst Reinhardt Verlag (München/Basel)

Trauernicht, Gitta (2009): Schreiben der Sozialministerin von Schleswig-Holstein an die Vorsitzende der Kommission zur Wahrnehmung der Belange der Kinder im Deutschen Bundestag vom 30. Juni 2009

UNESCO (1994): Die Salamanca Erklärung und der Aktionsrahmen zur Pädagogik für besondere Bedürfnisse (angenommen von der Weltkonferenz „Pädagogik für besondere Bedürfnisse: Zugang und Qualität" Salamanca, Spanien, 7.–10. Juni 1994

Vereinigung der Bayerischen Wirtschaft (2003): Bildung neu denken! Das Zukunftsprojekt, Broschüre. München 2003

Viebrock, Hille (2004): „Komplexleistung Früherkennung und Frühförderung – Konzeptionelle Entwicklungen im Zusammenhang mit interdisziplinär umgesetzter Therapie". In: Kühl, Jürgen (Hg.): Frühförderung und SGB IX. Rechtsgrundlagen und praktische Umsetzung. Ernst Reinhardt Verlag (München/Basel) 2004. 68–78

VIFF – Vereinigung für Interdisziplinäre Frühförderung e. V. (2009): Die Umsetzung der Komplexleistung Frühförderung als Aufgabe der interdisziplinären Frühförderstellen, Geschäftsstelle Frühförderung, München, 02. 02. 2009

ViFF-Thüringen (2008) – Vereinigung für Interdisziplinäre Frühförderung e.V (2008): ViFF lehnt Vereinbarung zwischen Kommunen und Krankenkassen als fachlich unausgereift und unzureichend ab. Stellungnahme der ViFF, Landesvereinigung Thüringen, zur Landesrahmenvereinbarung Frühförderung, Weimar, 8. Februar 2008, http://www.fruehfoerderung-viff.de/media/pdf/TH-Stellungnahme-LRV2008_060 208.pdf

Weiß, Hans (1999): Frühförderung als protektive Maßnahme – Resilienz im Kleinkindalter. In: Opp, Günther/Fingerle, Michael/Freytag, Andreas (Hg.): Was Kinder stärkt: Erziehung zwischen Risiko und Resilienz. Ernst Reinhardt Verlag (München/Basel). 124–141

Weiß, Hans: Kindliche Entwicklungsgefährdungen im Kontext von Armut und Benachteiligung. In: Weiß, Hans (Hrsg.): Frühförderung mit Kindern und Familien in Armutslagen. Ernst Reinhardt Verlag (München/Basel), 50–70

Weiß, Hans/Neuhäuser, Gerhard/Sohns, Armin (2004): Frühförderung und Sozialpädiatrie, UTB-Reihe. Ernst Reinhardt-Verlag (München/Basel).

Wember, Franz B. (2003): Bildung und Erziehung bei Behinderungen – Grundfragen einer wissenschaftlichen Disziplin im Wandel, in: Leonhardt, Annette/Wamber, Franz B. (Hg.): Grundfragen der Sonderpädagogik, Weinheim 2003

Werner, Emmy E/Smith, Ruth S (1982): Vulnerable but invincible: A study of resilient children. McGraw-Hill (New York)

Werner, Emmy E/Smith, Ruth S (1992): Overcoming the odds: High risk children from birth to adulthood. Cornell University Press (Ithaca)

Werner, Emmy E/Smith, Ruth S (2001): Journeys from childhood to midlife: Risk, resilience and recovery. Cornell University Press (Ithaca)

Werther, Frauke/Henicke, Klaus (2008): Der Versuch einer Bestandsaufnahme. In: Psychotherapie im Dialog (PiD) 9 Jahrgang, 2/2008. Thieme-Verlag (Stuttgart). 117–124

Wulff, Christian (2009): Schreiben des niedersächsischen Ministerpräsidenten an die Vorsitzende der Kommission zur Wahrnehmung der Belange der Kinder im Deutschen Bundestag vom 29. Juni 2009

Wurst, Carsten/Sohns, Armin (2008): Schreiben der ViFF-Thüringen an die Rehabilitationsträger der Frühförderung in Thüringen, Weimar. 7. Oktober 2008

Wustmann, Corina (2004): Resilienz – Widerstandsfähigkeit von Kindern in Tageseinrichtungen fördern. Beltz (Weinheim/Basel)

Ziegler, Gerhard (2009): Frühförderung im Saarland. Überarbeitete Darstellung einer Präsentation einer ViFF-Arbeitsgruppe, AWO-Frühförderstelle Saarlouis, 22. November 2009

Zobel, Annegret (2006): Stellungnahme zu Sachsen. In: ViFF – Vereinigung für interdisziplinäre Frühförderung e.V.: Umsetzung der Frühförderungsverordnung (FrühV) in den Bundesländern. München 12/2006, 7–8

Stichwortverzeichnis

Abrechnungswege 180 f
Alltagsorientierung 162
Ambulanzen, Kinder- und Jugend- 177
Anamnese 249
Anforderungen, personelle 187, 219
Anlaufstelle, offene 75 f, 188, 192, 244, 270, 272
Annahmepostulat 212, 265
Anti-Aggressionsprogramme 127
Aufgabenfelder 76 f, 203
Auftrag, präventiv 145
Auseinandersetzungen, standespolitische 21 ff
Autonomie 124

Bachelor-Ausbildungsgang 237
Baden-Württemberg 188 ff
BAR-Arbeitsgruppe 64 ff
Bedarf 139
Bedarfsdeckungsprinzip 41 f
Behandlung, medizinisch-therapeutische 256
Behinderung 89
Behinderung, drohende 39
Beratungsangebot, offenes 158, 168, 181
Beratungsstellen, sonderpädagogische 189
Berlin 177 f
Berufsgruppe, psychologische 248
Berufsgruppen 236
Betreuungsumfang 84
Beziehungsfähigkeit 127 f
Bezugsperson 94, 197
Bezugspersonensystem 253
Bildung 123
Bildungsangebote 62
Bildungsauftrag 109
Bildungschancen 92
Bildungspläne der Länder 115

Bildungsstand 149
Bindung 134
Bologna-Prozess 236
Brandenburg 219 ff
Bremen 190 f
Budget, persönliches 59
Budgetierung 85
Bundesländer 64
Bundesrat 68

DDR 18 f.
Defizitorientierung 210
Deutscher Ärztetag 23
Deutscher Bildungsrat 20 f., 22
Diagnosen der Frühförderkinder 147
Diagnostik 31 ff, 197, 246
Diagnostik, Ausschluss- 247
Diagnostik, Doppel- 209
Diagnostik, Eingangs- 185, 209
Diagnostik, Intelligenz- 248
Diagnostik, medizinische 247
Diagnostik, pädagogische 249, 252
Diagnostik, Settings 247
Diagnostik, Test- 248
Diversität 91

Early Excellence Centre 267
Eingangsverfahren, interdisziplinäres 272
Eingliederungshilfe 38 f, 44
Elternbegleitung 82, 263
Elterngruppen 266, 270
Eltern-Kind-Beziehung 127
Entgelt 163, 202
Entwicklungsgefährdung 40, 215
Entwicklungsrisiko 166 f, 219
Ergotherapie 210 f
Erstberatung 185

Fachausschuss 169 f
Fachdienste, heilpädagogische 157

Familiengerechte Leistung 40
Familienhebammen 108, 276
Familienhilfe, sozialpädagogische 107
Familienzentren 244, 267 f, 281
Federführung 51 f
Finanzierung 163 ff, 179, 204
Flexibilität 127 f
Förder- und Behandlungsplan 41, 44, 78, 160 f, 198, 216, 229, 235, 254
Förderbedarf 111
Förderbedarf, sonderpädagogischer 148
Förderbedarf, sozialpädagogischer 90
Förderbedürftigkeit 149
Fördereinheit 188
Förderung, mobile 223
Formulare 162
Früherkennung 239 ff
Früherkennung, individuelle 239 f
Früherkennung, medizinische 31 ff
Früherkennungsteams 201, 271
Frühförderdefinition 110
Frühfördereinrichtungen, Sonderschule 103
Frühförderer 273
Frühförderinstitutionen, primäre 107 f
Frühförderstelle 103
Frühförderstelle, sinnesspezifische 104
Frühförderstellen 17
Frühförderstellen als Koordinierungsinstanzen 225
Frühförderstellen, Finanzierung 185 f
Frühförderstellen, interdisziplinäre 69 ff
Frühförderstellen, Kinder mit Sinnesbehinderungen 196
Frühförderstellen, virtuelle 71, 179 f
Frühförderstruktur 152 ff
Frühförderung 17
Frühförderung, additive 93
Frühförderung, Bedarfsermittlung 145 f

Frühförderung, Gesamtsystem 72
Frühförderung, heilpädagogisch-therapeutische 110
Frühförderung, Komplex 60 f
Frühförderung, kooperative 232
Frühförderung, medizinisch-therapeutische 32 f
Frühförderung, teilstationäre 105, 218, 257
Frühförderung, Teilsysteme 101
Frühförderung, virtuelle 232
Frühförderung, Wahrnehmung 166
Frühförderung, Zugang zu 169
Frühförderungsverordnung 67 ff
Frühpädagogik 237

Ganzheitlichkeit 50, 151
Ganztageseinrichtungen 126
Gemeinnützigkeit 58
Genehmigungsverfahren 182
Gesundheitsämter 256
Grauzonen 146, 224
Gutachtenerstellung 53

Hamburg 214
Hausfrühförderung 161, 234
Heilmittelrichtlinie 32 f, 85 f, 171, 182, 227
Heilpädagogik 116 ff, 286
Hessen 223 ff
Hilfen zur Erziehung 108
Hilfen, mobil aufsuchende 87
Hilfen, mobile sozialpädagogische 157
Hilfeplanung 278

ICF 75, 203, 220
Identität, professionelle 92
Indikationen 146 f
Individualisierungsprinzip 41
Inklusion 90 ff
Integration 90
Integrationspädagogik 115
Intelligenz, emotionale 128 f

Interdisziplinarität 71, 92
ISG-Studie 151 ff

Jugendhilfe 18, 274 ff
Jugendhilfeträger, örtliche 221, 237

Kapital, kulturelles, 123 f
Kapital, ökologisches 122 ff
Kapital, ökonomisches 122
Kapital, symbolisches 124 f
Kindergartenfachberatung, heilpädagogische 224
Kinder-Gutschein-System 218
Kindertageseinrichtungen 24 f
Kommunikationsfähigkeit 133
Kompetenzzentren 191
Komplexleistung 71 f, 74 f, 217
Komplexleistung, Antragstellung 196
Komplexleistung, Definition 210
Komplexleistung, Finanzierung 170
Komponenten, psychologische 248
Konkurrenzprinzip 30, 283
Konkurrenzsituation 193
Konsenspapier 86 ff
Konzept, interdisziplinäres 94
Kooperation, interdisziplinäre 224
Kooperationsverträge 167, 229
Koordinierung 51 f
Korridorleistungen 82, 171
Kosten, Aufteilung 220, 223
Kostenverhandlung 27
Krankenkassen 151, 237, 245
Kürzungen der kommunalen Kostenträger 85

LAG Frühe Hilfen 225
Landesförderung 189
Landesmittel 192, 224 f
Landesrahmenempfehlung 71
Lebensweltorientierung 87, 168
Leistung aus einer Hand 43, 68, 162, 195 f, 208
Leistungen, heilpädagogische 61
Leistungen, psychologische 202

Leistungen, systembezogene 202
Leistungserbringung 164
Leistungsgesetz 38, 58

Maßnahmen, heilpädagogische 21, 35 f
Master-Studiengänge 237
Mehrausgaben 237
Memorandum 49
Mischfinanzierung 83
Mobiler sozialpädagogischer Dienst 240
Mutter, alleinerziehende 241

Netzwerke, soziale 244
Niedersachsen 201 ff
Nordrhein-Westfalen 178 f, 207
Normalität 284

Partnerschaft 116
Pauschale 87, 217, 223, 233
Pauschale, Grundleistungs- 171
Pauschale, Investitions- 171
Pauschale, Maßnahmen- 171
Pauschale, Vergütungs- 171
Pauschalen, Vergütungen von 204
Pauschalfinanzierung 271
Planungsauftrag 30
Prävention 49 f, 239
Präventionsprogramm 281
Privatversicherungen 234
Privilegien der Sonderpädagogen 116
Problemlösungskompetenz 127

Qualifikationen der Mitarbeiter 154

Reaktion, intuitive 133
Rechtsbruch 38
Regionalteam 276 f
Regulationsstörungen 134
Rehabilitation 112 ff
Rehabilitation, Leistungen zur medizinischen 59 f
Rehabilitationsgesetz 26

Rehabilitationspädagogik 113
Rehabilitationsträger 43 f, 51 ff, 156
Reichsversicherungsgesetz 26
Resilienzforschung 125, 129
Responsivität 134, 136 ff
Ressourcen 121 ff, 212
Ressourcen, personale 126 ff
Ressourcen, soziale 125
Ressourcen, strukturelle 122 ff
Rheinland-Pfalz 174 ff
Risiken, psychosoziale 131
Risikofaktorenkonzept 130 f
Risikoforschung 130 f
Risikogruppen 240

Saarland 165 ff
Sachsen 179 ff
Sachsen-Anhalt 221 ff, 234
Salamanca-Erklärung 91
Salutogenese 129
Schleswig-Holstein 206
Schutzfaktorenkonzept 130
Selbstverwaltung, kommunale 27
Sichtweise, ökologisch-systemische 117
Sonderpädagogik 114
Sozialarbeiter in Kliniken 253
Sozialhilfeträger 237 f
Sozialraumbudgets 276 f
Spiel 135
Strukturen, hierarchisch 198
Studiengang „Interdisziplinäre Frühförderung" 285
Subsidaritätsprinzip 28 f.
System, autopoietisches 119

Theorie, sozial-ökologische 118 ff
Thüringen 192 ff
Transdisziplinarität 95
Transparenz 128

Übergangsvereinbarung 188
UN-Behindertenrechtskonvention 155
UNESCO 90
Unterschrift der Eltern 208
Unterschrift, doppelte 186

Veranlassung, ärztliche 185
Verantwortung, ärztliche 87
Vergütungsvereinbarung 87
Verhandlungen 230
Vertrauensverhältnis 242
VIFF 70 f, 194 f
Vorleistungspflicht 29
Vorsorgeuntersuchung, ärztliche 33, 242
Vulnerabilitätsfaktoren 130

Wartelisten 37 f
Wartezeiten 190 f, 215
Wohlfahrtspflege, Freie 29
Wohlfahrtspflege, Liga der 222

Zeitbudgets 231
Zentren, sozialpädiatrische 34 f
Zugang, offener 230 ff
Zulassungsausschuss 34
Zusatzausbildung, neurophysiologische 203
Zwei-Kreuze-Regelung 73 f, 86, 160, 217

Christoph Leyendecker (Hrsg.)
Gefährdete Kindheit
Risiken früh erkennen,
Ressourcen früh fördern

2010. 423 Seiten. Kart. € 32,-
ISBN 978-3-17-020954-1

Die Entwicklung von Kindern ist ein empfindlicher, nicht selten fragiler Prozess. Gerade in den ersten Lebensjahren bestehen hohe Gefahren für das Kindeswohl. Deshalb gilt es, Risiken frühzeitig zu erkennen und Chancen der Entwicklung rechtzeitig wahrzunehmen. Das Buch will zunächst Grundwissen im Hinblick auf die Entwicklungsrisiken und im Hinblick auf protektive, die Entwicklung stützende Faktoren vermitteln. Neben den somatischen Risiken wird dabei insbesondere auf die fatalen Wirkungen ökonomischer und psychosozialer Verarmung eingegangen. Wie diesen Kindern (und ihren Eltern) geholfen werden kann, wird anhand von erfolgreichen in der Praxis erprobten Konzepten und Methoden dargestellt. Dass hier ein gemeinsames Handeln der beteiligten Kinder, Eltern, Ärzte, Therapeuten und Pädagogen in einem vernetzten System der Hilfen notwendig ist wird ausführlich erörtert.

Der Herausgeber:
Prof. em. Dr. Christoph Leyendecker hatte den Lehrstuhl „Pädagogik und Rehabilitation bei Körperbehinderung" an der Technischen Universität Dortmund inne und engagiert sich im Vorstand der Vereinigung für Interdisziplinäre Frühförderung.

W. Kohlhammer GmbH · 70549 Stuttgart · www.kohlhammer.de